"十三五"职业教育国家规划教材

高等职业教育精品教材·电子商务专业

新编电子商务概论
（第3版）

孟泽云　主　编

王砚侠　谭刘元　贺胜军　副主编

电子工业出版社
Publishing House of Electronics Industry
北京·BEIJING

内 容 简 介

电子商务是通过互联网进行的商务活动，本书以互联网环境下的商务活动过程为主线来组织内容。全书分成 10 个学习情境：走进电子商务、识别电子商务的交易模式、构建电子商务的技术基础、建立电子商务网站和网店、有效开展网络营销、网上支付、电子商务物流、电子商务应用、电子商务安全和电子商务法律法规。

本书结构完整，内容全面，案例丰富，语言通俗，强化应用，利于初学者对电子商务形成全面的认识，初步理解、掌握电子商务的应用。

本书既可作为应用型本科、高等职业院校和大专院校电子商务、信息管理、工商管理、计算机应用等专业的教材，也可作为成人继续教育的培训教材或教学参考书，还可作为广大读者进行电子商务学习和电子商务创业实践的入门参考书。

未经许可，不得以任何方式复制或抄袭本书之部分或全部内容。
版权所有，侵权必究。

图书在版编目（CIP）数据

新编电子商务概论 / 孟泽云主编. -- 3 版. -- 北京：电子工业出版社，2019.5
ISBN 978-7-121-35190-7

Ⅰ. ①新… Ⅱ. ①孟… Ⅲ. ①电子商务－高等学校－教材 Ⅳ. ①F713.36

中国版本图书馆 CIP 数据核字（2018）第 230157 号

责任编辑：贾瑞敏　　　　　　　　　特约编辑：许振伍　胡伟卷
印　　刷：涿州市京南印刷厂
装　　订：涿州市京南印刷厂
出版发行：电子工业出版社
　　　　　北京市海淀区万寿路 173 信箱　邮编 100036
开　　本：787×1 092　1/16　印张：16.5　字数：433 千字
版　　次：2010 年 7 月第 1 版
　　　　　2019 年 5 月第 3 版
印　　次：2021 年 10 月第 8 次印刷
定　　价：49.80 元

凡所购买电子工业出版社图书有缺损问题，请向购买书店调换。若书店售缺，请与本社发行部联系，联系及邮购电话：(010)88254888，88258888。
质量投诉请发邮件至 zlts@phei.com.cn，盗版侵权举报请发邮件至 dbqq@phei.com.cn。
本书咨询联系方式：电话 010-62017651；邮箱 fservice@vip.163.com；教师 QQ 群 427695338；
　　　　　　　　　微信 DZFW18310186571。

前言

中国电子商务当前正处于快速发展期,特别是随着近两年来政府对电子商务的重视程度日益加大,电子商务作为"互联网+"行动计划的一项重要内容,全面渗透传统经济,正加速与制造业融合,推动服务业转型升级,催生新兴业态,成为经济发展的新动力。一方面,电子商务应用日益向普及化和纵深化发展;另一方面,移动电子商务作为一种新型的电子商务方式加速崛起。为了反映电子商务快速发展的新成果,体现移动电子商务的技术与应用,编者对第2版教材进行了更新。

本书的写作思路沿用第2版,在保持第2版特点的基础上,对书中全部数据和大部分案例进行了更新,删掉了一些过时的内容,增添了一些新内容。具体为:学习情境一融入了最新的电子商务发展状况,增加了移动电子商务;学习情境二增加了O2O模式;学习情境三增加了移动互联网;学习情境四增加了京东第三方商家入驻;学习情境五增加了微信营销;学习情境六增加了移动支付的安全防范;学习情境七增加了二维码技术及其应用;学习情境九增加了区块链技术及在电子商务安全中的应用,移动电子商务安全;学习情境十增加了对《中华人民共和国网络安全法》《中华人民共和国电子商务法》的介绍,增加了中国电子商务法律报告中的典型案例。此外,对一些概念、理论、语言表述做了修改,使之更准确、简练、通俗易懂;对部分内容结构做了调整,使之条理更清晰。

本书是了解、认识、学习电子商务的入门教材,侧重商务应用,理论以"必需、够用"为度,案例丰富,每个情境任务都由情境引例导入,以激发学生的学习兴趣。情境任务后都有情境案例,以帮助学生理解所学的内容,情境拓展进一步引导学生对所学内容进行深入思考。

本书由孟泽云担任主编,王砚侠、谭刘元、贺胜军担任副主编,孟泽云进行总体设计、修改和统稿。编写分工为:学习情境一、二、十由天津科技大学孟泽云编写;学习情境三由南宁职业技术学院襧浚波编写;学习情境四、五由滨海职业技术学院王砚侠编写;学习情境六由天津海运职业学院谭刘元编写;学习情境七由苏州市工业园区工业技术学校江婷编写;学习情境八由广东交通职业技术学院贺胜军编写;学习情境九由黑龙江商业职业学院于震编写。

在本书编写的过程中,借鉴和参考了许多教材、网上资料,引用了一些优秀的案例,在此向有关作者表达诚挚的感谢。

由于编者水平有限,加之时间仓促,难免有疏漏和不足之处,恳请读者批评指正。

编 者

目 录

学习情境一 走进电子商务 /1

情境任务一 了解电子商务的产生与发展/1
一、电子商务的产生背景/2
二、我国电子商务的发展历程/3

情境任务二 认知电子商务的含义和功能/8
一、电子商务的定义/8
二、国际著名IT公司对电子商务所做的定义/9
三、对电子商务的理解/9
四、电子商务的功能/10

情境任务三 认知电子商务的基本框架/12
一、电子商务的一般框架结构/12
二、电子商务系统的构成/15

情境任务四 电子商务的特点和影响/16
一、电子商务的特点/17
二、电子商务的影响/18

情境任务五 走进移动电子商务/21
一、移动电子商务的含义及特点/22
二、移动电子商务的发展及应用/22

技能训练/23

学习情境二 识别电子商务的交易模式 /24

情境任务一 认识电子商务的交易模式/24
一、电子商务交易的主体/25
二、电子商务的交易模式/26

情境任务二 B2B电子商务模式/28
一、B2B电子商务概述/28
二、B2B电子商务的基本运作模式/28
三、B2B电子商务的盈利模式/30

情境任务三 B2C电子商务模式/31
一、B2C电子商务概述/31
二、B2C电子商务运作模式/32
三、B2C电子商务的盈利模式/34

情境任务四 C2C电子商务模式/36
一、C2C电子商务概述/36
二、网上拍卖/37
三、C2C电子商务的盈利模式/38

技能训练/40

学习情境三 构建电子商务的技术基础 /41

情境任务一 认知互联网/41
一、计算机网络的定义/43
二、计算机网络的分类/43

情境任务二 Internet技术基础/46
一、因特网概述/47
二、中国互联网发展的现状/48
三、TCP/IP协议/50
四、网络系统模型/51
五、IP地址、寻址与域名/53
六、因特网接入服务/54
七、移动互联网/57

情境任务三 认知电子商务技术/58
一、电子商务技术概述/58
二、电子商务的处理流程/59
三、电子商务技术/59

技能训练/63

学习情境四　建立电子商务网站和网店 /64

情境任务一　建立电子商务网站/64
　　一、电子商务网站的概念/65
　　二、电子商务网站的类型/65
　　三、电子商务网站的一般功能/68
　　四、建设电子商务网站的流程/69
情境任务二　通过网上交易平台
　　　　　　建立商店/81
　　一、选择合适的网上交易平台/81
　　二、在网上交易平台开设商店/82
　　三、跨境电商入驻敦煌网/94
技能训练/104

学习情境五　有效开展网络营销 /105

情境任务一　探析网络营销的特点及
　　　　　　优势/105
　　一、网络营销的概念与特点/106
　　二、网络营销与传统营销/108
　　三、网络营销的职能/110
情境任务二　有效开展网络营销/112
　　一、网络营销策划/113
　　二、网络消费者行为分析/116
　　三、网络营销策略/116
情境任务三　网络营销方法/118
　　一、搜索引擎营销/118
　　二、电子邮件营销/119
　　三、论坛营销/119
　　四、博客营销/120
　　五、微博营销/121
　　六、QQ营销/122
　　七、网络事件营销/122
　　八、网络视频营销/123
　　九、病毒式营销/123
　　十、微信营销/123
技能训练/125

学习情境六　网上支付 /126

情境任务一　传统支付与网上支付/126
　　一、传统支付与支付工具/127
　　二、网上支付与支付工具/129
　　三、网上支付的特征/135
　　四、网上支付的主要方式/136
情境任务二　网上银行与网上支付/136
　　一、网上银行的产生与发展/137
　　二、网上银行的特点/138
　　三、网上银行的模式/139
　　四、网上银行提供的服务/139
　　五、网上银行的安全性/141
情境任务三　第三方支付/142
　　一、第三方支付的概念/142
　　二、第三方支付平台的分类/143
　　三、第三方支付的特点/143
　　四、第三方支付的问题/143
　　五、第三方支付的流程/144
情境任务四　移动支付/145
　　一、移动支付的含义和分类/145
　　二、移动支付的主要应用/147
　　三、移动支付的优点/147
　　四、移动支付的安全/147
　　五、移动支付的安全设置/148
技能训练/151

学习情境七　电子商务物流 /152

情境任务一　认识物流/152
　　一、物流的概念和分类/153
　　二、物流的作用/155
　　三、物流活动要素/156
　　四、现代物流技术/163
情境任务二　电子商务与物流/170
　　一、电子商务与物流的关系/173
　　二、电子商务物流配送/175

三、电子商务物流运作模式/177

技能训练/181

学习情境八　电子商务应用　182

情境任务一　电子商务在制造业的应用/182

　　一、市场调查/183

　　二、原材料采购/183

　　三、发布企业信息，树立品牌形象/184

　　四、产品的销售及服务/184

　　五、进行生产经营管理/185

　　六、通过网络搜集与企业经营相关的各种信息/185

　　七、产品服务和技术支持/185

情境任务二　电子商务在流通业的应用/187

　　一、商贸企业电子商务/189

　　二、物流业电子商务/190

　　三、餐饮业电子商务/191

情境任务三　电子商务在服务业的应用/193

　　一、信息服务型电子商务/196

　　二、证券电子商务/197

　　三、保险电子商务/199

　　四、旅游电子商务/200

技能训练/204

学习情境九　电子商务安全　205

情境任务一　电子商务的安全问题/205

　　一、计算机网络系统的安全问题/206

　　二、电子商务交易的安全问题/209

情境任务二　电子商务安全防范/211

　　一、电子商务安全要求/211

　　二、电子商务安全体系/212

　　三、电子商务安全技术/213

情境任务三　移动电子商务安全/225

　　一、移动电子商务面临的安全威胁/225

　　二、移动电子商务安全问题存在的原因/227

　　三、移动电子商务中安全问题的解决策略/227

技能训练/228

学习情境十　电子商务法律法规　229

情境任务一　电子商务对传统法律规范的挑战/229

　　一、电子商务亟待相应法律规范/230

　　二、我国关于规范电子商务领域的立法/232

　　三、中国电子商务法的介绍/232

情境任务二　电子商务经营者的行为规范/234

　　一、电子商务经营者的界定/234

　　二、电子商务经营者的主要义务/234

　　三、电商平台经营者的主要义务/235

情境任务三　电子商务的常见法律问题/237

　　一、电子合同/237

　　二、电子签名/241

　　三、知识产权保护/243

　　四、信息安全/246

　　五、消费者权益保护/248

　　六、税收/251

技能训练/253

参考文献　255

学习情境一

走进电子商务

学习目标

知识目标

认识电子商务的一般框架,理解电子商务的含义、特点及功能;了解电子商务的影响、优势及发展。

技能目标

能够在网上熟练地搜索信息和选购商品。

情境任务一 了解电子商务的产生与发展

情境引例

电子商务的先驱——亚马逊

1994年,当时担任华尔街金融分析师的贝索斯敏感地意识到网络将成为一种崭新的商业工具。他开始设想在网上销售产品,列出了20种在网上销售的产品,经研究最后将图书列于榜首。虽然他没有任何图书销售的经验,但他认为图书是小额商品,并且邮寄费用比较低,客户不需要亲手翻阅就可能下单,在网上可以列出几百万条的书目,而一家零售书店可能最多只有20万册书。1995年,贝索斯用30万美元启动资金在西雅图郊区他租来的房子的车库中,创建了全美第一家网络零售公司AMAZON.COM(亚马逊公司)。1995年8月,亚马逊卖出了第1本书。3年以后,亚马逊被《福布斯》杂志称为世界上最大的网上书店。4年后,这家公司拥有了1 310万名客户,书目数据库中含有300万种图书,超过世界上任何一家书店,成为全球最大的网络书店。

最早亚马逊只能算是网络书店,但贝索斯看到了网络的前景,逐渐由小型的网络书店转变为有相当规模的新型网络购物场所——网络商店。到了2000年年底,其客户已涵盖了160多个国家和地区,亚马逊成了世界上销售量最大的网上商店。

看一下亚马逊前几年的销售额:1996年0.158亿美元,1997年1.478亿美元,1998年6.1亿美元,1999年超过80亿美元。1999年贝索斯当选美国《时代》周刊年度风云人物,这位年轻的企业家对一家网络大书店的远见,掀起了全球网上购物的革命。

从最初的网上书店，就在几乎谁都没有搞清其店面在何处的时候，亚马逊用短短的几年时间，一举超过无数百年老店而成为世界上最大的书店。其市值更是远远超过了售书业务的本身。通过亚马逊的网站，用户在购书时可以享受到很大的便利。例如，要在100万种书中查找一本书，传统的方法可能要跑上几个书店，花费很多的时间，但在亚马逊，用户通过检索功能，只要单击几下鼠标，不久就会有人把书送到家里了。亚马逊另一个吸引人的地方是提供了很多增值服务，包括提供了众多的图书评论和介绍。而在传统销售方式下，这些增值服务会非常昂贵。在"成功"地将自己发展成超越传统书店的世界最大规模书店之后，今天亚马逊的产品种类已经扩大至音像光盘、录像带、化妆用品、宠物用品及杂货等，并提供拍卖及问候卡片等服务，正成为全球最大的网上零售商。

依托互联网建立的亚马逊网上书店的成功，让人们认识了一种新的商业模式——电子商务。

引例思考 什么是电子商务？电子商务是在什么背景与条件下产生的？与传统商务相比，其有何特点和优势？

一、电子商务的产生背景

从技术的角度来看，人类利用电子通信的方式进行贸易活动已有几十年的历史了。早在20世纪60年代，人们就开始使用电报发送商务文件。到了20世纪70年代，人们开始使用传真机来代替电报传递和管理信息。但是由于传真不能将信息直接转入到信息系统中，人们开始尝试在贸易伙伴之间的计算机上实现数据自动交换，以避免数据转入的错误并提高工作效率。于是EDI（电子数据交换）应运而生。EDI是将商业文件（订单、发票、货运单、报关单和进出口许可证）按一个公认的标准从一台计算机传输到另一台计算机的电子传输方法。由于EDI大大减少了纸质票据，因此人们也形象地称之为"无纸贸易"或"无纸交易"。EDI的出现和进入商业应用就是电子商务的雏形。由于EDI不通过因特网（Internet），而是通过租用的计算机传输线在专用网络（增值网，Value Added Network，简称VAN）上实现，因此使用EDI的费用很高，只有大型企业才会将其用于发送和接收订单、交货信息和支付信息等。这也限制了基于EDI的电子商务的应用范围扩大。20世纪90年代中期以后，因特网迅速走向普及化，逐步从大学、科研机构走进企业和百姓家庭，功能也从信息共享演变为一种大众化的信息传播工具。从1991年起，因特网进入商业应用，电子商务一跃成为互联网应用的最大热点。因特网覆盖面广，费用不到增值网的1/4，降低了成本，对于中小企业而言也可以承受。基于因特网的电子商务应用得到了迅速发展。

美国是世界上最早发展电子商务的国家，也是电子商务发展最成熟的国家，多年来一直引领全球电子商务的发展。目前，80%的美国制造商拥有自己的网站，60%的小企业、80%的中型企业和90%的大型企业已经开展电子商务应用。比较大的几家电子商务网站有亚马逊、eBay、Target等，沃尔玛、家得宝等线下零售商也推出了自己的电子商务网站。欧盟电子商务的发展起步较美国晚，但发展速度快，成为全球电子商务发展较为领先的地区。

欧美国家电子商务发展迅速的原因有以下几点：一是欧美国家拥有计算机的家庭、企业众多，网民人数占总人口的2/3以上，尤其是青少年，几乎都是网民，良好的经济条件和庞大的网民群体为电子商务的发展创造了一个良好的环境；二是欧美国家普遍实行信用卡消费制度，建立了一整套完善的信用保障体系，这为电子商务的网上支付问题提供了解决方法；三是欧美国家的物流配送体系相当完善、正规，当电子商务时代到来后，只要将各个配送点用计算机连接起来，即顺理成章地完成了传统配送向电子商务时代配送的过渡，电子商务活动中最重要、最复杂的环节——物流配送问题就这样轻而易举地解决了。我国电子商务起步相对较晚，但近些年在政府的大力推动下发展势头强劲，连续多年成为全球规模最大的网络零售市场。根据国外媒体综合中国国家统计局及美国数据报道，中国消费者2017年第一季度网上购买了价值14 045亿元人民币（约合2 041亿美元）的商品，是美国981亿美元网上零售销售额的2倍多。可以说，中国是电子商务发展的未来。

二、我国电子商务的发展历程

我国电子商务起源于20世纪90年代的EDI应用，电子商务发展源于因特网进入商业应用。1993年，我国成立了以国务院副总理为主席的国民经济信息化联席会议及其办公室，相继组织了金关（国家外贸处理信息化建设）、金卡（国家金融信息化建设）、金桥"三金工程"，后来又相继实施了金企、金农等系列"金"字工程。这些工程及相继建成的覆盖全国的四大主干网络都为我国发展电子商务打下了基础。1994年10月，亚太地区电子商务研讨会在北京召开，电子商务概念开始在我国传播。

1995年，中国互联网开始商业化。中国互联网电子商务的发展经历了以下阶段。

（一）中国互联网电子商务的发展历程

1. **萌芽期（1997—1999年）**

1998年3月，我国第1笔互联网网上交易成功；1999年3月，8848网站开通，网上购物进入了实际应用阶段。当时信息化水平较低，大众对电子商务缺乏了解，加上互联网泡沫等因素影响，电子商务网站大多举步维艰。这一时期，中国化工网、8848、易趣、阿里巴巴、当当等知名网站先后涌现。

2. **调整期（2000—2002年）**

在互联网泡沫破灭的大背景下，电子商务出现萎缩，电子商务问题暴露，资金撤离，市场重新洗牌，优胜劣汰，超过1/3的网站销声匿迹。这一时期的标志性事件是慧聪网上线、卓越网成立、中国电子商务协会成立。

3. **复苏期（2003—2005年）**

2003年春季，我国流行性"非典型性肺炎"期间，电子商务凸显其独有的优势而快速复苏。电子商务网站开始务实经营，大批网民逐步接受网购。这一时期的标志性事件是阿里巴巴成立淘宝、推出支付宝，C2C性质的易趣上线，腾讯推出拍拍。C2C三足鼎立格局形成。

4. **成长期（2006—2007年）**

这一时期在国家政策的支持下，硬件环境不断成熟，物流、支付诚信瓶颈得到基本解决，推动了电子商务进入高速发展阶段。这一时期的标志性事件是京东商城获投，开启了国内家电3C网购新时代。

5. **转型期（2008—2009年）**

这一时期初步形成了具有中国特色的网络交易方式，电子商务进入规范化、稳步发展的阶段，电子商务企业竞争日益激烈。这一时期的标志性事件是淘宝屏蔽百度搜索、特卖电子商务唯品会上线、当当实现盈利、"双11"大促开启。

6. **发展期（2010—2012年）**

这一时期，大量传统企业和资金流入，网民数量和物流快递行业都在快速增长。这一时期的标志性事件是支付宝获得牌照、唯品会在美国上市、电子商务监管首度立法。

7. 崛起期（2013年以后）

这一时期电子商务高速发展。

（二）中国电子商务的发展现状

1. 电子商务相关政策体系较为完备

从政策支持视角看，2014年国务院发布《国务院关于加快发展生产性服务业促进产业结构调整升级的指导意见》（国发〔2014〕26号），将"电子商务"作为一个生产性服务业的重点领域；2015年5月，国务院出台了《关于大力发展电子商务加快培育经济新动力的意见》；2016年12月，商务部等部委联合发布了《电子商务"十三五"发展规划》，对电子商务的未来发展做出了部署。至此，我国电子商务相关政策体系已较为完备。

2. 电子商务在各个领域的应用不断得到拓展，应用水平不断提高

① 电子商务市场高速稳定增长。电子商务在工业、农业、商贸流通、交通运输、金融、旅游和城乡消费等各个领域的应用不断得到拓展，应用水平不断提高，形成了与实体经济深入融合的发展态势，成为企业和消费者日常商务与生活的重要组成部分。电子商务不再简单的是一个对实体消费的补充，反而逐渐占据了主导地位。互联网将越来越多的"线下"行业带入了"线上"，互联网教育、互联网医疗、互联网旅游、互联网餐饮等都在中国的互联网行业中实现了。

② 电子商务企业不断扩充品类，优化服务，升级物流体系，使电子商务购物体验持续提升，农村电子商务、跨境电子商务等各种细分电子商务领域快速增长。一些企业在垂直电子商务领域深耕，延伸了产业链，使电子商务保持了持续增长的动力。

3. 电子商务支撑水平快速提高

电子商务平台服务、信用服务、电子支付、现代物流和电子认证等支撑体系加快完善；电子商务信息、交易和技术等的相关服务企业不断涌现；电子商务信息和交易平台正在向专业化与集成化的方向发展；社会信用环境不断改善，为电子商务的诚信交易创造了有利的条件。网上支付、移动支付等新兴支付服务发展迅猛，2017年中国第三方互联网支付交易规模达到202.9万亿元，同比增长28.8%。现代物流业快速发展，对电子商务的支撑能力不断增强，特别是网络零售带动了快递服务的迅速发展，国家邮政局相关数据指出，全国快递服务企业业务量累计完成312.8亿件，同比增长51.4%；业务收入完成4 005亿元，同比增长44.6%。中国快递业已经连续6年每年增长超过50%，成为全球第一的快递大国。在全球每年约700亿件的快递量中，中国占了300亿件。快递服务满意度稳中有升，消费者申诉处理满意率达到97.6%，行业日均服务超过2.5亿人次，支撑网络零售额超过4万亿元。截至2016年12月31日，我国电子认证服务业有效电子认证证书持有量合计3.41亿张，电子证书正在电子商务中得到了广泛应用。今天，通信运营商、软硬件及服务提供商等纷纷涉足电子商务，为用户提供相关服务。

4. 互联网和网购的普及率快速增长

我国网络基础设施不断改善，用户规模快速增长。根据CNNIC（中国互联网信息中心）第40次中国互联网络发展状况的调查报告统计，截至2017年6月，我国网民规模达到7.51亿人，互联网普及率为54.3%，较2016年年底提升1.1个百分点。我国手机网民规模达7.24亿人，较2016年年底增加2 830万人，网民使用手机上网的比例由2016年年底的95.1%提升至96.3%。2017年上半年中国网购用户达到了5.16亿人，网购人群的日益庞大也是促进电子商务发展的重

要因素，成为我国电子商务发展的坚实基础。互联网行业持续稳健发展，互联网已成为推动我国经济社会发展的重要力量——以互联网为代表的数字技术正在加速与经济社会各领域深度融合，成为促进我国消费升级、经济社会转型、构建国家竞争新优势的重要推动力。同时，在线政务、共享出行、移动支付等领域的快速发展成为改善民生、增进社会福祉的强力助推器。

小知识

中国第 1 封电子邮件

1987 年 9 月，CANET（中国学术网）在北京计算机应用技术研究所内正式建成中国第 1 个因特网电子邮件节点，并于 9 月 14 日发出了中国第 1 封电子邮件"Across the Great Wall we can reach every corner in the world."，揭开了中国人使用互联网的序幕。

中国兵器工业计算机研究所原所长李澄炯在接受媒体采访的时候回忆道："从 1986 年开始，我们研究组就在一台西门子 7760 大型计算机上做方案设计和实验。那时候也没有因特网的概念，在计算机应用方面，发达国家对我们心存戒备，重要设备、技术都不向我们开放，计算机软硬件不兼容的问题非常突出。直到 1987 年 7 月份，卡尔斯鲁厄大学的维纳措恩教授从德国带过来可以兼容的系统软件，我们研究所的计算机才具备了与国际网络连接和发送电子邮件的技术条件。"

1987 年 9 月 14 日晚，在北京车道沟 10 号中国兵器工业计算机应用技术研究所的一栋小楼里，13 位中、德科学家围在一台西门子 7760 大型计算机旁进行电子邮件的试验发送。

维纳措恩在接收邮件的地址里输入了包括自己在内的 10 位德国科学家的电子邮箱地址，邮件的内容是用英文和德文两种文字书写的，内容是李澄炯教授提议的"越过长城，走向世界"。维纳措恩按下了回车键开始发送。他坐在那里一动不动地等信号，可是怎么等也没等回来。大家开始重新检查计算机软件系统和硬件设施，后来发现是一个数据交换协议有点小漏洞，导致邮件未发出去。于是，他们又用了一周的时间解决了这个问题。1987 年 9 月 20 日 20 点 55 分，回车键再次按下。与上次相比，这次大家都很紧张。过了一会儿，计算机屏幕上出现了"发送完成"字样，众人鼓掌庆贺。

德国大学的服务器顺利收到了这封邮件，并转发到因特网上，中国互联网在国际上的第 1 个声音就此发出。至此，中国可以与世界通过电子邮件进行沟通和交流了。

情境拓展

我国网民上网做什么

日前，CNNIC 发布了第 40 次《中国互联网络发展状况统计报告》（以下简称《报告》）。《报告》显示，截至 2017 年 6 月，我国网民规模达到 7.51 亿人，手机网民规模达 7.24 亿人，网民中使用手机上网的比例持续提升。我国网民数量庞大，平均每天上网近 4 个小时。那么，我国网民上网都喜欢做些什么呢？

1. 手机网民"爱聊天"

与 10 年前计算机必装的 QQ 软件一样，微信等即时通信应用也几乎"入驻"到每个网民的手机中。

在众多手机网民中，即时通信用户规模达到 6.92 亿人。即时通信已经成为移动互联网流量的核心入口，用户渗透率超过九成，明显领先于其他手机应用。

据了解，2017 年上半年，网民使用手机和电视上网的比例较 2016 年年底均有所提升。截至 2017

年6月，我国网民使用手机上网的比例达到96.3%，较2016年年底增长了1.2个百分点；使用电视上网的比例为26.7%，较2016年年底增长了1.7个百分点；与此同时，使用台式计算机、笔记本电脑、平板上网的比例分别为55.0%、36.5%、28.7%，较2016年年底分别下降了5.1、0.3和2.8个百分点。

此外，社交类应用也受到网民的广泛欢迎，微信朋友圈、QQ空间、微博使用率在社交应用中排名前三。

2．网络新闻受欢迎

《报告》指出，截至2017年6月，我国网络新闻用户规模为6.25亿人，半年增长率为1.7%，网民使用比例为83.1%。其中，手机网络新闻用户规模达到5.96亿人，占手机网民的82.4%，半年增长率为4.4%。

网络新闻是中国互联网发展较早的应用之一，作为信息获取的基础应用，网络新闻服务形式已经从早期的以采编分发为主的自主传播模式转化为以用户资讯需求为主的资讯平台供给模式。目前，新闻资讯领域主要体现出3个特点：资讯聚合平台化趋势促使分工进一步明确；整体资讯内容过剩，跨界竞争日趋激烈；技术成为新闻资讯平台的核心竞争力。

《报告》预测，内容和用户的增多也对资讯平台提供的内容质量及传递的精准性提出了挑战。未来大数据、神经网络、自然语言理解、自动学习等人工智能技术的应用将促使资讯聚合平台在资讯推荐、营销推广乃至更深入的内容制作、互动沟通等方面做进一步发展。

3．过半网民"买买买"

指尖轻点即可下单，输入密码立刻付款，足不出户坐等收货⋯⋯在互联网高度发达的今天，买东西成为轻而易举的事。《报告》指出，截至2017年6月，我国网络购物用户规模达到5.14亿人，相较2016年年底增长10.2%。其中，手机网络购物用户规模达到4.80亿人，半年增长率为9.0%，使用比例由63.4%增至66.4%。

就目前情况来看，我国网络购物市场消费升级特征进一步显现；线上线下融合向数据、技术、场景等领域深入扩展；数据资源竞争白热化，数据安全和数据开放共享成为企业与政府面临的发展挑战。

"买买买"的不仅是穿戴，连温饱也可以在网上解决。截至2017年6月，我国网上外卖用户规模达到2.95亿人，较2016年年底增加8678万人，增长率达到41.6%。其中，我国手机网上外卖用户规模达到2.74亿人，增长率为41.4%，使用比例达到37.9%，提升了10个百分点。

《报告》还指出，在行业发展进一步成熟、盈利水平较低的情况下，外卖平台深耕现有业务和横向拓展成为必然选择；食品安全和送餐交通安全仍是外卖行业面临的两大发展问题。

4．出行住店一键定

10年前，大部分人长途出行的火车票、飞机票还要去售票窗口。但现在，只要在相关网站上购买即可，省时省力。目前，我国旅行预订网民规模达到3.34亿人，手机端比例提升至41.3%。

截至2017年6月，在网上预订过机票、酒店、火车票或旅游度假产品的网民规模达到3.34亿人，较2016年年底增长3441万人，增长率为11.5%。其中，手机预订酒店的使用率提升幅度最大。

长途出行可以在网上搞定，短距离出行更是不在话下，网约车、共享单车任君选择。

截至2017年6月，我国网约出租车用户规模达到2.78亿人，较2016年年底增加5329万人，增长率为23.7%。网约专车或快车用户规模达到2.17亿人，增长率为29.4%，用户使用比例由23%提升至28.9%。

一、二线城市共享单车用户规模呈现井喷式增长，并向三、四线城市和海外市场拓展。截至2017年6月，共享单车用户规模已达1.06亿人，占网民总体的14.1%，其业务覆盖范围已经由一、二线城市向三、四线城市渗透，融资能力较强的共享单车品牌则开始涉足海外市场。

情境案例

中国电商狂欢节

从2009年至2017年,每年一次的"双11"成为中国电子商务领域的年度盛事,为淘宝带来了巨大的销售额。

2009年:5 000万元

2009年是淘宝首届"双11",当时网购还未蔚然成风,但是依然在短短一天内创造了5 000万元的销售额。这是那个时代很少有购物平台能达到的业绩。

2010年:9.36亿元

2010年,中国网络购物市场与电商行业表现出强劲的发展态势,因此这一年淘宝"双11"销售额也大幅增长——高达9.36亿元,同比增长177 2%。

2011年:52亿元

这一年,淘宝"双11"销售额又实现了里程碑式的飞跃,淘宝商城和淘宝网总计的支付宝交易额突破52亿元,为2010年同日"双11"活动交易额9.36亿元的4倍,同比增长了455%。

值得注意的是,2011年京东也开始加入"双11"战局,尽管只有40万单的交易额,但打破了阿里巴巴一家独唱的局面。

2012年:191亿元

2012年被业内称为"双11"的爆发点,这一年淘宝商城正式更名为天猫。2012年"双11"当日,天猫与淘宝的总销售额达到191亿元。其中,天猫达到132亿元,淘宝也有59亿元,同比增长了267%。

2013年:350.18亿元

2013年,淘宝"双11"销售额继续攀升,超过2012年的191亿元仅用了13个小时,再次达到新的高峰——350.18亿元。

2014年:571亿元

作为阿里巴巴上市之后的第1个"双11",2014年淘宝产生的数据依旧不负众望,也是13个小时就超过了2013年的350亿元。最终"双11"总销售额达到了571亿元,同比增长了63.1%。

2015年:912.17亿元

截止到2015年11月12日0点,2015年淘宝"双11"落下帷幕,阿里巴巴集团宣布当日"双11"销售额达到了912.17亿元,其中无线端占比68%,同比增长了59.7%。

2016年:1 207亿元

截止到2016年11月12日0点,2016年淘宝"双11"落下帷幕,阿里巴巴集团宣布当日"双十一"销售额达到了1 207亿元,其中无线端占比82%,同比增长了32.3%。

2017年:1 682亿元

2017年11月12日0时,阿里巴巴未经审计的数据显示,11月11日全天,"2017天猫'双11'全球狂欢节"总交易额(GMV)达到1 682亿元人民币,移动端成交占比90%。1 682亿元的交易额,与去年相比增长了39%,比2009年"双11"的交易额增长超过了3 000倍。

案例思考 你参与过"双11"活动吗?谈谈体会。

情境任务二　认知电子商务的含义和功能

情境引例

戴尔公司的网上商店

戴尔公司是1984年由迈克尔·戴尔创立的计算机公司。戴尔在1994年推出了网站并在1996年加入了电子商务功能。戴尔的理念非常简单：按照客户要求制造计算机，并向客户直接发货，使戴尔公司能够最有效和明确地了解客户需求，继而迅速做出回应。这种直接的商业模式消除了中间商，这样就减少了不必要的成本和时间，让戴尔公司更好地理解客户的需要。

戴尔公司通过首创的革命性"直线订购模式"，与大型跨国企业、政府部门、教育机构、中小型企业及个人消费者建立直接联系，从每天与众多客户的直接洽谈中，戴尔公司掌握了针对客户需要的第一手资料。客户登录戴尔公司的网站，除了查看不同的计算机型号和配件资料、价格外，还可以网上订货，并即时追踪所订购货物的生产或送货情况。戴尔公司的客户关系管理系统是围绕"以客户为中心"的主导思想建立的，即客户自选计算机配件、付费方式，网上获取产品信息、故障诊断和技术支持客户数据管理。戴尔公司建立了一个全面的知识数据库，里面包含戴尔公司提供的硬件和软件中可能出现的问题及解决方法，同时还有处理回信、交易和备份零件运输等的处理程序与系统。所有这些基础结构——用户数据库、产品信息和帮助知识数据库都在戴尔公司的网站上得到了很好的实现。

20多年以来，戴尔公司革命性地改变了整个行业，使全球的客户，包括商业、组织机构和个人消费者都能接触到计算机产品。由于业界接受戴尔直接经营模式，所以信息技术变得更加强大且易于使用，价格更能被接受，从而能够为客户提供充分利用这些强大的、全新工具的机会，以改善他们的工作和生活。戴尔公司致力于倾听客户需求，提供客户所信赖和注重的创新技术与服务。受益于独特的直接经营模式，戴尔公司在全球的产品销量高于任何一家计算机厂商，并因此在财富500强中名列第25位。戴尔公司之所以能够不断巩固其市场领先地位，是因为其一贯坚持直接销售基于标准的计算机产品和服务，并提供最佳的客户体验。

引例思考　通过戴尔的例子，你认为电子商务具有哪些具体的功能？

电子商务在我国快速发展，企业应用电子商务的积极性持续增加。处于这样的环境中，就需要了解什么是电子商务，其功能有哪些。

一、电子商务的定义

电子商务虽然正在以令人难以置信的速度渗透到人们的工作和生活中，但是至今也没有一个统一的定义。国内外不同的组织、企业、专家等对于电子商务的定义不完全相同，比较这些定义，可以更全面地理解电子商务的本质。

（一）国际商会的定义

1997年11月6日至7日，国际商会在法国首都巴黎举行了世界电子商务会议，全世界商业、信息技术、法律等领域的专家和政府部门的代表参加了这次会议。其中，有一项重要内容是共同探讨电子商务的概念问题。大会结束时发布的对电子商务的权威性定义为：电子商务是指实现整个贸易活动的电子化。从涵盖的范围可以定义为：交易各方以电子交易方式而不是通过当面交换或直接面谈的方式进行的任何形式的商业交易；从技术方面可以定义为：电子商务是一种多技术的集合体，包括交换数据[如 EDI、电子邮件（E-mail）]、获得数据[如共享数据库、电子公告牌（BBS）]及自动捕获数据（如条形码、IC 卡应用）等。

（二）经济合作与发展组织（OECD）的定义

电子商务是发生在开放网络上的包含企业之间（Business to Business，B2B）、企业和消费者之间（Business to Consumer，B2C）的产品或服务的买卖活动。买卖的产品或服务是通过网络安排的，至于支付和产品或服务的最终交付则既可以在线上完成，也可以在线下完成。

（三）欧洲议会的定义

电子商务是通过电子方式进行的商务活动，通过电子方式处理和传递数据，包括文本、声音和图像。它涉及许多方面的活动，包括货物电子贸易和服务、在线数据传递、电子资金划拨、电子证券交易、电子货运单证、商业拍卖、合作设计和工程、在线资料、公共产品获得，内含产品（如消费品、专门设备）和服务（如信息服务、金融和法律服务）、传统活动（如健身、教育）和信息活动（如虚拟购物、虚拟训练）。

（四）世界贸易组织的定义

世界贸易组织（WTO）在其电子商务专题报告中，对电子商务的定义是：电子商务是通过电信网络进行的生产、营销、销售和流通活动，它不仅是指基于因特网的交易活动，而且是指所有利用电子信息技术（IT）来解决问题、降低成本、增加价值和创造商业与贸易机会的商业活动，包括通过网络实现从原材料查询、采购、产品展示、订购，到出品、储运、电子支付等一系列的贸易活动。

二、国际著名 IT 公司对电子商务所做的定义

国际商用机器（IBM）公司一直是电子商务的积极倡导者。它提出了一个电子商务的定义公式，即"电子商务=万维网+电子信息技术+商业活动"，所强调的是在网络环境下的商业化应用，就是把买方、卖方、厂商及其合作伙伴在因特网、内联网（intranet）和外联网（extranet）下结合起来的应用。

英特尔（Intel）公司的定义是：电子商务=电子化的市场+电子化的交易+电子化的服务。

惠普（HP）公司的定义是：通过电子化的手段来完成商业贸易活动的一种方式，电子商务使我们能够以电子交易为手段完成物品和服务等的交换，是商家和客户之间的联系纽带。它包括两种基本形式：商家之间的电子商务及商家和最终消费者之间的电子商务。

三、对电子商务的理解

（一）广义的电子商务和狭义的电子商务

广义的电子商务定义是一切利用电子手段进行的商务活动，既包括电话、电报等初级电子

工具，也包括因特网这种高级电子工具。按照广义的理解，电话购物、电视购物、POS 联机销售都可以归入电子商务。狭义的电子商务特指通过因特网进行的商品交易及与商品交易相关的商务活动。按照狭义的理解，电话购物、电视购物、POS 联机销售都不能归入电子商务。

（二）不同角度的电子商务

不同的电子商务的定义，产生于不同的角度。从商业的角度上，电子商务是实现整个贸易活动的电子化；从涵盖范围的角度上，电子商务是交易各方以电子交易方式进行的任何形式的商业交易；从技术的角度上，电子商务是一种多技术的集合体，包括交换数据、获得数据及自动捕获数据等。

（三）高层次、低层次的电子商务

电子商务可以在多个环节实现，由此也可以将电子商务分为两个层次：较低层次的电子商务有电子商情、电子广告、电子合同等；最完整也是最高级的电子商务是利用因特网能够进行全部的贸易活动，即在网上将信息流、商流、资金流和部分的物流完整地实现。也就是说，可以通过因特网将寻找客户，进行洽谈、订货、在线付（收）款、开具电子发票，以至于电子报关、电子纳税等活动一气呵成。

综合以上各种说法，我们认为电子商务是企业利用计算机技术、网络技术和远程通信技术，来实现整个商务（买卖）过程中的电子化、数字化和网络化。人们不是面对面的、看着实实在在的货物、靠纸介质单据（包括现金）进行交易，而是互不见面，通过网上提供的商品信息、完善的物流配送系统和方便安全的资金结算系统进行交易。电子商务离不开外部环境的支撑，支撑电子商务的外部环境主要包括安全认证、物流配送、信用体系、技术标准、支付体系等。电子商务的整体运行概念图如图 1.1 所示。

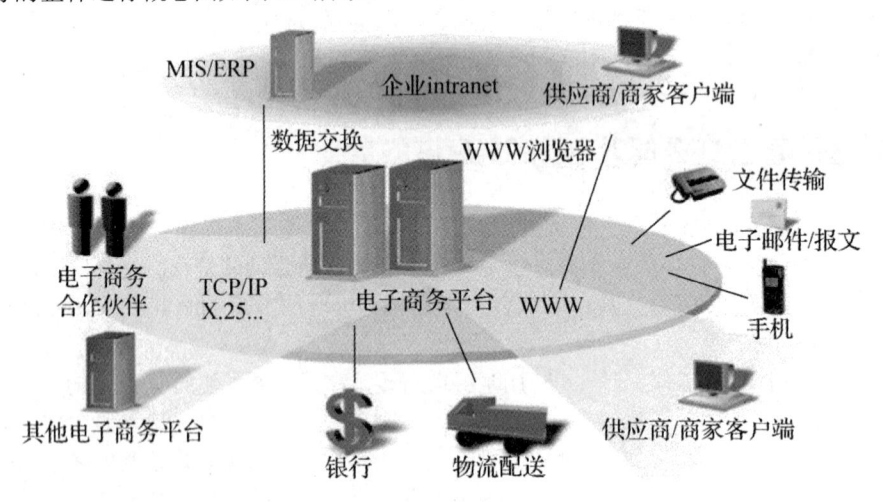

图 1.1　电子商务的整体运行概念图

四、电子商务的功能

电子商务是以因特网作为载体开展商务活动的，主要涉及网上广告、咨询洽谈、在线订货、在线付款、货物递交等售前、售中和售后等活动。电子商务通过因特网可提供在网上交易和管理的全过程的服务，具有对企业及商品进行广告宣传、咨询洽谈、网上订购、网上支付、电子账户管理、货物传递、意见征询、交易管理等各项功能。

（一）广告宣传

电子商务使企业可以通过自己的 Web 服务器，利用主页（homepage）和电子邮件在全球范围内做广告宣传，即在因特网上宣传企业形象和发布各种信息，客户通过浏览器可以迅速查询所需的信息。与其他各种广告形式相比，网上的广告成本更为低廉，却可带给顾客更丰富的信息量。

（二）咨询洽谈

电子商务使企业可借助非实时的电子邮件、新闻组（news group）和实时的讨论组（chat）来了解市场及商品信息，洽谈交易事务。如果有进一步的需求，还可以用网上的白板会议（whiteboard conference）、电子公告板（BBS）、微信、QQ 等来即时交流信息。在网上的咨询和洽谈能超越人们面对面洽谈的限制。

（三）网上订购

商家通常都会在产品介绍页面上提供十分友好的订购提示信息和订购交互区域。当客户填完订购单后，通常系统会回复确认信息单，表示订购信息的收悉。订购信息采用加密的方式使客户和商家的商业信息不会被泄露。

（四）网上支付

网上支付是电子商务交易过程中的重要环节，客户可采用信用卡、电子钱包、电子支票和电子现金等多种电子支付工具进行网上支付。网上支付可以降低交易费用，对于网上支付的安全问题现在已有相关的技术来保证。

（五）电子账户管理

网上支付必须有电子金融来支持，即银行或信用卡公司及保险公司等金融单位要为金融服务提供网上操作的服务，而电子账户管理是其基本的组成部分。

（六）货物传递

电子商务通过服务传递系统将客户所订购的商品尽快地传递到已订货并付款的客户手中。对于有形的商品，服务传递系统可以通过网络对在本地或异地的仓库或配送中心的商品进行调配，并通过物流公司完成商品的传送；对于无形的信息产品，如软件、电子读物、信息等则可以立即从电子仓库中提取并通过网络直接传递给客户。

（七）意见征询

企业的电子商务系统可以采用网页上的选择、填空等格式文件及时搜集客户对商品和销售服务的反馈意见。这些反馈意见能提高网上、网下交易的服务水平，让企业获得改进产品、发现新市场的商业机会，使企业的市场运作形成一个良性的封闭回路。

(八)交易管理

电子商务的交易管理系统可以借助网络快速、准确地搜集到大量数据信息,并利用计算机系统强大的处理能力针对人、财、物多个方面,以及企业和企业、企业和客户、企业内部等各方面进行协调与管理。

电子商务的上述功能,为网上交易提供了一个良好的环境,使电子商务的交易过程得以顺利和安全的完成,并可以使电子商务获得更广泛的应用。

情境案例

网上一条信息,给一家乡镇企业带来了意外惊喜

西门子公司80周年庆典,需要几百棵圣诞树,于是在网上发布需求信息。我国泉州一家乡镇企业在网上看到这则消息,通过网络联系,6天就提供了其所需的圣诞树。现在西门子每年的圣诞树都是从泉州这家企业订购的。

案例思考 乡镇企业与西门子公司直接做生意的机会是如何获得的?

情境任务三 认知电子商务的基本框架

一、电子商务的一般框架结构

电子商务与传统商务相比,贸易的实质并没有改变,但是贸易过程中的一些环节所依附的载体发生了变化,所以贸易形式也相应发生了变化。

电子商务的一般框架结构是指实现电子商务从技术到一般服务层所应具备的完整的运作基础,也是指实现电子商务的技术保证和电子商务的应用所涉及的领域。它在一定程度上改变了市场的基本结构,而且它不是一个孤立的系统,需要与外界进行信息交流。

电子商务的一般框架由两大支柱、3个层次构成:两大支柱分别是有关电子商务的国家政策及法律法规、各种技术标准和安全网络协议;3个层次是网络层、多媒体信息发布层和一般业务层。

在两大支柱和3个层次的支持下,电子商务的应用领域涉及方方面面,如网上购物、网上银行、网络广告、网上娱乐、网上视频点播、信息增值服务、供应链管理等。电子商务的一般框架结构如图1.2所示。

(一)网络层

网络层是电子商务的网络基础设施,是信息传输系统,是实现电子商务最底层的硬件基础设施。它主要包括:远程通信(telecom)网、有线电视(cable TV)网、无线(wireless)通信网和因特网。

```
                    电子商务应用
            （网上购物、网上银行、网络广告、网上
            娱乐、网上视频点播、信息增值服务、供
  国            应链管理等）
  家
  政                                              技
  策            一般业务层                        术
  及      （安全认证、电子支付、电子目录等）      标
  法                                              准
  律            多媒体信息发布层                  和
  法      （电子数据交换、HTTP、HTML、            网
  规            电子邮件、Java等）                络
                                                  协
                  网络层                          议
            （远程通信网、有线电视网、
             无线通信网、因特网等）
```

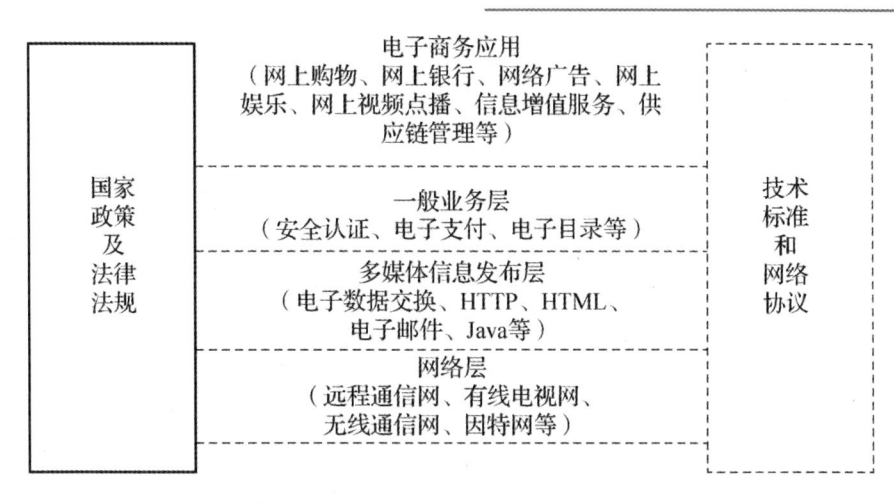

图 1.2　电子商务的一般框架结构

远程通信网包括公用交换电话网（PSTN）、公用数据网（PDN）、综合业务数据网（ISDN）等；无线通信网包括移动通信系统、微波通信系统和卫星通信系统。这些不同的网络都提供了电子商务信息传输的线路，但是大部分的电子商务应用还是基于因特网。

因特网是当今世界上最大的开放国际性计算机数字通信网络，是一个由各种不同类型和规模的独立运行与管理的计算机网络组成的全球性计算机网络。也就是说，它是由一系列更小的网络组合而成的，并非一个单独的网络。组成因特网的计算机网络包括小规模的局域网（Local Area Network，LAN）、城市规模的城域网（Metropolitan Area Network，MAN）和大规模的广域网（Wide Area Network，WAN）等。这些网络通过普通电话线、高速率专用线路、卫星、微波和光缆等线路把不同国家的大学、公司、科研部门和政府部门等组织的网络连接起来，实现网络资源的共享。

因特网网络互连采用的协议是 TCP/IP（Transfer Control Protocol/Internet Protocol）协议。因特网上包括的主要硬件设备有：数字交换机、路由器（route）、集线器（hub）、调制解调器（modem）、IP 电话设备、有线电视机顶盒（Set Top Box）等。经营计算机网络服务的是 ISP（Internet Service Provider，因特网服务提供商）。

（二）多媒体信息发布层

在网络层提供的信息传输线路上，需要根据一系列传输协议来发布信息。

目前，网上最流行的发布信息的方式是以 HTML（超文本链接语言）的形式将信息发布在万维网（WWW）上。网络上传播的信息包括文本、图片、声音、图像等形式，HTML 将这些多媒体信息组织得易于检索和富有表现力，而应用 Java（因特网的环境编程语言）能更方便地使这些传播适用于各种网络（有线、无线、光纤、卫星通信）、各种设备（PC、工作站、各种大中型计算机）和各种操作系统（Windows、Mac OS、UNIX）等。

因特网上的信息传播工具提供了两种主要的交流方式：一种是面向人的非格式化的数据交流，如我们用电子邮件和 FTP（文件传输协议）来传递消息；另一种是面向机器的格式化的数据交流，如电子数据交换系统就是典型代表，其传递和处理过程是自动化的，无须人的干涉，商务贸易中的订单、发票、装运单等都比较适合采用格式化的数据交流。HTTP（超文本传输协议）是因特网上通用的消息传播方式。它以统一的显示方式，在多种环境下显示非格式化的多

媒体信息。目前，大量的因特网使用者在各种终端和操作系统下通过 HTTP 使用统一资源定位器（URL）去查找所需要的信息。

（三）一般业务层

这一层实现的是为了方便交易所提供的通用的业务服务。它是所有企业、个人在网上进行交易时都会用到的服务，主要包括保证商业信息安全传输的方法、买卖双方合法性的认证、电子支付工具与商品目录服务等。

进行一项网上交易时，买方发出一笔电子付款（以电子支票或电子现金形式），并随之发出一个付款通知给卖方，卖方通过金融机构对这笔付款进行认证并接收。同时，发出货物，最后当买方收到所购的货物时，这项交易才算完成。对于电子商务来说，最关键的是电子支付的安全性。为了保证网上支付的安全，必须保证交易是保密的、真实的、完整的和不可抵赖的，目前的做法是采用信息加密技术（非对称密钥加密、对称密钥加密等）、安全认证技术（数字签名、数字证书、CA 认证等）和安全交易协议（SET 协议、SSL 协议等）来提供端到端的安全保障。

电子目录服务是将信息妥善组织，使之能方便地增、删、改，并建立标准的商品目录和价格表。电子目录服务还支持市场调研、咨询服务、商品购买指南等，是电子交易的基础，是客户关系管理（CRM）解决方案的一部分。

（四）国家政策及法律法规

电子商务的产生和发展不仅改变了传统的交易模式，而且也给传统的法律法规带来了新的挑战。电子商务的特点是信息数字化和网络化，如何保证这些信息安全并具有证据效力是必须解决的问题。网络购物的便捷性在给消费者带来便利的同时，也带来如欺诈、仿冒商品、产品质量问题等困扰；围绕电子商务的相关税收制度、信息的定价、信息访问的收费、信息传输成本、隐私保护等一系列问题，需要政府制定政策；知识产权问题在电子商务活动中尤为突出，包括如何保证授权商品的交易顺利进行，如何有效地遏制侵权商品或仿冒商品的销售，如何打击侵权行为。这些都是应该考虑的问题，如果处理得不好，将严重制约电子商务的发展。

电子商务是建立在跨国界的信息网络之上的贸易方式，相关政策法规必须与此保持一致。但是各国国情不同，电子商务的共同要求和各国具体情况之间往往会发生冲突，需要国际社会协调解决。此外，由于各国的道德规范不同，也必然会存在大量需要协调的问题。目前，在我国的电子商务应用方面，政府已开始关注电子商务立法，但针对电子商务的法律法规还有待健全。

（五）各种技术标准和网络协议

技术标准定义了用户接口、通信协议、信息发布标准、安全协议等技术细节，是信息发布、传递的基础，是网络信息一致性的保证。它包括公共标准、网络标准、应用平台标准、应用技术标准。

就整个网络环境来说，技术标准对于保证各种硬件设备和应用软件的兼容性与通用性是十分重要的。例如，在交通方面，有的国家是左行制，有的国家是右行制，如果不加以协调，就会给交通运输带来混乱；不同国家 110 V 和 220 V 的电器供电标准也给家电使用带来了麻烦。在电子商务中也会遇到类似问题，而且由于电子商务的全球性，非国际化的技术标准将会带来更为严重的问题。目前，许多企业、厂商和国际组织都意识到技术标准的重要性，正致力于联合开发统一的国际技术标准，如电子数据交换标准、TCP/IP、HTTP、SSL 协议、SET 协议等。

二、电子商务系统的构成

电子商务系统（见图 1.3）是在因特网信息系统的基础上，由参与到电子交易过程中的供应商或卖方、客户或买方、提供实物配送服务和支付服务的机构，以及提供网上商务服务的电子商务服务商（提供网络接入服务、信息服务及应用服务的 IT 厂商）和提供身份认证的 CA（Certificate Authority，认证中心）组成的。因特网信息系统是进行交易的平台；卖方、买方是网上市场交易的主体，它们使用电子商务服务商提供的因特网服务来参与交易；电子商务服务商为交易的双方进行交易提供支持；配送中心完成有形产品送货上门，支付中心提供资金支付方面的服务；CA 负责发放和管理数字证书，使网上交易的各方能够相互确认身份。

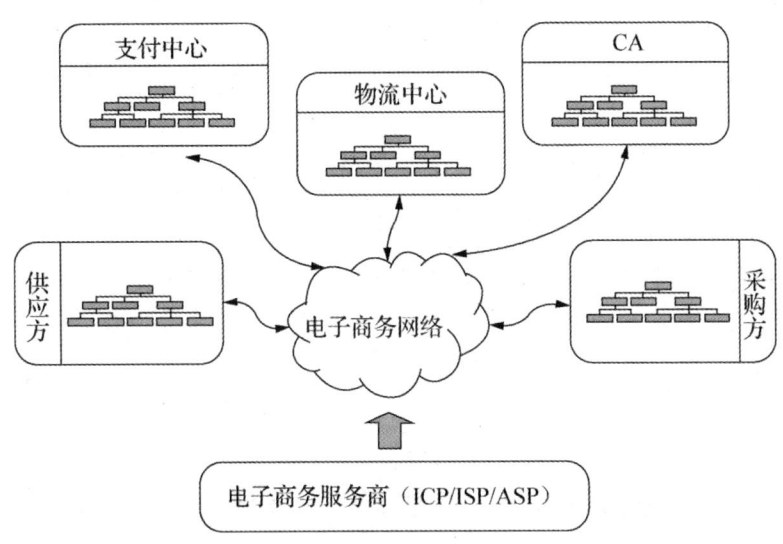

图 1.3　电子商务系统的构成

上述 6 个方面构成了电子虚拟市场交易系统的基础，它们是有机结合在一起的，缺少任何一方面都可能影响网上交易的顺利进行。因特网信息系统保证了电子虚拟市场交易系统中信息流的畅通，是电子虚拟市场交易顺利进行的核心。供应商与客户是网上市场交易的主体，实现其信息化和上网是网上交易顺利进行的前提，缺乏这些主体，电子商务无法存在。电子商务服务商是网上交易顺利进行的手段，可以推动企业和消费者上网并更加方便地利用因特网进行网上交易；实物配送、网上支付和身份认证是网上交易顺利进行的保障，缺乏完善的实物配送系统及网上支付系统，将阻碍网上交易完整的完成。

情境拓展

电子商务中介机构的类型

① IAP（Internet Access Provider，因特网接入提供商）主要提供因特网通信和线路租借服务，如我国电信企业中国电信、中国联通提供的线路租借服务。

② ISP（Internet Service Provider，服务提供商）主要为企业建立电子商务系统提供全面支持，一般企业、组织和消费者上网时只通过 ISP 接入因特网，由 ISP 向 IAP 租借线路。

③ ICP（Internet Content Provider，因特网内容提供商）主要为企业提供内容服务，如财经信息、搜索引擎。这类服务一般都是免费的，ICP 主要通过其他方式，如发布网络广告获取收入。

④ ASP（Application Service Provider，应用服务系统提供商）主要是为企业建设电子商务系统时提供系统解决方案。这些服务一般都由属于信息技术（IT）行业的公司提供。

在电子商务系统中，为了保证交易信息的传输安全，除了在通信传输中采用更强的加密算法之外，电子商务系统中的各参与方还必须有一个可以被验证的标识，即数字证书。数字证书必须符合一定的标准，并且其来源又必须是可靠的。这就意味着应该有一个网上各参与方都信任的机构，专门负责数字证书的颁发和管理，这个机构就是认证机构。

认证机构就是 CA，是采用 PKI（Public Key Infrastructure，公开密钥基础架构）技术，专门提供网络身份认证服务，负责签发和管理数字证书，且具有权威性和公正性的第三方信任机构。其作用就像我们现实生活中颁发证件的机构，如身份证颁发机构、护照办理机构等。目前，CA 主要分为根 CA、品牌 CA 和区域性 CA。

CA 主要由 3 个部分组成：在客户端面向证书用户的数字证书申请、查询和下载系统；在 RA（Registration Authority，证书审批）端由 RA 管理员对证书申请进行审批的证书授权系统；在 CA 控制台，签发用户证书的证书签发系统。

目前，CA 提供的数字证书业务主要包括：数字证书的申请、签发和发布；证书的查询、作废、更新、存档，有时还提供 OCSP（在线证书状态查询）服务；密钥的管理，主要是密钥的产生、存储、更新、备份和恢复。

情境任务四　电子商务的特点和影响

情境引例

"非典"对电子商务产生的影响

2003 年春季"非典"引起的实体市场的萧条导致了虚拟市场的火爆，使人们真正体验到了电子商务带来的安全、便利与快捷。调查显示，为防治"非典"，人们自觉减少了面对面的接触，企业改变了以往在宾馆、酒楼洽谈生意的传统方法，逐渐重视网络技术对扩大企业影响，增强与外界的联系，拓宽企业生存、发展空间的作用。有 82% 的企业认为有必要开展电子商务活动，在未建网站或未开展电子商务的企业中有 73% 的企业正在考虑筹建网站或开展电子商务活动。

调查还表明，"非典"使电子银行业务大增，更多的人选择电话、上网方式相互沟通联系，办理多项业务。自 4 月中旬到 5 月底，福建省建设银行系统网上交易额比去年同期增长 3.7 倍；省工商银行在"非典"疫情发生后网上交易额也增加了 20 亿元人民币。上海电子商务走进"夏季"，网上交易服务一路走红。

在上海，企业和商家纷纷借助信息技术与网络平台，改变服务和交易方式，网上购物、网上交易数量激增，沉寂多时的电子商务迅速升温。上海市电子商务行业协会最新统计显示，"非典"时期上海生产资料网上交易量平均上升50%，生活资料网上交易量上升100%，个人之间的网上交易量平均上升30%。例如，"东方钢铁在线"2月份网上交易额为700吨，3月份增加到6000吨，4月21日到25日5天就达到了5000吨；"爱姆意在线"2002年1月至4月网上交易额为5000万元，2003年同期达1.1亿元；2004年1月至4月，"易购365""联华OK"的网上订购量也比去年同期翻了一番，送货人员增加了80%。

引例思考　与传统商务相比，电子商务具有哪些特点？为什么"非典"给电子商务带来了商机？

电子商务的影响

英国电信公司的总裁莫凯特对电子商务有自己的看法。他说："我们认识到互联网的价值是可以很快地处理交易，同时向顾客提供大量信息。目前，有的公司与顾客的交易75%在计算机上进行，10%通过电话处理，另外15%面对面处理。而我们公司目前面对面处理交易过程的情况还很多，我们要进行某些改变。互联网并没有让我们减少总的成本，而是改变了成本的构成，减少了其他方面的费用，增加了与顾客联系的成本，我们把更多的钱花在了吸引和留住客户上。这对我们整体来说是非常有利的。因此，我想互联网不仅是一种销售渠道，而且是改变公司的业务流程和企业文化的一种工具，从根本上改变了公司的经营方式。"

福特汽车公司内部有完善的内联网，每天有80%的雇员上内联网。内联网为他们提供了能更好工作的工具。每种小轿车和卡车都有自己的内部网址跟踪设计、生产、质量控制和交付程序。但是引起人们兴趣的是福特汽车公司刚刚与微软成立的合资企业CarPoint。福特的总裁杰克·纳赛尔在演讲中开门见山地指出，福特汽车公司要转变成直接面向消费者的公司，公司与微软公司成立的CarPoint，就是为了给消费者创造一个更趋简单、完善的网上服务方式。消费者可以随时设计、订购让自己满意的汽车。这个合资企业是世界上第1个在线凭单生产系统，能够把消费者的设计、订货方案直接同制造商的生产、供货、运输系统联系在一起。消费者得到了想要的产品，而制造商也得到了实地实时的市场信息。福特汽车公司目前是"生产线"和"网上在线"两条腿走路。

互联网是否让福特汽车公司卖出更多的汽车？福特汽车公司的总裁说："我们并不是特别看重互联网能否让我们卖出更多的汽车，而是互联网能让我们对顾客的需求更快地做出反应。"

引例思考　电子商务给企业带来了什么影响？给人们的生活、学习、工作又将带来哪些变化？

一、电子商务的特点

电子商务作为一种新型的交易方式，将生产企业、流通企业及消费者和政府带入了一个网络经济、数字化生存的新天地。电子商务综合运用信息技术，以提高贸易伙伴之间商业运作效率为目标，将一次交易全过程中的数据和资料用电子方式实现，从而在商业的整个运作过程中实现交易无纸化、直接化。电子商务可以使贸易环节中各个商家和厂家更紧密地联系，更快地满足需求，在全球范围内选择贸易伙伴，以最小的投入获得最大的利润。

电子商务与传统的商务活动方式相比，具有以下特点。

（一）交易网络化

电子商务所依赖的各项技术中，最重要的是网络技术。电子商务必须通过计算机网络系统来实现信息的交换和传输，因此电子商务的实现和发展与信息技术密切相关。

（二）交易虚拟化

电子商务利用计算机网络技术或其他任何电信手段进行货物贸易、服务贸易、信息服务及电子支付，交易双方无须面对面洽谈，而是通过计算机互联网完成交易过程，整个交易过程完全虚拟化。

（三）交易成本低

　　电子商务为商家和消费者提供了信息交换平台，降低了信息传递的成本。电子商务使买卖双方可以通过互联网进行直接交易，节省了中间环节的成本；"无纸贸易"可大量减少文件处理费用；不需要实体店铺，降低了店铺租赁、维护等费用。例如，北美汽车商通过因特网推销汽车，每年可节约10亿美元。目前，美国机场售票有1/3通过因特网，每张票的手续费仅1美元。

（四）交易全球化

　　传统商务有固定地点、固定时段，电子商务能够不受时间和空间的局限，提供无国界、无地域、全天候的服务，真正实现了贸易的全球化，商家能以最少的成本支出，在世界范围内简单而又迅速地寻找到更多的消费者、最好的供货商和最合适的贸易伙伴。

（五）交易透明化

　　电子商务的买卖双方从交易的洽谈、签约，到货款的支付、交货统计等交易过程都通过网络进行通畅快捷的信息传输，可以保障各种信息之间的相互核对，防止伪造信息的出现。

（六）交易平等化

　　因特网为所有企业提供了一个平等、开放的平台，使得中小企业有可能拥有与大企业一样的信息资源，对大、中、小企业都会产生机遇与挑战，带来的机会是均等的。

　　电子商务在传统商务的基础上，运用信息及信息技术，改变了传统商务的交易方式、沟通方式，拓展了商务活动的边界，改变了人们对商务的认识，形成了新的商务思维方式和新的商业生态文明，也改变了人们对客观世界的认识。

二、电子商务的影响

（一）电子商务对社会经济的影响

1. 电子商务将改变商务活动的方式

　　电子商务改变了商务活动的方式，传统营销模式下推销员"说破了嘴、跑断了腿"四处推销产品，消费者奔波在各个商场中精疲力竭地搜索自己所需的商品，常常要花费很多时间。如今，只要上网动动手就可以买到自己喜爱的商品，而且还能获得在线服务；不仅能够购买实物产品，如汽车、电视机和录音机，也能购买数字类产品，如信息、电影、音乐、数据库、软件及各类知识产品。此外，还能获得各类服务，如安排旅游行程、网上医疗诊断和远程教育。电子商务不仅为企业节省了推销成本，也方便了消费者，节省了消费者的购买时间和精力。

2. 电子商务改变了人们的消费方式

　　网上购物的最大特征是消费者的主导性，购物意愿掌握在消费者的手中——消费者不受时间的限制，不受空间的限制，不受传统购物的诸多限制，足不出户，就可货比三家，随时随地地在网上购物，还能够以一种轻松自由的自我服务的方式来完成交易。因此，消费者主导权在网络购物中得以充分体现。

3. 电子商务改变了企业的生产方式

电子商务让消费者的个性化、特殊化需要得以通过网络展现给生产厂家。为了取悦顾客户，突出产品的设计风格，制造业中的许多企业纷纷发展和普及电子商务。例如，美国福特汽车公司在1998年的3月份将分布在全球的12万个计算机工作站与公司的内部网连接起来，并将全球的1.5万个经销商纳入内部网，最终目的是实现能够按照用户的不同要求做到按需供应汽车。

4. 电子商务为传统行业带来了一场革命

电子商务在商务活动的全过程中，通过人与电子通信方式的结合，极大地提高了商务活动的效率，减少了不必要的中间环节，为传统的制造业借此进入了小批量、多品种的时代创造了条件，"零库存"成为可能；为传统的零售业和批发业开创了"无店铺""网上营销"的新模式；各种线上服务为传统服务业提供了全新的服务方式。

5. 电子商务带来了一个全新的金融业

在线支付是电子商务的关键环节，也是电子商务得以顺利发展的基础条件。随着电子商务在电子交易环节上的突破，网上银行、银行卡支付网络、银行电子支付系统及电子支票、电子现金等服务将传统的金融业带入了一个全新的领域。1995年10月，全球第1家网上银行"安全第一网络银行"（security first network bank）在美国诞生，这家银行没有建筑物、没有地址，营业厅就是首页画面，员工只有10人。与总资产超过2 000亿美元的美国花旗银行相比，"安全第一网络银行"简直微不足道。但与花旗银行不同的是，该银行所有交易都通过互联网进行，第1年年存款金额就达到了1 400万美元，4年后达到了4亿美元。

6. 电子商务将转变政府的行为

政府承担着大量的社会、经济、文化管理和服务功能，尤其作为"看得见的手"，在调节市场经济运行方面有着很大的作用。在电子商务时代，在企业应用电子商务进行生产经营，银行实现金融电子化，以及消费者实现网上消费的同时，也对政府管理行为提出了新的要求。电子政府也称网上政府，将随着电子商务发展而成为一个重要的社会角色。

总而言之，作为一种商务活动过程，电子商务将带来一场史无前例的革命。其对社会经济的影响会远远超过商务的本身，除上述这些影响外，还将对就业、法律制度及文化教育等带来巨大的影响。

（二）电子商务对企业的影响

网络经济有着不同于传统经济的规律与模式，电子商务不是传统商务活动在网络上的翻版。电子商务自身所具有的特点决定了其优于传统商务，具体表现在以下几个方面。

1. 增强成本竞争优势

（1）电子商务可以降低采购成本

传统的原材料采购是一个程序烦琐的过程。通过因特网，企业可以加强与主要供应商之间的协作，将原材料的采购和产品的制造过程有机地结合起来，形成一体化的信息传递和处理系统。目前，许多大公司采用一体化的电子采购系统，从而降低了劳动力、打印和邮寄成本，采购人员也有更多的时间致力于合同条款的谈判，以及与供应商建立稳固的供销关系。

例如，美国通用电气公司的照明设备部，自从将大部分手工采购转向在因特网上进行电子采购后，产生了积极的效应——既改善了服务，又节省了劳动力和原材料成本。

该公司以往的采购程序是：照明设备部为购买一些低值零件，每天向公司的采购资源部发送几百份询价申请单，采购资源部对每份申请都要附设计图纸（设计图纸是从技术资料档案中调出来复印后再装入信封的），上述的过程一般要 7 天的时间才能完成。由于工作烦琐，采购资源部只能将招标文件邮寄给 3 家供货商。1996 年公司采用了网上采购系统后，采购资源部可以从内部网络接受询价申请单，并通过因特网向全球的供货商发出招标文件。该系统能够准确地自动检索出设计图纸，并附在电子询价单上。在 2 小时内，全球的供货商们就可以收到询价单，通用电气公司在收到报价的当天就能完成评标工作并确定最终的中标人。该公司宣称，通过网络采购方式可使人工成本节省 30%，同时 60% 的采购人员被重新安排了工作。采购资源部从大量的纸面、复印和邮寄工作中解脱出来，每月至少能腾出 6~8 天的额外时间集中研究采购战略问题。再者，因为新的采购方式使公司能在更广泛的在线供货商中进行选择，所以由此带来的激烈竞争使材料价格降得更低，可比原来节省 20%。

（2）降低库存成本

产品的生产周期越长，企业就需要越多的库存来应对可能出现的交货延迟，面对市场的反应也就越慢。而且，库存增多也会增加成本，降低企业的利润。何况，高库存量也不能保证向客户提供最佳的服务。因此，适当的库存容量不仅可以让客户得到满意的服务，而且可以尽量地为企业减少运营成本。电子商务的应用有利于达到上述目标。例如，IBM 公司从 1996 年开始应用电子商务高级计划系统。通过该系统，零售商和供应商都可以通过电子商务系统将一系列相关产品的最新预测发送出去，连接在互联网上的主机在收到最新预测后，对大家的预测进行对比，并标出最大的差异。该差异将由零售商和供应商的计划人员重新调整。为了避免操作复杂，软件设计公司将该软件设计成针对具体的交易情况可自动处理和调整的方式。这样，生产商就可以准确地依据销售商的需求生产，使库存保持在适当的容量，从而降低库存成本。

（3）电子商务可以降低促销成本

尽管创立和维护企业的网站需要一定的投资，但与其他的销售渠道相比，使用因特网的成本已经大大降低了。依据国际数据公司的调查，利用因特网作为广告媒体进行网上促销活动，结果是使销售额增加 10 倍，同时费用只是传统广告的 1/10。该项研究还表明，一般情况下采网上促销的成本只相当于直接邮寄广告花费的 1/10。还有一项研究认为，利用因特网发布广告的平均费用仅为传统媒体的 3%。例如，美国宾夕法尼亚州的安普公司（AMP International of Harrisburg）曾经花费 800 万美元印刷产品目录，而现在将其销售的 7 万种产品目录在因特网上展示，不仅成本大大降低，而且销售额大大增加。

（4）电子商务可以降低客户服务成本

随着企业电子商务的开展，网络客户支持系统受到厂家和客户的欢迎。企业提供有效的网上客户支持活动，可以大大降低电话咨询的次数。例如，美国联邦捷运公司（Federal Express）通过设立网上咨询服务系统，使客户可以随时跟踪快递包裹的动态，客户每次查询只要花费公司 0.1 美元，而用传统的咨询方式却要花费企业 7 美元。可见，网上技术支持服务的费用大大少于电话咨询的费用。

2．缩短企业的生产周期

产品的生产成本都涉及固定成本的支出，固定成本并不随着生产数量的变化而变化，而与产品的生产周期有关。电子商务的应用可以缩短产品的生产周期，从而降低企业的生产成本。

电子商务的应用为产品的开发和设计提供了快捷的方式：第一，开发者可以利用网络进行快速市场调研，了解最新的市场需求；第二，开发者可以利用网络，快速了解到产品的市场反馈，了解到竞争对手的最新情况，对产品进行再改良，以取得竞争优势。而这个过程，在传统商务中要经过一段漫长的时间，从而使生产周期大大延长，提高了生产成本。现在，电子商务改变了这一切。

3．增加交易机会

由于网络的开放性和全球性，使得基于网络的电子商务没有时间和空间的限制，企业必须不断地为世界各地的客户进行技术支持和销售服务。这种24小时不间断的服务有利于增加企业与客户的接触机会，也给企业增加了许多商机。

4．提高客户满意度

（1）满足客户个性化需求

牛仔裤领导厂商Levis通过调查发现，许多客户对现有牛仔裤的合身程度并不完全满意。因此，该公司在网站上推出了提供标准的规格，并提供客户自行量身，再为其修改的服务。又如，一家销售户外活动用品的商家，在网上开展了定制旅行袋的业务，允许客户利用自己的计算机和网络，自行设计或修改旅行袋的式样、颜色、材料、尺寸、装饰品和附件等，还可绣上自己的姓名或其他标志。这些服务由于迎合了客户个性化的需求而大受市场欢迎，商家也因采取预收款或收取较高服务费等方式而获得了更多盈利。

（2）提供更有效的售后服务

企业可以通过因特网提供售后服务。例如，在网上进行产品介绍、技术支持、FAQ（常见问题解答）等。在电子商务时代，售后服务不再是企业的负担，而是企业通过客户关系管理来维持老客户、吸引新客户，从而提高市场占有率的一种有效手段。

情境案例

企业投1元回报达234元

在2008年贸易萎缩、消费收紧的大环境中，电子商务在中国却"逆市扩张"。全球最大的分析公司IDC在一份名为《电子商务服务业的社会经济影响》的报告中指出，以阿里巴巴为代表的第三方电子商务平台有力地带动了中小企业电子商务的发展。有25.04%的中小企业表示，在阿里巴巴这样的电子商务平台上每投入1元钱，可带来平均234元的交易额回报。该报告的作者IDC高级分析师黄涌涛研究发现，"以2008年上半年全国各地区的房屋店面租赁价格和运营费用为基准，网上店铺为卖家节约实体店面成本达人民币4.45亿元/月；网商通过与物流公司合作降低了60%的运输成本和30%的运输时间；基于网络综合营销成本相比传统线下店铺降低了约55%。经过研究发现，与传统线下销售相比较，电子商务约可以降低47%的渠道成本。"

案例思考 为什么电子商务的成本低于传统商务？

情境任务五 走进移动电子商务

随着智能手机终端的不断普及、平板电脑和大屏手机的渗透、移动网民数量的大增，移动电子商务的发展具有了强大的基础。

一、移动电子商务的含义及特点

（一）含义

移动电子商务（M-commerce）是指用户利用移动电话、PDA 或掌上电脑等移动终端，依托无线互联网而进行的电子商务活动。移动电子商务是电子商务的一种新型模式，使得传统的电子商务变得更加灵活、方便和简单，用户可以随时随地地进行在线交易。

（二）特点

1. 移动性

传统电子商务已经使人们感受到了网络所带来的便利和快乐，但它的局限在于它必须有线接入。而移动电子商务则摆脱了传统电子商务地点的限制，使用者可以随身携带移动设备，只要在无线网络覆盖的地方就可以随时随地结账、订票或购物，带给使用者无障碍的新体验。

2. 便利性

智能手机等移动终端具有小巧、轻便易携带等特点。移动电子商务可以让客户不受时间和空间的限制，随时随地获取网络信息，体验娱乐服务，进行即兴购物等体验。

3. 个性化

移动电子商务覆盖面广，可供选择的服务众多，能满足不同消费者的需求。而且其操作界面可以根据个人喜好自行设置不同的模式，还能收藏、保存数据。为了满足人们不同的需求，要求电子商务的发展更加个性化。

4. 广泛性

移动网购用户范围更广，涵盖了不会使用计算机的中老年消费者。对于一些中老年消费者，他们可能并不会使用计算机，无法在 PC 端进行消费，而移动端购物相较于 PC 端更加简单，移动网购更容易被这些人群所接受。

二、移动电子商务的发展及应用

（一）移动电子商务的发展

随着移动通信技术和计算机的发展，移动电子商务的发展已经经历了 3 代。

① 第 1 代移动商务系统采用以短信为基础的访问技术。这种技术存在着许多严重的缺陷，其中最严重的问题是实时性较差，查询请求不会立即得到回答。由于短信信息长度的限制，也使得一些查询无法得到一个完整的回答。

② 第 2 代移动商务系统采用了基于 WAP 技术的方式，手机主要通过浏览器的方式来访问 WAP 网页，以实现信息的查询，部分地解决了第 1 代移动访问技术的问题。第 2 代的移动访问技术的缺陷主要表现在 WAP 网页访问的交互能力极差，因此极大地限制了移动电子商务系统的灵活性和方便性。

③ 第 3 代移动商务系统采用了基于 SOA 架构的 Web 服务、智能移动终端和移动 VPN

（Virtual Private Network，虚拟专用网络）技术相结合的第 3 代移动访问与处理技术，同时融合了 3G 移动技术、智能移动终端、VPN 数据库同步、身份认证及 Web Service 等多种移动通信、信息处理和计算机网络的最新前沿技术。它以专网和无线通信技术为依托，使得系统的安全性和交互能力有了极大的提高，为用户提供了一种安全、快速的现代化移动商务机制，逐渐成为移动电子商务的主流发展方向。

移动电子商务最初以移动支付应用为主，电信运营商的"手机钱包"和"手机银行"就提供这类业务，消费者可以通过手机购买电影票、进行超市购物、进行公共事业缴费等。随着移动电子商务应用逐渐由社会生活向经济领域延伸，移动电子商务的内涵不断深化，与实体经济、生产性服务结合得更加紧密。

（二）移动电子商务的应用

移动电子商务形式多样，除从传统计算机电子商务中扩展而来的一些服务外，还有许多新的形式逐渐被开发出来。目前，主要的移动电子商务应用可分为下面几种类型。

① 银行业务。移动电子商务使用户能随时随地在网上安全地进行个人财务管理，进一步完善因特网银行体系。用户可以使用其移动终端完成核查账户、支付账户单、转账及接收付款通知等业务。

② 信息服务。在移动电子商务中，虽然主要目的是交易，但是实际在业务进行过程当中，信息的获取对于带动交易的发生或是间接引起交易是有非常大的作用的。例如，用户可以利用手机，获取股票行情、天气、旅行线路、电影、航班、音乐、游戏等各种内容业务的信息，而在这些信息的引领下，有助于引导客户进行电子商务的业务交易活动，如订车票、飞机票，更改航班或车次，订电影票、各种门票，订餐，进行股票交易等。

③ 购物。借助移动电子商务，用户能够通过其移动通信设备进行网上购物。即兴购物会是一大增长点，如订购鲜花、礼物、食品等。又如，登录手机淘宝、京东移动端进行购物。

④ 娱乐。移动电子商务将带来一系列娱乐服务。用户不仅可以从他们的移动设备上收听音乐，还可以订购、下载特定的曲目或支付版权费，并且可以在网上与朋友们玩交互式游戏，还可以进行游戏付费。

⑤ 移动支付。用户使用其移动终端（通常是指手机）对所消费的商品或服务进行账务支付，是移动电子商务的一个重要目标，使得用户可以随时随地完成必要的电子支付业务。

技能训练

1. 上网搜索中国互联网络信息中心第 40 次《中国互联网发展状况统计报告》，了解网民对各项网络应用的使用程度。
2. 登录苏宁易购，选购一件需要的电器产品，比较网上购物与传统购物各自存在的优势和劣势。
3. 选择一家熟悉的企业，分析其是否开展了电子商务。如果开展了，还存在哪些问题？
4. 下载淘宝手机客户端、京东手机客户端，查询其提供的主要功能。

学习情境二

识别电子商务的交易模式

学习目标

知识目标

认识一些有代表性的电子商务网站，能够判断其电子商务交易模式，掌握电子商务交易的一般流程。

技能目标

能够分析一个网站的电子商务交易模式、运作模式和盈利模式。

情境任务一　认识电子商务的交易模式

情境引例

苏宁易购

苏宁易购是建立在苏宁电器集团强大后台基础上的电子商务平台。作为实体零售的辅助，苏宁易购利用苏宁电器集团既有优势，通过自主采购、独立运营，将虚拟经济与实体销售模式相结合，旨在配合苏宁电器集团打造虚实结合的新型家电连锁模式。

目前，苏宁易购以通信、计算机、数码、黑电、冰洗、空调、厨卫为主。与此同时，苏宁易购也不拘泥于家电零售，在快速消费品、百货产品、家居产品、娱乐产品等领域全面布局，利用网络平台便捷的优势，实现由家电3C零售商向综合产品零售商的转型。在区域覆盖上，苏宁易购将会依托中国香港、日本的平台，利用网购领域无国界的特点，借助强大的管理后台、技术平台，同步进军国际电子商务市场，并向东南亚地区实现渗透。

引例思考　苏宁是传统的电器零售商，现又发展网上零售，其网上零售属于哪种交易模式？其电子商务运作流程又是怎样的呢？

阿里巴巴和淘宝

阿里巴巴（Alibaba.com）是全球企业间电子商务发展较好的品牌之一，是目前全球较大的网上交易市场和商务交流社区之一。阿里巴巴成立于1998年年底，总部设在杭州市区，并在海外设有美国硅谷、伦敦等分部。良好的定位、稳固的构成、优秀的服务使阿里巴巴成为全球首家拥有百万商人的电子商务网站，成为全球商人网络推广的第一网站,曾被商人们评为"最受欢迎的企业间网站"。

淘宝网是亚洲最大的网络零售商圈,致力于打造全球首选网络零售商圈,由阿里巴巴集团于2003年5月10日投资创办。淘宝网目前的业务横跨个人对个人、商家对个人两大部分。

引例思考 阿里巴巴和淘宝网同属于阿里巴巴集团,二者的模式有何不同?

一、电子商务交易的主体

电子商务交易的参与者包括交易主体(如政府、企业和消费者)和需要为电子商务交易提供服务的其他相关机构,如银行、配送公司、认证机构等。

(一)政府

政府既是电子商务市场的管理者,又是电子商务活动的参与者。政府作为电子商务市场的管理者,要制定政策法规,建立有利于电子商务健康发展的管理体制,并负有加强网络环境下的市场监管、规范在线交易行为、保障信息安全、维护电子商务正常秩序的责任。作为电子商务活动的参与者,政府直接以电子商务的方式进行网上招标、采购,行使管理职能。

(二)企业

企业是电子商务最主要的推动者和受益者。在 B2C 电子商务中,它们是零售商;在 B2B 电子商务中,它们是制造商或采购商。它们通过电子商务系统完成电子订货、电子采购、电子支付和商品出售。企业利用电子商务系统开展商务活动,可以通过面向全球的广告、便利的电子手段和高效的通信能力,用最直接的流通方式、最少的流通环节、最低的库存、最快的流通速度来降低企业的成本,缩短企业的生产周期,增加企业的盈利,从而使之获得最大的经济效益。

(三)消费者

电子商务中的消费者是指利用电子商务交易系统进行消费的个人,即利用 B2C 或 C2C 电子商务交易系统进行消费的个人。在电子商务交易中,消费者的数量反映了电子商务应用和发展的繁荣程度,消费者越多,电子商务就越发达;否则,就越不发达。

2007 年至 2017 年中国网民规模和互联网普及率如图 2.1 所示。

图 2.1 中国互联网络信息中心第 41 次报告:中国网民规模和互联网普及率

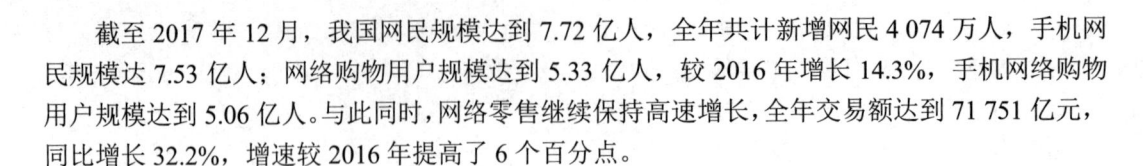

截至 2017 年 12 月，我国网民规模达到 7.72 亿人，全年共计新增网民 4 074 万人，手机网民规模达 7.53 亿人；网络购物用户规模达到 5.33 亿人，较 2016 年增长 14.3%，手机网络购物用户规模达到 5.06 亿人。与此同时，网络零售继续保持高速增长，全年交易额达到 71 751 亿元，同比增长 32.2%，增速较 2016 年提高了 6 个百分点。

二、电子商务的交易模式

按照交易主体的不同，电子商务的交易模式可划分为以下几种。

（一）B2B 电子商务模式

B2B 是英文 Business to Business 的缩写，是指以企业为主体，在企业之间进行的电子商务活动。B2B 电子商务是电子商务的主流，是电子商务应用最多和最受企业重视的形式，交易金额占整体电子商务市场份额的 80% 以上。开展电子商务，将使企业拥有一个商机无限的发展空间，也是企业面对激烈的市场竞争、改善竞争条件、建立竞争优势的主要方法。其特点是交易次数少，交易金额大，交易对象广泛，交易操作规范。B2B 使企业之间的交易减少了许多事务性的工作流程和管理费用，降低了企业的经营成本。网络的便利和延伸性使企业扩大了活动范围，企业发展跨地区甚至跨国界更方便，成本更低廉。

（二）B2C 电子商务模式

B2C 是英文 Business to Consumer 的缩写，是指企业和消费者之间的电子商务交易模式，即企业通过互联网直接向个人消费者销售产品和提供服务。B2C 模式是我国最早产生的电子商务模式，以 8848 网上商城正式运营为标志。B2C 的典型代表有天猫、京东、当当、亚马逊（中国）等。

（三）C2C 电子商务模式

C2C 是英文 Consumer to Consumer 的缩写，是指个人和个人之间的电子商务交易模式，即个人之间通过网络平台进行产品和服务的小额交易。例如，一个消费者有一台旧计算机，通过网络发布信息寻找买方，把它出售给另外一个消费者，这种交易类型就称为 C2C 电子商务。我国的 C2C 电子商务平台主要有淘宝、易趣和拍拍 3 家。

（四）B2G 电子商务模式

B2G 是英文 Business to Government 的缩写，是指企业和政府之间的电子商务交易模式，涵盖了政府和企业之间的各项事务。比较典型的例子是网上采购，政府作为消费者将采购信息发布在互联网上通过网络公开招标，企业则通过网上进行投标，从而提高政府采购的透明性，减少腐败，同时也提高了采购效率，降低了采购成本。2003 年，全国第一个政府采购网在南宁建成，这个政府采购网最终建成了中国第一个实现 B2G 的全国性政府采购应用功能的电子商务平台。网上招标采购也体现了政府通过示范作用来促进电子商务的发展。政府的主要职能在于经济管理、市场监管、社会管理和公共服务，而电子政务就是要将这四大职能电子化、网络化，电子政务将使政务工作更有效、更精简、更公开、更透明。

（五）G2C 电子商务模式

G2C 是指政府和消费者之间的电子商务模式，包括居民登记、户籍管理、发放养老金、福利发放、社区服务、政策发布、申报纳税等。老百姓足不出户，便可与政府有关职能部门取得联系，获得政府提供的服务并监督政府部门的工作。政府使用网络媒体的情况如图 2.2 所示。

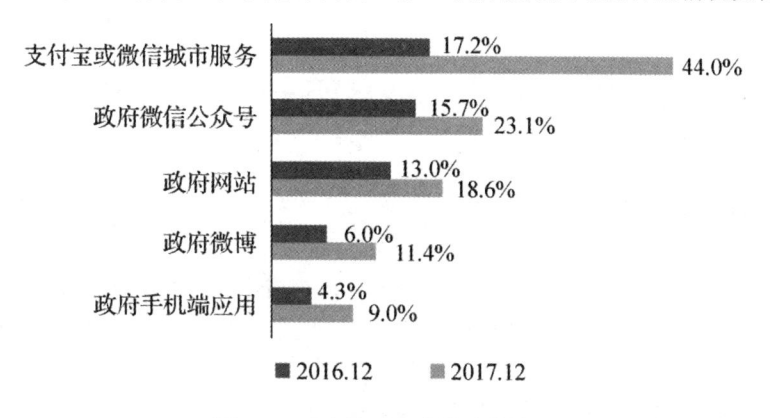

类别	2016.12	2017.12
支付宝或微信城市服务	17.2%	44.0%
政府微信公众号	15.7%	23.1%
政府网站	13.0%	18.6%
政府微博	6.0%	11.4%
政府手机端应用	4.3%	9.0%

图 2.2　政府使用网络媒体的情况

（六）O2O

O2O 即 Online to Offline（在线离线或线上到线下），是指将线下的商务机会与互联网结合，把线上的消费者带到现实的商店中，在线支付购买线下的商品和服务，再到线下去享受服务。这个概念最早来源于美国，中国较早转型 O2O 并成功运营的企业代表为美乐乐，其 O2O 模式具体表现为线上家具网与线下体验馆的双平台运营。2014 年，O2O 概念红透半边天，上门按摩、上门送餐、上门化妆、上门洗狗、滴滴打车等各种 O2O 模式开始层出不穷。例如，打车的原本场景是在路边招手，现在通过"滴滴打车"在餐厅、办公室、家里等场景随时随地都可以下单，到约定地点上车。又如，白领到餐厅吃饭，原本是要到餐厅排队支付取餐，现在则可以在电梯或办公室直接下单支付，到餐厅的取餐柜直接取走。O2O 把互联网与实体店完美对接，让消费者在享受线上优惠价格的同时，又可享受线下贴心的服务。O2O 将线上订单和线下消费结合，所有的消费行为均可以准确统计，进而吸引了更多的商家进驻，为消费者提供了更多的优质产品和服务。据第三方数据监测与分析机构易观发布的《中国本地生活服务 O2O 行业分析 2017 全年报告》显示，2017 全年中国本地生活服务 O2O 整体市场规模达 9 992 亿元，与 2016 年相比增长了 71.5%；2017 年的本地生活服务 O2O 领域形成了"美团点评""口碑""饿了么"三足鼎立的格局。

（七）团购

团购（group purchase）就是团体购物，是指认识或不认识的消费者联合起来，加大与商家的谈判能力，以求得最优价格的一种购物方式。根据薄利多销的原理，商家可以给出低于零售价格的团购折扣和单独购买得不到的优质服务。团购作为一种新兴的电子商务模式，通过消费者自行组团、专业团购网站、商家组织团购等形式，提升用户与商家的议价能力，并极大程度地获得商品让利，引起消费者及业内厂商，甚至是资本市场的关注。2010 年是我国网络团购发展的重要时间节点，这一年网络团购经历了爆炸式的发展，团购网站和团购服务数量激增。2010 年初，国内只有几家独立运营的团购网站，如美团网、满座网等。随后，由于意识到网络团购的巨大商机，国内各大电子商务巨头、知名社交类网站都纷纷加入网络团购的阵营，或者是推出专门的团购网站，如淘宝聚划算、拉手网、美团网、大众点评网等，或者是提供团购服务，如腾讯的 QQ 团购、新浪的新浪团。在此后优胜劣汰的竞争中，中小团购网站逐渐消亡，团购网站数量整体减少。2017 年，手机团购增长迅速，开始引领团购市场的发展。目前，手机团购用户规模达到 1.19 亿人，增长率为 45.7%，手机团购的使用比例由 16.3%提升至 21.3%。

情境任务二　B2B 电子商务模式

一、B2B 电子商务概述

B2B 是指采购商与供应商在互联网上谈判、订货、签约、接收发票和付款，以及进行索赔处理、商品发送管理和运输跟踪。通过增值网络运行的电子数据交换已使此类电子商务得到了很大发展。其本质就是用电子交易完成商务活动，使企业的效益最大化。

B2B 电子商务模式是未来电子商务发展的主流，具有巨大的发展潜力。这是因为企业之间的交易规模大，一般是大宗交易，同时企业和企业之间开展电子商务的条件也日益成熟，而且企业也是电子商务最热心的推动者和实践者。

中国电子商务研究中心（100EC.CN）发布的《2017 年（上）中国电子商务市场数据监测报告》显示：2017 年上半年中国 B2B 电子商务市场交易额为 9.8 万亿元，同比增长 24%；2017 年上半年中国 B2B 电子商务平台营收规模为 168 亿元，同比增长 25.4%；2017 年上半年中国 B2B 电子商务平台市场份额排名情况（按平台营收排名）分别为阿里巴巴占比 37%、慧聪网占比 7.9%、环球资源网占比 4.3%、上海钢联占比 4.2%、焦点科技占比 3.7%、生意宝占比 1%、环球市场占比 0.8%、其他占比 41.1%。

二、B2B 电子商务的基本运作模式

B2B 电子商务的基本运作模式根据网站构建主体的不同，可分为基于企业 B2B 网站的运作模式和基于中介 B2B 网站的运作模式。基于企业 B2B 网站的运作模式又分为基于卖方市场的运作模式和基于买方市场的运作模式。

（一）基于企业 B2B 网站的运作模式

1. 基于卖方市场的运作模式

这是一种最普遍的企业电子商务模式，是指一个卖方和多个买方之间的交易模式。例如，戴尔的电子商务销售平台。在这种模式中，提供产品或服务的企业（卖方企业）占主导地位，卖方发布欲销售的产品信息，如产品名称、规格、数量、交货期和参与价格等，吸引买方前来认购，然后等待买方企业上网洽谈、交易。

目前，许多公司正在使用这个模式，只要卖方拥有良好的市场声誉和大批忠实的客户，市场还是很有发展前景的。例如，思科（Cisco）公司是全球最大的互联网络连接设备提供商，早在 1991 年就开始采用 Pre-Web 系统，借助互联网提供电子支持服务；到 1996 年 7 月，经过重新改造、设计的思科网站实现了客户通过网络直接订货功能。这种 B2B 网站给思科公司带来了

学习情境二　识别电子商务的交易模式

极大利润和竞争力,估计在线销售每年可以节省 3.63 亿美元,而思科公司的网上销售额每年增长可高达 60%以上。

基于卖方市场的运作模式可以加快企业产品的销售过程,特别有利于新产品的推广,在降低销售成本的同时拓展卖方渠道。图 2.3 为基于卖方市场的运作模式。

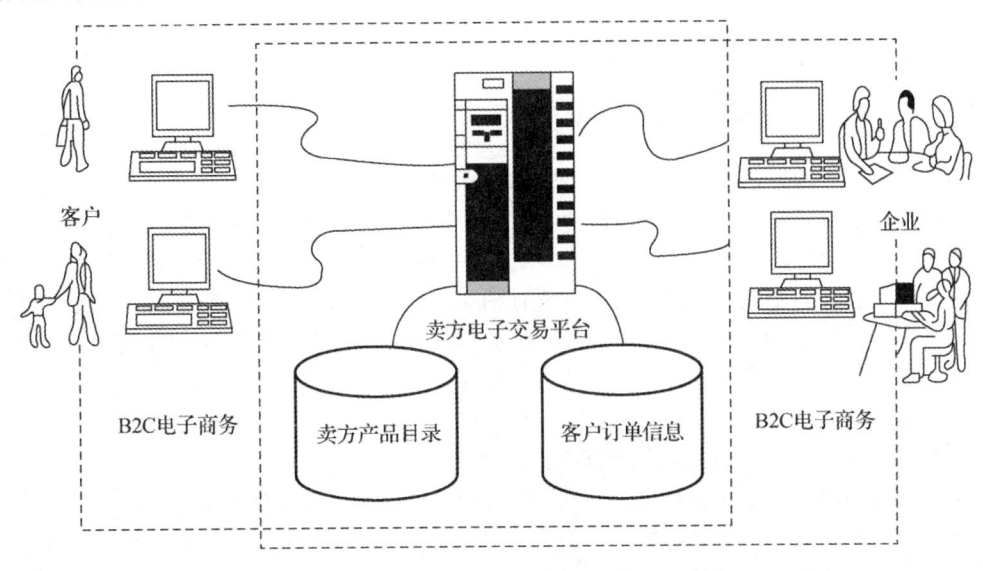

图 2.3　基于卖方市场的运作模式

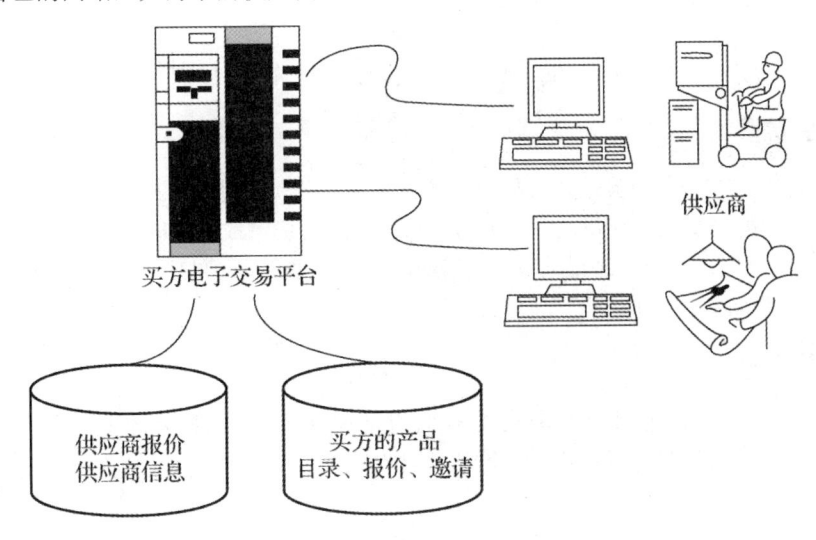

2．基于买方市场的运作模式

基于买方市场的运作模式是指一个买方和多个卖方之间的交易模式。在这种模式中,买方利用互联网发布需求信息,如需要产品的名称、规格、数量和交货期等,供应商利用采购方提供的采购平台输入自己产品的供应信息,供采购方评估,并通过买方的网站使双方做报价、洽谈等进一步的信息沟通,完成采购业务的全过程。对于有许多供应商且采购量特别大的购买者,可以建立自己的网站,如海尔的供应商网站。基于买方市场的运作模式如图 2.4 所示。

图 2.4　基于买方市场的运作模式

在这种模式中，买方承担了建立、维护和更新产品目录的工作。虽然这样花费较多，但采购方可以更紧密地控制整个采购流程，可以限定目录中所需产品的种类和规格，可以根据需要设置采购权限和数量，可以方便快捷地对多家供应商及产品信息、价格进行综合比较。同时，买家绕过了分销商和代理商，从而能缩短采购时间，提高工作效率。

目前，企业的电子采购一般都是买方模式，特别是在由少数大型购买方主导的制造业和零售业中，如汽车、航天、家电等行业应用多。

（二）基于中介 B2B 网站的运作模式

这是由买方、卖方之外的第三方平台提供买卖多方参与的竞价撮合模式，第三方平台为买卖双方提供信息发布平台，促成交易机会。例如，美国"快速配对"（Fast Parts）公司是一个专门交易积压电子元件的网上市场，拥有大量的供应商和购买者的信息，该公司通过网上市场对不愿透露公司名称的企业的积压电子元件进行拍卖。这种方式使卖方获得了比传统经销商出价更高的销售价，买方则以市场价迅速获得了需要的电子元件。更重要的是，"快速配对"公司检验了这些产品，并给予这些产品以可靠的质量保证；"快速配对"公司提取 8% 的佣金，形成一个三方皆赢的局面。

中介 B2B 网站分为垂直行业型 B2B 网站和水平行业型 B2B 网站。

① 垂直行业型 B2B 网站是定位在某个行业内企业间电子商务的网站，也被称为垂直门户或行业门户网站。其特点是专业性强，并通常拥有该行业资源的背景，更容易集中行业资源，吸引行业生态系统内多数成员的参与，同时也容易引起国外采购商和大宗买家的关注。中国化工网、我的钢铁网、中国水泥网、中国服装网、中国食品产业网、全球纺织网就是垂直行业型 B2B 网站。

② 水平行业型 B2B 网站是将各个行业中相近的交易过程集中到一个场所，把企业采购方和供应方汇集在一起，提供一个交易的机会的网站，如阿里巴巴、中国商品交易中心、中国商品交易市场（中国诚商网）、环球资源网等网站。

三、B2B 电子商务的盈利模式

B2B 电子商务平台各有其特点，其盈利模式归纳起来主要有以下几种。

（一）会员费

企业通过第三方电子商务平台参与电子商务交易，必须注册为 B2B 的会员，每年要交纳一定的会员费，才能享受网站提供的各种服务。目前，会员费已成为我国 B2B 网站最主要的收入来源。例如，阿里巴巴收取中国供应商、诚信通两种会员费，其中供应商会员费为每年 8 万元，诚信通的会员费为每年 3 688 元。

（二）广告收入

网络广告是门户网站的主要盈利来源，同时也是 B2B 电子商务网站的主要收入来源。例如，阿里巴巴的广告根据其在首页位置、广告类型来收费。

（三）竞价排名

企业为了促进产品的销售，都希望在 B2B 网站的信息搜索中将自己的排名靠前，而网站在

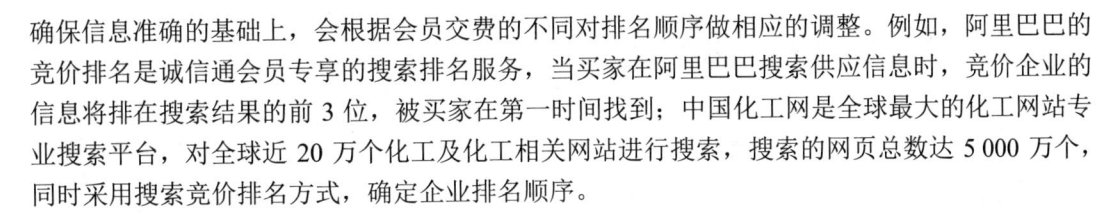

确保信息准确的基础上,会根据会员交费的不同对排名顺序做相应的调整。例如,阿里巴巴的竞价排名是诚信通会员专享的搜索排名服务,当买家在阿里巴巴搜索供应信息时,竞价企业的信息将排在搜索结果的前 3 位,被买家在第一时间找到;中国化工网是全球最大的化工网站专业搜索平台,对全球近 20 万个化工及化工相关网站进行搜索,搜索的网页总数达 5 000 万个,同时采用搜索竞价排名方式,确定企业排名顺序。

(四) 增值服务

B2B 网站通常除了为企业提供供求信息以外,还会提供企业认证、独立域名、行业数据分析报告、搜索引擎优化等增值服务。

(五) 线下服务

线下服务主要包括展会、期刊、研讨会等。通过展会,供应商和采购商可以面对面地交流,一般的中小企业比较青睐这个方式;期刊主要提供行业资讯等信息,里面也可以植入广告。

(六) 交易佣金

企业注册为 B2B 网站的会员不需要交纳会员费,就可以享受网站提供的服务,可以参与电子商务交易,但在买卖双方交易成功后需要交纳佣金。例如,敦煌网采取佣金制,佣金比例为 2%~7%。

情境案例

水平行业型 B2B 网站——阿里巴巴

阿里巴巴网站(http://www.alibaba.com)成立于1999年3月,是因特网上的一个国际贸易平台。美国权威财经杂志《福布斯》公布的该杂志评选2014年度全球最佳B2B网站名单中,阿里巴巴再次名列第一。它不仅是中国唯一入选网站,而且是全球唯一一家连续5年当选的最佳网站。它是全球著名的B2B电子商务网站,管理着全球领先的网上贸易市场和商人社区,为来自 220 多个国家和地区的 1 200 多万个企业提供网上商务服务,是全球首家拥有百万商人的商务网站。

阿里巴巴是典型的水平行业型 B2B 模式网站,实际主要是面向中小企业的电子市场(中介网)。它是由中介机构,即阿里巴巴建立的,主要为中小企业提供产品的采购、信息和销售等方面的服务;还可以协助企业采购人员与供应商直接见面,并能够跟踪供应商品的种类和价格的变化,从而极大地简化企业间的业务流程。阿里巴巴网站的B2B模式突破了地域的限制,拉近了买卖双方的距离,并极大地减少了传统商务模式下产品营销过程中的成本耗费。同时,客户管理成本的降低和采购决策方面的充分参考更可以为企业带来长期效益,可以把企业及供应商、制造商和分销商紧密地联系在一起。

案例思考 登录阿里巴巴,了解其运作模式、盈利模式和为企业提供的服务。

情境任务三　B2C电子商务模式

一、B2C电子商务概述

B2C 电子商务是以因特网为主要手段,由商家或企业通过网站向消费者提供商品和服务的一种模式,也是目前人们最熟悉的一种电子商务模式。在因特网上遍布了各种类型的B2C网站,提供鲜花、图书、计算机、汽车等多种消费品和服务。这种模式基本上等同于电子化的零售,是随着万维网的出现而迅速发展起来的。目前,各类企业在互联网上纷纷建立网上虚拟商店,从事网上零售业务。网上商店所销售的商品种类现在主要集中在计算机软硬件、图书、音像制品、家用电器、通信器材、礼品、服装服饰等方面。

据中国电子商务研究中心的监测数据显示,按GMV进行计算,2017年上半年中国B2C网络零售交易额达到3.1万亿元,2017年上半年中国B2C网络零售市场(包括开放平台式与自营销售式,不含品牌电商),天猫排名第一,占50.2%份额,较2016年上半年下降了3%;京东名列第二,占24.5%份额,同比上升了0.3%;唯品会位于第三,占6.5%份额,同比上升了2.7%;苏宁易购排名第四,占5.4%份额,同比上升了2.1%;国美在线位列第五,占4.1%份额,同比上升了2.5%;其他平台包括1号店、亚马逊(中国)、当当、聚美优品等B2C平台占整个市场9.3%的份额。

2017年上半年国内B2C网络零售市场份额占比已经趋于稳定,变动基本不大,如图2.5所示。天猫仍旧处于霸主地位,但是市场份额较往年相比略有减少,与京东同为"第一梯队";唯品会、苏宁易购、国美在线等为B2C市场的"第二梯队",3家平台市场占比稳中有升;而包括1号店、亚马逊(中国)、当当、聚美优品等的多家平台为"第三梯队"。从整体来看,零售电商行业"马太效应"日渐明显,但在移动社交电商领域,也不乏如拼多多、云集微店、有赞这样的"黑马"产生,正在酝酿新变局。

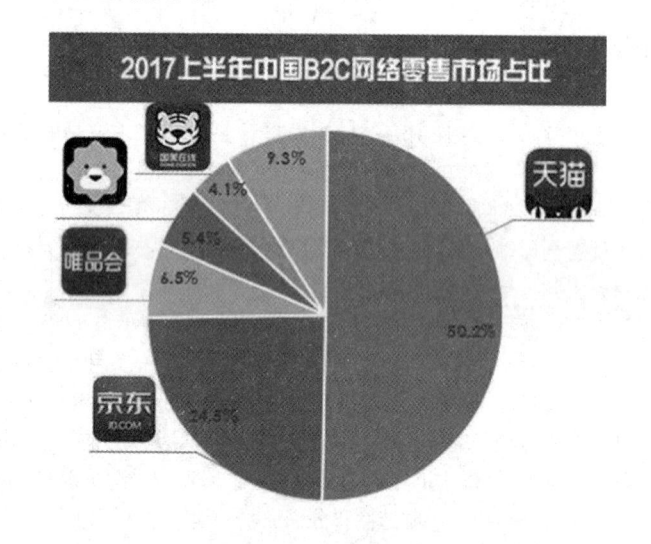

图2.5 2017年上半年中国B2C网络零售市场份额占比

二、B2C电子商务运作模式

(一)无形产品的运作模式

无形产品包括电子信息、计算机软件、数字化视听娱乐产品,一般可以通过网络直接提供

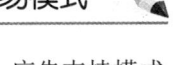

给消费者。无形产品的电子商务运作模式主要有网上订阅模式、付费浏览模式、广告支持模式和网上赠予模式 4 种。

1．网上订阅模式

网上订阅模式是指企业通过网页向消费者提供网上直接订阅，消费者直接浏览信息的电子商务模式。网上订阅模式主要被商业在线机构用来销售报纸杂志、有线电视节目等。网上订阅模式又分为以下两种。

① 在线服务。在线服务是指在线经营商通过每月向消费者收取固定的费用而提供各种形式的在线信息服务。例如，美国在线（AOL）和微软网络（Microsoft Network）等在线服务商都使用这种形式，让订阅者每月支付固定的订阅费用以享受所提供的各种信息服务。

② 在线出版。在线出版是指出版商通过因特网向消费者提供传统纸质出版物之外的电子刊物。它发展于 20 世纪 60 年代末，当时用于提供在线参考文献，并出售存储于网络数据库中的知识。当时共同基金支持下的在线出版，其主要用途是医疗、教育等。

2．付费浏览模式

付费浏览模式是指企业通过网页向消费者提供计次收费性的网上信息浏览和信息下载的电子商务模式。付费浏览模式可以让消费者根据自己的需要，在网上有选择地购买想要的东西。例如，网上专业数据库（万方数据、中国期刊网等）一直就是付费订阅的。另外，一次性付费参与游戏娱乐现在是很流行的付费浏览方式之一。

3．广告支持模式

广告支持模式是指在线服务商免费向消费者或用户提供信息，而企业经营活动全部由广告收入支持的电子商务模式。此模式是目前最成功的电子商务模式。

4．网上赠予模式

网上赠予模式是指企业借助于因特网用户遍及全球的优势向因特网用户赠送软件产品，以扩大企业的知名度和市场份额的电子商务模式。它通过让消费者使用该产品，使消费者下载一个新版本的软件或购买另外一个相关的软件。由于所赠送的是无形的计算机软件产品，而用户是通过因特网自行下载的，所以企业所投入的分拨成本很低。因此，如果软件的确有实用性，那么是很容易被消费者接受的。采用网上赠予模式的企业主要有两类：一类是软件公司；另一类是出版商。在这方面做得很成功的是网景公司。网景公司较早地运用了这一电子商务模式，将其因特网浏览器在网上无偿赠予，以此推动该网络浏览器新版本的销售。

（二）实体商品的运作模式

实体商品是指传统的有形商品，这种商品的交付不是通过计算机的信息载体，而是通过传统的方式实现。一般在线销售实体商品按企业类型不同分为 4 种销售模式。

1．传统零售商建立网站直接销售模式

传统零售商建立网站直接销售模式，即实体商店与网上商店并存，如苏宁易购、国美在线、屈臣氏。传统零售商转型电商初期，缺乏互联网基础，IT 平台功能弱，但发展至今，技术问题已不再是制约传统企业发展电商的瓶颈。传统零售商最大的优势是可以线上和线下结合，如苏宁易购利用实体门店自提，就突破了物流短板。

2．电子零售商在网上设立店铺直接销售模式

该模式是电子零售商唯一的销售方式，如京东、当当、1 号店。它具有自己的采购和物流、

仓储系统，使自己直接销售的商品尽量多而全，有足够的能力从上游供应商得到很低的供货价格，甚至可以向上游供应商定制产品。

3．电子零售商提供交易平台的销售模式

电子零售商提供稳定的交易平台，有完备的支付体系、诚信安全体系，让无数中小企业或个体商户有个方便的"扎堆"上网卖东西的地方。例如，天猫自己是不卖东西的，只是提供完备的销售交易平台。

4．制造商建立网站的销售模式

例如，宝洁、海尔、戴尔、联想等建立了自己的企业网站，并在网上销售本企业的产品。

（三）综合模式

实际上，多数企业在网上销售并不是仅仅采用一种电子商务模式，而是往往采用综合模式，即将各种模式结合起来实施电子商务。例如，Golf Web 就是一家有 3 500 页有关高尔夫球信息的网站。这家网站采用的就是综合模式。其中，40%的收入来自订阅费和服务费，35%的收入来自广告，还有 25%的收入是该网站专业零售点的销售收入。该网站已经吸引到许多大公司的广告，如美洲银行、美国电报电话公司等，专业零售点开始 2 个月的收入就高达 10 万美元。

三、B2C 电子商务的盈利模式

综合来看，B2C 电子商务企业的主要盈利方式有如下几种。

（一）收取会员费

根据不同的方式和服务的范围收取注册会员的会费，会员数量在一定程度上决定了企业最终获得的收益。大多数电子商务企业都把收取会员费作为一种主要的盈利模式。

（二）销售本企业产品获得利润

一般商品制造企业主要是通过销售本企业产品获得利润的，如海尔电子商务网站。

（三）销售衍生产品获得利润

销售与本行业相关的产品获得利润，如中国饭网出售食品相关报告、就餐完全手册等。

（四）提供服务获取利润

企业可以通过销售商品的其他环节实现盈利。例如，提供网上支付功能，收取交易服务费；开展物流服务，收取费用；提供信用评价服务，获得利润，等等。

（五）收取特许加盟费

运用该模式，一方面可以迅速扩大规模，另一方面可以收取一定的加盟费，如当当、亚马逊等。

（六）收取信息发布及咨询服务费

发布供求信息，为业内厂商提供咨询服务，收取服务费，如中国药网、中国服装网、中国玩具网等。

（七）网络广告收益

为企业发布网络广告，通过网络广告盈利。网络广告投放效率高，目前几乎是所有电子商务企业的主要盈利来源。这种模式成功与否的关键是其网页能否吸引大量的广告，能否引起广大消费者的注意。

综上所述，B2C电子商务企业按照不同的类型，其盈利模式各有侧重。例如，网上零售企业的盈利模式是网络广告收益、提供服务获取利润、收取交易服务费和销售产品获得利润；商品制造商以网上销售产品为主要盈利模式；内容提供商的主要盈利模式是浏览订阅付费、网络广告收益和收取会员费，如中国知网、优酷网等。

情境案例

京 东

京东是中国的综合网络零售商，是中国电子商务领域较受消费者欢迎和具有较大影响力的电子商务网站之一，在线销售家电、数码通信、计算机、家居百货、服装服饰、母婴、图书、食品、旅游等十二大类数万个品牌百万种优质商品。京东在2012年的中国自营B2C市场占据49%的份额，凭借全供应链继续扩大在中国电子商务市场的优势。京东已经建立华北、华东、华南、西南、华中、东北六大物流中心，同时在全国超过360座城市建立核心城市配送站。2012年8月14日，京东与苏宁开打"史上最惨烈价格战"。2013年3月30日19点整，京东正式切换了域名，并且更换新的logo（标志）。

2009年，京东陆续在天津、苏州、杭州、南京、深圳、宁波、无锡、济南等23座重点城市建立了城市配送站。最终，配送站将覆盖全国200座城市，均由自建快递公司提供物流配送、货到付款、移动POS刷卡、上门取换件等服务。此外，京、沪、粤三地仓储中心也已扩容至8万平方米，仓储吞吐量全面提升。2009年3月，京东斥资2 000万元人民币成立了上海圆迈快递公司，使上海及华东地区乃至全国的物流配送速度、服务质量得以全面提升。

2010年4月初，京东在北京等城市率先推出"211限时达"配送服务。2010年5月15日，在上海嘉定占地200亩（约13.33万平方米）的京东华东物流仓储中心内，投资上千万元的自动传送带已投入使用，工人们手持PDA，开着小型叉车在数万平方米的仓库内调配商品。这是京东迄今为止最大的仓储中心，承担了其一半销售额的物流配送工作，也是京东将融到的2 100万美元的70%投放到物流建设的结果。在这里，京东每日能正常处理2.5万个订单，日订单处理能力达到5万单。

北京时间2017年8月14日晚，京东集团正式公布了2017年第二季度财报，京东2017年第二季度交易总额为3 353亿元。本季度京东持续经营业务净收入达932亿元，同比增长43.6%。持续经营业务净利润达9.765亿元，单季利润接近去年全年。截至2017年6月30日，京东过去12个月的自有现金流为289亿元人民币，同比增长241%，去年同期为92亿元人民币。与此同时，第三方平台业务交易额较去年同期增长50%，日用商品和其他品类商品交易总额较去年同期增长55%，年度活跃用户数达2.583亿，同比增长37%；订单完成量为5.912亿单，同比增长41%；移动端订单占比约80%。京东的核心物流体系已经全面接入人工智能，涉及领域已经包括无人机、无人车、无人仓等。

天 猫

天猫（英文tmall，也称淘宝商城、天猫商城）原名淘宝商城，是一个综合性购物网站。2012年1月11日上午，淘宝商城正式宣布更名为"天猫"。

2012年3月29日，天猫发布全新logo形象。2012年11月11日，天猫借"光棍节"大赚一笔，宣称13小时卖出100亿元,创世界纪录。天猫是马云淘宝网全新打造的B2C,整合了数千家品牌商、生产商,为商家和消费者提供一站式解决方案,并提供100%品质保证的商品、7天无理由退货的售后服务,以及购物积分返现等优质服务。2014年2月19日,阿里巴巴集团宣布天猫国际正式上线,为国内消费者直供海外原装进口商品。

2016年11月11日,天猫"双11"再次刷新全球最大购物日记录,单日交易额达1 207亿元。

2014年12月11日,针对原工商总局曝光天猫"双11"售假一事,天猫官方发布回应表示,对假货"零容忍",已下架3件涉假商品和1件不合格商品,并冻结涉假店铺。待查实后,将对涉及的店铺进行封店、清退。2017年天猫"双11"全球狂欢节交易额在7小时22分54秒即达912亿元,超过2015年"双11"全天。

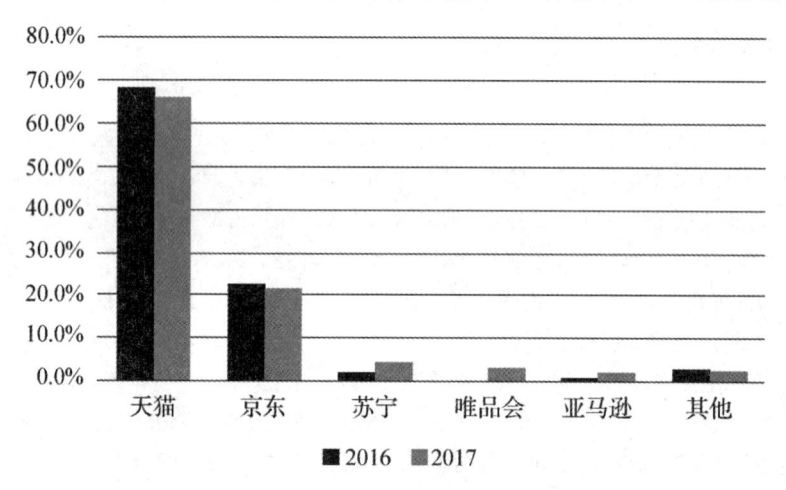

案例分析 分析京东和天猫的共同点和不同点;根据图2.6分析未来B2C的发展趋势。

图2.6　2017年和2016年"双11"销售市场份额

情境任务四　C2C电子商务模式

一、C2C电子商务概述

C2C电子商务是消费者之间在网上彼此进行的小额交易活动,实际上是由第三方在网上为消费者提供了一个"个人对个人"的交易平台,给买卖双方提供了一个交易的场所,使每个人都有参与电子商务的机会。网上的二手住房、二手汽车交易、网上商品求购、网上拍卖竞标都属于C2C电子商务的具体应用。

C2C电子商务的产生以1998年易趣成立为标志,目前采用C2C电子商务模式的主要有eBay、易趣、淘宝、拍拍等公司。C2C电子商务企业采用的运作模式是通过为买卖双方搭建拍卖平台按比例收取交易费用,或者提供平台方便个人在上面开店铺,以会员制的方式收费。零售电子商务的3个基本要素——信息流、物流与资金流,C2C电子商务已经基本解决,目前真正的难点在于交易信用和风险控制。因特网突破了地域的局限,把全球变成了一个巨大的"地摊",而其虚拟性决定了 C2C 电子商务的交易风险更加难以控制。这时,交易集市的提供者必须处于主导地位,建立起一套合理的交易机制,一套有利于交易在线达成的机制。

实际上,C2C 电子商务能够为用户带来真正的实惠。与传统的交易方式不同,拍卖网站的出现,使得消费者也有决定产品价格的权力,并且可以通过消费者之间的竞价结果,让价格更有弹性。因此,通过这种网上竞拍,消费者在掌握了议价的主动权后,自然会增加其获得实惠的机会。

二、网上拍卖

网上拍卖是 C2C 电子商务的一种主要类型,最早的 C2C 电子商务是 1995 年成立于美国的易趣。国内这种网站的发展也非常迅速,网易拍卖网站是国内首家拍卖网站,之后相继出现了淘宝等。下面主要通过网上拍卖来介绍 C2C 这种电子商务模式。

(一)网上拍卖的定义

网上拍卖也称在线拍卖,是指一方当事人利用因特网技术,借助于因特网平台,通过计算机显示屏上不断变换的标价向购买者销售产品的行为。它通过因特网将过去少数人才能参与的贵族式的物品交换形式,变成每位网民都可以加入其中的平民化交易方式。网上拍卖是网络时代消费者定价原则的体现,拍卖网站营造了一个供需有效集结的市场,成为消费者和生产者各取所需的场所,因此是一种典型的中介型电子商务形式。

(二)拍卖的种类

表 2.1 总结了 6 种主要的拍卖类型及其基本特点。

表 2.1 主要的拍卖类型及其基本特点

拍卖类型	基本特点
英式拍卖	从底开始,出价增加到没有出价人愿意出更高的价格为止
荷兰式拍卖	从高价开始,出价自动降低,直到有出价人接受这个价格为止
密封递价最高价拍卖	密封递价过程,出价最高的人按最高出价付款
密封递价次高价拍卖	密封递价过程,出价最高的人按次高出价付款
开放出价双重拍卖	买家和卖家同时递交价格与数量,拍卖人把卖家的要约(从最低到最高)与买家的要约(从最高到最低)匹配,买家和卖家可以通过从其他出价中获得的消息来修改出价
密封递价双重拍卖	买家和卖家同时递交价格及数量,拍卖人(拍卖专家)把卖家的要约(从最低到最高)与买家的要约(从最高到最低)匹配,买家和卖家不可以修改出价

(三)网上拍卖的优势

网上拍卖是在传统拍卖的基础上发展起来的,并未改变拍卖活动的目的、原则和基本的竞价方式,但它借助现代化的信息沟通方式和因特网技术,为拍卖活动营造了一个更为广泛、更加快捷、更趋准确的拍卖环境。网上拍卖的优势可归结为以下几个方面。

1. 传播性好，保密性好

网上拍卖改变了传统拍卖活动中现场实物展示拍卖标的物的方法，而将拍卖物的图片、价格评估、历史资料等信息放到因特网上，达到广而告之的目的。这种信息传播方式，不仅保证了机密贵重拍卖物的安全，而且方便了竞买者在第一时间了解拍卖实物的资料，进行更充分的竞买准备。

2. 使远程交易成为可能

网上拍卖改变了以往所有拍卖人、竞买人围坐在一起举牌竞价、一锤定音的竞价方式和场所，它利用先进的网上身份认证和信息加密传送技术，将竞价环节和场所移植到因特网上。这种虚拟的竞价场所，使得拍卖活动可以不受时间和地域（包括天气、交通、距离等因素）的限制，买卖双方足不出户便可参与整个拍卖过程。

3. 大大降低了拍卖活动的成本

参加传统拍卖活动，对于所有拍卖人和竞买人而言，都是不小的负担，不但车马费、住宿费高，还要承担高额的中介手续费。网上拍卖则不然，拍卖各方只须在计算机上单击鼠标、按键盘，就可进行拍卖活动，而中介费用也更为低廉。

4. 使传统拍卖中委托人的职能弱化

在传统拍卖活动中，委托人不仅承担着中间公证人和担保人的职能，同时承担着拍卖召集人、拍卖物报关人、拍卖活动组织人等职能。而网上的拍卖活动，委托人除保证活动的公正、公平、公开外，其他职能相对弱化。

5. 最大限度地加快了拍卖活动的节奏

网上拍卖的一切信息传递均在网上进行，速度快、传达准确。

6. 扩大了适合拍卖的物品范围

由于传统的拍卖费力费钱，低价值的商品往往难登拍卖行的"大雅之堂"。而网上拍卖使拍卖活动更加平民化，各种形式、价钱不等的商品都有了被拍卖和选择的机会。例如，网上跳蚤市场很多是手机、CD机、装饰物等小商品。

7. 由网上拍卖衍生出新的拍卖方式

网上拍卖除可以采用传统英式拍卖、荷兰式拍卖等方式外，还有更多简易、方便的竞价方式。例如，在规定时段内，竞买者增价叫价，以结束时最好的竞买价成交等。

8. 网上拍卖为广告主开辟了"新大陆"

由于拍卖网站必须吸引足够的买家和卖家来形成足够物品的拍卖市场，因此成功的拍卖网站往往拥有大量的访问者和点击率，那些对特定物品的交易有兴趣的人们就成了广告主愿意支付额外费用去接触的细分市场。

三、C2C 电子商务的盈利模式

目前，C2C 电子商务主要的盈利模式有以下 4 种。

（一）会员费

会员费也就是会员制服务收费，是指 C2C 电子商务网站为会员提供网上店铺出租、公司认证、产品信息推荐等多种服务组合而收取的费用。由于它提供的是多种服务的有效组合，比较能适应会员的需求，因此这种模式的收费比较稳定。费用第1年交纳，第2年到期时需要会员续费，续费后再进行下一年的服务，不续费的会员将降为免费会员，不再享受多种服务。

（二）交易提成

C2C电子商务网站是一个交易平台，为交易双方提供机会，相当于现实生活中的交易所、大卖场。从交易中收取提成不论什么时候都是C2C电子商务网站的主要利润来源。

（三）广告费

企业将网站上有价值的位置用于放置各种类型的广告，根据网站流量和网站人群精确标定广告位价格，然后通过各种形式向客户出售。如果C2C电子商务网站具有充足的访问量和用户黏度，广告业务会非常多。但是C2C电子商务网站出于对用户体验的考虑，均没有完全开放此业务，只有个别广告位不定期开放。

（四）搜索排名竞价

C2C电子商务网站商品的丰富性决定了购买者搜索行为的频繁性，搜索的大量应用决定了商品信息在搜索结果中排名的重要性，由此便引出了根据搜索关键字竞价的业务。用户可以为某关键字提出自己认为合适的价格，最终由出价最高者竞得，在有效时间内该用户的商品可获得竞得的排位。这种业务只有卖家认识到竞价为它们带来的潜在收益，才愿意花钱使用。

（五）支付环节收费

支付问题一向是制约电子商务发展的瓶颈，直到阿里巴巴推出了支付宝才在一定程度上促进了在线支付业务的开展。买家可以先把预付款通过网上银行打到支付公司的个人专用账户，待收到卖家发出的货物后，再通知支付公司把货款打入卖家账户。这样买家就不用担心收不到货还要付款，卖家也不用担心发了货而收不到款，而支付公司也可按成交额的一定比例收取手续费。

情境案例

淘　宝

淘宝是亚太地区较大的网络零售商圈，由阿里巴巴集团于2003年5月10日投资创立，现在的业务横跨C2C（个人对个人）和B2C（商家对个人）两大部分。截至2014年，淘宝注册会员超5亿人，每天有超过1.2亿名的活跃用户，在线商品数达到10亿件，淘宝和天猫平台的交易额总额超过了1.5万亿元。2015年4月1日，淘宝正式全面启动淘宝店铺从"实名认证"到"实人认证"的升级，防范网络不诚信行为，打击售假店铺。

2017年12月，第五届中国淘宝村高峰论坛宣布，目前全国淘宝村数量已达2118个，淘宝镇达242个，淘宝村活跃网店超过49万家，带动直接就业机会超过130万个；卖家平均年龄33.7岁，其中30岁及30岁以下年轻人占比51.8%。在国家级贫困县和省级贫困县，淘宝村数量快速增长，电子商务对减少贫困人口发挥了重要作用。山东省菏泽市淘宝村、淘宝镇数量占全省的2/3，在全国地级市中居第一位。"互联网+"作为新实体经济的催化剂，开辟了一条农业升级、农村发展、农民增收的有效途径。它不但实现了乡村经济面貌的改变，而且是一场农业生产方式、农村生活方式、农民思维方式和价值观念的深刻变革，必将给人们带来更精彩的生活、更多的福祉。

eBay 败北中国

成立于1995年的eBay，在两年后便风光上市，随后从美国总部计划打入中国市场。

最具标志性的事件为2002年，eBay收购了当时中国最大的拍卖网站易趣1/3的股份进入中国；第2年，又以总价1.8亿美元收购了易趣全部股份，将其变为自己的全资子公司。在当时中国线上零售市场规模并不算大的时候，eBay可以说是风光无限。

而就在这前后，马云成立了淘宝，eBay对入驻商家收费，而淘宝则免费，双方开启了拉锯战。

eBay认为，不收交易费是不安全的。随后，淘宝和eBay纷纷凭借着强大的市场推广能力争取更多的商家。2005年，eBay投入1亿美元在中国市场发动营销攻势，多次宣称要"干掉"淘宝。最终，在当时中国电商市场渗透率不到1%，淘宝占到C2C市场份额的80%，而eBay的市场份额一直下滑。淘宝用免费的"招"战胜了eBay，同时市场份额的急剧下滑也被看作eBay不得不彻底退出中国市场的信号。

在当时的市场环境下，相较于刚刚起步的淘宝，eBay的平台规则和商业模式都已成熟，但它并不像淘宝那样为了适应市场，根据竞争对手的情况随时调整自己的规则，也被看作这场战役失败的原因。

2006年12月，《纽约时报》报道，eBay计划关闭中国拍卖网站，取代它的是一家由TOM在线控股的合资公司。根据协议，eBay将持有新网站49%的股份，而TOM在线持有51%的股份。此举也被视为eBay在中国的彻底失败。

案例分析 同样是C2C模式，淘宝为什么能迅猛发展而eBay却退出了中国市场？

技能训练

1. 登录淘宝（http://www.taobao.com）、易趣（http://www.eachnet.com），比较其提供的功能和服务。

2. 列举采用B2B、B2C电子商务模式的企业，比较其优缺点。

学习情境三

构建电子商务的技术基础

学习目标

知识目标

了解互联网的特点、功能及提供的服务内容；了解网络结构类型，熟悉 TCP/IP 协议、IP 地址、域名、网络接入技术等互联网基础技术；掌握电子商务的技术。

技能目标

通过实际操作掌握 IP 地址的分配；查询网站域名及 IP 地址；掌握绘制小型拓扑结构图的技能。

情境任务一　认知互联网

情境引例

因特网是世界上覆盖面最广、规模最大、信息资源最丰富的计算机信息网络。从某种意义上说，因特网可以说是美苏冷战的产物。这样一个庞大的网络，它的由来可以追溯到 1962 年。当时，美国国防部为了保证美国本土防卫力量和海外防御武装在受到苏联第一次核打击以后仍然具有一定的生存和反击能力，认为有必要设计出一种分散的指挥系统：由一个个分散的指挥点组成，当部分指挥点被摧毁后，其他点仍能正常工作，并且在这些点之间，能够绕过那些已被摧毁的指挥点而继续保持联系。为了对这一构思进行验证，1969 年美国国防部高级研究计划署（ARPA）资助建立了一个名为 ARPANET（阿帕网）的网络。这个网络把位于洛杉矶的加利福尼亚大学，位于圣芭芭拉的加利福尼亚大学、斯坦福大学，以及位于盐湖城的犹他州州立大学的计算机主机连接起来，位于各个节点的大型计算机采用分组交换技术，通过专门的通信交换机（IMP）和专门的通信线路相互连接。这个阿帕网就是因特网的雏形。

20 世纪 70 年代末到 80 年代初，计算机网络蓬勃发展，各种各样的计算机网络应运而生，如 MILNET、USENET、BITNET、CSNET 等，在网络的规模和数量上都得到了很大的发展。一系列网络的建设，产生了不同网络之间互连的需求，并最终导致了 TCP/IP 协议的产生。

20 世纪 80 年代中期，美国国家科学基金会（NSF）为鼓励大学和研究机构共享它们非常昂贵的 4 台计算机主机，希望各大学、研究所的计算机与这 4 台巨型计算机连接起来。最初 NSF 曾试图使用 DARPANet 作为 NSFNET 的通信干线，但由于 DARPANet 的军用性质，并且受控于政府机构，这个决策没有成功。于是，它们决定自己出资，利用阿帕网发展出来的 TCP/IP 协议，建立名为 NSFNET 的广域网。

1986 年，NSF 投资在美国普林斯顿大学、匹兹堡大学、加州大学圣地亚哥分校、依利诺斯大学和康纳尔大学建立了 5 个超级计算中心，并通过 56 kb/s 的通信线路连接形成 NSFNET 的雏形。1987 年，NSF 公开招标对 NSFNET 的升级、运营和管理，结果 IBM、MCI 和由多家大学组成的非营利性机构 Merit 获得 NSF 的合同。1989 年 7 月，NSFNET 的通信线路速度升级到 T1（1.5 Mb/s），并且连接 13 个骨干节点，采用 MCI 提供的通信线路和 IBM 提供的路由设备，Merit 则负责 NSFNET 的运营和管理。由于 NSF 的鼓励和资助，很多大学、政府资助甚至私营的研究机构纷纷把自己的局域网并入 NSFNET 中。从 1986 年至 1991 年，NSFNET 的子网从 100 个迅速增加到 3 000 多个。NSFNET 的正式运营及实现与其他已有和新建网络的连接开始真正成为因特网的基础。1989 年，MILNET（由阿帕网分离出来）实现与 NSFNET 连接后，就开始采用 Internet（因特网）这个名称。自此以后，其他部门的计算机网相继并入因特网，阿帕网宣告解散。

因特网在 20 世纪 80 年代的扩张不仅带来了量的改变，同时也带来了某些质的变化。由于多种学术团体、企业研究机构，甚至个人用户的进入，因特网的使用者不再限于纯计算机专业人员。新的使用者发觉计算机相互间的通信对他们来讲更有吸引力。于是，他们逐步把因特网当作一种交流与通信的工具，而不仅仅只是共享 NSF 巨型计算机的运算能力。

进入 20 世纪 90 年代初期，因特网事实上已成为一个"网际网"：各个子网分别负责自己的架设和运作费用，这些子网又通过 NSFNET 互连起来。NSFNET 连接全美上千万台计算机，拥有几千万名用户，是因特网最主要的成员网。随着计算机网络在全球的拓展和扩散，美洲以外的网络也逐渐接入 NSFNET 主干或其子网。因特网的商业化阶段始于 20 世纪 90 年代初，商业机构开始进入因特网，使因特网开始了商业化的新进程。这也成为因特网大发展的强大推动力。1995 年，NSFNET 停止运作，因特网彻底完成了商业化。

因特网的迅猛发展始于 20 世纪 90 年代。由欧洲原子核研究组织（CERN）开发的万维网被广泛使用在因特网上，特别是 Web 浏览器的普遍应用，大大方便了广大非网络专业人员使用网络，成为因特网发展指数级增长的主要驱动力。

在中国，1994 年中国科学技术网 CSTNet 首次实现与因特网直接连接，同时建立了我国最高域名——CN 服务器，标志着我国正式接入因特网。接着，又相继建立了中国教育科研网（CERNET）、计算机互联网（ChinaNet）和中国金桥网（GENET），从此中国用户日益成熟并开始使用因特网。

根据中国互联网络信息中心最新发布的《中国互联网络发展状况统计报告》显示，截至 2017 年 12 月，我国网民规模达 7.72 亿人，普及率达到 55.8%，超过全球平均水平（51.7%）4.1 个百分点，超过亚洲平均水平（46.7%）9.1 个百分点。我国网民规模继续保持平稳增长，互联网模式不断地创新、线上线下服务融合加速及公共服务线上化步伐加快，成为网民规模增长的推动力。

引例思考 因特网的发展历程及中国的互联网使用现状是怎样的？

一、计算机网络的定义

（一）计算机网络的定义

计算机网络是指将分布在不同地理位置、具有独立功能的多台计算机及其外部设备，用通信设备和通信线路连接起来，在网络操作系统和通信协议及网络管理软件的管理协调下，实现资源共享、信息传递的系统。

（二）计算机网络的组成

如图 3.1 所示，从逻辑功能上看，计算机网络主要由资源子网和通信子网组成。其中，资源子网负责信息处理，通信子网负责网中的信息传递。

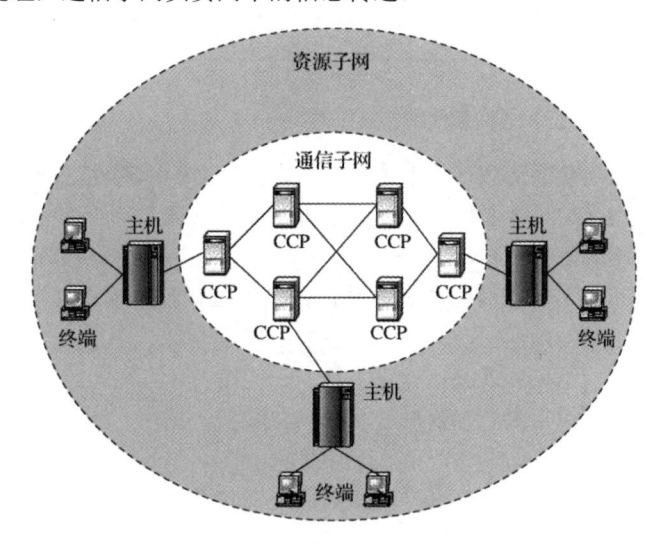

图3.1 计算机网络的组成

① 资源子网是指计算机网络中实现资源共享功能的设备及软件的集合。资源子网的主体为网络资源设备，包括用户计算机（也称工作站）、网络存储系统、网络打印机、独立运行的网络数据设备、网络终端、服务器，以及网络上运行的各种软件资源和数据资源等。

② 通信子网是指计算机网络中实现网络通信功能的设备及软件的集合。通信设备、网络通信协议、通信控制软件等属于通信子网，是网络的内层，负责信息的传输，主要为用户提供数据的传输、转接、加工、变换等，包括中继器、集线器、网桥、路由器、网关等硬件设备。

二、计算机网络的分类

计算机网络可按不同的标准进行分类。

（一）按计算机网络覆盖范围划分

由于网络覆盖范围和计算机之间互连距离不同，所采用的网络结构和传输技术也不同，因此形成了不同的计算机网络。根据覆盖范围，计算机网络一般可以分为以下 3 类。

① 局域网。局域网网络覆盖范围有限，大约在几百米至几千米。其组网方便、灵活，传输速率较高。通过局域网，各种计算机可以共享资源，如共享打印机和数据库。

② 城域网。城域网局限在一座城市的范围内，覆盖的地理范围从几千米至数百千米。

③ 广域网。广域网也称远程网，作用范围大约在几十千米至几千千米。其网络规模大，能实现较大范围的资源共享。

不同覆盖范围网络对比如表 3.1 所示。

表 3.1　不同覆盖范围网络对比

网络分类	分布距离	网络中的实际应用	传输速率
局域网	约 10 米	房间	4 Mb/s～10 Gb/s
	约 100 米	建筑物	
	约 1 000 米	校园	
城域网	约 10 000 米	城市	50 kb/s～2 Gb/s
广域网	100～1 000 千米	国家	9.6 kb/s～2 Gb/s

（二）按计算机网络拓扑结构划分

网络拓扑是指网络连接的形状，或者是指网络在物理上的连通性。如果不考虑网络的地理位置，而把连接在网络上的设备看作一个节点，把连接计算机之间的通信线路看作一条链路，这样就可以抽象出网络的拓扑结构。

把网络中的计算机及其他设备隐去其具体的物理特性，抽象成"点"，把通信线路抽象为"线"，由这些点和线组成的几何图形就称为网络的拓扑结构。

一般来说，计算机网络拓扑就是指计算机是怎么连接的，不同的连接方式有不同的优、缺点。计算机网络的拓扑结构常见的主要有 6 种——总线型、星型、环型、树型、网状型和混合型，如图 3.2 所示。

① 总线型拓扑结构。采用单根传输作为共用的传输介质，将网络中所有的计算机通过相应的硬件接口和电缆直接连接到这根共享的总线上。

总线型　　　　星型　　　　环型

树型　　　　网状型　　　　混合型

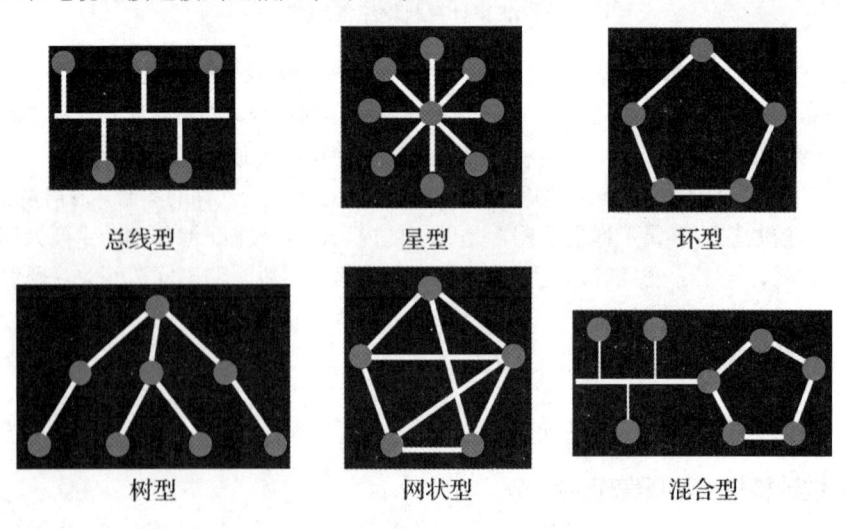

图 3.2　常见的网络拓扑结构

② 星型拓扑结构。网络中的各节点设备通过一个网络集中设备（如集线器或交换机）连接在一起，各节点呈星型分布的网络连接方式。

③ 环型拓扑结构。使用公共电缆组成一个封闭的环，各节点直接连到环上，环中数据传动是单向的，即沿一个方向从一个节点传到另一个节点。

④ 树型拓扑结构。树型拓扑从总线型拓扑演变而来，形状像一棵倒置的树，顶端是树根，树根以下带有分支，每个分支还可再带子分支，树根接收各站点发送的数据，然后广播发送到全网。

⑤ 网状型拓扑结构。网状型拓扑结构又称无规则结构，节点之间的连接是任意的、没有规律的。

⑥ 混合型拓扑结构。混合型拓扑结构是将两种单一的拓扑结构混合起来，取二者的优点构成的拓扑结构。

不同网络拓扑结构的优点和缺点比较如表 3.2 所示。

表 3.2　各种网络拓扑结构的优、缺点比较

网络拓扑结构	优　点	缺　点
总线型	结构简单，易于扩充，需要铺设的线缆最短；有较高的可靠性，网络响应速度快；设备量小，成本低，安装方便；共享资源能力强，非常便于广播式工作，即一个节点发送，所有节点都可接收	传输距离有限，通信范围受到限制；故障诊断和隔离困难；分布式协议不保证信息及时传送，不具实时功能
星型	控制简单；故障诊断和隔离容易；方便服务	中央节点负担较重，形成瓶颈，一旦中心节点有故障会引起整个网络瘫痪
环型	结构简单，便于管理；电缆长度短，建网容易	节点故障会引起全网的故障；故障难检测；当节点过多时，将影响传输效率，不利于扩充
树型	扩充方便灵活，寻找链路路径比较方便；结构比较简单，成本低；网络中任意两个节点之间不产生回路，故障隔离较容易	节点对根依赖性太大，如果根发生故障，那么全网不能正常工作
网状型	可靠性高；不受瓶颈问题和失效问题的影响	结构较复杂，网络协议也复杂，建设成本高
混合型	故障诊断和隔离方便；易于扩展；安装方便	需要用带智能的集中器；集中器到各站点的电缆长度会增加

（三）按其他方式分类

① 按传输介质分类，可分为有线网、无线网。

② 按通信方式分类，可分为：点对点传输网，是以点对点的连接方式把计算机连接起来，信息沿着一定的线路一步一步地传输下去，直到目的地，这是复杂的、大型的网络采用的通信方式；广播式传输网，是所有连到网上的计算机都可以接收到某一台计算机发出的信号。在局域网上有总线型网、星型网和树型网；在广域网上有微波、卫星方式传播的网络。

③ 按使用目的分类，可分为共享资源网、数据处理网、数据传输网。

④ 按服务方式分类，可分为 C/S 网、B/S 网、P/P 网。

⑤ 按企业和公司管理分类，可分为内联网、外联网、因特网（Internet）。

⑥ 按带宽（或传输速率）分类，可分为：窄带网（低速网）、宽带网（高速网）。窄带网传输未经调制的数字信号，如电话网是低速网；宽带网传输经过调制的数字信号，如光纤网是高速网。

情境任务二　Internet技术基础

情境引例

早期的计算机并非如我们日常生活中见到的 PC 那样小巧，它们大多是以一个集中的中央运算系统，用一定的线路与终端系统（输入/输出设备）连接起来组成的。这样的一个连接系统，就是网络的最初出现形式。各个网络都使用自己的一套规则协定，可以说是相互独立的。

1969 年，美苏冷战期间，美国政府机构试图开发出一套机制，用来连接各个离散的网络系统，以应付战争危机。这个计划，就是由美国国防部委托高级研究计划署开发的阿帕网，目的是研究当部分计算机网络遭到攻击而瘫痪后，是否能够通过其他未瘫痪的线路来传送数据。

阿帕网的构想和原理是除了研发出一套可靠的数据通信技术外，还要同时兼顾跨平台作业。后来，阿帕网的实验非常成功，从而奠定了今日的网际网络模式。它包括了一组计算机通信细节的网络标准，以及一组用来连接网络和选择网络传输路径的协议。这就是大名鼎鼎的 TCP/IP 协议。时至 1983 年，美国国防部下令用于连接长距离的网络电话都必须适应 TCP/IP 协议，同时国防通信署（DCA）将阿帕网分成两个独立的网络：一个用于研究用途，依然叫作阿帕网；另一个用于军事通信，则称为 MILNET。

阿帕网后来开发出一个便宜版本，以鼓励大学和研究人员来采用它的协议，其时正适逢大部分大学计算机科学系的 UNIX 系统需要连接它们的区域网络。由于 UNIX 系统上面研究出来的许多抽象概念与 TCP/IP 协议的特性有非常高的吻合性，再加上设计上的公开性，致使其他组织也纷纷使用 TCP/IP 协议。从 1985 年开始，TCP/IP 协议网络迅速扩展至美国、欧洲几百所大学、政府机构、研究实验室。它的发展大大超过了人们的预期，而且每年以超过 15%的速度成长，到了 1994 年，使用 TCP/IP 协议的计算机已经超过 300 万台。此后数年，由于因特网用户的爆炸性增长，TCP/IP 协议已经成为无人不知、无人不用的计算机网络协议了。

引例思考　通过引例，我们了解到了 TCP/IP 协议在因特网发展历程中的重要作用。那么，你了解 TCP/IP 协议吗？除此以外，你还了解哪些因特网技术？

域名注册与域名投资

域名是企业在互联网上的电子商标，具有唯一性，也是计算机处理过程中 IP 地址的助记符。域名是企业开展电子商务必不可少的要素，企业没有域名，就像房子没有门牌号码一样，在互联网中无法被找到，也就无法建立起良好的企业形象。

在域名注册领域有许多域名投资的经典案例，为互联网电子商务领域开创了另外一个盈利渠道。

1．从 15 万美元升值到 750 万美元的域名 business.com

马克·欧斯特洛夫斯基是美国休斯敦的一名商人，1996 年他以 15 万美元的价格向英国一家网络服务公司买下了 business.com 名称。这个价钱在当时被视为天价，别人认为他是个傻子或疯子。1999 年 12 月，欧斯特洛夫斯基以 750 万美元的天价把 business.com 卖给了位于美国加州的 eCompanies。该公司由迪士尼网络部门前总经理魏尼邦和 Earthlink 创办人戴顿合办。

欧斯特洛夫斯基自称是个科技冒险家，靠科技冒险赚了大笔钱。而科技冒险必须动脑筋，并且具备发掘市场的知识。eCompanies 的创办人之一魏尼邦说，这个易记的名字值得此天价，这个名字将为 eCompanies 节省数百万美元的广告成本。他计划使用这个名字开创新事业，协助其他企业进入电子商务世界。

2．800万元新浪微博域名 weibo.com 的故事

现在一提到微博，大家首先想到的是新浪微博。其实，最初国内有四大主流微博平台，那时搜狐、网易、腾讯和新浪都有微博。其中，腾讯微博一度直逼新浪微博。2011 年 2 月初，腾讯微博注册用户突破一亿名大关；2012 年第三季度，腾讯微博注册用户高达 5.07 亿名。但是腾讯的微博梦却因新浪微博 2011 年 4 月 6 日正式启用域名 weibo.com 而永远只能是梦。自那以后，腾讯微博缴械投降，撤销了微博事业部，搜狐微博和网易微博也几近消失。

价值这么大的域名 weibo.com 只花了 800 万元，新浪怎么这么精明呢？

说起新浪购买 weibo.com，坊间还广泛流传着这样一个故事。weibo.com 域名是新浪从一个 IT 男手中购买的。此男出生时父母为之起名张伟波，长大后喜欢计算机，就用自己的名字 weibo 申请了域名 weibo.com。话说 2010 年初，新浪微博相关负责人找到他，给他两个小时时间考虑，让他只报价一次，新浪不还价。传言当年此男年纪尚轻，没什么经验，就要了 800 万元的吉利价，卖给了新浪。直到现在，还有人感叹，要是再扛扛，等腾讯几家公司报价，卖个 2 000 万元不是问题！

引例思考 什么是域名？域名具有商业价值吗？

一、因特网概述

（一）因特网的定义及特点

因特网是一个开放的、互连的、遍及全世界的计算机网络系统。它遵守 TCP/IP 协议，把全世界各个地方已有的各种网络，如计算机网络、数据通信网和公用电话交换网等互连起来，组成一个跨国界的庞大的互联网，如图 3.3 所示。

因特网具有以下特点。

① 因特网的核心是 TCP/IP 协议，该协议实现了各种网络的互连。

② 因特网实现了与公用电话交换网的互连，任何用户只要有一条电话线、一台微机和一个调制解调器就可以连入因特网。

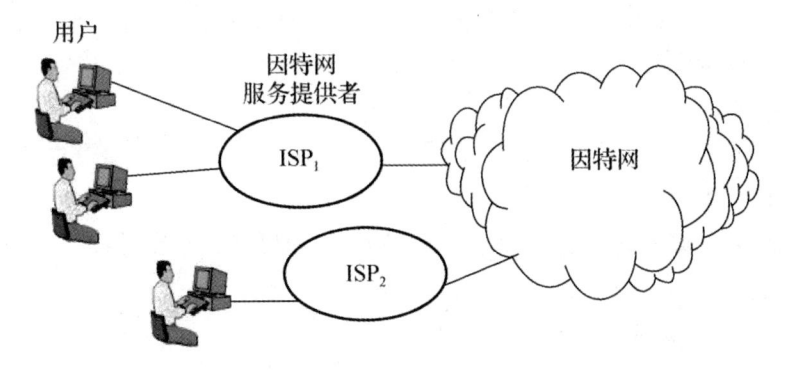

图 3.3 因特网示意

③ 因特网是一个用户自己的网络。它没有统一的管理机构，网上的许多服务和功能都是由用户自己进行开发、经营和管理的，如著名的万维网就是由欧洲核子物理实验室开发出来交给公众使用的。

（二）因特网的主要应用

① 电子邮件。电子邮件是因特网上使用最广泛的一种服务，用户只要能与因特网连接，具有能收发电子邮件的程序和个人的 E-mail 地址，就可以与因特网上具有 E-mail 的所有用户方便、快速、经济地交换电子邮件。电子邮件可以在两个用户间交换，也可以向多个用户发送同一封邮件，或者将收到的邮件转发给其他用户。

② 文件传输。文件传输服务又称 FTP 服务，用于把文件从一处传到另一处。这是因特网最早提供的服务之一，现在仍然在广泛使用。

③ 远程登录。远程登录服务又称 Telnet 服务。Telnet 是因特网远程登录服务的一个协议，该协议定义了远程登录用户与服务器交互的方式。Telnet 允许用户在一台连网的计算机上登录到一个远程分时系统中，然后像使用自己的计算机一样使用该远程系统。

④ 万维网。万维网是因特网上集文本、声音、图像、视频等多媒体信息于一身的全球信息资源网络，是因特网的重要组成部分。浏览器（browser）是用户通向万维网的桥梁和获取万维网信息的窗口，用户可以通过浏览器在浩瀚的因特网中"遨游"，搜索和浏览自己感兴趣的信息。

⑤ 电子公告牌。公告牌服务（Bulletin Board Service，BBS）是因特网上的一种电子信息服务系统，是当代很受欢迎的个人和团体交流手段。如今，BBS 已经形成了一种独特的网上文化，网民们可以通过 BBS 表达他们的思想和观念，如水木清华等。

⑥ 网络新闻组。Usenet 是一个由众多趣味相同的用户共同组织起来的各种专题讨论组的集合，用于发布公告、新闻、评论及各种文章供网上用户使用和讨论。讨论内容按不同的专题分类组织，每类为一个专题组，称为新闻组，其内部还可以分出更多的子专题。

⑦ 聊天系统。聊天系统主要提供基于因特网的客户端进行实时语音、文字传输的功能，如腾讯 QQ、微信等。

二、中国互联网发展的现状

在中国，1994 年中国科学技术网（CSTNet）首次实现与因特网的直接连接，同时建立了我国的最高域名——CN 服务器，标志着我国正式接入因特网，正式加入因特网大家庭。从此，互联网在中国得到了迅猛发展。中国互联网历经 20 多年的发展，大大改变了每个人的生活、消费、沟通、出行的方式。

通过分析梳理中国互联网发展过程中出现的代表性大事件，可以将中国互联网的发展简史大致分为 3 个阶段。

（一）第一次互联网大浪潮（1994—2000 年）：从四大门户到搜索

1994 年正式接入因特网。

1997 年 6 月，丁磊创立网易公司。

1998 年，张朝阳正式成立搜狐网。

1998 年，邮箱普及和第一单网上支付完成。

1998年11月，马化腾、张志东等5位创始人创立腾讯。
1998年12月，王志东创立新浪。
1999年，聊天软件QQ出现，当时叫OICQ，后改名腾讯QQ，风靡全国。
1999年9月9日，马云带领下的18位创始人在杭州正式成立了阿里巴巴集团。
2000年1月1日，李彦宏在中关村创建了百度公司。

（二）第二次互联网大浪潮（2001—2008年）：从搜索到社交化网络

2001年，中国互联网协会成立。
2002年，博客网成立。
2002年，个人门户兴起，互联网门户进入2.0时代。
2003年，淘宝上线，后来成为全球最大的C2C电商平台；下半年，阿里巴巴推出支付宝。
2004年，网游市场风起云涌。
2005年，博客元年。
2006年，熊猫烧香病毒泛滥，名为"熊猫烧香"的计算机蠕虫病毒感染数百万台计算机。
2007年，电商服务业被确定为国家重要新兴产业。
2008年，中国网民人数首次超过美国。

（三）第三次互联网大浪潮（2009年至今）：PC互联网到移动互联网

2009年，SNS社交网站活跃，以人人网（校内网）、开心网、QQ等平台为代表。
2010年，团购网站兴起，数量超过1 700家，团购成为城市一族最时髦的消费和生活方式。
2011年，微博迅猛发展，对社会生活的渗透日益深入，政务微博、企业微博等出现井喷式发展。
2012年，手机网民规模首次超过台式机，微信朋友圈上线。
2012年3月，"今日头条"上线。
2012年，"双11"阿里巴巴天猫与淘宝的总销售额达到191亿元，被业内称为"双11"的爆发点。这一年淘宝商城正式更名为天猫。
2013年，余额宝上线。
2014年，打车软件烧钱发红包，"滴滴""快的"巨资红包抢用户，"互联网+交通"出现。
2014年，阿里巴巴上市之后的第一个"双11"，创下571亿元销售额。
2015年，首次提出"互联网+"。
2015年，阿里巴巴集团宣布当日"双11"销售额达到912亿元。
2016年，"魏则西事件"引发网络平台监管责任边界大讨论。
2016年，"互联网直播""网红"等热词风靡全国。
2016年5月，"罗辑思维"的APP上线，已有超过400万名用户使用，付费用户超过100万人。
2016年，自媒体百家争鸣，互联网BAT第一梯队、第二梯队等纷纷砸金押宝自媒体平台，出现了百家号、搜狐号、网易号、大yu号、京东号、迅雷号等。
2016年，天猫"双11"狂欢节成交额达1 207亿元。
2016年12月3日，知识付费崛起。"喜马拉雅FM（中国）"第一个知识内容狂欢节称为"123知识狂欢节"，消费超过5 000万元。
2017年5月17日，微信推出"看一看""搜一搜"。

历经 3 次大浪潮，中国互联网的技术和应用获得了迅猛的发展。同时，中国互联网也深刻地影响着我国人民的日常工作和生活。根据中国互联网络信息中心发布的最新《中国互联网络发展状况统计报告》，截至 2017 年 12 月各项主要数据如下。

① 中国网民规模达 7.72 亿人，普及率达到 55.8%，超过全球平均水平（51.7%）4.1 个百分点，超过亚洲平均水平（46.7%）9.1 个百分点。

② 中国网民使用手机上网的规模达 7.53 亿人，占全国网民规模的 97.5%。

③ 中国农村网民规模达 2.09 亿人，占全国网民规模的 27%。

④ 中国网站总数为 533 万个，".cn" 下的网站数为 353 万个。

⑤ 中国网络购物用户规模达到 5.33 亿人，手机网络购物用户规模达 5.06 亿人。

⑥ 中国使用网上支付的用户达到 5.31 亿人，手机支付用户规模达到 5.27 亿人。

⑦ 中国网络直播用户规模达到 4.22 亿人。其中，游戏直播用户规模达到 2.24 亿人，真人秀直播用户规模达到 2.2 亿人，分别各占网民总体规模的 29%和 28.5%。

⑧ 共享单车国内用户规模达到 2.21 亿人，占网民总体的 28.6%。

⑨ 中国境内外上市互联网企业数量达到 102 家，总体市值为 8.97 万亿元。

三、TCP/IP 协议

（一）TCP/IP 协议及其特点

网络协议是通信计算机双方必须共同遵从的一组约定，如怎样建立连接、怎样互相识别等。只有遵守这些约定，计算机之间才能相互通信交流。这些约定被称为网络协议。

TCP/IP 协议是因特网最基本的协议。它规范了网络上所有的通信设备，尤其是一个主机和另一个主机之间的数据往来格式与传送方式。TCP/IP 协议是一个网络协议簇，其中 TCP 协议和 IP 协议是最核心的两个协议。因特网的其他网络协议都要用到这两个协议提供的功能，因而整个因特网协议簇被称为 TCP/IP 协议簇，简称 TCP/IP 协议。

TCP/IP 协议是现在互联网的基础。TCP/IP 协议主要有如下特点。

① 开放的协议标准，所有人都可免费使用，且独立于硬件和操作系统。

② 不区分网络硬件，在局域网、城域网和广域网中都被广泛使用。

③ 使用统一的网络地址分配方案，网络中的每台计算机都具有唯一的 IP 地址。

④ 标准的高层协议，拥有极高的可靠性，可以为用户提供可靠的服务。

（二）常用的 TCP/IP 协议

在 TCP/IP 协议中，TCP 协议负责数据的可靠传输，IP 协议负责分组数据的传输。TCP/IP 协议应用层中的几个常用协议如下。

① 远程登录协议 Telnet。Telnet 为用户提供了在本地计算机上完成远程主机工作的能力。

② 文件传输协议 FTP。FTP 是将文件从一台计算机传送到另一台计算机的协议。

③ 简单邮件传输协议 SMTP。SMTP 是一种提供可靠且有效电子邮件传输的协议。

④ 第三代邮局协议 POP3。POP3 是规定个人计算机如何连接到互联网上的邮件服务器进行收发邮件的协议。

⑤ 超文本传输协议 HTTP。HTTP 是用于从万维网服务器传输超文本到本地浏览器的协议。

⑥ 网络新闻传输协议 NNTP。NNTP 是用于阅读和张贴新闻文章（俗称"帖子"，比较正式的术语是"新闻组邮件"）到 Usenet 上的因特网应用协议，也负责新闻在服务器之间的传送。

⑦ 动态主机配置协议 DHCP。DHCP 是用来自动给客户机分配 TCP/IP 协议信息的网络协议，使每个 DHCP 客户都能连接到中央位置的 DHCP 服务器。该服务器会返回包括 IP 地址、网关和 DNS 服务器信息的客户网络配置。

四、网络系统模型

（一）OSI 参考模型

国际标准化组织（ISO）为了解决不同体系结构的网络的互连问题，于 1981 年制定 OSI（Open System Interconnection，开放系统互连）参考模型。OSI 参考模型是为了使各层上的协议标准化而发展起来的。这一参考模型共分为 7 层——物理层、数据链路层、网络层、传输层、会话层、表示层和应用层，如图 3.4 所示。

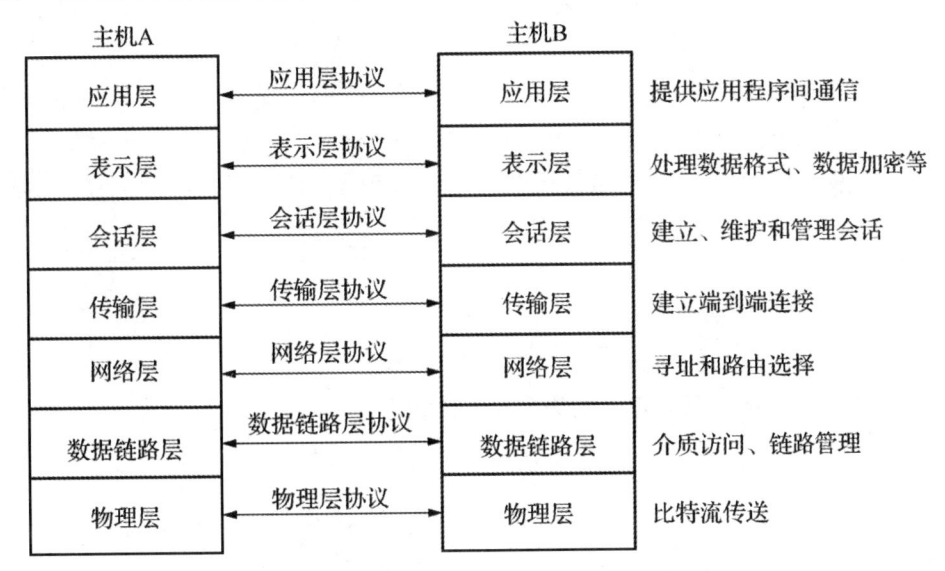

主机A		主机B	
应用层	←应用层协议→	应用层	提供应用程序间通信
表示层	←表示层协议→	表示层	处理数据格式、数据加密等
会话层	←会话层协议→	会话层	建立、维护和管理会话
传输层	←传输层协议→	传输层	建立端到端连接
网络层	←网络层协议→	网络层	寻址和路由选择
数据链路层	←数据链路层协议→	数据链路层	介质访问、链路管理
物理层	←物理层协议→	物理层	比特流传送

图 3.4 OSI 参考模型

1. 物理层

物理层是 OSI 参考模型的最底层，利用传输介质为数据链路层提供物理连接，主要通过物理链路从一个节点向另一个节点传送比特流。物理链路可能是铜线、卫星、微波或其他的通信媒介。

2. 数据链路层

数据链路层是 OSI 参考模型的第 2 层，是为网络层提供服务的，用于解决两个相邻节点之间的通信问题。其主要作用是通过校验、确认和反馈重发等手段，将不可靠的物理链路转换成对网络层来说无差错的数据链路。此外，数据链路层还要协调收发双方的数据传输速率，即进行流量控制，以防止接收方因来不及处理发送方传来的高速数据而导致缓存器溢出和线路阻塞。

3．网络层

网络层是为传输层提供服务的，传送的协议数据单元称为数据包或分组。该层的主要作用是解决如何使数据包通过各节点传送的问题，即通过路径选择算法（路由）将数据包送到目的地。另外，为避免通信子网中出现过多的数据包造成网络阻塞，需要对流入的数据包数量进行控制（拥塞控制）。当数据包要跨越多个通信子网才能到达目的地时，还要解决网际互连的问题。

4．传输层

传输层的作用是为上层协议提供端到端的可靠和透明的数据传输服务，包括处理差错控制和流量控制等问题。该层向高层屏蔽了下层数据通信的细节，使高层用户看到的只是在两个传输实体间的一条主机到主机的、可由用户控制和设定的、可靠的数据通路。

5．会话层

会话层的主要功能是管理和协调不同主机上各种进程之间的通信（对话），即负责建立、管理和终止应用程序之间的会话。会话层得名的原因是它很类似于两个实体间的会话概念，如一个交互的用户会话以登录到计算机开始，以注销结束。

6．表示层

表示层处理流经节点的数据编码的表示方式问题，以保证一个系统应用层发出的信息可被另一系统的应用层读出。如果必要，该层可提供一种标准表示形式，用于将计算机内部的多种数据表示格式转换成网络通信中采用的标准表示形式。数据压缩和加密也是表示层可提供的转换功能之一。

7．应用层

应用层是 OSI 参考模型的最高层，是用户与网络的接口。该层通过应用程序来完成网络用户的应用需求，如文件传输、电子邮件收发等。

（二）TCP/IP 参考模型与 OSI 参考模型的比较

由于 ISO 制定的 OSI 参考模型分为 7 层，过于庞大、复杂，在实际中使用的是 TCP/IP 参考模型。TCP/IP 参考模型分为 4 个层次——应用层、传输层、网络互连层和网络接口层，如表 3.3 所示。

表 3.3 TCP/IP 参考模型和 OSI 参考模型比较

OSI 参考模型	TCP/IP 参考模型	对应网络协议
应用层	应用层	HTTP、Telnet、FTP、SMTP、DNS、NFS、WAIS、Rlogin、SNMP、Gopher
表示层		
会话层		
传输层	传输层	TCP、UDP
网络层	网络互连层	IP、ARP、RARP、ICMP、AKP、UUCP
数据链路层	网络接口层	FDDI、Ethernet、ARPANET、PDN、SLIP、PPP
物理层		IEEE 802.1A、IEEE 802.2～IEEE 802.11

由表 3.3 可以看出，TCP/IP 参考模型将 OSI 参考模型的会话层和表示层合并到应用层实现，将数据链路层和物理层合并为网络接口层。

从 TCP/IP 参考模型与 OSI 参考模型的比较中可知，OSI 参考模型的 7 层结构既复杂又不实用，但概念清楚，体系结构理论较完整；TCP/IP参考模型现在得到了广泛应用，但并没有一个明确的体系结构。

五、IP地址、寻址与域名

（一）IP地址的定义和格式

在因特网上，为了实现连接到互联网上的节点之间的通信，必须为每个节点（入网的计算机）分配一个地址，并且应当保证这个地址是全网唯一的。这便是IP地址（Internet Protocol Address）。

在IPv4（IP第4版本）中，IP地址由32个二进制位表示，由表示主机所在网络的地址（类似部队的编号）及主机在该网络中的标志（如同士兵在该部队的编号）共同组成。为了便于记忆，通常习惯采用4个十进制数来表示一个IP地址，十进制数之间采用句点"."予以分隔。这种IP地址的表示方法也被称为点分十进制法。例如，159.226.41.98即表示一个IP地址。通过IP地址，就可以准确地找到连接在因特网上的某台计算机。

（二）IP寻址

IP寻址就是对某个设备的IP地址进行定位。

如果连接的网络类型和网络数量比较多，单纯的协议转换会相对比较困难，因此规定所有的设备都必须遵循网络层IP协议，并且附加上网络层的IP地址。网络层的这种协议与通过该协议赋予的IP地址和网络硬件无关，协议本身不依赖硬件，这就是硬件无关性。网络中的每个计算机都按照网络层IP协议的标准编定一个唯一的地址，这样就实现了在一个网络内对某个设备的IP地址定位。自动IP寻址技术是在没有DHCP服务器或其他IP地址分配机构的参与下，一种由设备自动获取合法（有效）IP地址的技术。采用这项技术，设备可以从预留的IP地址集中随机选取一个IP地址，向本地网络发出询问，确定该地址是否正在被其他客户机使用。

（三）域名的定义、分类和解析

1. 域名的定义和结构

IP地址是因特网主机作为路由寻址用的数字体标志，人们不容易记忆。为了便于记忆，产生了域名这种字符型标志。

域名（domain name）是由一串用点分隔的名字组成的因特网上某一台计算机或计算机组的名称，用于在数据传输时标识计算机的所在位置。域名就是IP地址的一种易于记忆的助记符表示方法。例如，淘宝的域名是taobao.com，容易记忆，而其IP地址218.108.233.135则不方便记忆。

IP地址和域名相当于姓名与别名的关系，但也不尽然。任何一个域名都对应一个或多个IP地址，大部分都是一个域名对应一个IP地址。由于IP地址不好记忆，所以人们为了更好地找到一个网站，想出了给IP地址起别名的方法，这就是域名。一个IP地址可以有上千甚至上万个域名。

网站的IP地址和域名示例如表3.4所示。

表 3.4 网站的 IP 地址和域名示例

网　站	IP 地址	域　名
淘宝	218.108.233.135	taobao.com
天猫	111.12.87.106	tmall.com
京东	117.148.129.129	jd.com

从表 3.4 中可以看到，域名由主体和后缀组成，之间用英文句点"."来分隔。例如，淘宝的域名 taobao.com 中，taobao 是主体，com 是后缀，而对应的 IP 地址是 218.108.233.135。

２．域名的分类与等级

域名分为国际域名和国内域名：国际域名以.com、.net、.org 等为后缀；国内域名以.cn 为后缀。域名分为 3 级——顶级域名、二级域名、三级域名，顶级域名又进一步分为国际通用顶级域名和国家/地区顶级域名，如表 3.5 所示。

表 3.5 域名的分类和等级

域名等级	域　名	
顶级域名	国际通用顶级域名	.com、.net、.org
	国家/地区顶级域名	.cn、.jp、.us
二级域名	taobao.com、google.cn	
三级域名	icbc.com.cn、sina.com.jp	

在表 3.5 中，后缀.com、.gov、.org 分别代表商业公司、政府、非营利机构；后缀.cn、.jp、.us 分别代表中国、日本、美国。

３．域名解析

由于网络中的计算机只能识别 IP 地址，所以域名必须转换成 IP 地址后才能够被识别。IP 地址和域名之间的转换工作被称为域名解析，需要由 DNS（域名解析系统）来完成。

例如，www.taobao.com 是一个域名，与 IP 地址 218.108.233.135 相对应。DNS 就像是一个自动的电话号码簿，我们可以直接拨打 taobao 的名字来代替电话号码（IP 地址）。直接调用网站的名字以后，DNS 就会将便于人们使用的名字（如 www.taobao.com）转换成便于机器识别的 IP 地址（如 218.108.233.135）。

六、因特网接入服务

因特网接入服务是指利用接入服务器和相应的软硬件资源建立业务节点，并利用公用电信基础设施将业务节点与因特网骨干网相连接，为各类用户提供接入因特网的服务。

因特网接入服务主要有两种应用：一是为利用因特网从事内容提供、网上交易、在线应用等的因特网信息服务经营者提供接入因特网的服务；二是为需要上网获得相关服务的普通用户提供接入因特网的服务。

下面介绍一些常见的因特网接入方式。

（一）拨号接入方式

１．普通调制解调器拨号接入

早期接入因特网需要借助公共电话线路，上网时并不是直接拨号到因特网主机，而是先拨通 ISP 指定的电话，再由 ISP 处理这个拨号请求，并发往需要访问的目的地，如图 3.5 所示。这种接入方式的优点是接入简单、便宜；缺点是数据传输速率较低，接入稳定性较差。

学习情境三　构建电子商务的技术基础

2．ISDN拨号接入

ISDN（综合业务数字网）是全部数字化的电路，除了基本的打电话功能之外，还能提供视频、图像与数据服务。如图3.6所示，ISDN由两种通道组成：两个B信道用来传输数据，每个信道传输速率是64 kb/s，用来传输数据；一个D信道，是控制信道，速率是16 kb/s，用来传输控制信号。ISDN因为传输的是数据信号，所以不易受干扰。如果只使用一个通道上网时，另一个通道可以同时打电话，而不会对上网有任何影响。

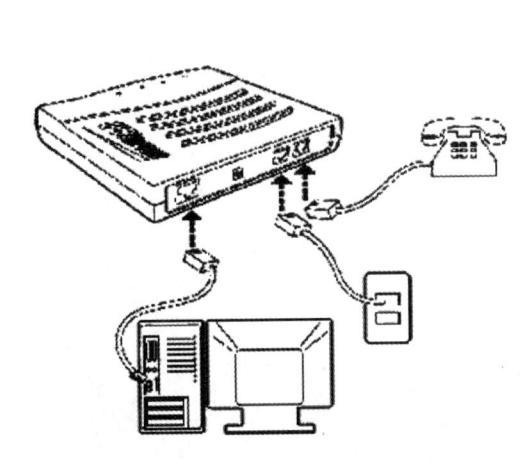

图3.5　调制解调器拨号接入方式

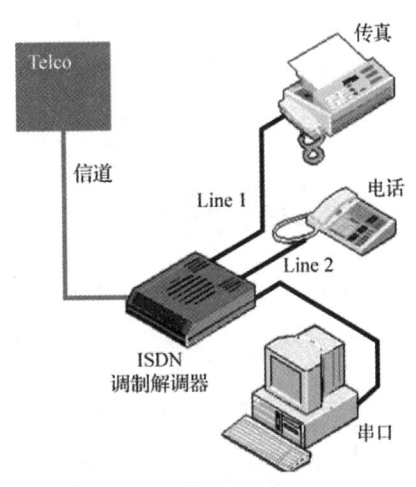

图3.6　ISDN拨号接入方式

3．ADSL虚拟拨号接入

ADSL（非对称数字用户线路）是一种新的数据传输模式，因为提供的上行（如上传动作）和下行（如下载动作）的速率不相同，因此称为非对称数字用户线路。ADSL的原理是利用分离器把电话线中的低频信号和高频信号进行分离。对于原先的电话信号而言，仍使用原先的频带，而基于ADSL的业务，使用的是话音以外的频带，所以原先的电话业务不受任何影响，如图3.7所示。ADSL虚拟拨号接入方式的优点是速度快，不需要交付另外的电话费；缺点是如果电话线路质量不好，则易造成ADSL工作不稳定或断线。

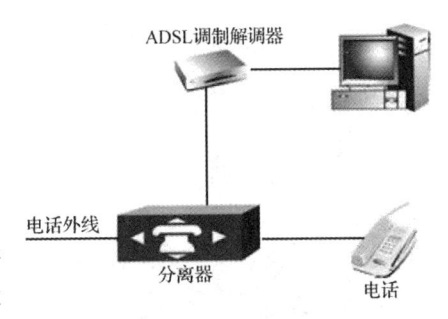

图3.7　ADSL虚拟拨号接入方式

（二）专线接入方式

1．有线接入方式

有线接入方式是利用现有的有线电视网络，通过有线电视电缆的一个频道进行数据传送。有线接入方式的优点是无须拨号，开机便在线；缺点是由于有线电视网络带宽共享，上网人数增多后网络传输速度会下降。

2．光纤接入方式

光纤接入方式是利用数字宽带技术，将光纤直接接入小区，用户再通过小区内的交换机，采用普通的双绞线实现连接的一种高速接入方式，如图3.8所示。光纤接入方式的优点是上网

55

速度快；缺点是共享带宽，上网人数增加后速度下降。

（三）无线接入方式

无线接入方式采用无线应用协议（WAP），利用无线局域网（WLAN）接入因特网，用户的计算机需要安装无线网卡，如图 3.9 所示。无线接入方式的优点是组建容易，设置和维护都比较简单，使用比较灵活；缺点是稳定性、安全性较差。

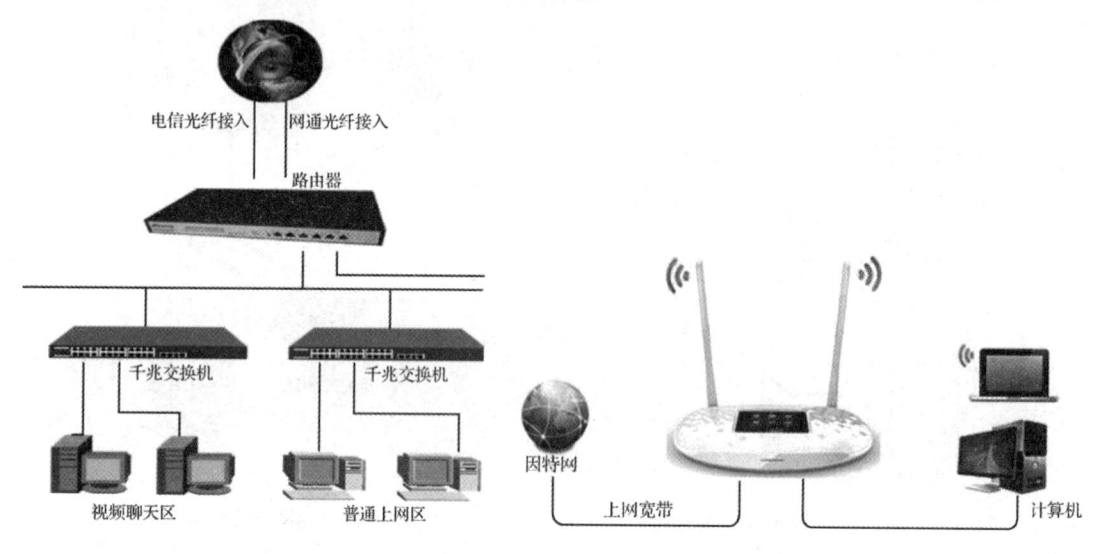

图 3.8　光纤接入方式　　　　　图 3.9　无线接入方式

（四）蓝牙接入方式

蓝牙技术是由移动通信公司与移动计算公司联合开发的传输范围约为 10 米的短距离无线通信标准，用来在便携式计算机、移动电话和其他的移动设备之间建立起一种小型、经济、短距离的无线传输链路。蓝牙协议能使包括蜂窝电话、掌上计算机、笔记本电脑、相关外设和家庭集线器等在内的众多设备之间进行信息交换。如图 3.10 所示，蓝牙应用于手机与计算机相连，可节省手机费用，实现数据共享、因特网接入、无线免提、同步资料和影像传递等。

图 3.10　蓝牙接入方式

（五）移动蜂窝接入方式

移动蜂窝技术主要包括基于第一代模拟蜂窝系统的 CDPD（蜂窝数字式分组数据）技术，

基于第 2 代数字蜂窝系统的 GSM（全球移动通信系统）和 GPRS（通用分组无线服务），以及在此基础上的 EDGE（改进数据率 GSM 服务）技术和第 3 代移动蜂窝系统 3G。目前，已经发展到第 4 代移动通信技术 4G。

4G 是第 4 代移动通信及其技术的简称，是集 3G 与 WLAN 于一体并能够传输高质量视频图像且图像传输质量与高清晰电视不相上下的技术产品。4G 系统能够以 100 Mb/s 的速度下载，比拨号上网快 2 000 倍，上传的速度能达到 20 Mb/s，并能够满足大多数用户对于无线服务的要求。而在用户最为关注的价格方面，4G 与固定宽带网络不相上下，并且计费方式更加灵活，用户完全可以根据自身的需求来确定所需的服务。很明显，4G 有着不可比拟的优越性。随着技术的发展，未来将出现 5G 技术。

第 5 代移动电话行动通信标准也称第 5 代移动通信技术，简称 5G。5G 是 4G 的延伸，正在研究中，5G 网络的理论下行速度为 10 Gb/s（相当于下载速度 1.25 Gb/s）。

七、移动互联网

（一）移动互联网的概念

移动互联网是指通过手机、平板电脑等便于携带的终端设备，以移动网络（3G、4G）或 Wi-Fi 热点方式连入互联网并获取服务的一种方式。

① 从技术层面的定义来说，移动互联网是以宽带 IP 为技术核心，可以同时提供语音、数据、多媒体等业务的开放式基础电信网络。

② 从终端定义来说，移动互联网是指用户使用手机、上网本、笔记本电脑、智能本等移动终端，通过移动网络获取移动通信网络服务和互联网服务。

移动互联网的内涵主要有 3 个层级：移动终端、移动软件与业务应用。移动互联网是一个以用户为核心，融合终端、网络和内容的有机体，如图 3.11 所示。

图 3.11　移动互联网示意

（二）移动互联网的特点

① 移动性。智能终端最大的特点是具有移动性，用户可以实现随时随地的网络接入和信息获取。另外，移动终端还具有天然的定位功能，可以精准定位用户的移动性信息。

② 个性化。终端方面，用户将个人与移动终端绑定，个体通常可以选择自己喜好的应用和

服务；网络方面，移动网络可以实时跟踪并分析用户需求和行为变化，并以此做出相应改变来为用户提供个性化的服务。

③ 碎片化。一方面，表现为时间上的间断性，即与传统 PC 不同，移动上网的时间很短，而且很容易被打断；另一方面，用户获取信息呈现出间断性的特点，可以利用碎片化的时间来获取信息和娱乐。

（三）移动互联网的应用

① 移动电子商务。移动电子商务就是利用手机、PDA 及掌上电脑等移动终端进行的 B2B、B2C 或 C2C 的电子商务。实际就是将因特网、移动通信技术、短距离通信技术及其他信息处理技术完美结合起来，使人们可以在任何时间、任何地点进行各种商贸活动。

② 手机游戏。手机游戏作为移动互联网的"杀手级"盈利模式，无疑将掀起移动互联网商业模式的全新变革。手机游戏将成为娱乐化先锋。手机游戏有《植物大战僵尸》《天天爱消除》《水果忍者》等。

③ 移动电子阅读。因为手机具有用户身份易于确认、付款方便等诸多优势，移动电子阅读正在成为一种趋势。移动电子阅读可以填补狭缝时间。移动电子阅读器有 Kindle、iReader 等。

④ 移动定位服务。随着随身电子产品的日益普及，人们的移动性在日益增强，对位置信息的需求也日益高涨，市场对移动定位服务的需求将快速增加。移动定位服务可以提供个性化信息，如高德导航、百度导航。

⑤ 移动搜索。手机搜索引擎整合搜索、智能搜索、语义互联网等概念，综合了多种搜索方法，可以提供范围更广的垂直和水平搜索体验，且更加注重提升用户的使用体验。移动搜索将成为移动互联网发展的助推器，如百度和谷歌移动搜索。

⑥ 移动支付。消费者可用具有支付、认证功能的手机来购买车票和电影票、打开大门、借书，可以实现移动通信与金融服务的结合及有线通信与无线通信的结合，让消费者能够享受到方便安全的金融生活服务。移动支付业务的发展预示着移动行业与金融行业融合的深入，移动支付蕴藏着巨大商机。

⑦ 移动广告。这是指通过移动终端设备访问移动应用或移动网页时显示的广告。广告形式包括图片、文字、插播、HTML5、链接、视频、重力感应广告等。移动广告将是移动互联网的主要盈利来源。

除了以上的应用之外，移动互联网的应用还有很多，如共享单车、微信公众号、微博营销等。

情境任务三　认知电子商务技术

一、电子商务技术概述

所谓电子商务技术，是指利用计算机技术、网络技术和远程通信技术，实现整个商务（买卖）过程的电子化、数字化和网络化。借助电子商务技术，人们不再是面对面地看着实实在在的货物，靠纸介质单据（包括现金）进行交易，而是通过网络、完善的物流配送系统和方便安全的资金结算系统进行交易（买卖）。

电子商务技术的作用体现在以下两个方面。

① 对产品与服务交易过程和商务主体之间商业关系的创新提供支持。

② 支持商业模式创新，并创造新的商业价值。

二、电子商务的处理流程

一般来说，电子商务的处理流程分为以下3个阶段。

第一个阶段是信息整理阶段。对于商家来说，此阶段为发布信息阶段，主要是选择自己的优秀商品，精心组织自己的商品信息，建立自己的网页，然后加入名气较大、影响力较强、点击率较高的网站中，让尽可能多的人们了解、认识自己；对于买方来说，此阶段是在网上寻找商品及商品信息的阶段，主要是根据自己的需要，上网查找自己所需的信息和商品，并选择信誉好、服务好、价格低廉的商家。

第二个阶段是信息交流阶段。对于B2B来说，这一阶段是签订合同、完成必需的商贸票据交换的过程，要注意数据的准确性、可靠性、不可更改性等复杂的问题；对于B2C来说，这一阶段是完成购物的订单签订过程，客户要将选好的商品、自己的联系信息、送货的方式、付款的方法等在网上填好后提交给商家，商家在收到订单后应发邮件或打电话核实上述内容。

第三个阶段是按照合同进行商品交接、资金结算阶段。这是整个商品交易很关键的阶段，不仅涉及资金在网上的正确、安全到位，也涉及商品配送的准确、按时到位。在这个阶段有银行业、配送系统的介入，在技术、法律、标准等方面有更高的要求。网上交易的成功与否就在这个阶段。

三、电子商务技术

（一）电子商务技术的要求

电子商务技术的关键是要保障以电子方式存储和传输的数据信息的安全。它包括以下4个方面。

1. 安全性

保证数据传输的安全性就是要保证在因特网上传送的数据信息不被第三方监视和窃取。通常情况下，对数据信息安全性的保护是利用数据加密技术来实现的。

2. 数据的完整性

保证数据的完整性就是要保证在因特网上传送的数据信息不被篡改。在电子商务应用环境中，保证数据信息完整是通过采用安全散列函数（即Hash函数，又称杂凑函数）和数字签名技术实现的。

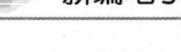

3. 身份认证

在电子商务活动中,交易的双方或多方常常需要交换一些敏感信息(如信用卡号、密码等),这时就需要确认对方的真实身份。如果涉及支付型电子商务,还需要确认对方的账户是否真实有效。电子商务中的身份认证通常采用公开密钥加密技术、数字签名技术、数字证书技术及口令字技术来实现。

4. 不可抵赖性

电子商务交易的各方在进行数据信息传输时,必须携带含有自身特质、别人无法复制的信息,防止交易发生后各方对自己行为的否认。交易的不可抵赖性是通过数字签名技术和数字证书技术实现的。

(二)电子商务涉及的技术

一般来说,电子商务所涉及的技术主要有以下几个方面。

1. 网络技术

电子商务的发展是建立在网络发展的基础上的,电子商务的实现更是离不开网络,网络技术是电子商务的关键技术之一。

2. Web 浏览技术

我们知道电子商务的活动主要是在网络上进行的,所有产品和服务都呈现在网页上,如何使 Web 浏览技术更好地应用于因特网并被广大用户接受和使用,具有重大意义。利用 Web 浏览器,交易双方可以实现交互。目前,Web 浏览技术主要支持 HTML 格式。但随着进一步的发展,XML 格式浏览器也会逐步普及并被人们所使用。

3. 安全技术

有关调查表明,很多客户不愿意在网上进行交易活动,最主要是担心网上交易不安全。电子商务的网上交易需要一个商务活动所涉及的各方均信任的第三方机构来完成商务活动各方的身份认证及其他一些网上数据的有效性认证。目前,证书认证是普遍使用的身份认证的一种方式。证书认证的具体操作过程是:建立相关的认证体系,然后对交易双方进行身份确认。证书认证的结果是使产生的每个证书都与一个密钥相对应。当前最为流行的证书格式是由 ITU-T 建议 X.509 的版本 3 中所规定的,现在许多其他标准化组织都以 X.509 作为公共密钥认证的基础。电子商务的安全性必须有一些安全技术作为保障,没有可靠的安全技术,就无法确定电子商务的安全性。下面介绍两种常见的安全技术。

① 支付网关。支付网关在整个电子商务活动中起着非常关键的作用。它一方面支持业务单位和商家通过互联网进行安全的网上交易,另一方面又通过安全通道保证与维护金融网络的工作安全,是连接商家和金融网络的通信及交易桥梁。

② CA。CA 是在电子商务交易中专门提供网络身份认证服务,负责签发和管理数字证书,且具有权威性和公正性的第三方信任机构。它就像颁发证件的公司,如护照办理机构。目前,国内的 CA 主要分为区域性 CA 和行业性 CA。

4. 数据库技术

在电子商务的业务活动中会用到很多信息,如商家为用户提供的商品信息、CA 存储的交易角色的信息、配送中心需要使用的配送信息、商家管理用户的一些购买信息及用户的购买历史信息等。这些信息需要合理存储,并能够在需要的时候被抽取出来。这就要用到数据库技术。

数据库技术是企业管理信息系统的核心技术。该技术包括数据模型、数据库系统（DB2、Oracle、Sybase、SQL Server、Access等）、数据库系统建设，以及数据仓库、联机分析处理和数据挖掘技术等。应用于电子商务中的数据库技术的主要功能包括数据的搜集、存储和组织，决策支持，Web数据库。

5．电子支付技术

从严格意义上讲，电子支付是一个过程而不是一种技术，但在该过程中涉及很多技术。这些技术主要包括：电子货币（电子支票、银行卡、电子现金）的表示形式制定，电子货币的发放和管理技术；电子支付模式。电子货币的表示形式主要由金融机构来制定，标准比较繁杂，主要是制定电子支票和电子现金的形式等；而电子支付模式现在一般使用SSL/TLS和SET两种协议。从技术角度讲，SSL/TLS协议不是一种支付协议而是一种会话层安全协议。

使用SSL/TLS协议进行电子支付，是利用SSL协议在进行支付的双方之间建立一个安全会话通道，这样可以保证应用层数据在互联网传输中不被监听、伪造和篡改。而SET协议是一个以信用卡支付为基础的电子支付协议。使用SET协议要达到以下几个目标。

① 信息在因特网上安全传输，保证网上的数据不被窃听。

② 订单信息和个人账号信息的隔离。在将包括持卡人账号信息的订单送到商家时，商家只能看到订货信息，而看不到持卡人的账号信息。

③ 持卡人和商家相互认证，以确定通信双方的身份。一般由第三方机构负责为在线通信双方提供信用担保。

④ 要求软件遵循相同的协议和消息格式，使不同厂家开发的软件具有兼容和相互操作功能。SET协议仅对一些敏感信息（如名字、地址和信用卡等）进行加密而不对其他信息加密。

在SET协议中使用了如下一些安全措施：加密技术（有对称密码系统和非对称密码系统）；数字签名技术；电子认证；电子信封。

使用SSL协议的好处是使用简便省时，但其安全性不如SET协议；使用SET协议可以得到较高的安全等级但其操作过程复杂、费时。

一般用SET协议的电子商务活动包括以下过程。

步骤1　查询。持卡人查询在线商品。

步骤2　选择。持卡人选择要购买的商品。

步骤3　填写订单。持卡人填写订单上的相关项。

步骤4　付款。持卡人选择付款方式（此时SET协议开始介入）。

步骤5　订单发出。持卡人将订单和要求付款的信息发送给商家，这时持卡人要对订单和付款信息进行数字签名，同时利用双重签名技术保证商家看不到持卡人的账号信息。

步骤6　订单接收。商家接收订单后，向持卡人的金融机构请求支付认可，通过网关到银行，再到发卡机构确认，批准交易。然后，返回确认信息给商家。

步骤7　商家发送订单确认信息给客户，客户端软件可记录交易日志，以备查询。

步骤8　结束。商家给客户装运货物，或者完成订购的服务。到此为止，一个购买过程已经结束。商家可以立即请求银行将钱从购物者的账号转移到商家账号，也可以等到某一时间请求成批划账处理。

（三）电子商务平台的技术结构

在开发的电子商务系统中，常采用3种技术体系结构：C/S结构、B/S结构和多层体系结构。

1. C/S结构

C/S（Client/Server，客户机/服务器）结构是以客户机/服务器为核心的软件体系结构。在C/S结构中，客户机负责信息系统的图形显示、数据输入、业务处理等，服务器负责对数据的存储和管理，如图3.12所示。C/S结构实现了分布式计算，降低了服务器的负载，并有助于在企业范围内实现对业务数据的集中式管理。其主要缺点是开发的中心集中在客户端（即所谓的"胖客户端"），造成了软件维护和管理上的困难。

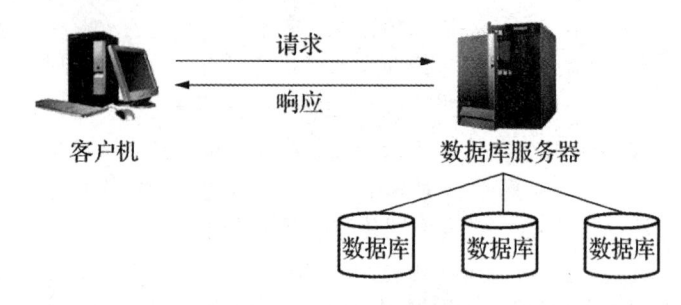

图3.12　C/S结构示意

2. B/S结构

B/S（Browser/Server，浏览器/服务器）结构是一种基于Web的软件体系结构，如图3.13所示。B/S结构的主要特点是"瘦客户端"，即客户端主要负责处理与用户的交互，而信息系统的绝大部分处理功能都在中间层（Web层）上。B/S结构实现了信息系统的分散应用与集中管理。

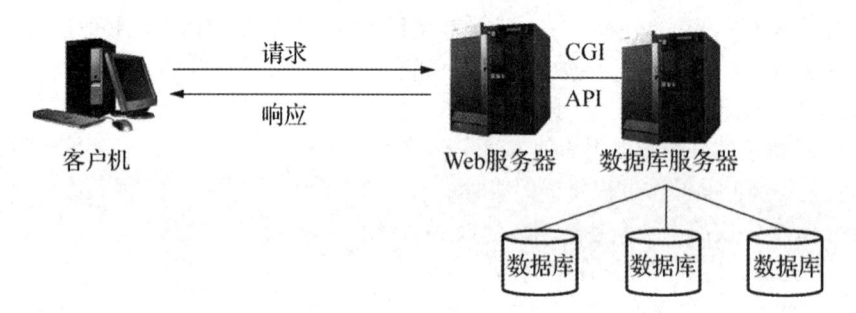

图3.13　B/S结构示意

3. 多层体系结构

多层体系结构具有高度的可扩展性，可以提高系统的灵活性，便于分配合适的开发人员以完成相应的开发任务，如图3.14所示。

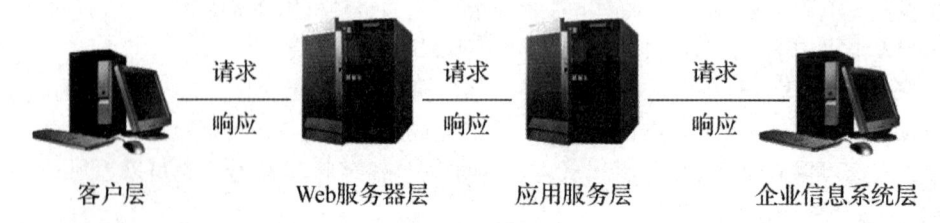

图3.14　多层体系结构

① 客户层。客户层直接面向用户,用于为广大用户提供企业电子商务系统的操作界面。客户层程序一般是一个 Web 浏览器,有时还包括嵌入在 HTML 网页中的 JavaApplet、ActiveX 组件及其他一些应用组件,以实现一些复杂的交互功能。

② Web 服务器层。该层主要用于处理电子商务系统的表示逻辑。它既可以向客户层提供满足用户需求的画面美观、布局合理的页面,也可以根据用户的具体要求创建个性化和专业化的页面。

③ 应用服务层。该层主要用于处理电子商务的业务逻辑。

④ 企业信息系统层。企业信息系统是指电子商务系统所对应的企业的后端信息系统,通常指的是 ERP(Enterprise Resource Planning,企业资源计划)系统。

技能训练

1. 在学校的机房中查询本机的 IP 地址,了解 IP 地址的组成,并掌握其分配规律。
2. 为学校机房中的每台计算机配置合适的 IP 地址参数,并使其能够连接到因特网。
3. 根据网络拓扑结构的知识,分析学校实验楼的网络拓扑结构,绘出实验楼的网络拓扑结构图,并指出其属于哪种网络拓扑结构。

学习情境四

建立电子商务网站和网店

学习目标

知识目标

了解电子商务网站的类型和功能，熟悉建立电子商务网站的技术和流程；了解各种网上交易平台，掌握在网上交易平台建立网店的方法。

技能目标

通过实际操作学会域名的设计、查询与申请；学会合理选择交易平台并建立网店；能够对网站进行推广和日常维护。

情境任务一　建立电子商务网站

情境引例

戴尔公司是世界上较大的计算机制造商之一。戴尔由于成功地将其直接面向最终用户的销售策略推向因特网而广为人知。戴尔公司称其网上商店为"戴尔皇冠上点缀的珠宝"。通过戴尔公司的网上商店，客户可以在网上组装、定制并购买计算机。

戴尔公司注册了域名 www.dell.com，在网站设计上采用了分布式方案，将流入的访问需求由许多前端 Power Edge 服务器来分别处理，由此在网站上平衡负载。同时，保证客户以最少的等候时间尽快地得到他们正在查找的数据，如价格和样品。

在硬件上，戴尔公司在前端使用它自己的基于 Intel Pentium Pro 处理器的 Power Edge 4100 服务器。大部分的前端服务器存放的是 HTML 格式的静态页面，前端服务器将客户的需求导入不同的应用服务器以处理不同的任务，其中包括戴尔的 Premier 页面服务。Premier 页面是为公司客户设计的专用外联网页面，上面包括订购信息、订购历史、已经被公司客户认可的系统配置，甚至账户信息。

戴尔公司选用 Microsoft Site Server、Commerce Edition 为网站的商业引擎，这是网站的核心。为了处理数据库管理业务，戴尔公司采用 Microsoft SQL Server 6.5 作为数据库引擎。

因特网为戴尔公司的直销提供了重大的机遇。戴尔公司的网址每周被用户访问的次数超过 80 万次，戴尔公司因此每天平均获得超过 400 万美元的收入。

引例思考 戴尔公司通过建立网站来销售产品,那么什么是电子商务网站?它具有什么功能?如何建立电子商务网站?

一、电子商务网站的概念

电子商务网站是在软硬件基础设施的支持下,由一系列网页和具有商务功能的软件系统、后台数据库等构成,可以展示产品信息,实现电子交易,开展与商务活动有关的各种服务,实现电子商务功能的网站。网站是发布商务信息、实现商务管理和交易的重要方式,是电子商务系统的"窗口"。互联网技术高度发展的今天,大多数客户都通过网络来了解企业产品、企业形象和企业实力,因此企业网站的形象往往决定了客户对企业产品的信心。

电子商务网站是一个虚拟空间,使得企业不分大小,也不管位于何处,在网上都不过是一个拥有 IP 地址或域名的网站。因此,在因特网上,企业的竞争力不再由规模、人数、业绩、信誉和历史等决定,企业的竞争逐渐建立了一套新的规则。这些新的规则包括网站的规范性、快捷性、方便性、亲切感和美感、个性化选择和交互式使用等,使大批中小企业可与大型企业在一个起跑线上起飞。电子商务网站改变了企业的竞争格局,帮助各类企业扩大了竞争领域。

二、电子商务网站的类型

电子商务网站按不同的分类方法可分为不同的类型。

(一)按商务目的和业务功能分类

1. 信息服务型电子商务网站

信息服务型电子商务网站定位于利用网站宣传企业的形象,发布企业信息,包括公司新闻、产品信息、采购信息、促销信息、招聘信息、联系方式等用户、销售商和供应商所关心的内容,如图 4.1 所示。这类网站多用于产品和品牌推广及与用户之间的沟通。大多数中小企业网站都是信息服务型电子商务网站。这种网站投资少,建设和维护比较简单,采取向网络平台提供商租用空间或虚拟主机的形式来运行自己的网站。

图 4.1 信息服务型电子商务网站

2．交易型电子商务网站

交易型电子商务网站不仅提供企业的有关信息，还提供商品展示、支付结算、物流配送等功能，并提供交易安全认证和保证机制。例如，戴尔（中国）（http://www.dell.com.cn）就是一个典型的交易型电子商务网站，它除了产品介绍、焦点新闻和公司简介等内容之外，还有销售功能，如图 4.2 所示。

图 4.2 交易型电子商务网站

3．综合型电子商务网站

综合型电子商务网站是电子商务网站的高级形态，不仅可以发布信息、在线销售产品，还集成了包括供应链管理在内的整个企业业务流程一体化的信息处理系统。在这一方面，亚马逊网站堪称典范。

海尔集团于 2000 年 3 月投资成立了海尔电子商务有限公司，2000 年 4 月海尔电子商务平台（海尔商城）开始试运行。海尔商城全面展示海尔的在销产品，提供灵活多样的查询手段。其方便的支付方式和完善的物流配送，使客户真正体会到了网络消费的便捷和实惠。海尔商城首页（http://www.ehaier.com）如图 4.3 所示。

（二）按构建网站的主体分类

1．行业电子商务网站

行业电子商务网站是以行业为主体构建的电子商务网站。这类网站专业性很强，旨在为行业内的企业和部门进行电子化贸易提供信息发布、商品交易、客户交流等的活动平台，如中国服装网（http://china.china1f.com）。

图 4.3　海尔商城首页

2．企业电子商务网站

企业电子商务网站以企业为构建主体，旨在为企业的产品和服务提供商务平台，如联想官方网站（http://www.lenovo.com.cn）。

3．政府电子商务网站

政府电子商务网站是以政府机构为构建主体来实现电子商务活动，为面向企业和个人等的税收及公共服务提供的网络化交互平台。政府电子商务网站包含以下功能：政务公开，这部分主要是在网上公布政府部门的各项活动，并公开政府部门的机构组成、责任职能、工作规章、工作流程及相关信息；网上办公，这部分主要是政府部门的内部办公系统与互联网相连，实现网上办公，如网上申报个人所得税、网上采购等。

4．中介电子商务网站

这种网站一般是建立交易平台，让其他企业或个人到网站进行交易，收取中介或服务器租赁费等服务费用，如淘宝（http://www.taobao.com）。

（三）按网站开办者分类

1．流通型电子商务网站

流通型电子商务网站由流通企业建立，旨在宣传和推广其产品与服务，使客户更好地了解产品的性能和用途，促使客户进行在线购买，如苏宁易购（http://www.suning.com）。

2．生产型电子商务网站

生产型电子商务网站由生产产品和提供服务的企业来提供，旨在推广、宣传其产品和服务，实现在线产品销售和在线技术支持等商务功能，如海尔商城（http://www.ehaier.com）。

（四）按网站运作广度和深度分类

1. 水平型电子商务网站

水平型电子商务网站提供的服务或产品广泛，聚集了大量各行各业的产品，类似于网上购物中心，旨在为用户提供产品线宽、可比性强的商业服务，如淘宝（http://www.taobao.com）。

2. 垂直型电子商务网站

垂直型电子商务网站主要针对范围相对狭窄、内容专业的领域，如化妆品、运动鞋或数码产品等专业网站。它提供某一类产品及其相关产品的一系列服务，如销售汽车、汽车零配件、汽车装饰品、汽车保险等产品的网站，如汽车之家（http://www.autohome.com.cn）。

3. 专门型电子商务

专门型电子商务网站提供某类产品的最优服务。它类似于专卖店，通常提供品牌知名度高、品质优良、价格合理的产品的销售，如聚美优品网（http://www.jumei.com）。

4. 公司型电子商务网站

公司型电子商务网站是指以本公司产品或服务为主的网站，相当于公司的网上店面，以销售本公司产品或服务为主，如小米网（http://www.xiaomi.com）。

三、电子商务网站的一般功能

由于在网上开展的电子商务业务不尽相同，所以每个电子商务网站在具体实施功能上也不相同。一般来说，电子商务网站主要有以下 8 种功能。

（一）信息发布

在电子商务中，商业信息发布的实时性和方便性是传统媒体无法比拟的。信息查询技术的发展，以及多媒体的广泛使用都使得这些信息比过去更加精彩，更加吸引人。企业在网上发布的信息包括企业新闻、促销信息、招标信息及人员招聘信息等。

（二）形象宣传

对一个企业来说，电子商务网站就是"工厂""公司"或"经销商"；对一个商家来说，电子商务网站就是"商店""商场"或"门市部"，是企业和合作伙伴、企业和客户进行交互的界面，是企业在网上的对外窗口。网站的形象代表着企业的形象，一个企业如果没有一个专业化的网站，不仅影响企业的网络品牌形象，还会对网站的其他功能产生直接影响。

（三）产品/服务展示

客户访问网站的主要目的之一是深入了解企业的产品和服务，而企业网站不仅提供了一种可以通过文字、图片、动漫等方式全面展示其产品和服务的虚拟空间，还能够快捷地更新产品的宣传资料。即使是一个功能简单的网站，也相当于一本方便、省钱可以随时更新的产品宣传册。

（四）商品和服务订购

网站本身就是一个销售渠道，电子商务网站的核心功能就是网上商品的订购功能。企业把一些产品的相关信息发送到网站上，用户浏览相关信息，如果用户需要某种产品，可以根据导航订购此产品。

（五）咨询洽谈

电子商务网站可以为客户提供各种在线服务和帮助信息，如 FAQ、在线填写寻求帮助的表单、通过即时通信工具实时回答客户的咨询等。

（六）信息搜索与查询

网站提供信息搜索与查询功能，目的是让客户在电子商务数据库中轻松快捷地找到需要的信息，从而长久地留住客户。这体现了网站信息组织能力和拓展信息交流与传递途径的功能。

（七）客户信息管理

通过网站，企业或商家可以全天候、跨地区地为客户服务，与客户保持售后联系，倾听客户意见，回答客户经常提出的问题。网站还能方便地把来访的客户信息记录下来，实现有效的客户关系管理，以便保持与客户的联系并能更好地为客户服务。

（八）销售业务信息管理

完全的电子商务网站还包括销售业务信息管理功能，从而使企业能够及时地接收、处理、传递与利用相关的数据资料，并使这些信息有序、有效地流动起来，为企业内部的 ERP、DSS 或 MIS 等管理信息系统提供信息支持。

四、建设电子商务网站的流程

电子商务网站的建设流程是：总体规划→网站软硬件环境建设→网站内容建设→网站测试与发布→网站的维护与更新→网站的推广等。其中，每个流程又包括若干细节。

（一）总体规划

总体规划是指网站建设之前要进行市场分析，确定网站的功能和定位，根据需要对网站的内容、网站建设中使用的技术和费用，以及网站运营和维护等做出规划，并进行可行性分析。总体规划对网站建设发挥指导作用，具体包括以下几个方面。

1．明确网站建设的目的

市场分析是网站建设的第一阶段，总的目的是根据调查分析，明确建设电子商务网站的目的和内容。市场分析主要包括企业需求分析、目标客户调查与分析、竞争对手调查与分析、市场定位分析等。

2．规划网站内容

（1）理顺构造和层次

明确网站建设目的后，下一步工作是目标细化，构架网站内容框架。其主要包含网站核心内容、主要信息、服务项目等。确定内容框架后要勾画网站的构造图。画出构造图，不仅便于有逻辑地组织站点和链接，还利于网站制作人员进行分工和协作，及时查漏补缺。

（2）搜集信息

在做网页之前，要尽可能多地搜集与网站相关的素材（文字、图像、多媒体等）。搜集的资料包括企业的标志、文字性说明、新闻报道、发展简介、技术手册、图片、动画等。将信息按类型和功能生成一个目录结构，保持信息结构的灵活性，以便日后更新和维护。

(3) 栏目设定

网站的栏目是构成网站最重要的部分，可以说是网站的骨架，是承载网站内容的基础。好的栏目设置是将网站内最有价值的内容列在栏目上，尽可能从访问者的角度来编排，以方便访问者的浏览和查询，延长用户的停留时间，从而增加企业的商业机会。

3．网站技术解决方案

规划网站建设中所使用的技术方案，如建站是使用自建服务器，还是租用虚拟主机；采用系统性的解决方案还是自己开发；网站设计使用哪些相关程序进行开发；网络安全采用哪些技术措施，等等。

4．网站测试规划

对网站测试的环节进行规划，明确网站测试的内容，以保证用户正常的浏览和使用。

5．网站的维护和更新规划

明确网站维护和更新的内容，并制定相关网站维护更新的规定，使其制度化、规范化。

6．网站建设进度规划

规划各项任务开始和结束的时间，使网站建设工作能够按部就班地完成。

7．费用明细

在网站建设中所设计的各项费用情况规划，包括各种设备的费用、为传输信息所付的通信费、经营者为了购买信息所付出的信息费和维护费等。

电子商务网站规划涉及的内容很多，而网站规划的最终结果是形成一份切实可行的、高质量的网站规划书，从而为后续的网站设计和网站建设起到很好的指导作用。

(二) 网站软硬件环境建设

1．选择网络服务方式

(1) 自建服务器（专线接入）方式

自建服务器（专线接入）方式要求企业自建机房，自购服务器，配备专业人员，购买路由器、交换机、机房的辅助设备、网管软件等；在服务器上安装相应的网络操作系统，开发使用Web 服务程序，设定各项因特网服务功能，包括设立 DNS 服务器及 Web 服务器、FTP 服务器、电子邮件服务器，建立自己的数据库查询服务系统等；向电信部门申请专线出口。这样便可建立一个完全属于自己企业的、自己独立管理的电子商务网站。全球的因特网用户就都可以通过域名访问该网站。这种方式投入的费用高，而且需要具有硬件设备、网络控制及安全方面的专业技术人才，因此这种方案适合于对信息量和网站功能要求较高的大中型企业。自建服务器方式的拓扑结构如图 4.4 所示。

(2) 服务器托管方式

服务器托管方式是指企业把属于自己的独立服务器托管在 ISP 的机房，实现其与因特网连接，从而省去了自行申请专线连接到因特网的麻烦。这种方式由 ISP 提供必要的维护工作，由企业自己进行主机内部的系统维护及数据更新。它摆脱了虚拟主机受软硬件资源限制的弊端，能够提供高性能的处理能力,同时有效降低了维护费用和机房设备投入、线路租用等高额费用。服务器托管方式的拓扑结构如图 4.5 所示。

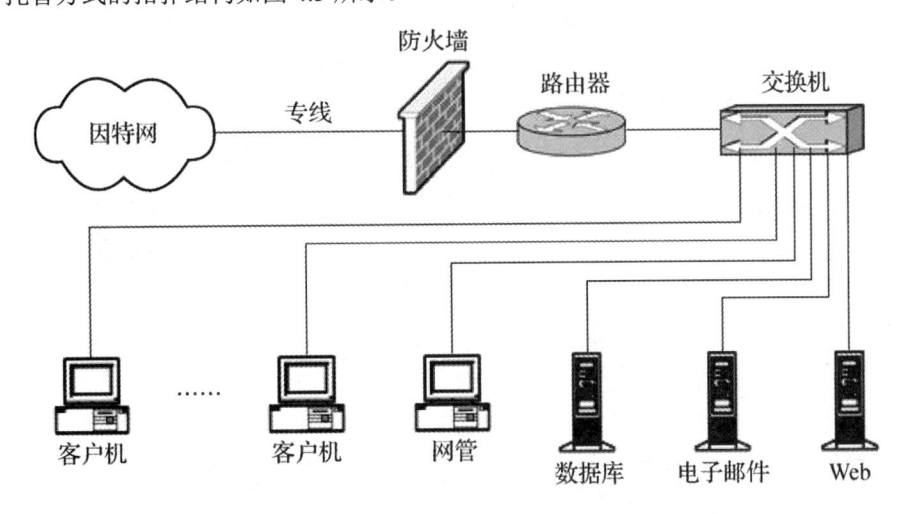

图 4.4　采用自建服务器方式的拓扑结构

图 4.5　采用服务器托管方式的拓扑结构

(3) 虚拟主机方式

自建服务器需要较大的投资,每年的运营费用较高,这在一定程度上制约了部分中小企业建立网站,因此对信息量和网站功能要求不高的中小企业也可以选择 ISP 提供的一些比较经济的服务器解决方案。

虚拟主机方式是指使用计算机软件技术,把一台运行在因特网上的服务器主机分隔成若干份,每份称为一台虚拟主机,每台虚拟主机都各自具有独立的域名或 IP 地址。如同独立的主机一样,它们也具备比较完整的因特网服务器功能。

虚拟主机突出的优点是费用低。由于多台虚拟主机共享一台主机的资源,所以分摊到每个用户的硬件费用、网络维护费用、通信线路的费用均大幅度降低,而且也不必为使用和维护服务器的技术问题担心,更不必聘用专门的管理人员。刚起步开办电子商务网站的公司很适合租用一台合适的虚拟主机。

采用虚拟主机方式的拓扑结构如图 4.6 所示。虚拟主机都具有独立的域名和 IP 地址,但共享真实主机的 CPU、内存、操作系统、应用软件等。

服务器托管、虚拟主机方式性价比高,投入较少,企业只要交较少的服务费,就能解决机房条件、网站空间、软件环境等问题。同时,企业也不需要有信息技术专业人才,无须掌握太多硬件设备、网络控制和安全方面的技术。3 种网络服务方式特点的比较如表 4.1 所示。

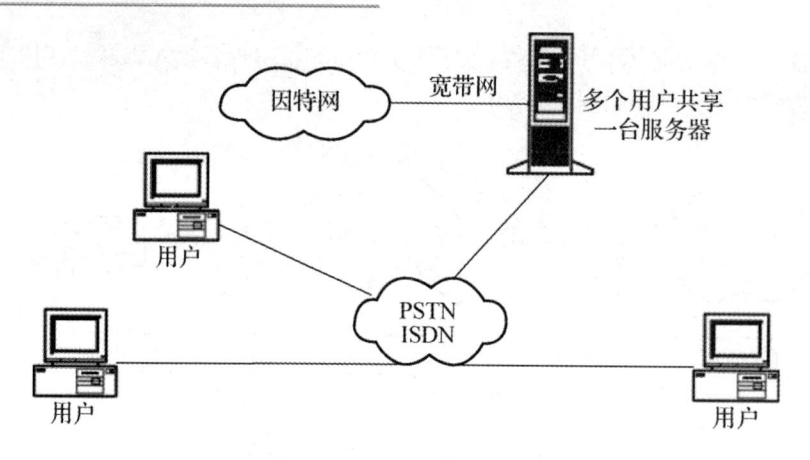

图 4.6 采用虚拟主机方式的拓扑结构

表 4.1 3 种网络服务方式特点的比较

项　目	自建服务器	服务器托管	虚拟主机
建设成本	最高	最低	中等
带宽速度	最高	最慢	视申请的虚拟主机等级而定
数据管理的方便性	最方便	中等	中等
网站的功能性	最完备	最少	视申请的虚拟主机等级而定
网站空间	无限制	最少	视申请的虚拟主机等级而定
适合客户	大企业	小企业	中型企业
专业人才	需要	不需要	不需要

情境小知识

网站建设如何选择虚拟主机

网站建设选择虚拟主机考虑的因素包括虚拟主机的网络空间大小、操作系统、对一些特殊功能（如数据库等）的支持，以及虚拟主机的稳定性和速度、虚拟主机服务商的专业水平和服务质量等。

① 虚拟主机的网络空间大小、操作系统、对一些特殊功能（如数据库等）的支持。可根据网站程序所占用的空间，以及预计以后运营中所增加的空间来选择虚拟主机的空间大小——应该留有足够的余量，以免影响网站正常运行。一般来说，虚拟主机空间越大价格也相应越高，因此须在一定范围内权衡，没有必要租用过大的空间。虚拟主机可能有多种不同的配置，如操作系统和数据库配置等，需要根据自己网站的功能来进行选择。如果可能，最好在网站开发之前就先了解一下虚拟主机产品的情况，以免在网站开发之后找不到合适的虚拟主机提供商。

② 虚拟主机的稳定性和速度。这些因素都会影响网站的正常运作，需要有一定的了解。如果可能，在正式购买之前，应先了解一下同一台服务器上其他网站的运行情况。

③ 虚拟主机服务商的专业水平和服务质量。这是选择虚拟主机的第一要素。如果选择了质量比较差的虚拟主机服务商，很可能会在网站运营中遇到各种问题，甚至经常出现网站无法正常访问的情况，或者遇到问题时很难得到及时解决。这些都会严重影响网络营销工作的开展。

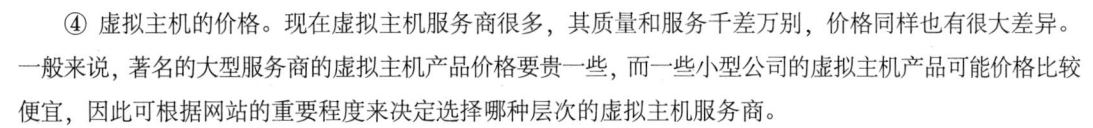

④ 虚拟主机的价格。现在虚拟主机服务商很多，其质量和服务千差万别，价格同样也有很大差异。一般来说，著名的大型服务商的虚拟主机产品价格要贵一些，而一些小型公司的虚拟主机产品可能价格比较便宜，因此可根据网站的重要程度来决定选择哪种层次的虚拟主机服务商。

服务器托管和虚拟主机的区别

① 服务器托管是用户独享一台服务器，而虚拟主机是多个用户共享一台服务器。

② 服务器托管用户可以自行选择操作系统，而虚拟主机用户只能选择指定范围内的操作系统。

③ 服务器托管用户可以自己设置硬盘，建立数十TB以上的空间，而虚拟主机空间则相对狭小；服务器托管业务主要是针对ICP和企业用户，它们有能力管理自己的服务器，提供如Web、电子邮件、数据库等服务，但是需要借助IDC提升网络性能，而不必建设自己的高速骨干网。

2．硬件选择

（1）网络设备

网络设备中的关键设备是路由器、交换机和安全设备。网络设备的选择应考虑技术上可行，经济上合理。

（2）服务器设备

服务器的选型应充分考虑到站点可能的信息容量、提供的服务种类、每日的点击率及站点发展的需求。

3．软件选择

（1）选择Web服务器

Web服务器也称为WWW服务器，是驻留于因特网上某计算机内的程序，主要功能是提供网上信息浏览服务。几种常用的大型Web服务器有Microsoft IIS、IBM Web Sphere、BEA Web Logic和Apache。在选择Web服务器时，要考虑以下因素。

① 与操作系统的配合。例如，在UNIX和Linux平台下使用最广泛的是Apache服务器，而Windows Server 2003/2008/2012 R2使用IIS服务器。

② 响应能力。要考虑单位时间内支持的访问量和对用户要求的响应速度。

③ 管理的难易程度。一是管理服务器简单易行；二是利用Web接口进行管理比较方便。

④ 稳定可靠性。Web服务器的性能和运行稳定，不易发生故障。

⑤ 安全性。一是考虑防止机密信息泄露；二是考虑防止黑客攻击。

（2）选择操作系统

操作系统是管理计算机的程序，用来管理计算机系统的全部硬件资源和软件资源及数据资源，控制程序运行，并为其他应用软件提供支持。

当前主流的操作系统主要有Windows、UNIX和Linux等。Windows操作系统由微软公司开发，较为稳定，并且软硬件的花费比较低；UNIX是一个具有不同硬件平台的多用户操作系统，可提供除Web服务以外的访问，但费用较高，操作界面不够人性化；Linux是基于UNIX系统开发而来的，源代码的开放使得其稳定性、安全性、兼容性非常高，是目前流行的微机操作系统之一。

(3) 选择网络数据库

一个能实现交互的网站的开发都离不开数据库的支持。简单来说，数据库是一个长期存储在计算机内的有组织的、有共享的、统一管理的数据集合，是一个按照数据结构来组织、存储和管理数据的仓库。对于开发人员来说，数据库日渐成为 IT 管理人员的得力助手。常用的数据库系统主要有 SQL Server、MySQL、Oracle 和 Access，选择的总原则是从实际需求出发。具体来说，可从表 4.2 所示的几方面进行考虑。

表 4.2　常用数据库系统特点的比较

数据库	易用性	安全性	开放性	适合用户
SQL Server	一般	一般	最差	中小型网站
MySQL	较好	较好	较好	中型网站
Oracle	最差	最好	最好	大型网站
Access	最好	最差	较差	小型或个人网站

4．网站安全建设

(1) 选择空间的安全问题

众所周知，网络攻击是导致网站安全问题的罪魁祸首，黑客最喜欢攻击不稳定的服务器和有漏洞的网站。因此，要保证网站安全，就一定要选择足够安全稳定的服务器。

(2) 服务器软件的安全性

虽然服务器软件本身并不存在多高的风险，但由于服务器软件的主要功能是提供支持服务和满足他方需求，而软件的复杂程度、功能多寡与安全漏洞的出现概率成正比，所以为了网站安全，一定要避免使用不必要的服务器软件功能。

(3) 定期进行数据备份

为保证数据的绝对安全，还应配备数据备份和恢复处理设备，如双硬盘、镜像站点等。

(4) 建立安全管理制度

70%～90%的安全问题来自内部管理的漏洞，企业在开始建立网站时，就应当高度重视安全管理制度的建立。网站安全管理制度应包括网站工作人员管理制度，保密制度，跟踪、审计，稽核制度，网站日常维护制度，用户管理制度，病毒防范制度，应急措施等内容。

（三）网站内容建设

1．设计网站结构，生成目录

设计网站的结构时，首先要将所有要应用到网站上的素材资料列举出来，根据内容设计一个结构蓝图。例如，网站的主页是什么，要划分几个板块，网站有哪些栏目，如何设置各栏目或各网页之间的链接。如果内容过多，可以绘制一个导航图。

2．网页设计

(1) 网站的总体风格

网页要根据网站制作的目标和内容设计出相应的风格。为了使整个网站看起来很协调，不会让浏览者产生混乱，网站中的各种元素，如网站中的名称、网站的标志、有代表性的图形和动画、主色调、字体及导航条的设置要统一风格，贯穿全站。这样用户看起来会觉得舒服、顺畅，会给网站一个"很专业"的评价。另外，在设计网页时不要仅追求外观漂亮，还要注意迎合搜索引擎的喜好，利于企业开展网络营销。

(2) 网页布局

网页布局大体可分为头部、体部、尾部三大板块。其中，头部内容包括标题、网站标志、广告条、分类导航（menu）与检索；体部内容包括用户注册与登录、各类栏目、相关站点链接；尾部内容包括版权声明、管理入口、联系方式等。

常见的网页布局结构有"国"字形布局、"匡"字形布局、"三"字形布局、"川"字形布局、封面型布局、Flash布局、标题文本型布局、框架型布局和变化型布局等。

(3) 版面、栏目设计

网页中内容元素合理的排版设计很重要，应该重点突出、层次分明、井井有条，要利用有限的空间，将各种文字和图片有效地组合在一起。版面设计时应注意：页面中的构成要素要有大、中、小的区别；画面中的色彩要有明暗、色相和纯度的变化；层次不要过多，一般都不超过3个层次，或者以形态分，或者以色彩分，或者以疏密结构分。

网站的内容应按一定方法分类作为网站的主栏目，一般网站应包括企业新闻、企业简介、产品展示、在线下单、客户案例、联系方式、会员中心、售后服务等栏目。如果网站栏目层次较多，又没有站内搜索引擎，建议设置一个"本站指南"之类的栏目。另外，还可以设置双向交流类的栏目，如在线咨询、留言板等。

(4) 页面内容、色彩

内容是网站的血肉，是网站真正的核心。网页内容一定要充实，尽量使用高质量的原创内容，并保持内容的持续更新。这样不但可以吸引更多的用户，而且可以有效地提高网站在搜索引擎中的排名。网站的结构应当层次清晰，减小目录深度，尽可能把重要页面的链接和栏目放置到首页，将重要信息放在突出醒目的位置上，并把第二、三层的栏目标题抽取到首页。

网站的色彩是给用户留下的第一印象，因此创建网站应确定网站的基本颜色。网站的颜色不宜太多，一般一个网页中的标准色原则上不超过3种。标准色应该用于网站的标志、标题、主菜单和主色块，以给人整体统一的感觉。

(5) 静态、动态网页

静态网页显示速度比动态网页要快，并且静态网页比动态网页更容易被搜索引擎检索，也就更容易获得较高的排名。但静态网页始终给人一种呆板的感觉，为了增添活力，最好在网站上提供一些回答问题的工具及其他具有交互性能的设计，使得访问者能从网站上获得交互的信息，从而使访问者有一种参与网站建设的新鲜感和成就感。

情境拓展

网页设计常用工具

"工欲善其事，必先利其器。"制作网页的头件事就是要选定网页制作软件。用记事本、Word虽然也能做出网页，但是做不出许多效果。以下是常用的网页制作工具。

① Flash、Dreamweaver、Fireworks合在一起被称为网页制作"三剑客"。这3个软件相辅相成，

是制作网页的首选工具。其中，Dreamweaver主要用来制作网页文件，制作出来的网页兼容性好，制作效率也很高；Flash以制作网上动画为特长，做出的动画声音、动画效果是其他软件无法比拟的；Fireworks以处理网页图片为特长，并可以轻松制作GIF动画。

② FrontPage是一款优秀的网页制作与开发工具之一。它本身也是Office中的一个重要组件，采用了与Office其他组件一致的界面和操作方式，只要使用过Office中的其他组件，就可以轻松掌握FrontPage的用法。

③ Photoshop是Adobe公司的王牌产品，无论是在平面广告设计、室内装潢，还是处理个人数码照片方面，Photoshop都已经成为不可或缺的工具。在网页制作上，用其多姿多彩的滤镜和功能强大的选择工具可以做出各种各样的文字效果。

（四）网站测试与发布

1. 网站测试

网站测试是为了保证客户正常浏览和使用网站而进行的多方面测试，贯穿于各个开发阶段。一个网站基本完成后，先要在本地计算机上对网站的页面和程序进行全面的测试。本地测试无误后，就可以传到Web服务器了，上传后还要再次进行链接、下载速度等测试。基于Web的系统测试不但需要检查和验证是否按照设计的要求运行，而且需要评价在不同分辨率、不同浏览器及不同操作系统中的页面显示是否无误。更重要的是，还要从最终用户的角度进行安全性和可用性测试。这主要是为了防止因环境不同而可能导致的错误。

2. 网站发布

首先，网站发布需要有域名和空间。然后，通过域名解析在空间绑定域名。最后，利用FTP上传网站内容到空间中。

随着网络的发展，企业网站的数量在爆炸性地增长，域名对于一个网站正在变得越来越重要，一个容易记忆的域名会使更多的人记住该网站，从而形成重复访问。域名注册的过程并不复杂，一般程序为：选择域名注册服务商→查询自己希望的域名是否已经被注册→注册用户信息→支付域名注册服务费→提交注册表单→域名注册完成。

如图4.7至图4.11所示是在中域互联申请域名的流程。

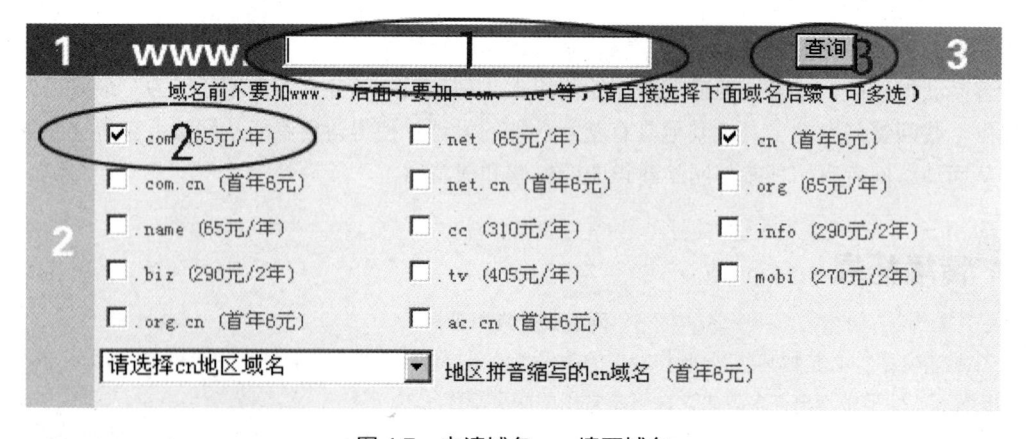

图4.7 申请域名——填写域名

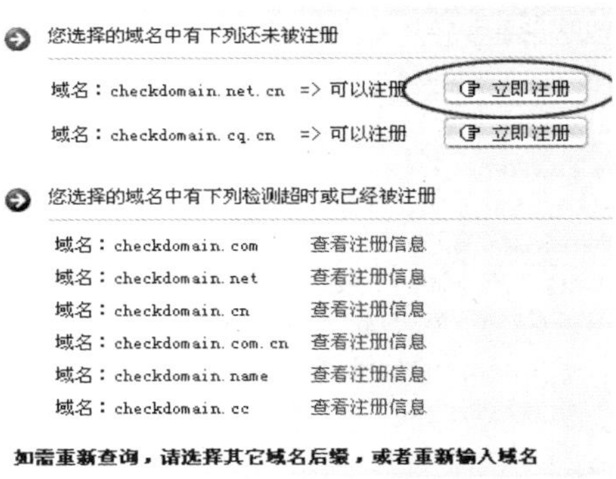

图 4.8　申请域名——注册域名

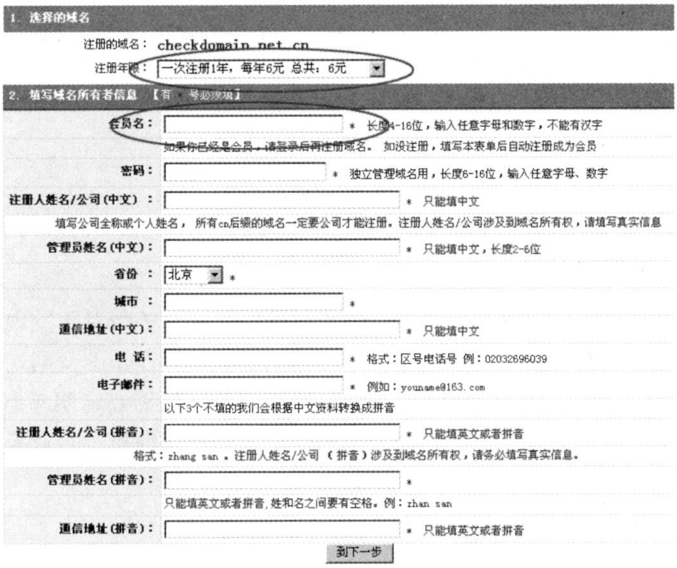

图 4.9　申请域名——准备填写注册信息

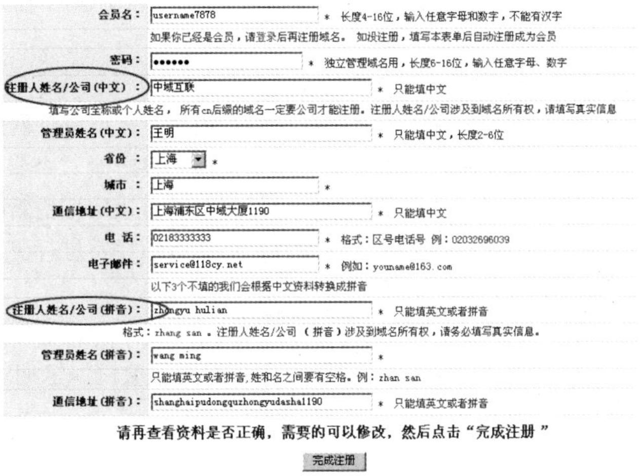

图 4.10　申请域名——填写注册信息

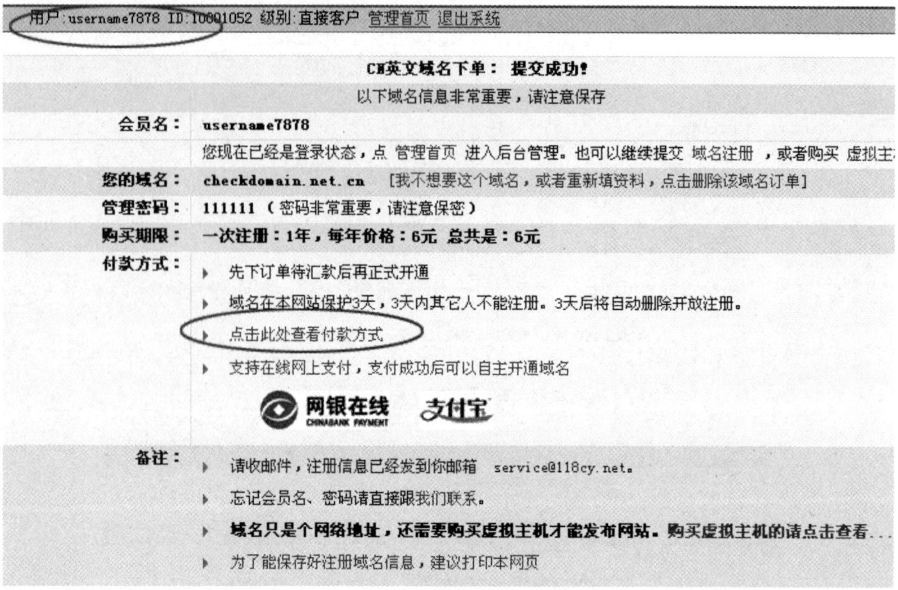

新编电子商务概论（第3版）

图 4.11　申请域名——支付价款

（五）网站的维护与更新

网站的维护是指为了保证网站正常运行而进行的监控，目的是及时发现运行中的问题，加以解决，并对网站运行的相关情况进行统计；网站的更新是指在不改变网站结构和页面形式的情况下，对网站固定栏目的内容进行更新和补充。一个好的网站需要定期或不定期地更新内容，才能不断地吸引更多的浏览者，增加访问量，抓住更多的网络商机。企业应该制定相关网站维护和更新的规定，将网站维护制度化、规范化。

网站维护与更新的内容主要包括以下几个方面。

1．网站的日常维护

网站在运营过程中，可能会出现设备故障或程序出错等状况导致网站无法被正常访问。因此，需要对网站硬件设备和软件程序进行日常的维护与管理，以确保网站 24 小时不间断的正常运行。

2．网站内容的维护和更新

建站容易维护难。对于网站来说，只有不断地更新内容，才能保证网站的生命力，否则网站不仅不能起到应有的作用，反而会对企业自身形象造成不良影响。企业在网站建设初期就要考虑到后续维护的问题，如在网站栏目设置上，最好将一些可以定期更新的栏目放在首页上，使首页的更新频率更高一些；对网站上的一些图片、广告等应经常进行更新，让浏览者从中得到更多的信息，才会吸引浏览者重复访问。

3．定期改版

网站是一个企业形象的全面展示，也是一个企业的网上窗口，定期对网站改版有利于企业品牌的提升，更有利于业务的拓展。

4．网站安全防护

网站安全防护就是防止网站被非法侵入和破坏。网站的管理人员要对服务器进行安全设置、及时下载和安装软件的补丁程序、安装设置防火墙并要经常对服务器进行查杀病毒等操作。同时，网站一旦受到攻击破坏，要能及时恢复，保证网站的正常运行和商务信息不外泄。

（六）网站的推广

网站推广的方法有很多，这里介绍几种常见的网站推广方法。

1．搜索引擎推广

把刚建好的网站提交到百度、搜狗、谷歌搜索引擎的提交页面，利用搜索引擎、分类目录等具有在线检索信息功能的网络工具进行网站推广。搜索引擎推广可以分为多种不同的形式，常见的有登录免费分类目录、登录付费分类目录、搜索引擎优化、关键词广告、关键词竞价排名、网页内容定位广告等。

2．网络广告推广

网络广告是常用的网络营销方法之一，在网络品牌、产品促销、网站推广等方面均有明显作用。网络广告的常见形式包括标题（banner）广告、关键词广告、分类广告、赞助式广告、电子邮件广告等。标题广告所依托的媒体是网页，关键词广告属于搜索引擎营销的一种形式，电子邮件广告则是许可电子邮件营销的一种，可见网络广告本身并不能独立存在，需要与各种网络工具相结合才能实现信息传递的功能。因此，也可以认为，网络广告存在于各种网络营销工具中，只是具体的表现形式不同。将网络广告用于网站推广，可选择的网络媒体具有范围广、形式多样、适用性强、投放及时等优点，适合于网站发布初期及运营期的任何阶段。

3．资源合作推广

这是指通过网站交换链接、交换广告、内容合作、用户资源合作等方式，在具有类似目标的网站之间实现互相推广的目的。其中最常用的资源合作方式为网站链接策略，利用合作伙伴的网站互为推广。

4．信息发布推广

这是指将有关的网站推广信息发布在其他潜在用户可能访问的网站上，利用用户在这些网站获取信息的机会实现网站推广的目的。适用于这些信息发布的网站包括在线黄页、分类广告、论坛、博客网站、供求信息平台、行业网站等。

5．"病毒性"营销推广

"病毒性"营销推广并非传播病毒，而是利用用户之间的主动传播，让信息像病毒那样扩散，从而达到推广的目的。这种方法实质上是在为用户提供有价值的免费服务的同时附加上一定的推广信息。常用的工具包括免费电子书、免费软件、免费 Flash 作品、免费贺卡、免费邮箱、免费即时聊天工具等可以为用户获取信息、使用网络服务、娱乐等带来方便的工具和内容。如果应用得当，这种"病毒性"营销推广往往可以以极低的代价取得非常显著的效果。

6．电子邮件推广

电子邮件推广常用的方法包括电子刊物、会员通信、专业服务商的电子邮件广告等。网站可以通过如竞赛、评比、优惠、售后服务、促销等方式来有意识地营造自己的网上客户群，不断地用电子邮件来维系与他们的关系。而且可以针对目标用户群发送电子邮件，提供个性化服务，并利用电子邮件进行客户追踪。发送的电子邮件要包含有用的信息，避免发送垃圾邮件。

7．传统方式推广

通过传统方式推广也是网站推广的手段之一。例如，可以在公司信笺、名片、礼品包装上都印上网址名称；通过报纸进行网站宣传；在户外媒体，如户外看板、路牌、海报、公交车上进行网站介绍；在电视上做广告或利用字幕滚动进行宣传，等等。

除了前面介绍的常用网站推广方法之外，还有许多专用性、临时性的网站推广方法，如有奖竞猜、在线优惠券、有奖调查等，有些甚至采用建立一个辅助网站的方式进行推广。真正值得提倡的是合理的、文明的网站推广方法，应拒绝和反对带有强制性、破坏性的网站推广手段。

建设一个功能完善的电子商务网站需要投入大量资金，还要涉及网上支付、网络安全、商品配送等一系列复杂的问题。这对于许多中小企业来说，不仅进入壁垒很高，而且由于网上销售还没有成为产品销售的主流手段，即使有实力建立一个具备网上交易功能的网站，实际也不一定合算。因此，建立在第三方提供的电子商务平台上的网上商店作为一种网络营销和网上销售方式有其独特的作用。例如，淘宝、易购、拍拍、拼多多等许多大型专业网站都向个人提供网上开店服务，只要支付少量的相关费用（网店租金、商品登录费、网上广告费、商品交易费等），就可以拥有个人的网店，进行网上销售。采用这种方式建立网上商店比较简单，适合一些个人在资金、技术等方面不具有优势的情况，而且易于操作。

情境案例

通用（中国）网站（www.ge-china.com）首建于1999年8月，是通用在全球的第一个当地语言的门户网站。网站将通用能为中国客户提供的各种服务和产品的类别都直接放置在首页上。通用（中国）网站作为展现通用公司形象的一个重要窗口，通用公司十分重视其日常的维护工作。通用（中国）有限公司相关人士表示："www.ge.com作为通用公司在中国的门户网站，具有很多功能，而要让所有的功能都得到充分的显现，其日常的维护工作无疑非常重要和繁重。"为了能使这家多元化企业的各业务集团的电子商务服务都能更快、更好地延伸到中国的客户和供应商，通用公司将通用（中国）网站的日常维护工作全权委托给专业的网络应用技术服务商——上海火速网络信息有限公司（以下简称火速公司）来处理。

网站维护工作主要体现在以下几个方面。

首先，通用（中国）网站原有的设计比较粗糙，网站结构布局、色彩搭配都不尽如人意。火速公司为其进行了改版，重新设计了网站的风格，以充分体现通用公司的整体形象；重新规划了网站的功能，使供应商登录、诚信投诉、新闻查找更加快捷方便。

其次，通用（中国）网站原来构建的平台接入带宽为10 Mb/s，为保证网站安全、稳定的运行，火速公司为通用（中国）网站制订了服务器更换平台计划，实现了零间断的无缝转移，服务器接入带宽由10 Mb/s升级到100 Mb/s，并且将在以前平台下开发的部分程序在 Windows 2000平台下重新开发了一遍。通用（中国）网站硬件升级之后，网站访问性能显著提高，能够更加有效地为网站访问提供服务。

再次，网站维护更新。火速公司为通用（中国）网站进行维护更新服务从做好域名管理服务开始，在每个域名到期前的一个月，提醒通用公司对域名进行续费；从明确通用（中国）网站规范（网站CSS、目录结构等）开始，到每周把WWA（网站访问统计）报告发送给通用公司；通用（中国）网站的新闻页面制作同步发布到互联网上；定期发送网站维护工作报告，等等。火速公司为通用（中国）网站进行了周到的服务，确保了网站维护更新的及时性和有效性。

最后，在通用（中国）网站的正常运营中，根据实际工作需要会要求开发一些新的网站栏目或系统功能。像通用（中国）网站中的供应商表单管理、期刊订阅管理等，均是在通用（中国）网站的维护过程中火速公司为网站进行规划后新增的内容。此外，通用（中国）网站供应商档案系统是火速公司为网站规划开发的新增内容之一，主要作用在于记录供应商在线登记的信息，方便管理人员查找、联系供应商。同时，火速公司在网站维护的工作中，根据实际需要，主动为网站提供了新闻搜索引擎系统。新闻搜索引擎系统对新闻稿、公司动态、媒体素材、公司简要、公司大事记、公司排名、通用字典、演讲稿、访谈录、深度报道等内容提供了关键字搜索功能，访问者可按照新闻内容的发生时间、发生地点、内容关键词来查询，极大地方便了访客在网站中进行信息查询。

案例思考　通用（中国）公司的网站维护工作为什么外包给专业的网络公司？网站维护工作包括哪些内容？公司自己进行网站维护需要具备什么条件？网站维护工作外包给专业公司需要注意什么问题？

情境任务二　通过网上交易平台建立商店

情境引例

"淘宝村"

阿里研究中心高级研究员陈亮称，2012年在国内已经发现了14个大型的"淘宝村"，包括山东博兴湾头村、河北清河东高庄、浙江义乌青岩刘村、浙江临安白牛村、福建龙岩培斜村、广东揭东锡场镇、江西分宜双林镇等。这14个村子的淘宝店总数就超过1万家，年销售总额超过50亿元，拉动的直接就业人数超过4万人。

阿里研究中心的报告显示，2012年江苏沙集镇销售额已经超过8亿元，刘村淘宝商家的总销售额更是超过15亿元。在直接增加乡村民众收入，改善农民生活消费现状的同时，"淘宝村"还带动了当地其他产业的发展，并形成了良性的商业生态。以湾头村为例，目前村里已经吸引了超过20多家快递公司，还有3家专门采集蒲草的原材料供应商，3家银行，各种五金、布艺、木材、包装材料商家，另外加油站、宾馆等配套设施也一应俱全。

引例思考　通过引例，我们了解到淘宝使很多人走上了致富之路，那么如何正确选择电子商务平台？如何开设网上商店呢？

一、选择合适的网上交易平台

网上交易平台就是一个为企业或个人提供网上交易洽谈的平台，可提供网上交易和管理等全过程的服务，是协调、整合信息流、物质流、资金流有序、关联、高效流动的重要场所，具有广告宣传、在线展会、咨询洽谈、网上订购、网上支付、电子账户、服务传递、意见征询、交易管理等各项功能。企业、商家、个人可充分利用网上交易平台提供的网络基础设施、支付平台、安全平台、管理平台等共享资源，有效地、低成本地开展自己的商业活动。下面分别介绍各种不同类型的网上交易平台。

（一）B2B平台

B2B平台就是企业间进行交易的平台。B2B平台分为综合型B2B平台和专业型B2B平台。其中，综合型B2B平台将多个行业的买方和卖方集中到一个市场上进行信息交流，如阿里巴巴、慧聪网、环球资源网等；专业型 B2B 平台则专门服务于一个特定的行业或特定的专业领域，如中国化工、我的钢铁网等。

（二）B2C 平台

B2C 平台就是企业和消费者之间进行交易的平台。与 C2C 平台相比，B2C 平台在信誉和质量保障方面更能得到网购用户的信任。例如，天猫、京东、苏宁易购等 B2C 平台融合了 C2C 平台的优势，通过大力吸引优质商家入驻，在确保商品质量的同时，也使商品的丰富性得到了极大提升，更好地满足了消费者的需求。

（三）C2C 平台

C2C 平台就是消费者和消费者之间进行交易的平台。C2C 平台具有用户参与性强、灵活方便、个性化程度高等特点。C2C 市场上，淘宝的地位依旧稳固。

（四）O2O 平台

O2O 就是 Online to Offline，即将线下商务与互联网结合在一起，让互联网成为线下交易的前台。这样线下服务就可以用线上来揽客，消费者可以用线上来筛选服务，而且成交可以在线结算。

O2O 平台主要是指团购平台，如拉手网、大众点评、高朋、F 团等。由于其高性价比，所以受到很多用户的青睐。

（五）银行网上商城

初期许多银行开设网上商城的目的是使信用卡的用户分期付款。随着电子商务的普及、用户需求的增强、技术手段的提升，银行的网上商城也逐步成熟起来。银行网上商城为用户提供了全方位服务，包括积分换购、分期付款等，也覆盖支付、融资、担保等，并给很多商家提供了展示、销售产品的平台和机会。

二、在网上交易平台开设商店

当今国内网上交易平台中最优秀、功能最完备的就是淘宝，它不仅功能强大而且有着丰富、完备的辅助知识和操作提示。下面介绍在淘宝上开店的过程。

（一）开店前准备

1．准备材料
① 未绑定淘宝账号的手机号码或邮箱。
② 身份证正反面彩色复印件或照片。
③ 本人手持身份证正面照，本人上半身照。
④ 未进行过实名认证的银行卡，并且银行卡的户名与身份证信息为同一个人。

2．寻找网店货源
新手卖家常常不知道去哪里找货源、哪种进货方式好，表 4.3 列出了几个进货途径的比较。

学习情境四　建立电子商务网站和网店

表4.3　几个进货途径的比较

货源 优缺点	批发市场	品牌代理商	代销式供应商	网店代理货源网站	买入库存积压或清仓商品
优点	更新快，品种多	货源稳定，渠道正规，商品不易断货	简单省事，鼠标一点，连发货都不用管；风险低，资金投入最少	专业，可选择货源较多，各种商品货源一般都有	成本相对较低
缺点	容易断货，品质不易控制	更新慢，价格相对较高	商品不经过自己的手，品质难以控制；由于对商品可能了解不够，与客户沟通较复杂，操作不好会得中差评	通常以代理类型为主，货源多但是无法完全保证商家质量，需要进行甄别	有很多不确定因素，如进货的时间、地点、规格、数量、品质等都不能自己控制

（二）淘宝店铺创建

步骤1　登录淘宝网站，每个淘宝买家用户都可以以卖家的身份免费开店。在淘宝网站上也直接指明了开店选项的位置，如图4.12中箭头所示。

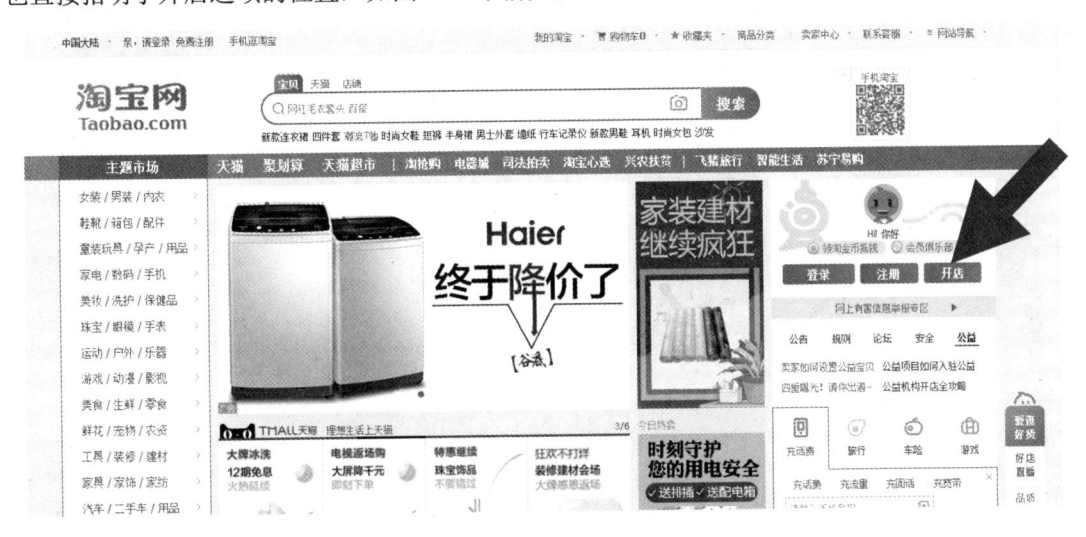

图4.12　淘宝网站

步骤2　单击箭头所示的"开店"按钮，显示如图4.13所示的页面。

步骤3　单击箭头所指的"免费注册"链接，首先注册淘宝用户。淘宝用户注册首先要确认同意《淘宝平台服务协议》《法律声明及隐私权政策》《支付宝服务协议》3个协议，如图4.14所示。

步骤4　设置用户名，填写账号信息，设置支付方式，如图4.15所示。最后完成淘宝用户注册。

图 4.13　免费注册

图 4.14　同意淘宝规则

图 4.15　设置用户名

学习情境四　建立电子商务网站和网店

步骤 5　注册完淘宝用户后，就可以免费开店了，单击"卖家中心"，再单击"免费开店"，进入如图 4.16 所示的页面。

图 4.16　开店认证

步骤 6　支付宝认证后才能进行开店认证。支付宝的应用在我国已经相当普及，在这里就不再赘述认证过程了。开店认证需要个人手持身份证照片和身份证正反面照片，其清晰度要高，如图 4.17 所示。手持身份证这张照片的重点是：可以清晰地看到身份证上面的字。等待 2 个工作日后，即可完成开店认证。

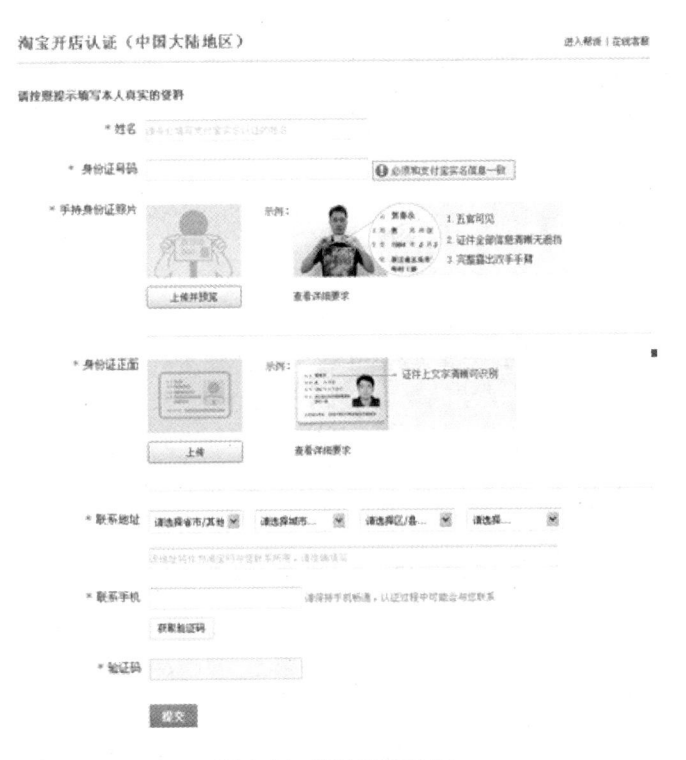

图 4.17　淘宝开店认证

步骤 7　阅读开店协议，如图 4.18 所示。

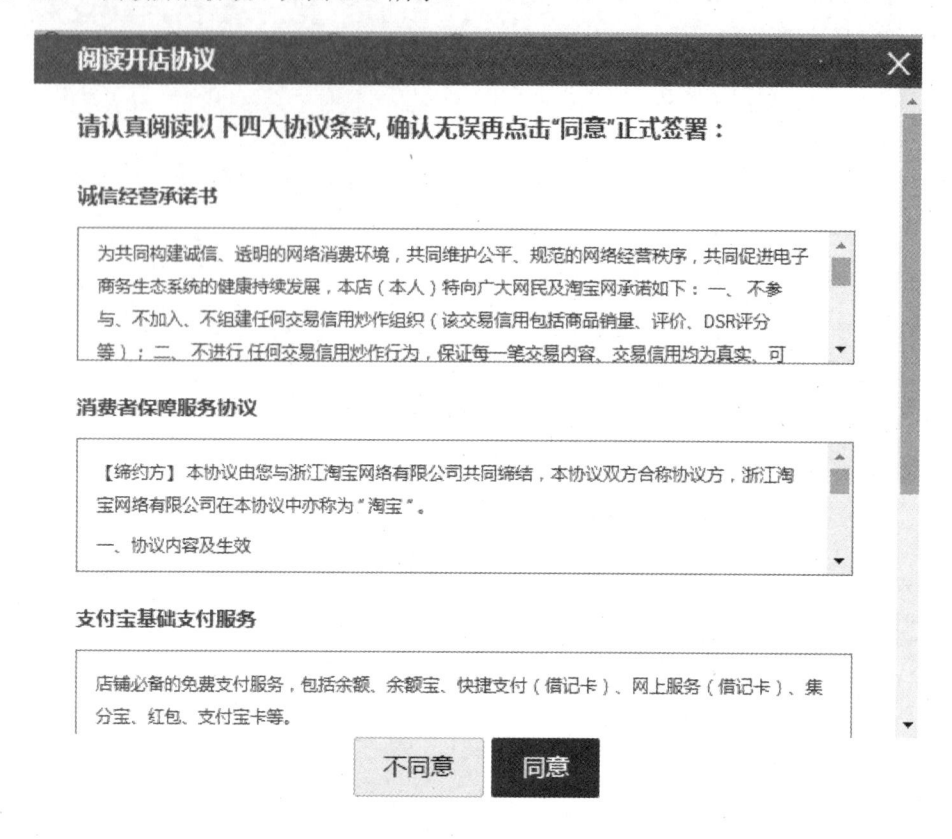

图 4.18　阅读开店协议

步骤 8　安全提示，如图 4.19 所示。

图 4.19　开店前安全提示

完成以上步骤后，在淘宝网上开店的过程就全部完成了。

（三）店铺运营分析

步骤 1　淘宝用户完成开店步骤后，单击箭头指示的"卖家中心"，如图 4.20 所示。

学习情境四　建立电子商务网站和网店

图 4.20　淘宝用户页面

步骤 2　单击"卖家中心"后便进入卖家后台，淘宝运营工作主要在这里完成，如图 4.21 所示。

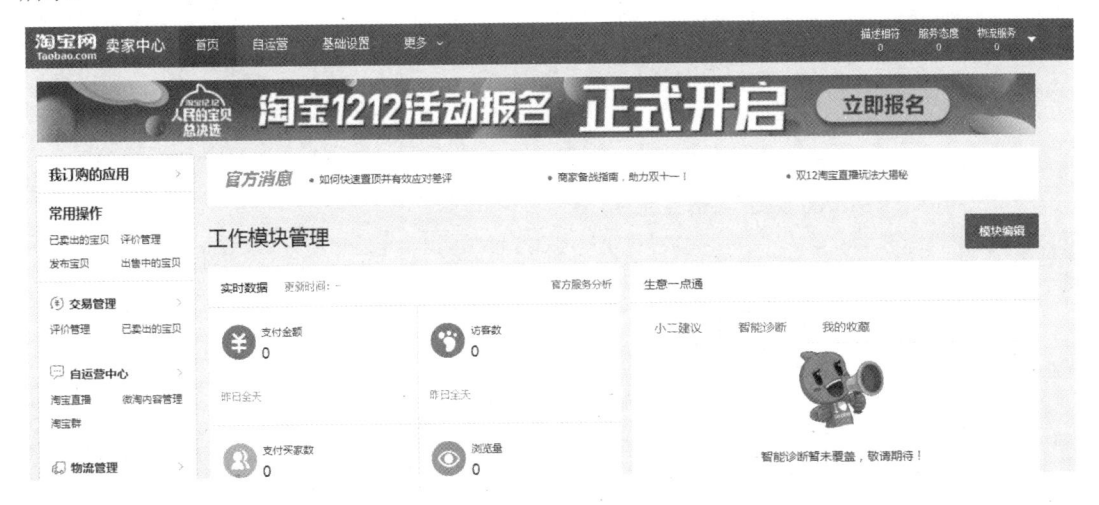

图 4.21　淘宝店铺后台

步骤 3　淘宝运营管理。从卖家中心后台看，运营包括了交易管理、自运营中心、物流管理、宝贝管理、店铺管理、营销中心、数据中心、货源中心、软件服务、淘宝服务和客户服务等项目。

① 交易管理。交易管理主要包括掌柜信用、分期管理、采购助手、评价管理和已卖出的宝贝几个方面的内容（见图 4.22），分别单击后，可以查看相关信息。例如，单击"已卖出的宝贝"，便可查出一段时间以来卖出的宝贝订单，也可以把所有订单批量导出，如图 4.23 所示。

图 4.22　交易管理

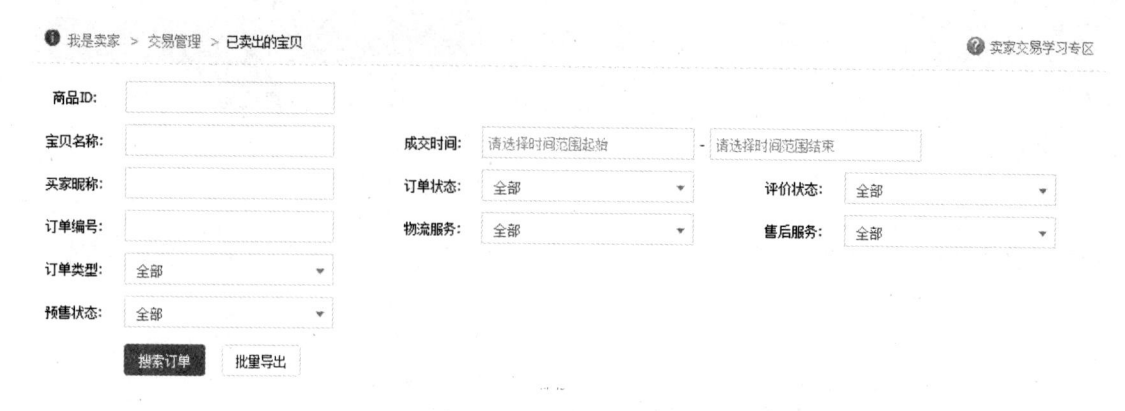

图 4.23 已卖出的宝贝

② 物流管理。物理管理包括发货、物流工具、物流服务和我要寄快递 4 项内容（见图 4.24），单击后依次填写相关信息即可。例如，单击"我要寄快递"，便可打开如图 4.25 所示的页面，按照提示依次填写即可。

图 4.24 物流管理

图 4.25 我要寄快递

③ 宝贝管理。这是非常重要的一个管理模块，首先要寻找出售的宝贝。一般会借助于生意参谋等相关的数据软件，寻找适合的产品。操作宝贝管理中的 3 个选项内容（见图 4.26），单击进入相关页面按要求填写即可。如图 4.27 所示为出售中的宝贝。

图 4.26 宝贝管理

图 4.27 出售中的宝贝

④ 店铺管理。店铺管理包括手机淘宝店铺、查看淘宝店铺、图片空间和店铺装修 4 项内容，如图 4.28 所示。这主要是指手机淘宝店铺或 PC 端店铺的装修管理。单击"店铺装修"，进入如图 4.29 所示的页面。淘宝官方提供了相关模板，但也可以自己对店铺进行设计。

图 4.28 店铺管理

图 4.29 店铺装修

⑤ 营销中心。淘宝店铺要多参加各种淘宝官方的营销活动，才能持续拥有一定的浏览量和销售量，如图4.30所示。单击"活动报名"，里面有很多淘宝官方活动。图4.31和图4.32展示了近期的营销活动内容。

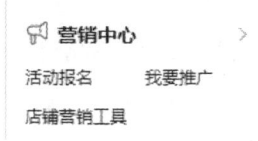

图4.30 营销中心

图4.31 活动报名

图4.32 店铺营销中心

⑥ 数据中心。淘宝店铺运营离不开大数据分析。数据中心主要借助生意参谋软件进行数据分析，如图4.33至图4.37所示。

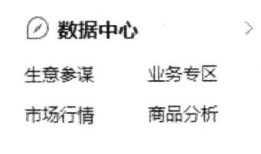

图4.33 数据中心

图4.34 生意参谋首页

图4.35 生意参谋商品分析

⑦ 货源中心。这里主要体现了淘宝网店的宝贝来源。进货渠道有多种，如阿里进货管理、品牌货源、批发进货、分销管理，如图4.38所示。其中，批发进货即到1688网站寻找货源，如图4.39所示。

图 4.36　生意参谋市场分析

图 4.37　生意参谋业务专区

图 4.38　货源中心

图 4.39　批发进货

学习情境四　建立电子商务网站和网店

⑧ 软件服务。淘宝官网为淘宝店铺卖家研发了诸多实用软件,如图 4.40 所示。例如,"我要订购"模块就有装修、营销等功能。如图 4.41 所示,"流量/营销推广"模块下展示的是淘宝官网提供的软件服务。

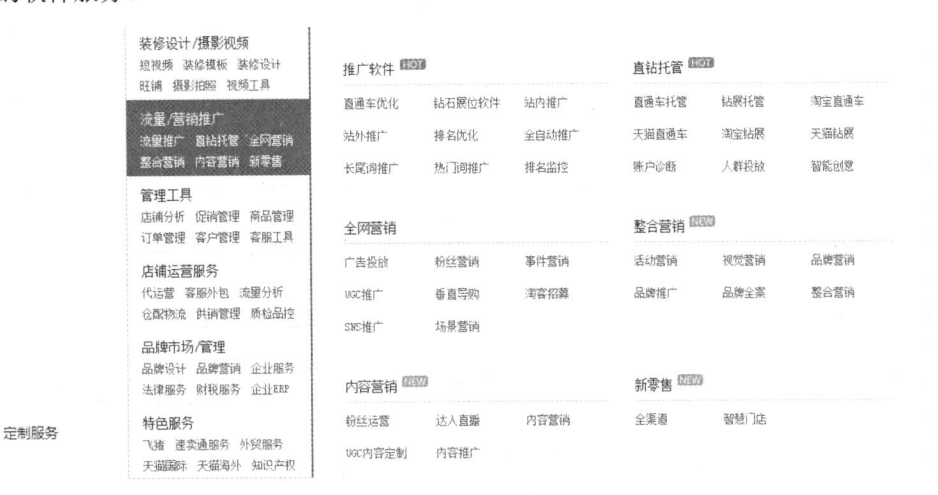

图 4.40　软件服务　　　　　　　　　图 4.41　流量/营销推广软件服务

⑨ 淘宝服务。如图 4.42 所示,淘宝服务是淘宝官网为商家提供的诸多服务。例如,单击"加入服务",会进入如图 4.43 所示的页面。

图 4.42　淘宝服务　　　　　　　　　图 4.43　加入服务

⑩ 客户服务。如图 4.44 所示,客户服务主要是进行淘宝客户服务管理。其中,违规记录如图 4.45 所示。

图 4.44　客户服务

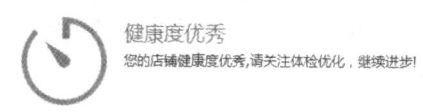

图 4.45　淘宝违规记录

淘宝店铺运营管理主要包括上述 10 项内容。店铺运营是十分复杂且系统性的工作，主要涉及店铺装修、营销推广、数据分析和客户服务 4 个方面。只有这 10 项相互配合才能提高店铺的浏览量，从而最终达成交易。

三、跨境电商入驻敦煌网

2017 年 9 月 19 日，中国电子商务研究中心发布了《2017 年（上）中国电子商务市场数据监测报告》。报告显示，2017 上半年中国跨境电商交易额为 3.6 万亿元人民币，同比增长了 30.7%。其中，出口跨境电商交易额 2.75 万亿元人民币，进口跨境电商交易额 8 624 亿元人民币。跨境电商类平台主要有淘宝全球购、天猫国际、网易考拉海购、小红书、洋码头、西集网、全球速卖通和敦煌网。全球速卖通（AliExpress）是阿里巴巴旗下面向全球市场打造的在线交易平台，被广大卖家称为国际版"淘宝"。敦煌网（DHgate）是全球领先的在线外贸交易平台，是国内首个为中小企业提供 B2B 网上交易的网站。它采取佣金制，免注册费，只在买卖双方交易成功后收取费用。目前，敦煌网已经实现 170 多万家国内供应商在线，770 万种商品，遍布全球 222 个国家和地区的 1 400 万买家的规模，是商务部重点推荐的中国对外贸易第三方电子商务平台之一。下面介绍一下敦煌网的商家入驻方法。

（一）店铺注册

步骤 1　登录卖家首页 http://seller.dhgate.com，单击"免费注册"或"免费开店"，进入注册页面，如图 4.46 所示。

步骤 2　填写商户信息。按照页面提示，填写真实的注册信息，如图 4.47 所示。

学习情境四　建立电子商务网站和网店

图 4.46　轻松注册

图 4.47　填写信息

步骤 3　手机和邮箱验证。在激活账号时需要手机和邮箱同时验证才可以通过，如图 4.48 所示。

95

图 4.48　手机、邮箱验证

步骤 4　注册成功，如图 4.49 所示。

图 4.49　注册成功

步骤 5　身份认证，如图 4.50 所示。

步骤 6　提交认证资料，如图 4.51 所示。如果选择的用户类型为个人卖家，通过认证后将不可修改。认证时间约为 3 至 5 个工作日。

学习情境四　建立电子商务网站和网店

图 4.50　身份认证

图 4.51　提交认证资料

步骤 7　银行验证过程，如图 4.52 至图 4.54 所示。

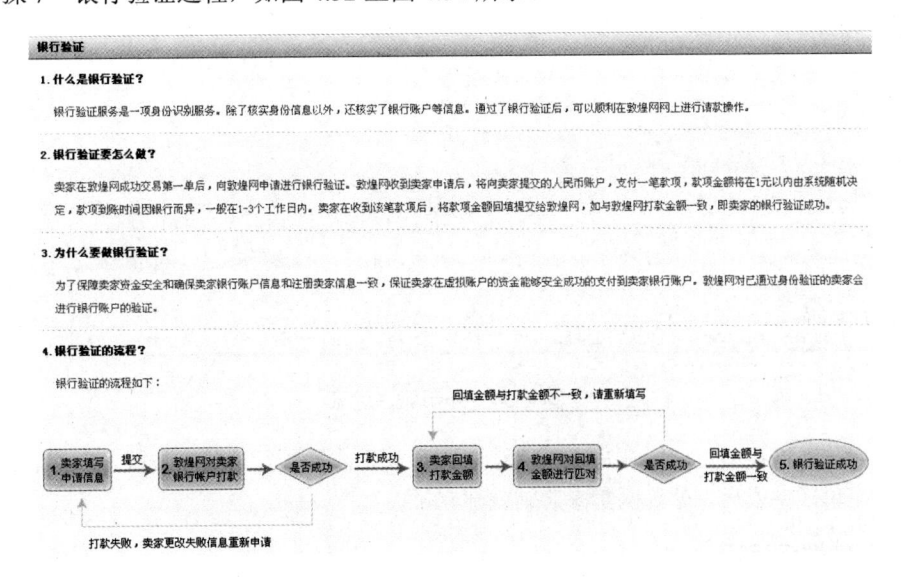

图 4.52　银行验证流程示意

97

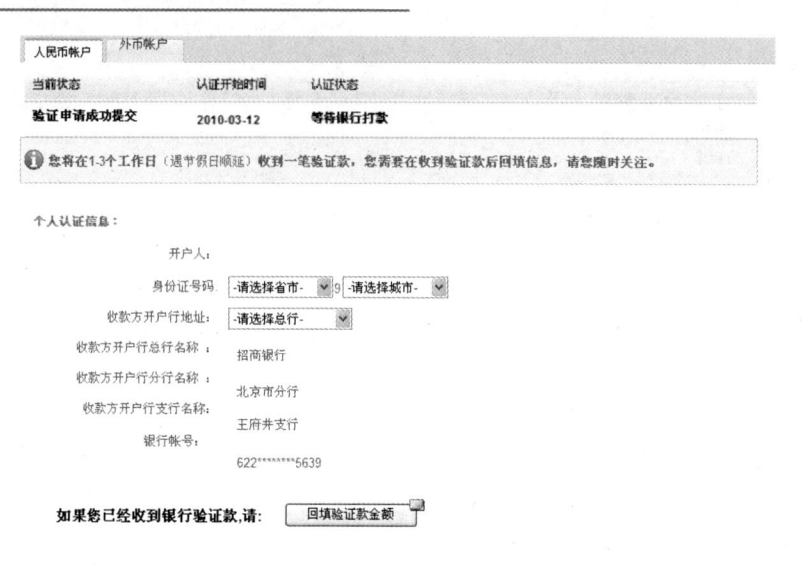

图 4.53 人民币账户验证

图 4.54 外币账户验证

在银行验证过程中,如果填写金额连续 3 次错误,本次银行认证会失败,并且银行账户会被锁定。在验证完成后,敦煌网卖家店铺就建立了。

(二)敦煌网运营

敦煌网主要是围绕产品、交易、增值服务、推广营销、消息中心、资金账户、数据智囊、

学习情境四 建立电子商务网站和网店

商户管理、服务保障专区几个部分展开运营的，如图4.55所示。

图 4.55 敦煌网的卖家后台

1. 产品

敦煌网平台把各行业划分为14个经营范围，每个经营范围分设不同的经营品类，每个卖家账号只允许选取一个经营范围，并仅限经营绑定品类下的产品。经营范围一经绑定，不得修改。产品管理模块中包含了产品管理、商铺、模板管理、产品诊断等相关功能，如图4.56所示。敦煌网主要是面对国外消费者，所以要了解国外消费者的兴趣爱好和消费习惯。另外，在上传产品后，设定产品标题是匹配关键词搜索，进而影响产品曝光率的关键。产品标题最多可以填写140个字符，可以包括产品基本功能、特点和性能。

图 4.56 敦煌网的产品管理

2. 交易

交易环节主要包括我的订单、我的买家、交易保障服务、物流运费月结等几项内容，如

图 4.57 所示。在这里可以查询到订单和买家的全部信息。这一环节中最为重要的是物流费用的计算，因为涉及不同的国家和地区、不同的运输方式、不同类型的运输公司等诸多因素，所以在计算物流费用时要考虑齐全。

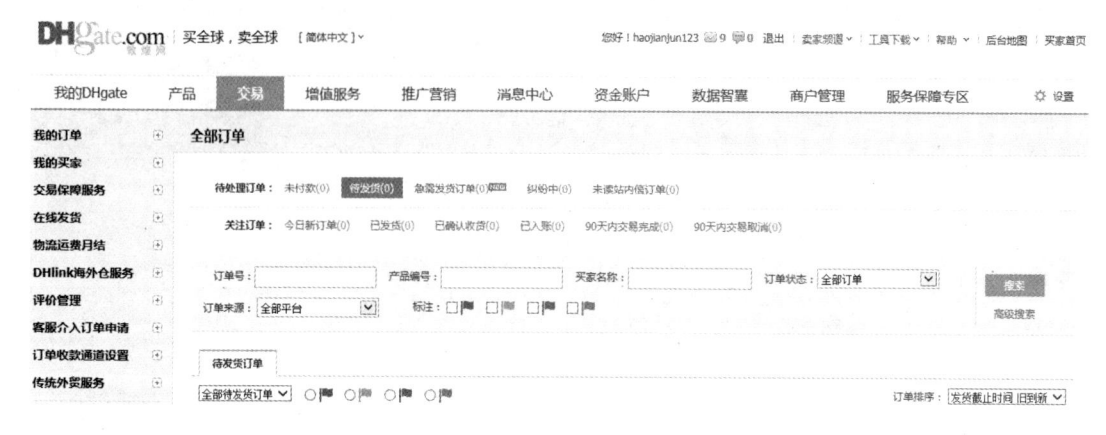

图 4.57　敦煌网的交易管理

3．增值服务

增值服务是敦煌网可以为商家量身定制的独特服务，如图 4.58 所示。例如，敦煌网提供的产品流量快车服务，可以为卖家量身打造强力引流工具，会把产品在产品排序列表页固定位置上高度曝光；橱窗智能控通过卖家设定选品维度，可以智能推荐热销单品，整合店铺流量点击资源，提高店铺经营效率。敦煌网通过提供增值服务，帮助提升卖家的销售量。

图 4.58　敦煌网的增值服务

4．推广营销

敦煌网的推广营销服务也是为了提升卖家的浏览量、点击率和成交率而提供的，如图 4.59 所示。为此敦煌网会在不同时期组织相应的促销活动，鼓励卖家参加。其中的流量快车工具主要是指产品流量快车。产品流量快车（简称产品快车）是为敦煌网卖家量身打造的强力引流工具，被选为快车的产品会在高流量搜索列表页中设立专门的位置曝光。卖家级别越高所获得快车使用数量也越多；增值会员可根据会员类型获得不同快车使用数量（总数与卖家级别不叠加）。为保证引流效果，建议卖家根据季节、节假日、行业趋势、产品特色等因素选择快车产品，密切关注快车产品的转化数据,根据实际表现,每 1~2 周调整快车产品。产品快车会出现在产品类目列表页和关键词搜索列表页,卖家可看到快车标志,产品与关键词的相关度和产品质量决定了快车产品的排序。卖家可以根据自己店铺的实际情况,有选择地参与敦煌网提供的推广服务。

图 4.59 敦煌网的推广营销

5. 消息中心

消息中心主要体现买家和卖家的互动,通过系统提示消息,卖家接收和回复买家发起的询盘消息、订单消息及其他类型的消息,如图 4.60 所示。

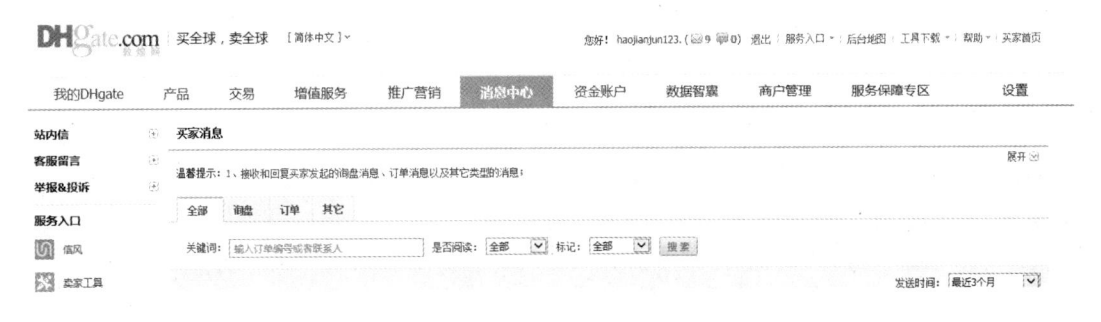

图 4.60 消息中心

6. 资金账户

卖家资金账户是指卖家在敦煌网用于暂时存储其交易款项的账户,账户中的余额可提款至卖家填写的银行账户中,且每个卖家只有一个资金账户。它包含卖家和买家之间所有的交易明细、订单结算、转账、人民币提现、美元提现、冻结解冻、订单退款等所有涉及资金的内容,如图 4.61 所示。敦煌网对于资金账户的管理非常严格,在买卖双方交易结束后才会将款项打到卖家资金账户中;卖家可随时将其资金账户余额提款至卖家所填写的银行账户中,相关银行转账手续费用由卖家自行承担。当卖家的经营行为严重违反平台规则构成处罚条件时,敦煌网将有权暂停其账户提款。在限制提款期间,平台暂停卖家资金账户提款操作,直到问题解决才可提款。在冻结期限内，平台暂停卖家资金账户提款操作，冻结期满后卖家可申请提款。卖家被关闭账户后，可在关闭账户之日起 180 个自然日后申请提款。卖家被终止账户后不得申请提款。

图 4.61 资金账户

7．数据智囊

敦煌网的数据智囊服务是为帮助卖家通过经营数据掌控店铺运营情况，提升店铺出单转化，同时获悉更精准的行业动态和买家信息而提供的，如图 4.62 所示。数据智囊主要分析 3 个方面的情况：对于店铺的流量、商品情况，数据智囊可以显示商铺的流量、成交、产品等基础数据，帮助卖家了解日常运营是否合理；对于销售的产品进行分析，既可显示产品被访问、下单和转化率，也可以展示每个产品详细的流量和成交金额的相关数据，卖家可以根据相关数据对产品进行优化。

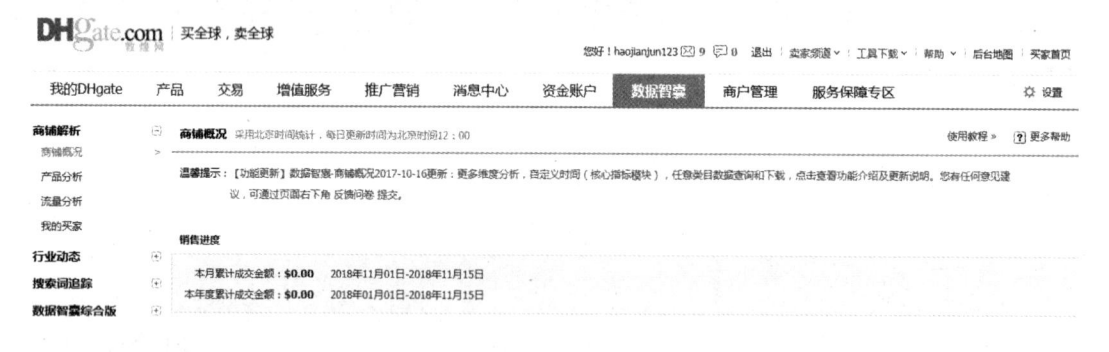

图 4.62 数据智囊

8．商户管理

商户管理主要是针对卖家的管理，包括服务能力分级、处罚管理、商户评级、物流服务标准等，如图 4.63 所示。敦煌网为了给平台创造一个健康的环境，鼓励商户诚信经营，敦煌网会根据全平台商户的成长轨迹，通过大量精准的数据分析，对每个商户进行不同维度的综合评估，如表 4.4 所示。

学习情境四 建立电子商务网站和网店

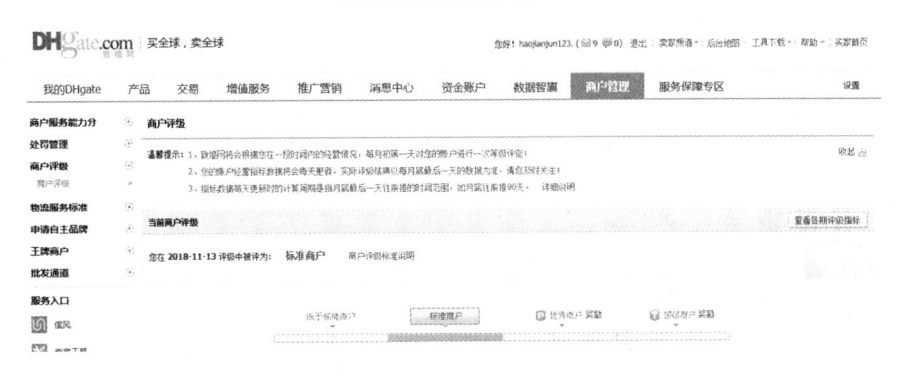

图 4.63 敦煌网的商户管理

表 4.4 商户评价标准

顶级商户	优秀商户	标准商户	低于标准商户
满足以下任一指标： ① 90 天内订单数≥90 笔 ② 90 天内订单数≥20 笔且 90 天内交易额≥$50 000	90 天内订单数≥20 笔	满足以下所有指标： ① 90 天内订单数>0 ② 90 天内卖家责任纠纷率≤2.5% ③ 买家不良体验订单≤2.0%	满足以下任一指标： ① 近 90 天卖家责任纠纷率>2.5% ② 买家不良体验订单率>20%
通过实名认证	通过实名认证		
注册时间≥90 天	注册时间≥90 天		
近90天卖家责任纠纷率≤1%	近 90 天卖家责任纠纷率≤1.6%		
买家不良体验订单率≤3%	买家不良体验订单率≤6%		

9．服务保障专区

服务保障专区包括诚保专区、物流丢包保障服务和拒付保障服务 3 项，如图 4.64 所示。其中，诚保专区是敦煌网为保障卖家服务承诺、提升商户的诚信度、增加店铺的交易量而提供的服务。诚保服务包含的服务承诺包含 5 项——如实发货、实地认证、品质保证、海外仓、中国品牌，每项服务均可单独申请，除拥有诚信保障服务标志以外，还将拥有单项服务的专属标志。物流丢包保障服务和拒付保障服务都是为了保障卖家权益而设立的。

图 4.64 服务保障专区

敦煌网的运营包含了上述9个方面的内容，只有运用娴熟，才能真正在敦煌网上成为一个合格的卖家。

技能训练

1．访问耐克官网 http://www.nike.com 和耐克中国官方商城 http://www.nikestore.com.cn，以及海尔官网 http://www.haier.com 和海尔商城 http://www.ehaier.com，分析各网站的类型，比较各网站的功能。

2．登录中国万网（http://www.net.cn），为自己的个人空间注册一个域名，如 zhangshan.com。查询相关域名是否已被注册。如果已被注册，请查询域名所有者信息、注册时间和到期时间是什么，交易价格是多少。

3．选择自己家乡所在地的两家知名企业，在百度中搜索它们的官方网站，然后单击进入，分析该网站首页中包含了哪些基本元素。

4．注册淘宝网店，登录1688网站寻找货源，与商家谈判，是否可以一件代发。经营淘宝店铺，参与淘宝各项促销活动，提高店铺活跃度、点击量、销售额。

5．对天猫店铺和京东店铺进行比较，说明其使用的数据分析工具的特点。

6．比较敦煌网、速卖通、洋码头等跨境电商网站，比较其异同。

学习情境五

有效开展网络营销

学习目标

知识目标

掌握网络营销的特点和职能，理解网络营销的理论基础，熟悉网络营销常用的方法，并能够策划网络营销。

技能目标

能够进行网络营销策划，撰写网络营销策划方案书；根据实际情况合理运用有效的网络营销方法，制定网络营销策略。

情境任务一　探析网络营销的特点及优势

情境引例

2018年停刊的报纸

据解放军报社微信公众号"中国民兵"12月31日的消息，《环球军事》杂志自2018年开始停刊，将转型为新媒体，每周一至周五以公众号的形式推送阅读。《环球军事》自2001年2月创刊，从2001年第1期到2017年第404期，这本军刊走过了17年。

12月30日，隶属于江西宜春报业集团的《赣西晚报》在其最后一期报纸的头版宣布：本报自明日（2017年12月31日）始休刊。《赣西晚报》当天的编辑部文章称："网络、新媒体无情冲杀，掳走了您关注晚报的时间和精力，晚报也在这滚滚大潮中渐渐趋于无力，动止艰难。晚报休刊，是对您最好的负责，因为您有了新的选择；晚报人与您告别，也是对自己最好的交代，因为大家都要寻找新的方向。"

12月31日，《汕头都市报》在其头版发表《休刊转型致读者》一文："今天，这份报纸要向您道别了，感谢您十八春秋的深情陪伴。汕头报业顺应传媒市场深刻变化，推进媒体融合发展，启动供给侧改革，三报合一。从明天起，《汕头都市报》休刊，酝酿新能量，发展新媒体，开发新业态，寻求新机遇。"

同在12月31日，隶属于汕头经济特区报社的《汕头特区晚报》也在其头版发表《休刊转型致读者》一文："经广东省新闻出版广电局批准，从2018年元旦起，《汕头特区晚报》转型休刊。"

天津4家纸媒迎来"告别时刻"。《渤海早报》《假日100》《采风报》《球迷》4家位于天津的纸媒不约而同地宣告将于2018年1月1日起休刊/停刊。

"芳华虽逝，初心犹在"，12月29日出版的《大别山晨刊》在头版以此为题宣布停刊；广西钦州日报社旗下的《北部湾晨报》也迎来自己的告别时刻；贵州日报报业集团主管的《西部开发报》也在官网发布"出完这 2095 期，《西部开发报》将与广大读者告别"；《重庆晨报·永川读本》在头版发布题为"感谢有你 一路相伴"的休刊词。

互联网时代，每到年末就有不少纸媒宣布与大家"告别"。虽然这是适应潮流的趋势，但是纸媒毕竟在多年的发展中承载了大量不同人的不同感受，对记者来说，那里就是自己的青春、梦想；对读者来说，那里就是曾经每天的茶余饭后，是自己了解世界的窗口。但是，在科技不断发展的新时代，纸媒的消逝终究是迟早的事情。

引例思考　杂志和报纸停刊，是网络新媒体对传统媒体的冲击，那么网络营销对传统营销会带来哪些冲击呢？网络营销有哪些优势？

王老吉热卖

2008年四川汶川地震，央视的抗震救灾募捐晚会上，王老吉最大手笔地捐出了1亿元人民币，成为当天单笔捐款最多的企业。继而，在天涯论坛中出现了一个"封杀王老吉"的帖子，以夸张、引人入胜的效果引起网友围观、互动，以正话反说的效果从心理上顺应了网民好奇、探求的心理，如图5.1所示。网民纷纷回应，应该购买王老吉。继天涯异常火爆的情况后，该帖子被转到大大小小的各个论坛里，产生了非常广泛的影响。继在论坛里传播之后，该帖子又在腾讯QQ和博客上都进行了传播。王老吉以非常打动人心的内容"以后喝王老吉（捐款1亿元），存钱到工商（8 726万元）……"传播，并引起网民自发地广泛传播，"要喝就喝王老吉"也成为个人博客的焦点内容。借助天时、地利、人和、媒体，使王老吉从一个不知名的企业一夜成名。王老吉借助社会热点事件进行有效营销的做法，成为史上最叫好又卖座的公关事件。

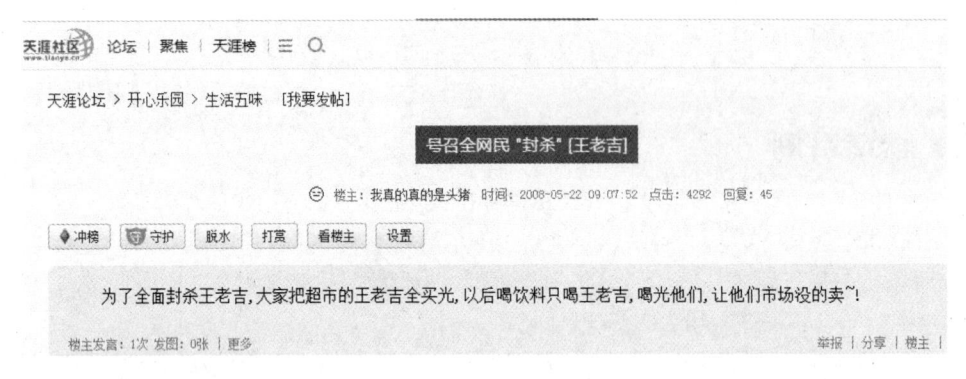

图5.1　"封杀王老吉"的帖子

引例思考　通过引例，我们知道王老吉一夜成名网络营销功不可没，那么网络营销具有哪些职能呢？

网络营销是电子商务的关键环节，没有网上产品的展示和推广，没有买卖双方的沟通，电子商务的交易、支付、配送等环节就无从谈起。

一、网络营销的概念与特点

网络营销是依托网络工具和网上资源完成一系列营销环节以达到营销目标的过程，是将传统的营销原理和互联网相结合的营销方式。

网络营销与传统营销的最大区别就是营销的渠道不一致：传统营销主要是应用传统的营销媒体进行宣传推广；网络营销主要借助于互联网进行营销活动。网络营销由营销人员利用专业的网络营销工具，采用有针对性的网络营销方法，针对网民开展网络营销活动。它的主要特点表现在以下几个方面。

（一）不受时空限制

由于互联网可超越时间约束和空间限制进行信息交换，因此使企业和顾客之间脱离时空限制达成交易成为可能，企业可以有更多的时间和更广阔的空间进行营销，可以 24 小时随时随地地提供全球性营销服务。

（二）网络营销具有交互性和纵深性

交互性强是互联网媒体最大的优势。它不同于传统媒体的信息单向传播，而是信息互动传播。通过链接，用户只需简单地单击鼠标，就可以从企业的站点中得到更多、更详尽的信息。另外，用户可以通过广告位直接填写并提交在线表单信息，厂商可以随时得到宝贵的用户反馈信息，进一步减少用户和企业、品牌之间的距离。同时，网络营销可以提供进一步的产品查询需求——邮箱、博客、微博、微信等渠道都可以提升网络营销的交互性和纵深性。

（三）成本低、速度快、更改灵活

与传统营销相比，网络营销是低成本高收益的营销模式。微博、视频、博客、邮箱、微信等传播工具都是免费使用的，并且具有极其广泛的影响力。例如，网络广告制作时间短，即使要在较短的时间内进行投放，也可以根据客户的需求很快完成制作，而传统广告制作成本高，投放时间固定。另外，在传统媒体上做广告，发布后很难更改，即使可以改动，往往也须付出很大的经济代价。而在互联网上做广告能够按照客户需要及时变更广告内容，这样经营决策的变化就能得到及时实施和推广。

（四）网络营销是富媒体的综合体现

因为网络整合了传统的报纸、广播、电视等大众传播媒体的各种优势，所以通过网络传播营销信息可以充分利用文字、图像、动画、音视频等多种表现方式，形成多媒体的优势，使信息的传播方式更加灵活和生动。并且，信息的传递没有容量或时间的限制，还具有及时、快捷、保真性好等特点。因此，企业可以利用网络更为详尽、形象生动地展示其产品或服务的信息，增强网络营销的实效。

（五）可以对网络营销效果进行大数据统计

开展网络营销后，网络流量统计系统为网络营销效果进行统计。通常说的网站流量，是指网站的访问量，网站流量统计系统是用来记录并描述访问一个网站的用户数量及用户所浏览的网页数量等指标的统计系统。常用的统计指标包括网站的独立用户数量、总用户数量（含重复访问者）、网页浏览数量、每个用户的页面浏览数量、用户在网站的平均停留时间等。借助这些指标，可以对网络营销效果做出评价。传统的广告形式只能通过并不精确的收视率、发行量等来统计投放的受众数量。而网络营销的广告主通过因特网能够直接对广告的发布进行在线监控，通过监控广告的浏览量、点击率等指标，可以即时衡量广告的效果。

二、网络营销与传统营销

互联网是全球信息交互的平台,21世纪是信息和网络的世纪,网络消费者呈逐年上升的趋势,消费者的消费行为和消费习惯发生了明显的改变,企业必须以客户为中心,顺应市场形态的变化,才能在激烈的市场竞争中占有一席之地。因此,进行网络营销是一个顺应市场需求的必然选择,这种销售模式的转变给传统营销带来了巨大的冲击。

(一)网络营销对传统营销的冲击

1. 对标准化产品的冲击

利用互联网传播信息速度快的特点,生产厂商可以最快地获知关于产品品质和产品设计的反馈信息,及时了解客户需求,从而更加容易地对客户的行为方式和偏好进行跟踪。通过沟通,可以最大限度地满足客户个性化的需求。著名的戴尔公司在网上进行的计算机设备直销模式就没有规定统一的内存配置,而是根据客户提出的设备配置方案和要求,再组织进行计算机的生产、安装,最后出售给客户。

2. 对品牌全球化管理的冲击

互联网是可以在全球范围内进行信息交互的平台。作为以开拓全世界市场为目标的企业,在产品形象和品牌设计方面一般会向消费者提供全球统一的标志与产品。这种统一的形式往往会与品牌本土化的特点相冲突。不可否认,世界各国的消费者在民族习惯、思想文化、购买需求等诸多方面存在着极大的差异,企业既想做到品牌的全球化,又要与区域地方特色相融合,满足不同区域消费者的需求,在两者之间恐怕很难做到合理取舍。因此,如何把具有统一形象的单一品牌策略的营销活动与有地方特色的多个区域共同开发的品牌策略相结合,以及如何加强对区域品牌的管理是开展网络营销公司面临的现实问题。

3. 对产品定价策略的冲击

电子商务是无实体店铺的销售模式,免交租金,节约了人工、水电等诸多成本。也正是电子商务的经济性,使得广大消费者能够迅速认知并且接受网上购物的消费模式。经济性是电商屹立不倒的决定性因素。而依靠传统销售渠道经营的企业,在商品销售过程中会把广告、人员、店铺租金等方面的成本一并加在商品价格上。要保证一定的利润率,实体店铺的商品价格往往会高于网络店铺的价格,如果同一产品的价格标准不统一或经常变更,会导致客户对产品品质产生怀疑,进而会对产品或企业产生不满情绪。这将对制造商或分销商制定产品价格造成一定程度的困扰——既想抬升价格,销售商品,获得最大限度的利润,又想留住客户,希望客户对产品和企业认同,两者之间很难取舍。

4. 对营销渠道的冲击

首先,在网络营销环境下,会引起跨地域销售冲突。在传统的销售模式中,销售渠道管理者对销售地域的控制可以通过在产品包装上加印标志,根据产品代码分地区进行供货,从而有效地实现区域市场供应管理。而网络营销则突破了这一限制,互联网进入门槛低,同一规格、统一品质的产品通过互联网进入全国乃至全球市场,使得传统渠道管理者对区域产品的管理难以控制。另外,网上团购销售模式引发了分销渠道中的垂直冲突。所谓垂直冲突,是指同一分销渠道中不同层次成员之间的冲突。传统的分销渠道中的各成员在保证自身利润的情况下,冲突存在但并不突出;网上团购则打破了原来传统销售模式,使得一些批发商利用价格优势,以互联网为销售平台接收团购订单,从而挤占了零售商的客户来源和利润空间,使得渠道成员间的矛盾越发凸显。

5．对传统广告的冲击

从成本上看，采用网上促销的成本相当于直接邮寄广告花费的1%，利用网络发布广告的平均费用仅为传统媒体的3%，网络广告从成本和销售方面可以大大降低企业的成本，提高利润。从沟通效果上看，传统的广告方式，如电视广告、报纸、杂志等展现产品本身的内容较丰富，但是信息传递是单向的，与客户的沟通较少，不利于获取客户需求信息；在网络环境下，企业可用电子公告牌、论坛、电子邮件、微信、博客等形式加强与顾客的联系，开展有效互动，进而建立数据库进行管理，为企业能更好地满足客户需求提供帮助。从传播的广度来讲，传统营销有时间和地域的局限性，覆盖范围是有限的；网络营销则可以无时间限制地全天候进行，无国界、无区域界限，简化了营销环节。网络营销以其自身的优势获得了企业的关注和使用，对传统广告方式产生了巨大的冲击。

（二）网络营销相对于传统营销的优势

1．网络营销在需求信息传递方面的优势

① 低成本。传统的信息传递方式是普通邮件、卖方进行的市场问卷调查等。这些传递方式的成本都较高。而互联网在中国的普及已经使上网费降到了一个很低的程度，通过宽带上网发一封电子邮件的成本低到可以忽略不计、在网上填订单（包含买方对产品各部件的配置等要求）做调查问卷的成本与电子邮件差不多。

② 高速。信息在互联网中可以光速传播，信息在几秒，至多几分钟内就可以传递到全球的任一角落。

③ 随时随地。由于网络的全天候和全球性，加上无线互连技术的逐步成熟，买方可以随时随地传达自己的需求信息。

④ 信息更加规范和易于统计。信息以标准的文字表达，不会像手写的那样难以辨认；数据以数字格式传递，易于归类、统计、存储。这些使得市场调研更加快速有效。

⑤ 互动性。通过QQ、微信、网络聊天室、电子公告牌等，信息可以在买方和卖方之间即时交流。

⑥ 海量。买方通过互联网选购商品，所看到的商品是海量的，比任何一家大商场的产品都多，方便比较择优；卖方通过互联网搜集买方的需求信息，具有同样的特点。

⑦ 私密性。买家不必直接面对销售人员，这使买家在表达需求和下订单时更加大胆开放。这在有些隐私商品的销售上表现得尤其明显。

2．网络营销在营销传播方面的优势

传播指的是卖方将商品或服务的信息传递给买方的过程。通过互联网进行营销传播有以下优势。

① 一对一传播。通过互联网可以使市场细分到一对一的程度，卖方可以针对某一买方发电子邮件，甚至量身定做广告。

② 翔实、生动。通过先进的互联网技术，信息可以以文字、图片、声音、视频等多媒体形式传播，全方位地展示产品的特点，给消费者留下极为深刻的印象。据国外研究，先进的互联网技术可以将大部分商品98%的外观特点和性能指标传递给消费者，让消费者有身临卖场的感觉。

③ 低成本。互联网除了在信息传递方面具有低成本的特点之外，互联网内的虚拟空间还具

有无限扩展的特点，卖方可以借助互联网宣传推广，节省传统销售模式下大量的广告成本。

④ 即时性和互动性。现代的消费者对于等待越来越没有耐心，他们的疑问需要卖方立即回答，否则就离场。互联网的即时性和互动性能满足消费者的这一需求。

3．网络营销在商品/服务配送方面的优势

卖方依靠商品、服务来满足买方的需要和欲望。通过互联网或物流配送来传递商品、服务有以下优势。

① 即时高速。对于电子图书、软件等产品，通过互联网下载可以即时由卖方手中传递到买方手中；先进的物流手段使买方从网上购物的速度大大快于传统的销售。例如，戴尔电脑买方从订货到拿到产品的过程平均只要1天。

② 节省流通成本。互联网营销免去了中间商环节，直接由卖方传递给买方，节约了租铺、库存等费用。

另外还要看到，利用互联网，企业能够有效地降低产品成本：企业能够以廉价的成本寻得最好的供应商和最低的供货价格，能够以价格最低的原料制造产品，从而降低产品成本。同时，互联网还能有效节约客户成本：网络商城的空间可以无限扩张，里面可以陈列无限多的商品，消费者在网上能够以很低的成本搜寻产品信息并订货；网上销售时，客户只是下订单，商品的配送交由卖方或物流公司承担，节约了客户的精力和体力及时间成本。现代市场营销的焦点是客户，为客户节约成本就是为企业赢得竞争优势。

从发展趋势来看，互联网营销的实施是必然的，互联网营销和传统营销只有紧密结合，扬长避短，才能更好、更快、更有效率地满足客户需要。但现实中，企业在实施互联网营销时应该根据企业当时的外部环境和内部情况，比较互联网营销实施的投入成本和收益，以决定是否采用互联网营销，多大程度上采用互联网营销，如何将互联网营销与传统营销结合起来，扬长避短。

三、网络营销的职能

长期从事网络营销实践和系统研究的我国网络营销专家冯英健教授在2002年出版的《网络营销基础与实践》一书中，第一次提出了网络营销的职能。这一概念的提出对于研究网络营销的内涵有积极的意义。它是对网络营销内容和作用的概括，对以实践为导向的网络营销内容体系的发展具有重要的指导意义。归纳起来，网络营销共有8项基本职能，分别是网络品牌、网站推广、信息发布、销售促进、网上销售、客户服务、客户关系、网上调研。

（一）网络品牌

网络营销的重要任务之一就是在互联网上建立并推广企业的品牌，以及让企业的网下品牌在网上得以延伸和拓展。网络营销为企业利用互联网建立品牌形象提供了有利的条件，无论是大型企业还是中小企业都可以用适合自己企业的方式展现品牌形象。网络品牌建设是以企业网站建设为基础的，通过一系列的推广措施，达到客户和公众对企业的认知及认可。网络品牌价值是网络营销效果的表现形式之一，通过网络品牌的价值转化可实现持久的客户关系和更多的直接收益。

（二）网站推广

网站所有职能的发挥都要以一定的访问量为基础，所以网站推广是网络营销的核心工作。尤其对于中小企业而言，由于经营资源的限制，发布新闻、投放广告、开展大规模促销活动等的机会比较少，因此通过互联网手段进行网站推广就显得更为重要。这也是中小企业对于网络营销更为热衷的主要原因。即使对于大型企业，网站推广也是非常必要的，事实上许多大型企业虽然有较高的知名度，但网站访问量也并不高。因此，网站推广是网络营销最基本的职能，是网络营销的基础工作。

（三）信息发布

无论采用哪种网络营销方式，结果都是将一定的信息传递给目标人群，包括客户和潜在客户、媒体、合作伙伴、竞争者等。因此，信息发布就成为网络营销的基本职能之一。互联网为企业发布信息创造了优越的条件，不仅可以将信息发布在企业网站上，还可以利用各种网络营销工具和网络服务商的信息发布渠道向更广的范围传播信息。

（四）销售促进

市场营销的基本目的是为最终增加销售提供支持，网络营销也不例外，各种网络营销方法大都直接或间接具有促进销售的效果。同时，还有许多针对性的网上促销手段。这些促销方法并不限于对网上销售的支持，事实上，网络营销对于促进网下销售同样很有价值。这也就是为什么一些没有开展网上销售业务的企业一样有必要开展网络营销的原因。

（五）网上销售

网上销售是企业销售渠道在网上的延伸，一个具备网上交易功能的企业网站本身就是一个网上交易场所。网上销售渠道的建设并不限于企业网站本身，还包括建立在专业电子商务平台上的网上商店，以及与其他电子商务网站不同形式的合作等。因此，网上销售并不仅仅是大型企业才能开展，不同规模的企业都可以拥有适合自己需要的网上销售渠道。

（六）客户服务

互联网提供了更加方便的在线客户服务手段——从形式最简单的FAQ，到电子邮件、邮件列表，以及在线论坛和各种即时信息服务等。在线客户服务具有成本低、效率高的优点，在提高客户服务水平方面具有重要作用，同时也直接影响到网络营销的效果，因此在线客户服务是网络营销的基本组成内容。

（七）客户关系

客户关系对于开发客户的长期价值具有至关重要的作用，以客户关系为核心的营销方式成为企业创造和保持竞争优势的重要策略。网络营销为建立客户关系、提高客户满意度和客户忠诚度提供了更为有效的手段。通过网络营销的交互性和良好的客户服务手段，加强与客户的关系成为网络营销取得长期效果的必要条件。

（八）网上调研

网上调研具有调查周期短、成本低的特点，不仅为制定网络营销策略提供了支持，也是整个市场研究活动的辅助手段之一。合理利用网上调研手段对于制定市场营销策略具有重要价值。网上调研与网络营销的其他职能具有同等地位，既可以依靠其他职能而开展，也可以相对独立进行，网上调研的结果反过来又可以为其他职能更好的发挥提供支持。

　　网络营销的各个职能之间并非是相互独立的，而是相互联系、相互促进的，网络营销的最终效果是各项职能共同作用的结果。网络营销的职能是通过各种网络营销方法来实现的，同一个职能的实现可能需要运用多种网络营销方法，而同一种网络营销方法也可能适用于多个网络营销职能。网络营销的 8 项职能也说明，开展网络营销需要用全面的观点，充分协调和发挥各种职能的作用，让网络营销的整体效益最大化。

情境任务二　　有效开展网络营销

情境引例

吃垮必胜客

　　我们来看一下全球餐饮集团百胜如何发动一次名为"吃垮必胜客"的活动。必胜客有一款自助沙拉，点了这款沙拉后，必胜客会给你一个碗，只允许盛一次，你能盛多少就盛多少。盛沙拉的碗并不大，很浅，简单地装沙拉装不了多少，所以如何保证自己的钱花得最划算，尽可能用那只可怜的小碗装满喜欢的沙拉，也就成了一门有趣的学问。

　　为了吸引更多的人来吃必胜客，我国台湾必胜客发动了一次名为"吃垮必胜客"的网络营销活动。在这个题目为《吃垮必胜客》的邮件中，介绍了盛取自助沙拉的好办法：巧妙地利用胡萝卜条、黄瓜片和菠萝块搭建更宽的碗边，可以堆到 15 层沙拉，同时还配有真实照片。很多收到邮件的网友都在第一时间把邮件发给自己身边的亲友或同事，并相约去必胜客一试身手。有一位网友这样在网上留言："我当时马上把邮件转发给我爱人了，并约好了去必胜客一试身手。到了必胜客我们立即要了一份自助沙拉，并马上开始按照邮件里介绍的方法盛取沙拉。努力了几次，终于发现盛沙拉用的夹子太大，做不了那么精细的搭建工艺，最多也就搭二三层，不可能搭到 15 层。"而到必胜客试过身手，并且真的装满更多层沙拉的热心网友，会在网上发帖，介绍自己"吃垮必胜客"的成功经验。甚至有网友从建筑学角度，用 11 个步骤来论述吃垮必胜客的方法，如图 5.2 所示。

图 5.2　如何吃垮必胜客

学习情境五　有效开展网络营销

而必胜客不但没有被"吃垮",反而利润大大上升了。必胜客这种精心制作的、具有强大感染力的"病原体",通过用户的口碑宣传网络,利用病毒传播原理快速复制、扩散开来。

引例思考　"吃垮必胜客"是百胜成功策划的一次网络营销活动,那么如何进行网络营销策划?网络营销的方法都有哪些呢?

一、网络营销策划

(一)网络营销策划的含义

网络营销是在有效进行客户调查的基础上借助互联网这个平台,借助多媒体技术进行的网络宣传推广活动,它不是简单地在网上做广告,而是一项系统工程。网络营销工作所带来的效果有多种表现,如网络营销对客户服务的支持、对线下产品销售的促进、对公司品牌拓展的帮助等。网络营销策划就是为了达成特定的网络营销目标而进行的策略思考和方案规划的过程。著名营销学家科特勒在《营销管理》中指出,策划是一个运用脑力的理性行为,是一个程序。日本策划家和田创认为,策划是通过实践活动获取更佳效果的智慧,是一种智慧创造行为。1992年9月1日,我国《人民日报》刊登了《何阳卖点子赚钱四十万——好点子也是紧俏商品》的报道,揭示了策划营利性的本质特征。

(二)网络营销策划的原则

1. **系统性原则**

网络营销是以网络为工具的系统性的企业经营活动,是在网络环境下对市场营销的信息流、商流、制造流、物流、资金流和服务流进行管理的活动。因此,网络营销方案的策划,是一项复杂的系统工程,策划人员必须以系统论为指导,对企业网络营销活动的各种要素进行整合和优化,使"六流"皆备,相得益彰。

2. **创新性原则**

网络为消费者对不同企业的产品和服务所带来的效用与价值进行比较带来了极大的便利。在个性化消费需求日益明显的网络营销环境中,通过创新,创造与客户的个性化需求相适应的产品特色和服务特色是提高效用与价值的关键,特别的奉献才能换来特别的回报。创新带来特色,特色不仅意味着与众不同,而且意味着额外的价值。在网络营销方案的策划过程中,必须在深入了解网络营销环境,尤其是客户需求和竞争者动向的基础上,努力创造为客户所欢迎的产品特色和服务特色,以增加客户价值与效用。

3. **操作性原则**

网络营销策划的第一个结果是形成网络营销方案。网络营销方案必须具有可操作性,否则毫无价值可言。这种可操作性,表现为在网络营销方案中,策划者根据企业网络营销的目标和环境条件,就企业在未来的网络营销活动中做什么、何时做、何地做、何人做、如何做的问题进行周密的部署、详细的阐述和具体的安排。也就是说,网络营销方案是一系列具体的、明确的、直接的、相互联系的行动计划的指令,一旦付诸实施,企业的每个部门、每个员工都能明确自己的目标、任务、责任及完成任务的途径和方法,并懂得如何与其他部门或员工相互协作。

4. **经济性原则**

网络营销策划必须以经济效益为核心。网络营销策划本身会消耗一定的资源,但通过网络

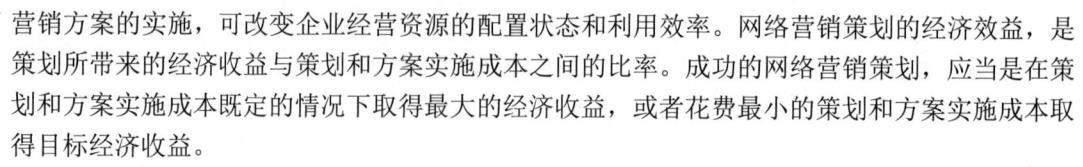

营销方案的实施，可改变企业经营资源的配置状态和利用效率。网络营销策划的经济效益，是策划所带来的经济收益与策划和方案实施成本之间的比率。成功的网络营销策划，应当是在策划和方案实施成本既定的情况下取得最大的经济收益，或者花费最小的策划和方案实施成本取得目标经济收益。

5. 协同性原则

网络营销策划应该是各种营销手段的协同应用，而不是对方法的孤立使用，如论坛、博客、社区、网络媒体等资源要协同应用才能真正达到网络营销的效果。

（三）网络营销策划的程序

网络营销策划是通过制订营销计划进行具体实施，并且在这个过程中不断调整方案和改进工作，最后对实施效果进行评价的过程。

1. 调研阶段

首先，要对公司情况进行适当的介绍，了解产品设计、适用范围、价格定位、目标客户群体，这样才能有针对性地进行营销方案的制定和实施。同时，也要了解竞争对手的情况，能合理地进行产品的 SWOT 分析。

2. 方案设计阶段

这一阶段要针对企业的具体情况进行营销方案的设计。首先要组建合适的设计团队，对设计工作进行合理分解，最终形成整体方案。在设计过程中具有独特的创意尤为关键，方案创意是设计阶段的灵魂。

3. 方案实施与效果评价

网络营销方案的实施是一项系统性的工作，需要每位团队成员精诚合作，共同完成策划与实施的工作。网络空间无限大，QQ、微信、博客、微博等各种营销方式不是实施一次就能见效的，团队成员要根据点击情况、市场反馈情况、网民意见，及时调整和实施方案。

（四）网络营销策划书的基本格式

网络营销策划书是电商企业根据当前实际营销状况和未来发展趋势制订的未来某一时段内企业的网络营销的总体策划方案。网络营销策划是一项计划性较强的活动，完备的网络营销策划书能指导营销实施团队，使工作有序进行。一个完备的网络营销策划书应包含以下几个部分。

1. 封面

网络营销策划书的封面主要包含本次策划的名称、策划者姓名、日期等信息。

2. 目录

目录部分体现了网络营销策划书的整体结构，通过目录可以知晓整个策划的过程。

3. 摘要

摘要就是对整个网络营销策划方案的简单介绍。

4. 正文

这是整个网络营销策划书的核心部分，也是内容最为详细和复杂的部分，是对整个网络营销策划方案的书面描述。尤其是在效果评价部分，主要会通过文字、数据、图形、统计表格等方式将策划者的意图表达出来。网络营销策划方案正文一般包括：在前期分析部分，主要进行企业宏观环境分析、企业营销环境分析、企业目标市场分析、企业定位分析，以及 SWOT 分析法中需要分析的企业的优势与劣势、机会与威胁等要素；在实施进程部分，主要是对每种网络营销策划方案的使用进行具体运用；最后是进行网络营销策划方案实施效果的评价。

（五）网络营销策划书样本目录部分

目　录

一、情况介绍 .... 页码
　　（一）公司简介 .... 页码
　　（二）产品概况 .... 页码
　　（三）策划目的 .... 页码
二、营销概况分析 .... 页码
　　（一）产品分析 .... 页码
　　（二）竞争分析 .... 页码
　　（三）消费者分析 .... 页码
　　（四）环境分析 .... 页码
三、综合市场分析 .... 页码
　　（一）优势与劣势 .... 页码
　　（二）机会与威胁 .... 页码
四、目标市场分析 .... 页码
　　（一）目标市场定位 .... 页码
　　（二）目标市场分析 .... 页码
五、网站建设（如果建设的话，可以写） .... 页码
六、网站推广（营销方法） .... 页码
　　（一）视频营销 .... 页码
　　（二）搜索引擎营销 .... 页码
　　（三）博客营销 .... 页码
　　（四）微博营销 .... 页码
　　（五）QQ 营销 .... 页码
　　（六）微信营销 .... 页码
　　（七）网络直播 .... 页码
七、网络营销效果评价 .... 页码
　　（一）页面浏览数 .... 页码
　　（二）购买率 .... 页码

情境拓展

网络营销和策划经验分享

① 活动和节日营销往往效果奇佳。节日和活动不仅大家都有空，而且乐于接受别人的引导。在活动和节日中，受众对营销活动的排斥性往往大幅度降低，因此聪明的网络营销者不能忽视活动和节日营销。

② 眼球效应，想办法使营销引起受众兴趣。一定要让自己的营销能够抓住受众的眼球，这样有两大好处：第一有口碑，第二有流量。这一点非常重要，说起来简单，但往往被人忽视。一个聪明的网络营销者往往会花精力去策划，去制造眼球效应。

③ 通过咨询服务营销。例如，可以在百度问答中仔细地为提问的人解答，然后委婉地推荐自己的产品。如果客观公正地去推荐，会发现最后收到的效果很好，不仅能获得意外的订单，而且还能多一位朋友。

④ 营销策划与网络热点结合。所谓与网络热点结合，就是站在"巨人的肩膀上"。网络热点可以迅速让营销具有潮流性，快速引起受众兴趣，并可以为受众所传播和分享。实时地关注网络热点，并把自己的营销融入进去，效果是普通方式营销的几倍。

二、网络消费者行为分析

网络购物与传统购物方式不同，为了能更好地做好网上推广活动，网上消费者的需求特征、购买动机和购买行为都值得深入研究。网络消费者的购买行为主要体现在 4 点上。第一，消费者不但能接收产品信息，还可以更加主动地参与电商企业的营销全过程，消费者也会主动通过各种可能的渠道获取与商品有关的信息并加以分析和比较。为了规避购买风险，消费者还会主动与厂家、商家沟通互动，直接表达自己的消费需求。第二，消费者追求便捷的消费过程。现代社会工作紧张，来自家庭和社会的压力较大，促使很多消费者从线下走到了线上。他们为了尽量节约时间和劳动成本，采取了网上购物这一便捷的购买行为。第三，不可否认，便宜的价格是吸引消费者的重要因素。网上购物之所以具有生命力，近几年发展得如火如荼，其中重要的原因之一就是网上销售的商品价格普遍低廉。第四，网上购物满足了消费者个性化的消费需求。在以工业化和标准化生产方式为主导的现代化进程中，消费者的个性化需求被淹没，而网络购物可以使消费者在全球范围内选择商品，可以参与产品的设计，从而满足了消费者的个性化需求。通过消费者行为分析，可以使电商企业了解消费者需求，满足市场，增加利润。

三、网络营销策略

网络营销策略是企业根据自身在市场中所处地位采取的一些网络营销组合，包括网络品牌策略、产品策略、价格策略、促销策略、渠道策略和客户服务策略。这是以互联网为基础，利用数字化的信息和网络媒体的交互性来辅助营销目标实现的一种新型的市场营销方式。简单地说，网络营销就是以互联网为主要手段为达到一定营销目的而进行的营销活动。网络营销策略主要包含以下内容。

（一）网络品牌策略

网络营销的重要任务之一就是在互联网上建立并推广企业的品牌——知名企业的网下品牌可以在网上得以延伸，一般企业则可以通过互联网快速树立品牌形象，并提升企业整体形象。网络品牌建设是以企业网站建设为基础，通过一系列的推广措施，使客户和公众认知和认可企业。在一定程度上说，网络品牌的价值甚至高于通过网络获得的直接收益。中小企业可以选择比较有优势的地址建立自己的网站，建立后应有专人进行维护，并注意宣传。这样，不但可以节省传统营销的很多广告费用，而且可以增加搜索率。

（二）产品策略

中小企业要使用网络营销方法，就必须明确自己的产品或服务项目，明确哪些是网络消费者选择的产品。因为产品网络销售的费用远低于其他销售渠道的销售费用，所以中小企业如果产品选择得当，可以通过网络营销获得更大的利润。

（三）价格策略

价格策略是较为复杂的问题之一。网络营销价格策略是成本与价格的直接对话，由于信息的开放性，消费者很容易掌握同行业各个竞争者的价格，所以如何引导消费者做出购买决策较为关键。中小企业如果想在价格策略上成功，就应注重强调自己产品的性能价格比，以及与同行业竞争者相比之下自身产品的特点。除此之外，由于竞争者的冲击，网络营销的价格策略应该适时调整——中小企业营销的目的不同，可根据时间制定价格。例如，在自身品牌推广阶段可以以低价来吸引消费者，在计算成本的基础上，减少利润而占有市场；在品牌信誉积累到一定程度后，制定自动价格调整系统，降低成本，根据市场供需状况及竞争对手的报价来适时调整。

（四）促销策略

营销的基本目的是增加销售，网络营销也不例外，大部分网络营销方法都与直接或间接促进销售有关。但促进销售并不限于促进网上销售，事实上，网络营销在很多情况下也能促进线下销售，这以网络广告为代表。网上促销没有传统营销模式下的人员促销或直接接触式的促销，而是使用大量的网络广告这种软营销模式来达到促销效果。这种做法对于中小企业来说可以节省大量人力支出、财力支出。通过网络广告的效应，可以在更多人员无法到达的地方挖掘潜在客户，可以通过网络的丰富资源与非竞争对手达成合作的联盟，以此拓宽产品的消费层面。网络促销还可以避免促销方式的千篇一律，可以根据本企业的文化，以及与协助宣传的网站的企业文化相结合来达到最佳的促销效果。

（五）渠道策略

网络营销的渠道应该本着让消费者方便的原则设置。为了在网络中吸引消费者关注本公司的产品，可以根据本公司的产品，把其他中小企业的相关产品作为自己的产品外延，相关产品的同时出现会更加吸引消费者。为了促进消费者购买，应该及时在网站发布促销信息、新产品信息、公司动态。为了方便购买，还要提供多种支付模式，让消费者有更多的选择。在建设公司网站的时候应该设立网络店铺，增加销售的可能。

（六）客户服务策略

网络营销与传统营销的不同之处还在于它特有的互动方式。传统营销人和人之间的交流十分重要，营销手法比较单一；网络营销则可以根据自身公司产品的特性，根据特定的目标客户群、特有的企业文化来加强与客户的互动，从而更好地为客户服务。

情境案例

云南国际探险旅行社的网络营销

从云南国际探险旅行社（以下简称旅行社）开展的业务可以看出，云南丰富的探险旅游资源对国外探险爱好者有足够的吸引力。再看看因特网上的虚拟市场，海外特别是美国有数千万名网民，其中不乏探险爱好者，不乏寻求刺激的旅游度假者。同时，很多科考人员也对云南情有独钟。凡此种种，证明旅行社的市场主要在海外，而且通过因特网招徕国外客户的营销环境已经完全具备，剩下的就是怎么做的问题了。该旅行社确定营销环节的重点服务项目具有特色和吸引力，市场有相应的强大需求，这是定位准确的表现。在此基础上，经营者根据项目本身和因特网虚拟化的特点，着重抓了营销环节中的两个方面：第一是搜索引擎上的网址注册，第二是取信于客户。把握这两个环节，就可以盘活整盘棋。在导航台注册方面，着重抓的是排位，即当浏览者用诸如 China adventure travel 之类的关键词在搜索引擎上进行检索时，旅行社的网址始终显示在第一屏。这样会获得非常高的点击率。来访的人多了，要靠丰富且有质量的信息留住他们，要让他们将网址添加到收藏夹中，或者传播给其他人。同时，对于萌生咨询念头的客户要牢牢抓住。怎么抓？这就先要取信于人。该旅行社的客户远隔万里不能谋面，不能实地考察，这是网络营销的弱点之一。对此，旅行社从几个方面来显示自己的实力和信誉：充分利用网页图文并茂的特点，将公司形象全方位地展示给客户；在发布信息时，严格遵循全面、客观、真实地反映自己，反映中国旅游资源的原则，不粉饰、不夸张，努力塑造诚信的企业形象。例如，旅行路线、潜在危险、饭店软硬件条件、天气、饮食等，事无巨细，只要是旅游者应该知道的信息，几乎都会提供；对客户的电子邮件咨询给予快速回答，对所有问题给予详细的解答；导游的照片、接机人的照片、旅行用车、卫星电话、紧急救援等全部落实在细微之处，想客户之所想，急客户之所急。这样可以打消客户的很多疑虑，获得客户最大限度的信任。取信客户最有效的一个方法是利用旁证。当新的潜在客户还在犹豫时，旅行社可以给出数十个电子邮件地址，让其自由取证。这个方法屡试不爽。目前，旅行社几乎所有的客户都来自网上，每个客户每天的消费都在 100 美元以上，获利颇丰。

案例思考 分析云南国际探险旅行社采取的网络营销策略。

情境任务三　网络营销方法

网络营销的方法很多，采取什么样的营销方法主要看营销所针对的目标客户群体和想达到的营销目标。常见的网络营销方法有搜索引擎营销、电子邮件营销、论坛营销、博客营销、微博营销、QQ 营销、网络事件营销、网络视频营销、病毒式营销、微信营销等。

一、搜索引擎营销

搜索引擎营销的英文是 Search Engine Marketing，简称 SEM，就是根据用户使用搜索引擎的方式，利用用户检索信息的机会尽可能地将营销信息传递给目标用户。搜索引擎营销的基本思想是让用户发现信息，并通过搜索引擎的搜索结果点击进入网站、网页进一步了解所需要的信息。在介绍搜索引擎营销方法时，一般认为搜索引擎营销规划的主要目标有两个层次：被搜索引擎收录，在搜索结果中排名靠前。搜索引擎目前仍然是最主要的网站推广手段，尤其是基于自然搜索结果的搜索引擎推广，到目前为止仍然是免费的，因此受到众多中小企业的重视。搜索引擎营销方法也就成为网络营销方法中的主要组成部分。对于搜索引擎营销的研究，无论是对于搜索引擎优化还是付费搜索引擎广告，基本都处于操作层面。

中国互联网络信息中心发布的《中国互联网发展状况统计报告》显示，截至 2017 年 12 月，

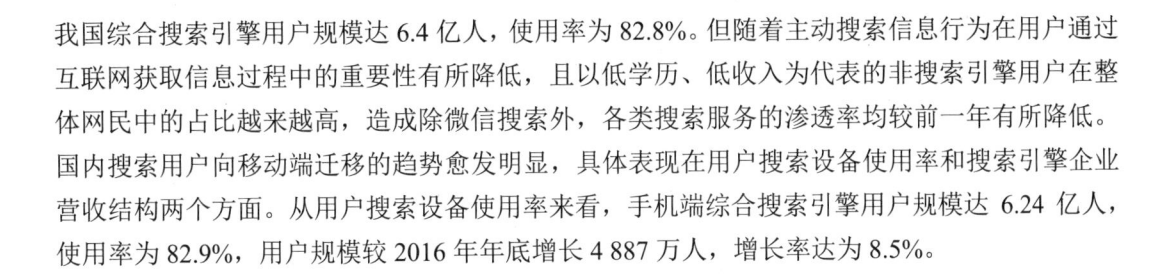

我国综合搜索引擎用户规模达 6.4 亿人，使用率为 82.8%。但随着主动搜索信息行为在用户通过互联网获取信息过程中的重要性有所降低，且以低学历、低收入为代表的非搜索引擎用户在整体网民中的占比越来越高，造成除微信搜索外，各类搜索服务的渗透率均较前一年有所降低。国内搜索用户向移动端迁移的趋势愈发明显，具体表现在用户搜索设备使用率和搜索引擎企业营收结构两个方面。从用户搜索设备使用率来看，手机端综合搜索引擎用户规模达 6.24 亿人，使用率为 82.9%，用户规模较 2016 年年底增长 4 887 万人，增长率达为 8.5%。

二、电子邮件营销

电子邮件营销（E-mail Direct Marketing，EDM）是在用户事先许可的前提下，通过电子邮件的方式向目标用户传递有价值信息的一种网络营销手段。电子邮件营销有用户许可、电子邮件传递信息、信息对用户有价值 3 个基本因素，3 个因素缺少一个都不能称为有效的电子邮件营销。电子邮件营销是利用电子邮件与目标用户进行商业交流的一种直销方式，同时也广泛地应用于网络营销领域。电子邮件营销是网络营销方法中最古老的一种。相比其他网络营销方法，电子邮件营销十分快速，发送邮件后几小时之内就会看到效果，产生订单。此外，它成本低廉，且不受地域限制。搜索引擎营销需要几个月，甚至几年的努力，才能充分发挥效果；博客营销更是需要时间，以及大量的文章；社会化网络营销则需要花费时间参与社区活动，建立广泛的关系网。电子邮件营销最大的优势在于：有助于刺激无明确需求的消费，且较搜索引擎和在线广告而言成本更低，目标更精准。个人电子邮箱庞大的用户数量为电子邮件营销奠定了基础。

数据显示，2018 上半年中国电子邮件用户规模为 3.06 亿人，与 2017 年年末相比增加 2 134 万人，在整体网民数量中电子邮件用户数比例达到 38.1%。在手机电子邮件方面，数据显示，2018 上半年中国手机电子邮件用户规模为 2.57 亿人，与 2017 年年末相比增加 2 419 万人，占手机网民数量的 32.6%。近年来，随着智能手机技术的快速完善，人们对手机依赖度的提高，越来越多的工作、娱乐、交际等都可以在手机上完成。2018 上半年使用手机电子邮件的用户数量达 2.57 亿人，而全国电子邮件用户规模为 3.06 亿人，手机电子邮件用户数占比高达 84.1%。

优衣库（UNIQLO）是日本零售业排名首位和世界服装零售业名列前茅的跨国服装销售企业。它就是采用了高效的网络营销方式——电子邮件营销。优衣库定期向新老会员发送电子邮件杂志，开展电子邮件营销，定期向客户推荐新产品，提高客户的品牌忠诚度，其效果显著。电子邮件营销已成为优衣库重要的网络营销渠道。

三、论坛营销

论坛营销是指企业利用论坛这种网络交流的平台，通过文字、图片、视频等方式发布企业的产品和服务的信息，从而让目标客户更加深刻地了解企业的产品和服务，最终达到宣传企业品牌、加深企业市场认知度的目的的网络营销方法。

论坛营销首先要寻找目标市场高度集中的行业论坛，其次要参与论坛，建立权威，积极地在论坛上参与讨论、发表意见和看法。同时，也要时刻留意其他会员的动态情况，当发现其他的会员有问题和困难的时候，应主动出击，积极帮忙。久而久之，一定会在会员的心目中树立起一个权威的形象，这时推广产品和服务，其可信度一定会大大提高。还要注意，为了避免被会员排斥甚至封号，切勿在论坛上乱发广告。最后，在论坛注册后，要制作一张尺寸大小适中的广告图片作为个人图像，加大公司的曝光率，也方便看帖的朋友了解你的信息，起到做广告宣传的效果。有些论坛的主题会有一个免费的广告位，可以利用这个广告位刊登产品、服务信息，以充分达到营销的效果。

论坛营销的最大优点是能够让话题得到传播。但也需要营销人员的话题及人员组织能力比较高，能够长期对专业性话题保持高度的热情，这样才能做好论坛营销。不要轻视论坛营销的力量，早期的各种事件营销、病毒营销都来源于论坛，而且有很多专业论坛在其专业领域发挥着不可替代的作用。

2018年1月28日，站长之家网站发布了国内论坛排名，前5位的论坛分别是天涯社区、东方财富网股吧、百度贴吧、天涯论坛、铁血论坛，它们以其内容丰富吸引了网民发帖、交流。

四、博客营销

博客营销是通过博客网站或博客论坛接触博客作者和浏览者，利用博客作者个人的知识、兴趣和生活体验等传播商品信息的营销方式。博客这种网络日记的内容通常是公开的，可以发表自己的网络日记，也可以阅读别人的网络日记，因此博客可以被理解为一种个人思想、观点、知识等在互联网上的共享。公司、企业或个人可以利用博客这种网络交互性平台，发布并更新企业、公司概况及信息，并密切关注且及时回复平台上客户对企业的相关提问和咨询，同时通过较强的博客平台帮助企业或公司零成本获得搜索引擎的较前排位，以达到营销的目的。

关于博客营销，有下面几大技巧。

① 文字+图片+声音+视频。现在是一个读图时代，一张图片、一段声音或一个小视频比文字更吸引人，一篇高阅读量和高转载量的博文通常是由文字配合其他3种方式构成的，有时候一张好图能使整篇博文锦上添花。

② 界面要简洁。博客首页要以简洁为主，让访问者觉得舒服亲切。

③ 每个留言都要精心回复。博主是一个在自己领域有所专长的专家，要把博友、访问者、粉丝都当成朋友看待，他们的每个留言、每个提问都用心回答，做到回复有权威性，同时不失大度、包容、耐心。

④ 委婉地介绍产品。如果博客是用来推广产品做营销的，最好经常分享一些所在领域的专业知识，如服装类可以写衣服的搭配、当下最新款衣服有哪些，美容类可以写平时美颜保养小秘籍、饮食该注意些什么。不要赤裸裸地发广告。

⑤ 把博文故事化。博文可以写自己个人的生活、创业生涯，但一定要真实，融入个人情感的故事化博文更能够引起读者的共鸣。

⑥ 联系方式随处可见。联系方式可以是QQ号、手机号码、微信公众号、微博等，以方便读者找到。

⑦ 为读者创建社群。当读者粉丝有了一定量的时候，可以考虑创建一个社群，如QQ群、微信群，把粉丝集中在一起，在方便交流的同时也方便进行营销推广。

图5.3为站长之家在2018年1月28日的博客网站排名。

图 5.3　站长之家博客网站排名（截至 2018 年 1 月 28 日）

图 5.4 为 2018 年 2 月 5 日的新浪博客总流量排行。

图 5.4　新浪博客总流量排行（截至 2018 年 2 月 5 日）

五、微博营销

微博营销是指通过微博平台为商家、个人等创造价值的一种营销方法。该营销方法注重价值的传递、内容的互动、系统的布局、准确的定位，微博的火热发展使得其营销效果尤为显著。2010 年，微博元年开启。2017 年 6 月，我国使用微博的人数为 29 071 万人，占网民使用率的 38.7%，而 2016 年 12 月统计微博使用人数是 27 143 万人，占网民使用人数的 37.1%，半年增长了 7.1%。微博营销带来的经济价值非常巨大，据说曾经的某微博女王的一条商品宣传性微博价值几十万元。之所以有这么大的商业价值，主要原因是每位明星的粉丝数量众多。新榜微博排名如图 5.5 所示。

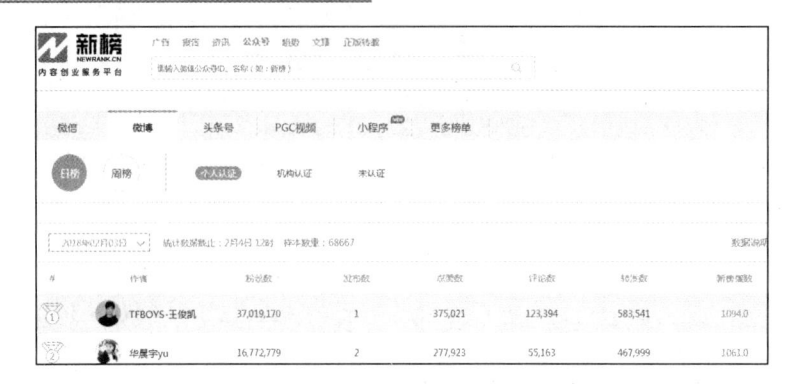

图 5.5　新榜微博排名（数据截至 2018 年 2 月 4 日 12 时）

六、QQ 营销

　　QQ 营销是 IM 营销（即时通信营销，是指营销工作者运用现有的网络通信工具实现及时的、实时的信息交流和收发从而产生效益的一种营销方法，包括 QQ 营销、MSN 营销、百度 HI 营销、雅虎通营销等）中的一种，在实际工作中有重要的作用。网络营销人员可以通过设置脚本来调用 QQ，实现面对面的交流，及时地反馈和回答交流者的问题。由于交流增加了买卖双方成功的概率，因此成为现在一种流行的营销手段。QQ 营销形式包括群公告、群相册、群聊天、群名片、群邮件、新人报到、群动态、群社区、群共享、群活动等。QQ 营销主要是通过 QQ 和 QQ 群与客户聊天建立信任关系，然后将自己的网站介绍给他们。QQ 营销的好处是有效、简便，聊天就可以，不需要投资；弊端是不能大范围地推广，一个人不能同时与很多客户交流，即使是 QQ 群也是一样，最多也只有 50 个左右的活跃用户。因此，想用 QQ 营销来实现大规模的推广几乎不可能。

　　2017 年第一季度，腾讯宣布，使用 QQ 的用户达到 8.61 亿人；QQ 月活跃账户数达到 8.61 亿人，比去年同期下降 2%；QQ 最高同时在线账户数（季度）达到 2.66 亿人，比去年同期增长 3%；QQ 空间月活跃账户数达到 6.32 亿人，比去年同期下降 3%；QQ 空间智能终端月活跃账户数达到 6.05 亿人，与去年同期持平；收费增值服务注册账户数为 1.19 亿人，比去年同期增长 10%。调查显示，绝大多数 QQ 用户是年轻人，以学生居多，而在高端市场，QQ 用户寥寥无几。虽然 QQ 使用群体总量呈下降趋势，但是不可否认 QQ 用户群基数庞大，对于未来网络营销还是很重要的。同时，腾讯公司也适时推出了微信平台，以弥补 QQ 的不足。QQ 发展的领域如图 5.6 所示。

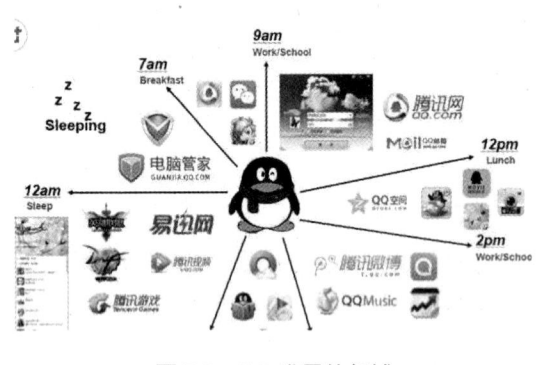

图 5.6　QQ 发展的领域

七、网络事件营销

　　网络事件营销是指企业、组织主要以网络为传播平台，通过精心策划、实施可以让公众直接参与并享受乐趣的事件，达到吸引或转移公众注意力，改善、增进与公众的关系，塑造企业、

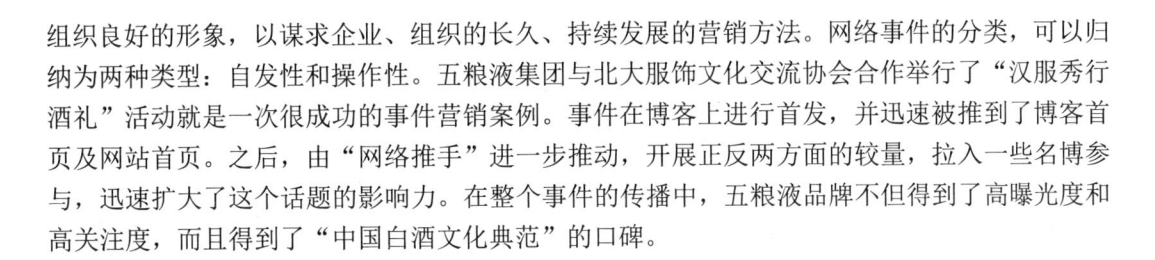

组织良好的形象,以谋求企业、组织的长久、持续发展的营销方法。网络事件的分类,可以归纳为两种类型:自发性和操作性。五粮液集团与北大服饰文化交流协会合作举行了"汉服秀行酒礼"活动就是一次很成功的事件营销案例。事件在博客上进行首发,并迅速被推到了博客首页及网站首页。之后,由"网络推手"进一步推动,开展正反两方面的较量,拉入一些名博参与,迅速扩大了这个话题的影响力。在整个事件的传播中,五粮液品牌不但得到了高曝光度和高关注度,而且得到了"中国白酒文化典范"的口碑。

八、网络视频营销

网络视频营销是指通过数码技术将产品营销现场的实时视频图像信号和企业形象视频信号传输至因特网上,达到一定宣传目的的营销方法。网络视频营销是"视频"与"互联网"的结合,让这种创新营销形式具备了两者的优点:不仅具有电视短片的种种特征,如感染力强、形式内容多样等,还具有互联网营销的优势,如互动性、主动传播性、传播速度快、成本低廉等。可以说,网络视频营销是将电视广告与互联网营销两者"宠爱"集于一身的营销方法。比较典型的是百度唐伯虎系列小电影广告,3个短片采用中国武侠电影和周星驰风格的诸多元素构建,诙谐之余极具意趣,是中国首个真正意义上的互联网视频营销案例——3个视频短片以 10 万元的拍摄费用,达到了近亿元的传播效果。事实上,相比目前许多品牌动辄聘请知名导演以千万元级的费用拍摄宣传片,百度的 3 个短片仅仅通过员工给朋友发电子邮件,以及在一些小视频网站挂出下载链接等方式扩散开来,传播就超过 2 000 万人次。如图 5.7 所示为百度制作的短片片段。

图 5.7 百度更懂中文视频截图

据中国互联网信息中心第 41 次调查报告显示,截至 2017 年 12 月,网络视频用户规模达 5.79 亿人,较去年年底增加 3 437 万人,占网民总人数的 75.0%;手机网络视频用户规模达 5.49 亿人,较去年年底增加 487 万人,占手机网民的 72.9%。

九、病毒式营销

病毒式营销(病毒性营销)是指通过用户的口碑宣传网络,使信息像病毒一样传播和扩散,利用快速复制的方式传播给数以千计、数以百万计的受众。也就是说,通过提供有价值的产品或服务,"让大家告诉大家",通过别人的宣传,实现"营销杠杆"的效果。病毒式营销已经成为网络营销最为独特的方法,被越来越多的商家和网站成功使用。病毒式营销利用的是用户口碑传播的原理。在互联网上,这种"口碑传播"更为方便,可以像病毒一样迅速蔓延,因此病毒式营销成了一种高效的信息传播方式。而且,由于这种传播是用户之间自发进行的,所以几乎不需要费用。与传统营销相比,受众自愿接受的特点使得其成本更少,收益更多且更加明显。

十、微信营销

微信营销是网络经济时代企业或个人网络营销方法的一种,是伴随着微信的火热而兴起的。

微信不存在距离的限制，用户注册微信后，可与周围同样注册的"朋友"形成一种联系，订阅自己所需的信息；商家通过提供用户需要的信息，推广自己的产品，从而实现点对点的营销。2011年1月21日，腾讯推出即时通信应用——微信，支持发送语音短信、视频、图片和文字，并可以群聊。2012年3月29日，时隔一年多，腾讯微博宣布微信用户突破1亿人大关，是新浪微博注册用户的1/3。在腾讯QQ邮箱、各种户外广告和旗下产品的不断宣传和推广下，微信的用户也在逐月增加。腾讯2017年第二季度财报数据显示，微信和WeChat的合并月活跃用户数已达9.63亿人。庞大的用户群体是微信营销的基础，是商品成交的入口。

微信营销具有以下特点。

（一）点对点精准营销

微信拥有庞大的用户群，借助移动终端、天然的社交和位置定位等优势，每个信息都是可以推送的，能够让每个个体都有机会接收到这个信息，继而帮助商家实现点对点的精准营销。

（二）形式灵活多样

首先，使用微信中的漂流瓶，用户可以发布语音或文字然后投入大海中，如果有其他用户"捞"到，就可以展开对话；其次，使用位置签名，商家可以利用"用户签名档"这个免费的广告位为自己做宣传，附近的微信用户就能看到商家的信息；再次，使用微信二维码，用户可以通过扫描识别二维码来添加朋友、关注企业账号，企业则可以设定自己品牌的二维码，用折扣和优惠来吸引用户关注，开展O2O电子商务。

微信是一个开放平台，通过该平台，应用开发者既可以接入第三方应用，也可以将应用的logo放入微信附件栏，使用户可以方便地在会话中调用第三方应用进行内容的选择与分享。此外，微信开发了公众平台，在微信公众平台上，每个人都可以用一个QQ号码打造自己的微信公众账号，并在微信平台上实现与特定群体的文字、图片、语音的全方位沟通和互动。

（三）强关系的机遇

微信的点对点产品形态注定了其能够通过互动的形式将普通关系发展成强关系，从而产生更大的价值。可以通过互动的形式与用户建立联系，可以聊天、答疑解惑、讲故事，甚至"卖萌"，用一切形式让企业与消费者形成朋友关系。一般我们不会相信陌生人，但是会相信自己的"朋友"。

微信公众账号可以经过后台的用户分组和地域操控，完成精准的语音推送。一般的公众账号可以群发文字、图片、语音3类内容；认证的公众账号则有更高的权限，不仅能推送单条图文信息，还能推送专题信息。

微信是现在人们沟通交流最直接的方式，依托微信发展起来的微信公众号也已经进入了每个人的生活里。在"互联网+"时代，微信给无数人的生活带来了变化，一些企业也瞄准时机，利用专业的微信公众号代运营公司为自己运营微信公众号。

情境案例

安琪酵母的论坛营销

安琪酵母股份有限公司（以下简称安琪酵母）是国内最大的酵母生产企业。它首选论坛进行推广，在新浪、搜狐、TOM等有影响力的社区论坛里制造话题。安琪酵母策划了"一个馒头引发的婆媳大战"事件。事件以第一人称讲述了南方的媳妇和北方的婆婆关于馒头发生争执的故事。帖子贴出来后，引发了不少的讨论，其中就涉及了酵母的应用。这时，由专业人士把话题的方向引入到酵母的其他功能上，让人们知道了酵母不仅能蒸馒头，还可以直接食用，并有很多保健美容功能。为了让帖子引起更多的关注，安琪酵母选择有权威性的网站，利用它们的公信力把帖子推到好的位置。除了论坛营销，安琪酵母又在新浪、新华网等主要网站发新闻，而这些新闻又被网民转到论坛里作为谈资。这样，产品的可信度就大大提高了。

案例思考　安琪酵母是如何运用论坛营销的？

博洛尼品牌的博客营销

2007年6月13日，一条标题为"读蔡明博客，抢总价值40万元博洛尼真沙发"的消息出现在新浪网首页。这条消息在网上不胫而走，一时间前来打探的人络绎不绝，大批网民纷纷登录蔡明的博客察看详情。这实际上是北京科宝博洛尼厨卫家具有限公司（以下简称博洛尼）所做的博客营销。人们通过图文并茂的博客认识了极具冷峻、前卫气质的蔡明和富有时尚、极美品位的博洛尼品牌，更让博洛尼超越橱柜产品而成为一个引领潮流的高端生活方式品牌。今天，博洛尼的博客营销事件已经成为一个经典，以至于很多人一提到"网络沙发"就会想到博洛尼，而蔡明博客的点击率已经达到了惊人的1 200多万次，这不能不说是网络营销的一个奇迹。

案例思考　博洛尼是如何运用博客营销的？

百事可乐的微博营销

2017年最经典的微博营销案例就是百事可乐《2017把乐带回家》。2017春节伊始，百事公司就放大招，邀请六小龄童拍摄广告《把快乐带回家之猴王世家》，迅速在社交网络上刷屏；之后又借力《家有儿女》原班人马的粉丝力量，策划了新一轮的怀旧营销。看着小雨、小雪、刘星都长大成人，唤醒了观众12年前一家人打打闹闹的美好回忆。

案例思考　百事可乐是如何运用微博营销的？

火炬在线传递

2008年3月24日，可口可乐公司推出了"火炬在线传递"活动。活动的具体内容是：网民在争取到火炬在线传递的资格后可获得"火炬大使"的称号。如果在10分钟内该网民可以成功邀请其他用户参加活动，图标将被成功点亮，同时将获取"可口可乐火炬在线传递活动"专属QQ皮肤的使用权。而受邀请参加活动的好友可以继续邀请下一个好友进行火炬在线传递，以此类推。活动方提供的数据显示：在短短40天之内，该活动就"拉拢"了4 000万人参与其中，平均每秒钟就有12万多人参与。网民们以成为在线火炬传递手为荣，"病毒式"的链式反应一发不可收拾，"犹如滔滔江水，绵延不绝"。

案例思考　火炬在线传递活动成功的奥秘是什么？

技能训练

1．选择一种商品，对其消费者进行分析。

2．选择一种商品，对其进行网络营销策划，撰写策划书，并应用所学知识对其进行宣传推广。

学习情境六

网上支付

学习目标

知识目标

掌握支付工具的种类和支付过程，熟悉个人网上银行和企业网上银行提供的服务内容；理解第三方支付的意义，掌握第三方支付平台的支付过程。

技能目标

能够熟练使用网上银行、手机银行办理各项业务和进行支付；能够熟练使用支付宝提供的各项服务。

资金流是商务活动的核心流程。为了充分发挥电子商务的优势，资金流的处理手段必须借助现代信息网络技术加以变革。网上支付具有方便、快捷、高效、经济的优势，成为适合和促进电子商务发展的支付方式。

情境任务一　传统支付与网上支付

情境引例

在早期的网上交易中，货到付款的方式是主流，银行、邮局汇款方式次之。传统支付方式存在明显缺陷，货到付款的方式能够让人们检查完货物之后再付款，在一定程度上保护了消费者的权利，但又存在商家资金回收周期过长的问题。如果物流公司的配送人员忘记收费，商家就要追讨货款，这又需要一个漫长的过程，有时便不了了之，给商家带来了损失。而采用汇款方式，消费者要承担汇款成本，且很多商家因为无法用更好的办法查证汇款来源，会要求客户汇出较为少见的钱数，如用户购买400元的产品，可能要汇出400.01元，以区别不同客户的汇款行为。当汇款笔数过多时，查证汇款来源很麻烦，还容易出错。因此，传统支付方式不利于电子商务的发展，电子商务需要方便、快捷、高效、经济的支付方式。

引例思考　为什么传统支付方式不利于电子商务的发展？哪种支付方式适合电子商务呢？

一、传统支付与支付工具

传统支付是指通过现金流转、票据转让及银行卡等物理实体来实现支付结算的方式。传统支付的工具可分为现金、票据和银行卡。

（一）现金支付

现金支付即"一手交钱，一手交货"。现金的最大特点是方便、灵活，因此现金支付在我国常用于企业（主要是商业零售业）或个体对个人消费者的商品零售过程。现金也有缺点，如在流通中易磨损、易失、易盗、易伪造，受时间和空间的限制，以及大额现金携带不便、不安全等，不适用于大宗交易。现金支付过程如图6.1所示。

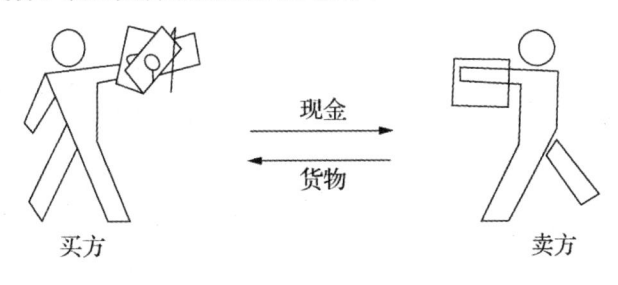

图6.1 现金支付过程

（二）票据支付

票据有广义和狭义两种：广义的票据是指记载一定文字，代表一定权利的文书凭证；狭义的票据专指票据法所规定的本票、汇票和支票，是指商业上由出票人签发，无条件约定自己或要求他人支付一定金额，可流通转让的有价证券，是持有人具有一定权利的凭证。票据支付方式又叫转账支付方式，这种方式多用于企业间的商贸过程，需要银行作为支付结算的中介。票据支付可以减少携带大量现金的不便与风险，缺点是易于伪造、丢失。

（三）银行卡支付

1. 概述

银行卡是由银行发行、供客户办理存取款业务的服务工具的总称。最早的银行卡是信用卡，产生于1915年的美国。最早发行信用卡的机构并不是银行，而是一些百货商店、饮食业、娱乐业和汽油公司。美国的一些商店、饮食店为招徕客户、推销商品、扩大营业额，有选择地在一定范围内发给客户一种类似金属徽章的信用筹码，后来演变成为用塑料制成的卡片，作为客户购货消费的凭证，开展了凭信用筹码在本商号、公司或加油站购货的赊销服务业务，客户可以在这些发行筹码的商店及其分号赊购商品，约期付款。这就是信用卡的雏形。1952年，美国加利福尼亚州的富兰克林国民银行作为金融机构首先进入发行信用卡的领域，由此揭开了银行发行信用卡的序幕。我国最早发行的银行卡是在1985年3月由中国银行珠海分行发行的中银卡——珠江卡，这标志着我国银行卡业务的开端。

2．银行卡的分类

（1）按照性质划分

按照性质，银行卡可以划分信用卡和储蓄卡。

① 信用卡（贷记卡）是银行或信用卡公司向资信良好的个人或机构签发的一种信用凭证，发卡银行给予持卡人一定的信用额度，持卡人可在信用额度内先消费、后还款。其特点是享有免息缴款期（最长 56 天），设有最低还款额，客户还可自主分期还款。信用卡既是发卡机构循环贷款和提供相关服务的凭证，又是持卡人的信用标志。信用卡如图 6.2 所示。

② 借记卡（储蓄卡）是由发卡银行向社会发行的，具有转账结算、存取现金、购物消费等功能的信用工具。在银行开设账户即可获得借记卡。借记卡是一种"先存款、后支用"的银行卡，不能透支。持卡人刷借记卡付账时，资金直接从发卡银行的账户上划出。借记卡有多种，按等级不同有普通卡、金卡、白金卡，如图 6.3 所示。

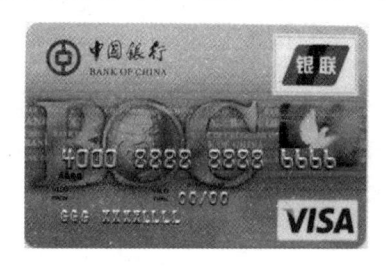

图 6.2　信用卡 　　　　　　　　　图 6.3　借记卡

（2）按照信息载体划分

按照信息载体，银行卡可以划分为磁卡、智能卡（IC 卡）和光卡。

① 磁卡产生于 1970 年，存储介质是贴在银行卡背面的磁条，必须通过专门的读卡设备才能读取其中的数据。磁卡的记忆容量比较小，只有 100 字节。早期人们使用的银行卡介质多数为磁卡，原因是磁卡的制造成本低。磁卡的成本主要包括卡片成本、磁条成本和加工合成成本，这些费用都不高。但是磁卡也有缺点，主要就是安全性低，磁条中的数据容易被仿制。目前存储介质为磁条的银行卡用得越来越少。磁卡如图 6.4 所示。

② 智能卡是在塑料卡的基础上安装一个集成电路芯片，用来存放各种数据。智能卡弥补了磁卡的很多缺点：磁卡的安全性低，很容易被复制，而智能卡的安全性较高，很难被复制；磁卡只有 100 字节的存储量，而智能卡因为有各种各样的存储器，所以具有很大的存储量；磁卡不能够脱机处理，而智能卡既可以联机处理又可以脱机处理；最后，智能卡不仅可以存放关于持卡人的银行数据，还可以存放持卡人的病历等这些非金融信息。智能卡如图 6.5 所示。

图 6.4　磁卡 　　　　　　　　　图 6.5　智能卡

③ 光卡首先于 1981 年由美国的一家技术开发公司提出,后经多次研究改进。其通常由 6 层组成,但制造厂商不同,构造也有所差异。佳能公司是目前世界上唯一一个既生产光卡,又生产光卡读写器的公司,是世界光卡先进技术的主要代表者之一。

以上传统支付结算方式在处理效率、安全可靠、方便、运作成本等方面存在局限性。电子商务如果依赖传统的支付结算方式,其优越性将大打折扣。在这种情况下,网上支付应运而生,满足了电子商务对支付结算实时的需求。

二、网上支付与支付工具

电子商务的推广应用推动了网上支付的发展,网上支付是电子支付的一个最新发展阶段。中国人民银行公布的《电子支付指引(第一号)》规定:电子支付是指单位、个人直接或授权他人通过电子终端发出支付指令,实现货币支付与资金转移的行为。电子支付按照支付方式的不同,分为网上支付、电话支付、移动支付、自动柜员机(ATM)交易、销售点终端(POS)交易和其他电子支付几种,如图 6.6 所示。网上支付是基于因特网并且适合电子商务发展的电子支付。

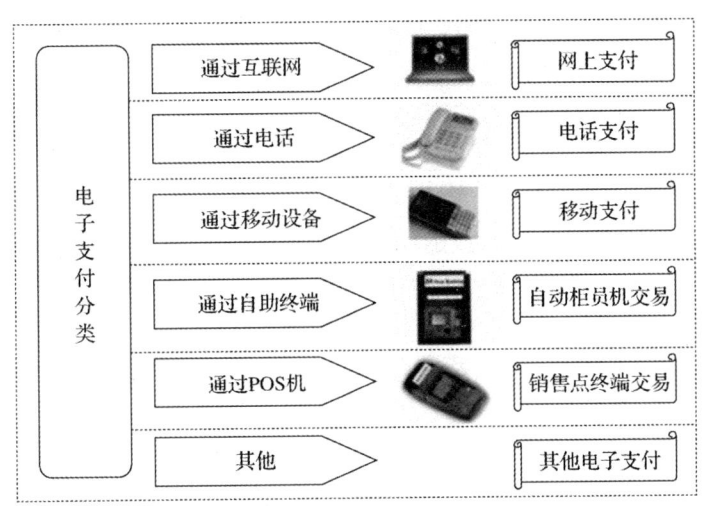

图 6.6 电子支付的支付方式

(一)网上支付的含义

网上支付就是以金融电子化网络为基础,借助商用电子化机具和各类交易卡为媒介,以计算机技术和通信技术为手段,将与货币相关的信息以电子数据的形式存储在银行计算机系统中,并通过计算机网络系统以电子信息的形式在线实现货币的支付和流通。广义的网上支付包括直接使用网上银行进行的支付和通过第三方支付平台间接使用网上银行进行的支付;狭义的网上支付仅包括通过第三方支付平台实现的支付。

网上支付的参与者包括客户、客户开户行、商家、商家开户行、支付网关、银行专用网络、CA。网上支付系统的构成如图 6.7 和表 6.1 所示。

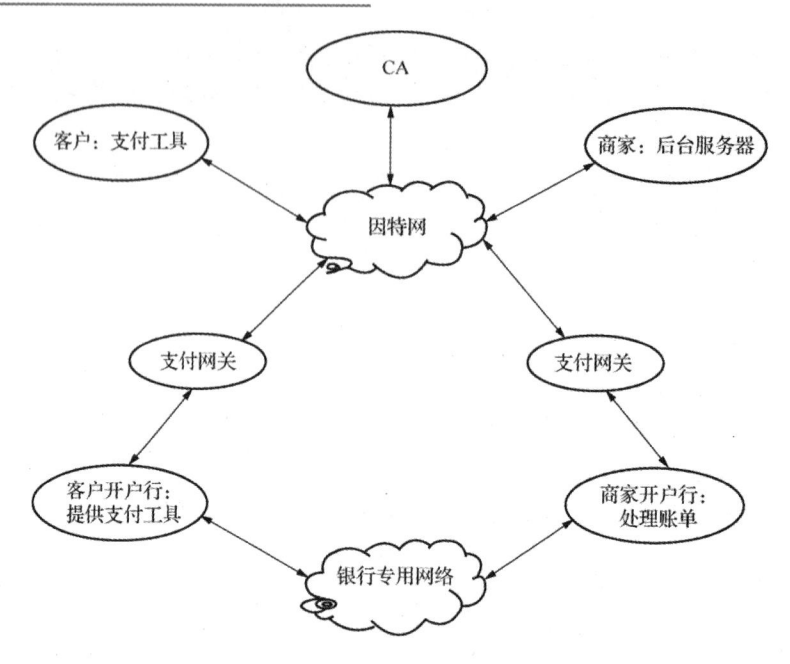

图 6.7 网上支付系统的构成

表 6.1 网上支付系统的构成

构　成	说　明
客户	交易的发起人。用自己已经拥有的支付工具来发起支付
商家	交易的接收者
客户开户行	客户开设账户的银行。客户的支付工具就是由开户行提供的，客户开户行在提供支付工具的时候同时也提供了一种银行信用，用以保证支付工具兑付
商家开户行	商家开设账户的银行。商家账户是整个支付流程中资金流向的地方，商家开户行帮助商家处理各种资金往来
支付网关	因特网和银行专用网络的接口。各种支付信息必须经过支付网关的检验之后才能够进入银行支付系统，进而完成各种支付活动
银行专用网络	银行内部及银行之间进行通信的网络。具有很高的安全性
CA	对支付系统交易各方进行身份认证，颁发数字证书。CA 必须严格验证各方的资信状况，保证网上支付的安全性
因特网	交易信息传递的载体

（二）网上支付工具

1. 银行卡

银行卡不仅可以用于日常的 ATM 存取款、POS 消费，同时也是网上支付的重要工具。银行卡（可以是信用卡，也可以是借记卡）网上支付的过程如下。

步骤 1　客户通过因特网在银行卡特约商户选购所需商品，并发出银行卡网上支付请求。

步骤 2　商户通过银行卡网上支付接口程序将页面转向网上银行，客户通过网上银行递交支付信息和银行卡信息。

步骤 3　支付信息和银行卡信息经过支付网关的处理后进入安全的银行专用网络，并提交给客户的发卡银行进行验证。

步骤4　客户发卡银行和商家开户银行利用银行专用网络完成银行卡结算,将货款从客户的银行账户划转到商家的银行账户。

步骤5　客户发卡银行通过支付网关给商户返回支付成功的确认信息。

步骤6　商户通过因特网给客户返回交易成功确认信息。

步骤7　客户发卡银行定期寄送银行卡消费对账单,客户也可以通过网上银行查询账户余额和网上支付记录。

2．电子支票

传统支付方式中,纸质支票支付是一种非常重要的支付方式。为了不阻碍电子商务的发展,人们积极研究通过各种技术把纸质支票的内容电子化和数字化,从而形成了电子支票。

(1) 电子支票的概念

电子支票是一种借鉴纸质支票转移支付的优点,利用数字传递将资金从一个账户转移到另一个账户的电子付款形式,如图 6.8 所示。电子支票将传统支票转变为带有数字签名的电子报文,或者用其他数字电文代替传统支票的全部信息。这种电子支票的支付是在与商户及银行相连的网络上以密码方式传递的,多数使用公用关键字加密签名或个人身份证号码(PIN)代替手写签名,所以电子支票也具有很高的安全性。

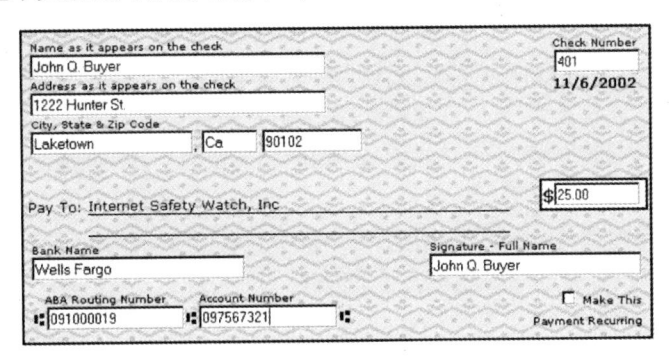

图 6.8　电子支票

(2) 电子支票的特点

① 电子支票与传统支票工作方式相同,易于被人们理解和接受。

② 加密的电子支票比基于公共密钥加密的数字现金易于流通,买卖双方的银行只要用公共密钥认证、确认支票即可,数字签名也可以被自动认证。

③ 电子支票适用于 BTOB、BTOG 的电子商务市场,可以很容易地与电子数据交换应用结合,推动电子数据交换基础上的电子订货和电子支付。

④ 电子支票业务流程自动化和网络化,可以节省大量人力、物力,降低处理成本。

⑤ 电子支票技术将公共网络连入了金融支付和银行清算网络。

(3) 电子支票的支付过程

与纸质支票的使用一样,电子支票在使用前也需要向银行申请,银行在接受申请并发放了电子支票后,消费者才可以使用电子支票。其具体支付过程如图 6.9 所示。

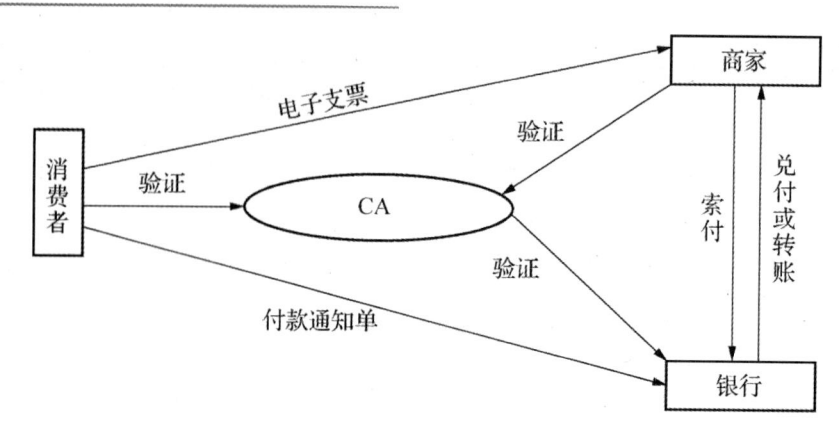

图 6.9　电子支票的支付过程

步骤 1　申请电子支票。用户在提供电子支票服务的银行注册，开出具有银行数字签名的电子支票。

步骤 2　消费者与商家达成购销协议并选择用电子支票完成支付。消费者在电子支票上进行数字签名，并用商家的公共密钥对电子支票进行加密。

步骤 3　消费者通过网络向商家发送电子支票，同时向银行发送付款通知单。

步骤 4　商家通过 CA 对消费者提供的电子支票进行验证，验证无误后将电子支票送交银行索付。

步骤 5　银行在商家索付时通过 CA 对电子支票进行验证，验证无误后即向商家转账。

不同的电子支票系统在支付细节上略有不同，但总的过程基本为以上 5 个步骤。目前，国际上典型的电子支票系统包括 NetCheque、NetBill 及 E-check。

3．电子现金

在商务活动中很多都是小额支付，并且要求匿名支付。这时使用信用卡就不合适了。于是，经过人们的研究，产生了电子现金网上支付的方式。

（1）电子现金的概念

电子现金又叫数字现金，英文为 E-cash，是一种表示现金的加密序列数，可以用来表示现实中各种金额的币值。用户在开展数字现金业务的银行开设账户并在账户内存钱后，就可以在接受数字现金的商店购物了。

（2）电子现金的特点

① 对软件的依赖性。消费者、商家和银行等使用电子现金的各方都必须安装电子现金软件之后方可使用，因此电子现金对软件有很强的依赖性。

② 不可重复使用。不同于实物货币的是，电子现金在使用一次之后就废弃，不能重复使用。废弃的电子现金存放在银行的电子现金库中，通过与电子现金库中的现金进行比对，可以检验出重复使用的电子现金。

③ 可鉴别性。电子现金是可以鉴别的，因为电子现金上有发行银行的数字签名，可以根据发行银行的数字签名查看电子现金是否合法、有效。

④ 匿名性。电子现金用户的购买行为和电子现金的使用信息相互隔离，从而隐藏了电子现金用户的购买历史。

⑤ 不可伪造性。用户不能造假币，包括两种情况：一是用户不能凭空制造有效的电子现金；

二是用户从银行提取 N 个有效的电子现金后,也无法根据提取和支付这 N 个电子现金的信息制造出有效的电子现金。

⑥ 可传递性。用户可以将电子现金像普通现金一样在用户之间任意转让,且不会被跟踪。

⑦ 可分性。电子现金不仅能作为整体使用,还能被分为更小的部分多次使用,只要各部分的面额之和与原电子现金面额相等,就可以进行任意金额的支付。

(3) 电子现金的支付过程

目前国际上存在多种电子现金系统,如 DigiCash 公司的的 E-cash 电子现金系统、CyberCash 公司的 Cyber Coin 电子现金系统等。下面以 DigiCash 公司的 E-cash 电子现金系统为例来介绍电子现金的支付过程,如图 6.10 所示。

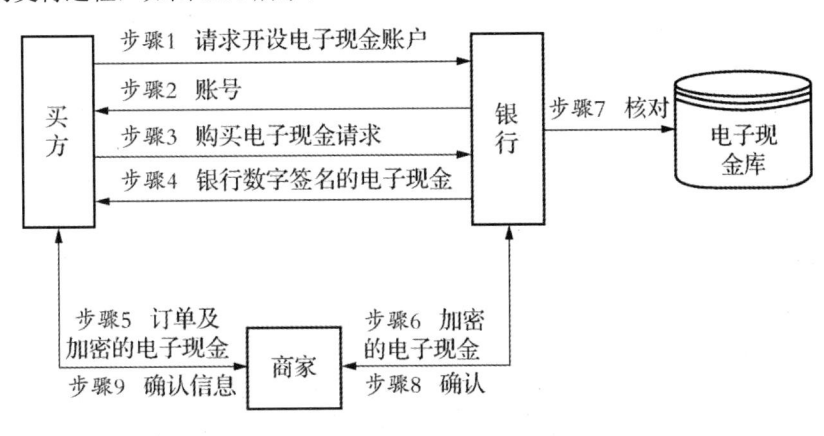

图 6.10　电子现金的支付过程

步骤 1　买方在提供电子现金业务的银行开设账户,并存入一定金额的资金以支持以后的支付。

步骤 2　银行将生成的电子现金账号信息反馈给买方。

步骤 3　买方从自己的银行账户上提取现金。

步骤 4　银行将生成的有效的电子现金通过网络传输给买方。

步骤 5　买方在同意接受电子现金的商家下订单,并选择使用电子现金方式支付。

步骤 6　商家接受买方的电子现金。

步骤 7　经过银行验证后的电子现金,商家将其存入自己的银行账户。在这一步银行将检查存入的电子现金是否曾经被合法使用,如果这个电子现金曾经被使用过,银行将拒绝存入。

步骤 8　银行根据电子现金和发行验证结果给商家反馈支付是否成功的确认信息。

步骤 9　商家根据银行的信息给买方反馈交易是否成功的确认信息。

目前,各个国家都在致力于电子现金系统的研究,但是电子现金系统的发展一直很缓慢,还没有被大范围使用。我国目前还没有银行提供电子现金服务,也没有商家接受电子现金。

情境拓展

eCoin 公司

电子硬币 eCoin (ecoin.net, 1998 年成立, 现已不存在。——编者注) 的电子现金系统包括 3 个参与方：客户、商家和电子硬币服务器。客户打开 ecoin.net 的账户，下载一个特殊的电子钱包软件，然后用信用卡购买电子硬币。一枚电子硬币是一个长 15 字节的字符串，价值 5 美分。每个字符串都是唯一的，因此能被方便地识别。电子硬币被下载到电子钱包中。为了接收电子硬币，商家只需要在其付款页面上放置一个电子硬币图标即可。电子硬币服务器管理客户和商家账户，接受客户电子钱包的支付请求，并计算商家的应收款。

在电子硬币购物中，客户的身份对于商家是隐藏的，只有 eCoin.net 知道客户身份。客户、商家和 eCoin.net 三者间的联系全部使用 TLS 安全协议。eCoin 公司的电子现金系统还解决了双重开支的问题，因为该系统只是搜集字节和比特，它们是可以伪造或重复的。为了防止这种情况的发生，电子硬币服务器有一个发出所有令牌的数据库，当花费一个电子硬币时，服务器上的附件字符将被删除。如果有人试图使用同一电子硬币，他们将被拒绝。

4．电子钱包

（1）电子钱包的概念

电子钱包是一个客户用来进行安全网络交易，特别是安全网络支付并且存储交易记录的特殊计算机软件或硬件设备——就像生活中随身携带的钱包一样，能够存放客户的电子现金、电子信用卡和个人信息等。

（2）电子钱包的分类

电子钱包分为以下两种形态。

① 实物形态的电子钱包。这种电子钱包主要是以智能卡或磁卡为存储介质的各类储值卡或预付卡，如日常生活中普遍使用的公交卡、电话卡、上网卡、购物卡等。最早的实物电子钱包是英国的西敏寺银行开发的 Mondex 电子钱包系统。

② 软件形态的虚拟电子钱包。这种电子钱包以软件形态运行，可以在互联网上完成在线支付。这种形态的电子钱包既可以运行在商家或电子钱包软件提供者的服务器上，也可以运行在客户端的服务器上。前者不需要在客户的计算机上安装电子钱包软件，而后者需要在客户端安装电子钱包软件——这些软件一般都是免费提供的。这里讲的电子钱包是指需要在客户端安装的软件形态的电子钱包。

目前，世界上有 VISA cash 和 Mondex 两大在线电子钱包服务系统，其他电子钱包服务系统还有 HP 公司的电子支付应用软件 VWALLET、微软公司的电子钱包 MS Wallet、IBM 公司的 Commerce POINT Wallet、MasterCard 的 cash、Europay 的 Clip 和比利时的 Proton 等。

（3）电子钱包的支付过程

电子钱包支付是指客户利用在电子钱包中存放的电子现金、电子零钱、电子信用卡等进行即时、安全可靠的在线支付。其支付过程如图 6.11 所示。

使用电子钱包支付一般包括以下几个步骤。

步骤 1　交易前，客户将电子钱包装入系统。

步骤 2　客户和商家达成购销协议并选择电子钱包支付，输入口令并进行付款。

步骤 3　电子商务服务器进行合法性确认后，在信用卡公司和商业银行之间进行应收款项及账务往来的电子数据交换与结算处理。

步骤 4　商业银行证明电子钱包付款有效并授权后，商家发货并将电子数据发给客户。与此同时，商家保留下整个交易过程中发生账务往来的电子数据。

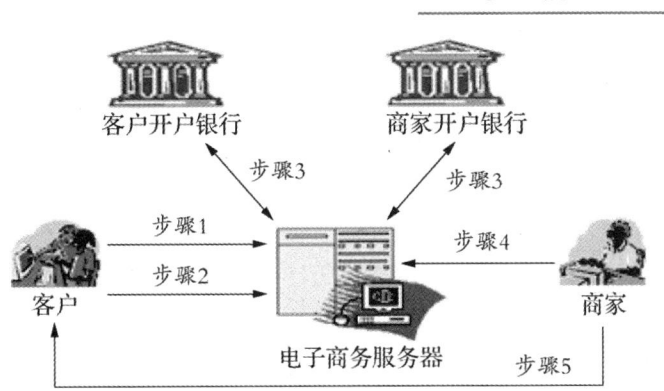

图 6.11　电子钱包的支付过程

步骤5　商家按照客户提供的电子订货单将货物交到客户手中。

情境拓展

最早的实物电子钱包——英国西敏寺银行的 Mondex 电子钱包系统

Mondex 电子钱包的存储介质是由万事达国际公司出品的智能卡,最早由英国西敏寺银行发行,是世界上最早的电子钱包系统,1995 年 7 月首先在有"英国的硅谷"之称的斯温登市试用。Mondex 卡起初并不那么响亮,不过由于其安全、方便、快捷的支付特点,很快在斯温登市打开了局面,并被广泛应用于超级市场、餐饮店、停车场、电话亭和公交车辆之中。之后,Mondex 卡逐渐扩展到加拿大、澳大利亚、新西兰、爱尔兰、以色列、法国、日本、美国及我国香港等多个国家和地区。

与普通的银行卡相比,Mondex 卡是现金卡,用它付账时,既不要在收据单上签字,也不要等计算机或电话来核准支付金额,人们就可以方便地把存放在卡里的电子货币从一张卡转到另一张卡上。使用 Mondex 电子钱包系统除了需要卡本身外,还需要一套专门的电子设备,包括一台可随身携带的微显示器、一部 Mondex 兼容电话和专门的电子收款机,如图 6.12 所示。微显示器用于显示 Mondex 卡内的电子货币存储数额和进行 Mondex 卡之间的现金转移,Mondex 兼容电话可以对 Mondex 进行充值操作,而利用商店安装的 Mondex 电子收款机则可以完成支付操作。

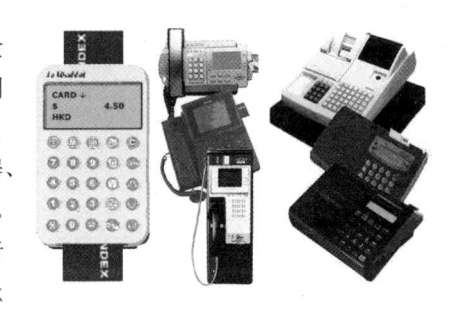

图 6.12　Mondex 电子钱包使用设备

三、网上支付的特征

与传统的支付方式相比,网上支付具有以下特征。

① 网上支付是采用先进的技术通过数字流转来完成款项支付的,而传统的支付则是通过现金的流转、票据的转让及银行的汇兑等物理实体式流转来完成款项支付的。

② 网上支付在一个开放的系统平台(因特网)中运作,而传统支付则在一个较为封闭的系统中运作。

③ 网上支付使用的是最先进的通信手段,如因特网、外联网,而传统支付使用的则是传统

的通信媒介。网上支付对软、硬件设施的要求很高，一般要求有连网的 PC、相关的软件及其他一些配套设施，而传统支付则没有这么高的要求。

④ 网上支付具有方便、快捷、高效、经济的优势，用户只要拥有一台连网的 PC，便可足不出户，在很短的时间内完成整个支付过程，支付费用仅相当于传统支付的几十分之一，甚至几百分之一。网上支付可以完全突破时间和空间的限制，满足 24/7（每天 24 小时，每周 7 天）的工作模式，其效率之高是传统支付望尘莫及的。

四、网上支付的主要方式

（一）网银支付

网银支付是银行以互联网为平台开展的网上银行业务，是客户在银行柜台或银行网站上签约网上银行后，利用银行的网上支付系统所进行的资金支付活动。这种支付方式是直接从银行卡支付的。

（二）第三方支付

所谓第三方支付，就是利用与国内外各大银行签约，并具备一定实力和信誉保障的第三方独立机构提供的交易支持平台进行支付。在通过第三方支付平台进行的交易中，买方选购商品后，使用第三方平台提供的账户进行货款支付，由第三方通知卖家货款到达，进行发货；买方检验物品后，就可以通知第三方付款给卖家，第三方接到通知后再将款项转至卖家账户。

情境任务二　网上银行与网上支付

情境引例

美国安全第一网络银行

1995 年 10 月 18 日，美国安全第一网络银行（Security First Network Bank，SFNB）正式在因特网上对外营业，成为世界上第一家网上银行。与传统银行的服务方式明显不同，它没有营业大厅，没有营业网点，却可以开展传统银行的所有银行业务，客户只要通过一台与因特网相连的计算机，就可以在任何时间、任何地点获得该银行的所有银行业务。在短短一年时间内，该银行就吸引了 4 000 多名客户，业务遍及美国 50 个州，并且以每月 650 位客户的速度递增，存款达 900 万美元。该银行业务量巨大并且急剧增长，但其业务人员仅有 15 人。

美国安全第一网络银行的产生及迅速发展极大地震动了世界金融界，国际上一些知名的大银行都相继建立了网上银行，如花旗、汇丰、德意志、樱花、巴克莱等老牌银行纷纷推出了自己的网上金融服务。

引例思考　什么是网上银行？为什么世界知名的大银行都效仿美国安全第一网络银行纷纷开展网上银行业务？

招商银行网上银行

1987 年 4 月 8 日，经中国人民银行批准并由招商局出资，中国第一家完全由企业法人持股的股份制商业银行——招商银行在深圳宣告成立。30多年来，招商银行采用全新的管理和运行机制，积极、稳健地发展业务，各项经营指标始终居国内银行业前列。目前，招商银行拥有经营机构网点400多个，与世界70多个国家和地区的900多家银行建立了业务关系。

1995年，招商银行推出的"一卡通"被誉为我国银行业个人理财方面的一个创举。招商银行在1997年4月推出银行网站。1998年2月，招商银行推出"一网通"业务。1999年9月，招商银行率先在国内全面启动网上银行服务，建立了由网上企业银行、网上个人银行、网上商城、网上证券、网上支付五大系统为主的银行业务，组成了较为完善的网上银行服务体系。

引例思考　招商银行网上银行与美国安全第一网络银行最大的不同是什么？网上银行可以提供哪些服务？

一、网上银行的产生与发展

网上银行其实是在因特网上开通的虚拟银行柜台，能提供除现金业务以外的所有银行服务。它打破了传统银行面对面的柜台业务方式，是一种不谋面的网络服务方式，因此也称为虚拟银行或在线银行。通过互联网，银行可以不设立分支机构就能将银行业务推向全国乃至世界各地，客户只需要通过互联网就可以获得银行提供的查询、对账、行内转账、跨行转账、信贷、网上证券和投资理财等服务。因此，网上银行的发展只有十几年的历史，却显示出强大的生命力，不仅迅速抢占了传统银行市场，还吸引了更多的潜在客户。网上银行迅速发展有其必然原因。

（一）网上银行是家庭银行发展的必然趋势

美国在1970年投入巨资研究和开发家庭银行项目，并提出了家庭银行。家庭银行就是让客户在家里或随时随地享受银行柜台式的服务。银行为家庭提供电子化服务经历了3个阶段。

第一阶段是从1970年至1979年，这是电话银行的发展阶段。通过电话银行，客户可以查询账户余额、转移资金和付账单。虽然这种方式在一定程度上给客户提供了便利，但是也有缺点，即客户只有听觉上的验证而没有视觉上的验证，以及语音速度不能控制等。

第二阶段是从1980年至1989年，这是PC家庭银行的发展阶段。这个阶段先后出现了两种家庭银行模式：一种是银行专用软件家庭银行模式，这种方式是银行为客户提供专用的银行接口软件，安装在客户家里的PC上，客户通过连接在PC上的调制解调器连入银行的家庭服务主机，接受银行提供的各种服务；另外一种是商用软件家庭银行模式，这种方式是客户在PC上安装商用家庭财务软件，并通过该软件开发公司的服务与银行相连，获得银行的联机服务。家庭银行的连接方式如图6.13所示。

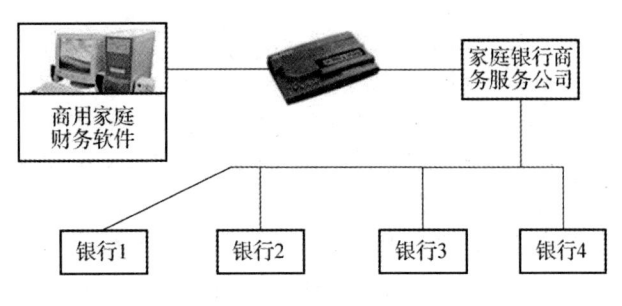

图 6.13　家庭银行连接方式

第三阶段是从 1990 年至今，也就是网上银行开始发展的阶段。互联网的迅速发展，使得以前的家庭银行模式逐渐被网上银行所取代。自 1995 年 10 月美国成立第一家网上银行——安全第一网络银行以来，网上银行业务在世界各国获得迅猛发展。1996 年 6 月，中国银行在国内率先设立网站，向社会提供网上银行服务；1997 年 4 月，招商银行开办网上银行业务；1999 年，建设银行、工商银行开始向客户提供网上银行服务。

因为因特网的全球性和即时性的特征，依托因特网的网上银行可以不再受时间和空间的限制，能够在任何时间（anytime）、任何地点（anywhere），以任何方式（anyhow）提供金融服务，所以网上银行又叫作 3A 银行。

（二）网上银行是电子商务发展的需要

无论是对于传统的交易，还是新兴的电子商务，资金的支付都是完成交易的重要环节。在电子商务中，作为支付中介的商业银行在电子商务中扮演着举足轻重的角色，无论是网上购物还是网上交易，都需要银行借助电子手段进行资金的支付和结算。商业银行作为电子化支付和结算的最终执行部门，是连接商家和消费者的纽带，是网上银行的基础。它所提供的电子与网络支付服务是电子商务中的最关键要素和最高层次，直接关系到电子商务的发展前景。商业银行能否有效地实现支付手段的电子化和网络化是电子交易成败的关键。因此，网上银行是电子商务的必然产物和发展的需要。

自 1997 年中国出现第一家网上银行以来，网上银行支付业务得到了长足的发展。《中国网上银行市场季度监测报告 2017 年第四季度》数据显示，2017 年第四季度中国网上银行客户交易规模为 421.5 万亿元人民币。随着电子银行移动渠道的快速发展，手机银行对个人网银的替代效应加速，企业网银成为网上银行交易规模增长的主要动力。

二、网上银行的特点

（一）网上银行的概念

网上银行是以现代通信技术、因特网技术和电子计算机网络技术为基础，处理传统的银行业务及支持电子商务网上支付的新型银行。它实现了银行和客户之间安全、方便、友好、实时的连接，可向客户提供开户、销户、查询、对账、行内转账、跨行转账、信贷、网上证券、投资理财及其他贸易或非贸易的全方位银行业务服务。可以说，网上银行是在因特网上的虚拟银行柜台。

（二）网上银行的特点

与传统银行和传统电子银行相比，网上银行在运行机制和服务功能方面都具有不同的特点。

1. 全球化，无分支机构

网上银行依托因特网平台，而因特网具有全球性的特点，所以依托因特网的网上银行也具有全球性的特点。另外，建立网上银行后，无须在各地区建立实体分支机构，通过因特网就可以完成全球的业务。

2. 全面实现无纸化交易

银行以前所使用的单据和票据大部分被各种电子单据代替；人们使用的纸币被各种电子货

币代替；银行内部及对外部发布的各种信息都以电子文档的方式发布。这样银行就全面实现了无纸化交易。

3．服务方便、快捷、高效、可靠

成为个人网上银行的客户，可以足不出户就办理各种银行业务，省去了跑银行、排队等待的时间。网上银行实行全天 24 小时、一年 365 天不间断营业，客户可享受 7×24 小时全天候个人金融服务，且办理业务的手续费相比柜台可获得不同程度的折扣和优惠。

4．创新化

网上银行不仅提供了传统银行业务，同时也根据互联网的特点及网上客户的需求，开设了很多传统银行所没有的业务。

5．运营成本低

在我国办理同样的一笔业务，柜台办理的成本是网上银行办理成本的 8～9 倍。在国外，网上银行的经营成本只相当于经营收入的 15%～20%，而传统银行的经营成本是经营收入的 60%，网上银行的运营成本远远低于传统银行。

6．亲和性增强

使用网上银行不需要特别的软件，也不需要经过特别培训，只要有一台计算机，能够连入因特网，就可以按照银行页面的提示办理业务，就像在银行柜台办理业务一样，只是办理过程由自己操作而已。

三、网上银行的模式

目前网上银行存在两种模式。

① 纯网上银行。这是指一种完全依赖于因特网发展起来的全新网上银行。这类银行除后台处理中心外，没有其他任何实体营业机构，所有业务都在因特网上，如美国安全第一网络银行就是这类银行的典型代表。用户要访问这家银行，只需要在浏览器的地址栏中输入安全第一网络银行的网址，进入网站主页，在主页上就可看到银行提供的各种服务，客户足不出户就可完成各种想办理的银行业务。

② 传统银行通过因特网扩展原有的银行业务服务。这种模式的银行是把传统银行业务延伸到网上，实体与虚拟结合的银行。几乎所有商业银行都在因特网上建立了自己的网站，向客户提供各种服务，除了已经网络化的存款、汇款、付款等业务外，外币买卖、信用卡业务、企业融资、房屋汽车贷款、购买保险和理财咨询服务也都进入了网上银行的服务范围。现代商业银行已不再单纯地追求增加网点式的外延扩张，而是更重视和依靠现代信息技术及网络环境提供更加便捷、周到的金融服务，提高服务质量和效益。

四、网上银行提供的服务

不同的银行会提供不同的网上银行服务，但总的来说，目前网上银行提供的服务主要包括以下 3 类。

（一）企业网上银行提供的服务

企事业单位在经营过程中有很多大额度的资金往来，这些资金往来需要通过银行才能实现，企业因此成为银行的主要客户。银行为了向企事业客户提供更多更好的服务，建立了企业银行系统。这种银行系统的服务对象主要是企事业客户，一般涉及的金额较大，对安全性的要求很高。

企业网上银行为企事业客户提供账务查询、内部转账、对外支付、代发工资、集团公司资金调拨、客户服务、银行信息通知等金融服务。

（二）个人网上银行提供的服务

① 账户信息查询和维护。个人网上银行都能准确地列出客户项下的账户余额、账户明细情况，账户挂失也可通过网上银行进行。

② 账户转账（汇款）。账户转账包括行内同城转账及异地汇款。

③ 代缴费。这主要指水、电、煤气和电话费的缴纳，以及手机卡充值等。

④ 投资理财。这是指通过网上银行进行银证转账、购买基金、购买债券、购买纸黄金等业务。目前，大部分银行都开通了上述业务，客户在其柜台开设相应账户并进行网上银行签约注册后即可进行查询、买卖。

⑤ 信用卡管理。信用卡管理是指银行信用卡账户的开卡、信用卡消费账单查询、信用卡消费积分查询等功能。

（三）网上支付服务

1．网上银行支付

客户通过网上银行完成网上支付是最早被接受的互联网支付方式——客户通过因特网向商家订货后，向网上银行发出申请（在网上将银行卡卡号和密码加密发送到银行），要求转移资金到商家名下的银行账户中，完成支付。这可以说是将传统的"一手交钱一手交货"式的交易模式完全照搬到了互联网上。

其优势是：通过支付网关和网上银行进行支付的方式比较快捷，客户的货款可以实时转到商家的账户，大大加快了资金的周转速度；如果用户去银行申请启用了有数字证书保护的网上支付功能，可以对支付过程中的数据进行加密，从而在一定程度上保证了支付的安全。

其劣势是：存在着安全性和方便性方面的矛盾，如果要启用数字证书保护，付款人必须经过向银行申请安装数字证书、下载指定软件等多道手续，这对于有些对计算机操作不熟练的客户而言就很不方便了；不启用数字证书保护的网上支付在功能上会有一定的限制，如只能进行账户查询或只能进行小额支付。另外，因客户直接将货款转移到商家的账户上，如果出现商家不发货、对货物不满意的情况，那么讨回货款就可能变得非常困难。

从网上支付业务发展情况看，银行提供的网上支付服务已经介入了 B2C、B2B 电子商务。早期的网络银行服务促进了电子商务的发展，随着电子商务市场的不断发展，在网络零售业中普通用户更加倾向于邀请具有公信力的第三方参与交易，从而起到监督的作用。但是，在一些数额较大的 B2B 交易中，仍然普遍使用这种支付模式，主要原因是随着交易金额的增大，对于第三方机构信誉的要求也越来越高，而且 B2B 支付要求有很快的资金收付速度。

2．网上银行支付的典型流程

步骤1　客户连接因特网，检索商品，填写网络订单。

步骤2　客户机对订单加密并提交。

步骤3　商家接收订单，向网上银行发送订单金额。
步骤4　网上银行在验证商家身份后，向客户提供支付界面。
步骤5　客户在核对完网上银行界面的支付信息后，填入自己的支付卡号、密码进行支付。
步骤6　银行通过后台处理系统检验用户的支付卡有效后，把货款从客户账户划转到商家账户，并向商家网站返回支付成功的消息。
步骤7　商家网站向客户发送支付成功的消息。
步骤8　商家为客户发货。

五、网上银行的安全性

网络安全技术和认证技术的进步为网上银行的顺利发展提供了技术保证。银行是一个保密性要求极高的行业，所以要把银行公开在网络上，必须做好安全防范措施。目前，随着信息技术的发展，很多技术都已经应用到网上银行中，如防火墙技术、防病毒技术、SET 和 SSL 协议及 CA 等。

在网上银行的信息安全保障措施方面，我国银行早已摆脱了对账号、密码的单纯依赖，普遍采用双因素、多因素的认证手段，如采用数字证书或动态口令。数字证书几乎是所有银行都普遍采用的方式，也是用户最重要的保障手段。用户开办网上银行的时候必须领取数字证书，在用户登录网上银行时，必须正确提供数字证书和 PIN 码才可以登录。此外，还有交易密码、预留验证信息、手机短信等多重保护。对广大用户来说，能够正确地使用网上银行，就可以保证网上银行的安全。概括地说，网上银行安全=数字证书+"三道关"，其中采用数字证书是核心，登录正确的网站、保护个人计算机安全、保护好密码和证书是关键。

情境拓展

中国建设银行的安全措施

安全是中国建设银行网上银行应用的关键和核心。为了能让客户安全、放心地使用网上银行，建设银行制定了多重安全策略，以全面保护客户的信息资料和资金的安全。

1．先进的技术保障

网上银行系统采用了严格的安全性设计，通过密码校验、CA 证书、SSL 协议加密和服务器端的反黑客软件等多种方式来保证客户信息的安全。

2．为客户提供软硬件安全产品，重重保护交易的安全

硬件安全产品包括网银盾、动态口令卡、短信动态口令等，进行密码和安全工具的组合验证；软件安全产品是指客户拥有的软件形式的安全产品，如屏幕软键盘、专用浏览器等，可充分利用客户端设备改善客户端的安全性。

3．交易限额控制

网上银行系统对各类资金交易均设定了交易限额，以防范大额交易的风险，进一步保证客户账户资金的安全。

网银安全小常识

① 认清网站。例如，访问中国建设银行网站时，认准网址 http://www.ccb.com，避免误入假冒网站。

② 妥善保管网银盾。为了更安全地使用网上银行，应妥善保管好网银盾，不要随意交给他人使用。同时，妥善设置网银盾密码，并定期更换。

③ 用毕拔出网银盾。完成网上银行交易后，将网银盾及时从计算机上拔出。
④ 定期杀毒。建议安装杀毒软件和病毒防火墙并及时升级，定期查杀计算机病毒，保障计算机安全。

情境任务三　第三方支付

情境引例

第三方支付

在虚拟的无形市场，交易双方互不认识、不知根底，故卖家不愿先发货，怕货发出后不能收回货款；买家不愿先支付，担心支付后拿不到商品或商品质量得不到保证。博弈的结果是双方都不愿意先冒险，网上购物无法进行。支付问题曾经成为电子商务发展的瓶颈。为满足同步交换的市场需求，第三方支付应运而生。第三方支付可以有效地解决买卖双方的疑虑，促进电子商务的发展。

引例思考　什么是第三方支付？它在网络交易中发挥什么作用？

马云进入 C2C 领域后，发现支付是 C2C 中需要解决的核心问题，因此就想出了支付宝这个工具。支付宝最初是淘宝为了解决网络交易安全问题所开发的一个功能，它首先使用了第三方担保交易模式——由买家将货款打到支付宝账户，由支付宝向商家通知发货，买家收到商品确认后，通知支付宝将货款支付给商家，至此完成一笔网络交易。2004 年 12 月，马云为支付宝单独成立了浙江支付宝网络技术有限公司。在 2005 年瑞士达沃斯世界经济论坛上，马云首先提出了第三方支付平台。第三方支付平台是在银行监管下保障交易双方利益的独立机构，满足了买卖双方对信誉及安全的要求，在一定程度上防范了网上交易欺诈行为的发生，消除了人们对于网上交易的疑虑。那么什么是第三方支付？它是如何发挥中介作用，满足买卖双方对信誉及安全要求的呢？

一、第三方支付的概念

所谓第三方支付，就是由与国内及国外各大银行签约，并具备一定实力和信誉保障的非银行的第三方独立机构提供的网上支付方式。在第三方支付方式中，客户和商家都要先在第三方支付平台开立账户。客户选购商品后，使用第三方平台提供的账户支付货款，第三方支付平台通知商家收到货款，商家再进行发货。客户收到并检验商品后，通知第三方支付平台付款，第三方支付平台再将货款划转到商家账户。在买卖双方不能面对面的电子商务交易中，通过第三方支付平台进行支付，客户的货款不直接给商家，如果客户未收到商品或商品有问题，就可以通知第三方支付平台拒绝划转，及时地撤回货款，从而避免损失；对于卖方而言，则避免了发货后收不到钱的风险。第三方支付提供的担保交易解决了互联网中的支付信用瓶颈，为保证交易成功提供了必要的支持，对于电子商务的发展具有重大意义。

艾瑞咨询最新数据显示，2017 年中国第三方互联网支付交易规模达到 171.5 万亿元，环比增长 68%。市场格局保持稳定，支付宝、腾讯金融分别以 53.7%和 39.4%占据市场前两位。

二、第三方支付平台的分类

第三方支付平台主要有两种类型：一类是由电子商务平台建立起来的支付平台，该类型的支付平台最初是为了满足自身实时支付而研发的，逐步扩展到提供专业化的支付产品服务，如支付宝、腾讯金融；另一类是独立的第三方支付平台，如银联电子支付、快钱。

根据易观近期发布的《中国第三方支付互联网支付市场季度监测报告 2017 年第四季度》数据显示，2017 年第四季度中国第三方支付互联网支付市场交易规模为 66 997.24 亿元人民币，环比增长 4.99%。第三方互联网支付市场竞争格局仍然延续上季度排名，支付宝以 24.5%继续保持互联网支付市场第 1 名，银联支付保持行业第二的位置，市场占有率达到 23.89%；腾讯金融以 10.17%的市场占有率位列第三，前 3 家机构共占据互联网支付行业交易份额的 58.56%，如图 6.14 所示。

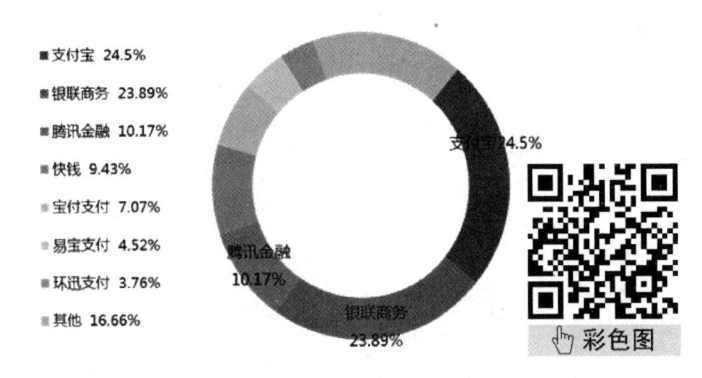

图 6.14　2017 年第四季度中国第三方支付互联网支付市场份额

三、第三方支付的特点

① 第三方支付平台提供了一系列应用接口程序，将多种银行卡支付方式整合到一个界面中，负责交易结算时与银行的对接，使网上购物更加快捷、便利。消费者和商家不需要在不同的银行开设不同的账户，从而可以帮助消费者降低网上购物的成本，帮助商家降低运营成本。同时，还可以帮助银行节省网关开发费用，并为银行带来一定的潜在利润。

② 较之 SSL、SET 等协议，利用第三方支付平台进行支付操作更加简单且易于接受。SSL 协议是现在应用比较广泛的安全协议，在 SSL 协议中只需要验证商家的身份；SET 协议是目前基于信用卡支付系统的比较成熟的技术，但在 SET 协议中，各方的身份都需要通过 CA 进行认证，程序复杂、手续繁多、速度慢且实现成本高。有了第三方支付平台，消费者和商家之间的资金往来由第三方来完成，使网上交易变得更加简单。

③ 第三方支付平台本身依附于大型的门户网站，且以与其合作的银行的信用作为信用依托，因此第三方支付平台能够较好地解决网上交易中的信用问题，有利于推动电子商务的快速发展。

四、第三方支付的问题

① 第三方支付是一种虚拟支付层的支付模式，需要其他的实际支付方式来完成实际支付层的操作。

② 付款人的银行卡信息将暴露给第三方支付平台，如果这个第三方支付平台的信用度或保密手段欠佳，将给付款人带来风险。

③ 第三方支付的法律地位以及权利和义务不明确。

④ 由于有大量资金寄存在第三方支付平台账户内,而第三方支付平台不是金融机构,所以有资金寄存的风险。

五、第三方支付的流程

第三方支付的流程如下。

步骤 1　客户登录网站选购商品,下订单。
步骤 2　客户选择第三方支付平台作为交易中介,客户将货款划转到第三方支付平台账户。
步骤 3　第三方支付平台通知商家客户已经付款,并要求商家在规定时间内发货。
步骤 4　商家收到通知后按照订单发货。
步骤 5　客户收到货物并验证后通知第三方支付平台。
步骤 6　第三方支付平台把货款划入商家账户中,交易完成。

使用支付宝的支付过程如图 6.15 所示。

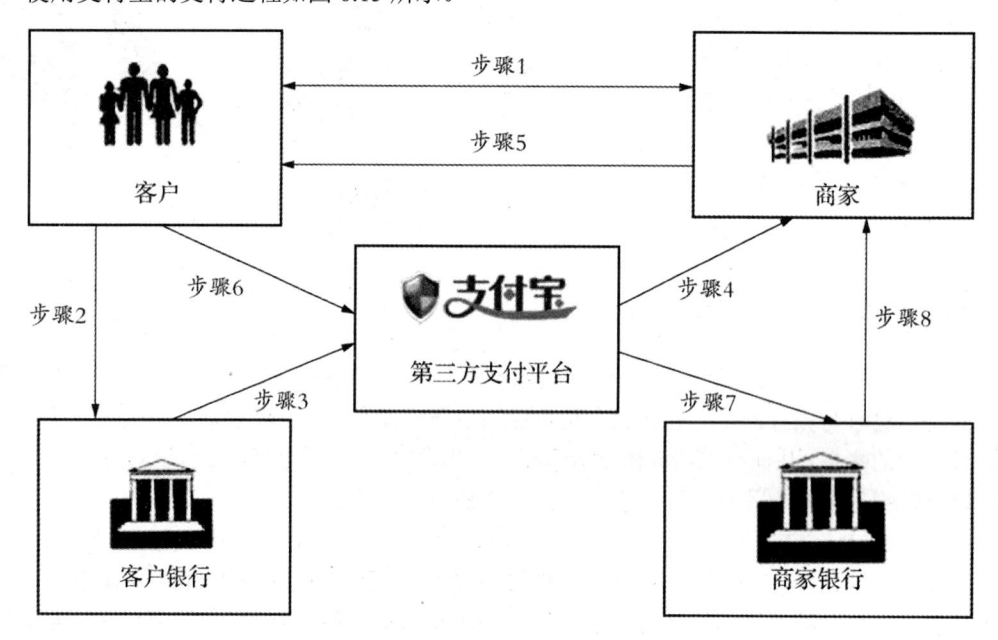

图 6.15　使用支付宝的支付过程

情境拓展

快捷支付模式

2011 年 4 月 18 日,支付宝公司宣布,联手中国银行、工商银行、建设银行、农业银行等 10 家银行推出快捷支付。通过这个快捷支付平台,用户无须开通网上银行就可以直接通过输入卡面信息快速完成支付。也就是说,支付宝绕开了网上银行交易额度限制。通过快捷支付平台,支付宝将改变以往通过网上银行支付受限银行的被动局面。据支付宝人士透露,快捷支付平台的建立,将为支付宝未来切入移动支付打下基础。此前,信用卡在通过支付宝网上支付时,一般都需要先开通网上银行,并跳转到网上银行页面进行支付。支付宝此番联手银行推出的快捷支付则省去了事先签约的步骤，用户也无须开通网上银行，可以直接通过输入卡面信息快速地完成支付。支付宝人士表示，用户在进行网购支付时使用快捷支付，可以减少支付页面和网上银行页面的跳转次数，降低了网购付款时被"钓鱼"和攻击的可能性。

利用快捷支付进行支付的流程如下。

步骤1　客户选购好商品，在生成订单后，选择已开通快捷支付的银行，填写正确的银行卡号、持卡人姓名、身份证号、银行预留手机号码等信息。

步骤2　输入手机收到的验证码，输入动态口令，确认支付。

步骤3　银行在收到确认短信后将货款从客户账户中转账到商家账户，完成支付。

情境任务四　移动支付

情境引例

世博会让国人首次认识了手机支付

2010年5月1日，世博会在上海隆重召开。5月1日，与世人见面的除了有各个国家和地区的国家馆之外，还有很多新技术在上海世博会中与世人见面。其中，很重要的一个是手机门票，另外一个就是手机支付。

手机门票是中国移动为上海世博会推出的一项新的服务项目。在上海世博会倒计时一周年之际，中国移动向世人展示了手机门票的使用。在演示现场，观众只须更换一张带有NFC（近距离通信）功能的SIM卡，就可以通过"空中下载"取得手机门票，或者直接购买附带门票的SIM卡。在进入世博园时，只要门口的验票器识读一下手机中的门票信息，观众就可以入园参观。

中国移动（上海）公司有关负责人介绍说，世博会手机门票融合了RFID和SIM卡技术，用户无须更换手机，只须换卡，从而省却了麻烦，是一项创新应用，全国的观众可在本地营业厅换卡购票。这位负责人说，这项业务即将开始试商用，2011年5月正式商用，在世博会后也将继续使用。

除了手机门票，上海世博会可以让参观者无须带钱包就可以在园内自由购物。中国移动和交通银行将开展全面的合作，在世博园区共同合作实现手机支付业务，实现通过支持非接触功能的移动终端完成现场消费的功能。这也意味着，在世博会期间，市民只要使用随身携带的手机就能在世博园园区内进行各类小额消费，体验真正的手机购物。

引例思考　在世博会中，运用手机门票和手机支付，为参观者带来了哪些好处？移动支付逐步走入了人们的生活，那么什么是移动支付？

一、移动支付的含义和分类

（一）移动支付的含义

随着电子商务的蓬勃发展，网购已经逐步成为消费者购物的主要方式之一，电子支付得到人们的广泛认可，其应用的深度和广度都大幅度增加，电子支付业务开始从计算机终端走向移

145

动终端，智能手机的普及和移动互联网的迅速发展也推动了移动支付的快速发展。

所谓移动支付，是指以手机、PDA 等移动终端为工具，通过移动通信网络实现资金从客户账户向商家账户转移的方式。它包括了客户、商户、账户、支付渠道和支付终端等要素。

移动支付是近年来支付服务方式的重要创新之一，也是新兴电子支付的主要表现形式。移动支付业务最早出现于 20 世纪 90 年代初的美国，随后在韩国和日本出现并迅速发展。中国的移动支付最早出现在 1999 年，由中国移动与工商银行、招商银行等金融部门合作，在广东等一些省市开始进行移动支付业务试点。经过近 20 年的发展，中国的移动支付市场已经位居世界第一。据中商产业研究院数据显示：2017 年移动支付交易规模近 150 万亿元，居全球首位。2017 年中国第三方移动支付交易规模达到 102.1 万亿元，同比增长率达 73.6%。随着智能手机的普及和二维码支付市场的爆发式增长，消费者从 PC 端向移动端的迁移速度加快，预计 2018 年中国第三方移动支付交易规模将超过 150 万亿元，达到 171.5 万亿元，增长率为 68%。

（二）移动支付的分类

1. 按照支付账户性质划分

按这种方式划分，移动支付可分为银行卡支付、第三方账户支付和通信代收费账户支付。

① 银行卡支付就是直接采用银行的借记卡或贷记卡账户进行支付的形式，资金通过开户行、中国银联、移动运营商和支付服务商等进行流转。此类账户的资金调动操作相对复杂，但安全性较高。

② 第三方账户支付是客户在第三方支付机构的平台上建立的资金账户，用以支付交易费用。最典型的就是我们常用的支付宝账户。

③ 通信代收费账户支付是把账户与手机进行绑定，支付款项将从手机话费中扣除。其应用范围多局限于移动运营商销售的商品或服务，其风险控制和安全管理的级别较低。

2. 按照支付的距离划分

按这种方式划分，移动支付可分为近场支付和远程支付。

① 近场支付是指消费者在购买商品或服务时，即时通过手机向商家进行支付，支付的处理是在现场，并且是在线下进行的——使用手机射频、红外、蓝牙等通道，不需要使用移动网络。支付完毕，消费者即可得到商品或服务。

在这种场景下，手机支付实际上取代了现金支付和刷卡支付，消费者只须"刷手机"即可。既然是"刷手机"，那么就需要手机具备这项功能。目前，主流的技术是 NFC 技术。手机终端需要内置 NFC 芯片，并且植入用户信息、银行卡号等信息，这样消费者就可以像刷银行卡一样"刷手机"了。当然，这还需要商家具备兼容的读卡器，即 POS 机。近场支付的使用场合通常是在商场、超市、便利店等。

② 远程支付是指消费者用手机进行支付时，支付的处理是在远程的服务器中进行的，支付的信息需要通过移动网络传送到远程服务器中才可完成支付过程。远程支付是通过不同的支付方式进行的，包括在移动设备上进行的银行卡转账、第三方平台支付等。

3. 按照用户的支付方式划分

按这种方式划分，移动支付可分为宏支付和微支付，也称为大面额的支付和小面额的支付。

二、移动支付的主要应用

移动支付的应用范围已经普及至转账汇款、网上购物、公共缴费、手机话费、公共交通、商场购物、个人理财等领域，现在在超市、便利店、医院、餐馆、打车等多个场景下均能使用这些移动支付方式。

三、移动支付的优点

（一）灵活性

移动支付结合了移动通信和电子货币的服务，丰富了现代支付手段，使人们不仅可以在固定场所使用各种便利的支付方式，也可以在出差、旅行、参观等途中方便地进行各种支付。通过移动支付，消费者可以在任何时间、任何地点，通过各种移动通信工具以安全的方式完成各种支付。

（二）便利性

移动支付的产生给人们带来了各种生活便利，如不需要现金、没有假币的困扰、不用找零、支付速度快等。我国的工作和生活节奏比较快，移动支付满足了人们对便捷或效率的要求。

（三）安全性

移动支付是无现金支付，无须携带现金就能支付，在促进消费的同时，还可以提高财产的安全性。

四、移动支付的安全

（一）移动支付的安全威胁

移动支付面临的安全威胁主要体现在以下4个方面。

① 移动支付场景和技术方案多样化。不同的场景和方案面临的安全需求与安全问题各不相同，导致移动支付的安全体系构建十分复杂，安全测评的难度也十分大。

② 移动支付应用的安全性。因为智能手机的操作系统及其APP存在各种漏洞、病毒和木马问题，所以移动支付应用的安全性受到了严峻挑战。

③ 移动支付多方身份的可认证性。移动支付交易根据不同的场景往往涉及用户、商家、第三方支付平台、银行等多个参与方，因此必须有效解决交易各方的身份认证问题。而交易过程中的身份认证问题又可分为用户的身份认证问题和设备的身份认证问题。

④ 移动支付信息的机密性、完整性和不可否认性。商家和用户在公用网络上传送的敏感信息易被他人窃取、滥用和非法篡改，造成损失，所以必须实现信息传输的机密性和完整性，并确保交易的不可否认性。

（二）移动支付的安全防护方法

移动支付安全的实现可以从以下3个方面进行。

1. 加强移动终端本身的安全性

指纹支付是相对而言较安全的一种方法。如果用户使用的智能手机具有内置指纹传感器，同时支付应用又支持指纹验证的话，那么开启这项功能可以在一定程度上提高移动支付的安全性；如果不支持，则需要设置锁屏密码。另外，就是注重手机的安全设置问题，用户可以通过设置手机的隐私及相关访问功能的禁用或开启来保障应用程序访问权限的合理性。

移动支付存在的安全隐患可能来自于非官方验证的应用，这一问题对于使用安卓系统的智能手机的用户尤为突出。例如，用户从任意非官方应用商店下载安装的支付APP，都可能存在携带可盗取用户信息的恶意代码，用户使用这种未知安全性的应用就存在重要信息泄露的风险，进而增加移动支付的安全风险。

2. 加强通信网络的信息安全

如果用户在公共区域进行移动支付，建议不要使用公共Wi-Fi，因为一些恶意分子往往喜欢潜伏于此，通过侵入并攻击安全性较低的公共无线网络来获取用户的信息。在这种情况下，即便用户的支付信息是加密的，也有可能被恶意分子破解，从而造成用户的支付账户、卡号和密码等重要信息被泄露。

移动支付系统和用户之间的通信如果采用端到端的安全模式，则可以大大提高移动支付的安全性。在移动用户终端和移动支付系统之间直接建立安全传输层协议（Transport Layer Security，TLS）的安全连接，对交易事务链的两端进行数据加密处理，中间环节不解密，全部传输过程为密文传送，这样即使传输的信息被恶意分子截获，其破解的难度和成本也会较高。

3. 用户身份认证和支付确认的机制

支付系统采用双重身份验证可以提高支付的安全性。除了使用用户名、口令这种方式以外，增加使用生物特征、数字证书或其他有效的方式，可以增加冒用的难度。现阶段广泛使用的双因子认证的方法是验证码机制，由于验证码本身的简单性和易泄露等特点，用户需要提高信息安全防范意识，妥善保管收到的验证码信息。

基于公共密钥的数字签名技术需要CA证书权威机构向移动支付中心、商业机构、支付平台运营商和支付用户终端发放数字证书，CA证书权威机构作为验证数字证书的可信实体，通过使用数字签名，移动支付系统一方面可以实现身份验证，另一方面可以保证商业机构、支付平台运营商、支付用户和银行等对支付行为的不可否认性，避免各个实体拒绝承认交易而使运营商面临被欺骗的风险。

五、移动支付的安全设置

支付宝和微信是人们日常生活中最常用的支付方式，给人们生活带来了方便。因为是基于手机进行支付，所以如果手机丢失，可能会造成经济损失，因此在享受移动支付带来的便捷性的同时，要重视移动支付的安全问题。

（一）支付宝的安全设置

打开支付宝，点按最下方"我的"选项，打开页面后点击右上角的"设置"按钮，进入到"设置"页面。在"安全中心""支付设置""密码设置"中，有指纹支付、密码支付、手势解锁、刷脸、数字证书等多种安全设置用来保护账户的安全，如图 6.16 所示。

图 6.16　支付宝的安全设置

（二）微信的安全设置

进入微信，首先点按"我"，再点按"钱包"，进入"我的钱包"页面。点按右上角设置图片，进入"支付中心"，再点按"支付中心"的"支付安全"选项，进入微信安全的设置页面，可以进行数字证书、钱包锁等设置，如图 6.17 所示。

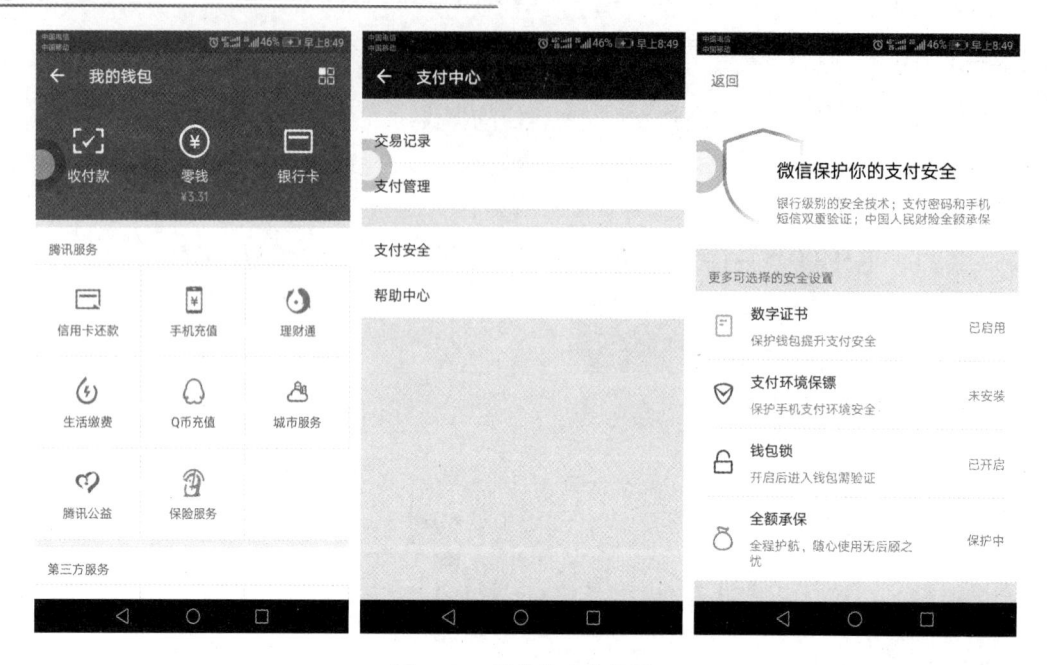

图 6.17 微信的安全设置

情境案例

中国成为世界第一移动支付市场

相对于世界第一移动支付市场的中国，美国的电子商务起步其实要比中国早很多，而且美国一直有着自己的支付平台，如亚马逊、eBay 等。但是，身为全球科技大国的美国为什么没有像中国一样，将移动支付发展起来呢？这是有原因的。

从技术方面而言，美国的移动互联网技术并不差，而且发展较早，之所以移动支付发展缓慢，一大重要因素就是市场的需求性。美国虽然有电商企业和自己的支付平台，但是在这些企业真正发展起来的时候，美国早就已经有了完整的信用卡支付体系。在北美地区，信用卡的交易非常发达，而且那里的民众一直以这种方式作为日常交易的首选，如果开发新的移动支付体系，民众不一定会接受并使用。举个例子，如今亚马逊上大量的交易都依旧还是使用信用卡，这使得移动支付在美国很难盛行。

然而中国与此不同。中国的信用卡体系发展较晚，也相对薄弱，支付起来不够方便，这样的市场特征让移动支付有了巨大的发展空间。国内支付巨头阿里巴巴当初开发支付宝，也就是找到了这个市场痛点，后来随着智能手机的越来越普及和移动互联网的快速发展，移动支付体系就这样形成了。因此，移动支付能够在中国发展得如此如火如荼，不仅是因为有移动互联网技术提供了技术层面的支持，也是因为中国地区有庞大的市场需求，二者缺一不可。

案例思考 移动支付市场的发展需要具备哪些条件？在使用移动支付时，客户关注最多的是什么？

早期的移动支付

在 20 世纪 90 年代，美国等欧美国家就已经推出移动支付。在英国的赫尔市，爱立信公司开发的手机支付服务允许汽车驾驶员使用手机支付停车费。用户把汽车停在停车场之后，即可用手机接通收费系统。用户可以与使用语音识别技术的计算机对话，也可以用手机发一条短信。用户只须说明停车的位置、注册的号码和需要购买的停车时间即可，负责收取停车费的计算机将把这些资料登记下来。瑞典的 Paybox 公司在德国、瑞典、奥地利和西班牙等几个国家成功推出了手机支付系统之后，又宣称将首次在英国推出这种无线支付系统。Paybox无线支付以手机为工具，取代了传统的信用卡。使用该服务的用户，只要到服务商那里进行注册取得账号，在购买商品或需要支付某项服务费时，直接向商家提供手机号码即可。而澳大利亚悉尼也推出了一项名为"拨号得饮料"的计划，新型的饮料售货机上标有特定号码，用户只要用手机拨通这个号码，清凉的饮料就可以到手了。除了在用户每月的手机费账单上增加一项饮料开支外，用户不必为此额外付费。

国内最早用手机支付的是小额贷款服务。在搜狐网，手机点歌、sohu校友录等虽然形式上像普通的短信服务，但实际上是通过特殊的系统直接通过电话网发送给接收者的。也就是说，在这个过程中，移动梦网只是起到了一个付费的作用，而手机才是这个系统支付平台的承担者。在新浪网，用手机支付购买电子邮箱仅需10秒钟。在购买成功后，服务费用在每月交纳手机话费时由联通公司代收。当然，如果想暂停服务，则可以登录商城，单击"暂停邮箱服务"后按要求填写正确信息即可。在其他网站上也可以用手机购买视频点播、网络游戏、杀毒软件等。

案例思考 经过几年的发展，移动支付的应用得到了快速拓展，那么它的应用有哪些呢？

技能训练

1．登录工商银行网站 http://www.icbc.com.cn，了解其提供的功能或服务。

2．根据自己持有的银行卡，申请开通个人网上银行、手机银行，练习账户查询、转账、网上缴费和支付业务。

3．登录支付宝 https://www.alipay.com，查看其提供了哪些服务，练习支付宝网上缴费和支付过程。

4．中国铁路订票网为购票客户提供了哪些支付形式？练习网上购票与网上支付过程。作为消费者，你愿意采用哪种方式支付？为什么？

5．登录京东商城，安装电子钱包，练习使用电子钱包进行支付。

6．二维码支付有哪些风险，怎么防范？

7．根据工商银行网上银行电子口令卡的体验，谈谈什么是数字证书，它包含了哪些内容？

学习情境七

电子商务物流

学习目标

知识目标

了解物流的基本知识，了解电子商务物流的特点和模式。

技能目标

通过实践掌握物流快件的发货下单、跟踪和查询操作，能够熟练进入快递网站查询快递网点、单号、物流状态，使用手机客户端跟踪快件。

情境任务一 认识物流

情境引例

后勤——军事领域的物流

我国自古就有"兵马未动，粮草先行"之说，物流同样能左右战争的胜负。在古代的战争中，由于生产力尚不发达，物流基本上处于手拉肩扛、人背马驮的原始状态。运输的低效率加上运输人员自身的消耗，运抵前线的粮草甚至达不到总数的两成。

而随着热兵器和机械化战争的兴起，火药、蒸汽机、内燃机、飞机等技术的相继问世和大量运用，战争节奏明显加快，对军需物资的运送提出了更高的要求。第二次世界大战中，在欧洲战场，4年卫国战争中苏军向德军倾泻了 4.2 亿发炮弹、170 亿发子弹、1.21 亿枚手榴弹、300 万吨航空炸弹，共毙伤德军 1 300 万人（其中死亡 380 万人）。苏军平均毙伤一名德军要耗费炮弹 30 发、子弹 1 300 发、手榴弹 9 枚和航空炸弹 230 千克，约合 0.8 吨。而在太平洋战场，美军共毙伤日军 110 万人，耗费弹药约 300 万吨，平均 3 吨弹药毙伤一名日军。到了第一次海湾战争，42 天内消耗物资的总量高达 700 万吨。如此巨量的物资需求对物流提出了越来越高的要求。

"现代战争打的就是后勤和装备，离开物流就谈不上战争。"而现代物流正是在第二次世界大战中因战争的需要开始发展起来。

引例思考 物流在战争中发挥着非常重要的作用，没有物流的支持，战争就不可能打赢。那么你对物流了解多少呢？

学习情境七　电子商务物流

美国联合包裹运送服务公司的递送服务

美国联合包裹运送服务公司（UPS）于1907年成立于美国西雅图，后总部迁至美国亚特兰大市，目前是全球最大的快递承运商与包裹递送公司，也是专业运输、物流、资本与电子商务服务的领先提供者。UPS每天在全球平均处理1 150万件包裹和文件，业务量可想而知。面对如此庞大的业务，UPS通过完善的物流信息系统和管理方法并应用最现代化的技术手段，提供了以下免费服务。

1．在线追踪

在线追踪便于客户通过订单号或其他参数来跟踪包裹的装运状态。

2．费率与服务选择

费率与服务选择用于在线购物者比较定价和选择合适的装运服务。例如，当客户需要马上交付包裹时，可以选择快递服务，如选择UPS次日快递；而当他们不急于交付时，可以选择标准服务，如选择UPS计划快递。

3．地址确认

这是指通过在客户订单输入时确认地址及邮政编码来减少装运和账单地址错误，并在包裹离开装运码头之前确保错误得到纠正，以减少退货。

4．运输时间

USP Cround不但可以帮助客户确定在美国国内两地之间运送包裹所需的时间，而且可以帮助客户查找200多个国家和地区的所有可以使用UPS服务的递送日期和时间，还可以使用"计算时间和费用"功能来确定UPS提供服务的许多国家和地区中一系列UPS服务的费用。

5．服务地图

UPS Cround工具通过提供显示装运时间的彩色编码图，帮助客户选择最佳装运服务。在客户确定装运服务后，UPS Cround工具随即提供图形化装运计划和账单，以供客户查阅跟踪，并可以通过传真或电子邮件把装运信息预先传递给货主、接收者或第三方。

6．退货

UPS通过集成一系列的退货需求并且简化该过程，极大地提高了工作效率。首先，客户在线生成一个退件标签；其次，UPS按用户指定的日期把包裹带到集货点进行集货，再进行运送。

在UPS集散中心，许多类型的拖车可同时作业。拖车是为最大限度地保证包裹安全和方便装载、卸载而专门设计的。一个熟练的UPS装运工仅需1小时就可把一个24英尺（约7.32米）的拖车装满包裹。

而进行投递的时候，每个UPS驾驶员一天递送多达500个包裹，包括必须在上午10:30前递送的特快包裹。为了统一处理如此大的数量，处理过程需要仔细地计划和协同工作。包裹按要运送到的地区以同样的顺序被装载。这个过程称为"预装"。按顺序递送包裹，从一个地址到下一个最近的地址，驾驶员尽可能最快、最有效地完成他们的路线。为每个驾驶员分配一条特定的路线或"环路"。当递送包裹时，有效规划的预装技术确保了包裹准确到达，并向客户提供有用的信息。驾驶员使用的被称为DIAD（递送信息获取设备）的手持电脑设备包含GPS功能，可以电子化地捕捉关于每个包裹的信息，包括递送时间甚至是接收包裹者的签名。

引例思考　UPS通过哪些技术手段实现高效的递送服务？

一、物流的概念和分类

（一）物流的概念

物流的概念最早形成于美国，当时被称为physical distribution。1935年美国销售协会把

physical distribution 定义为：销售过程的一个环节。其强调的是与产品销售有关的输出物流，当时还没有包括与采购供应有关的输入物流。理论上的研究开始于第一次世界大战后的 19 世纪 20 年代，美国学者克拉克开始运用 physical distribution 这一概念作为企业经营的一个要素加以研究。到了第二次世界大战期间，美国陆军为了加强对军队后勤保障工作的管理，开始研究并发展物流。当时开始用 logistics management 来指代物流，战后其理论、方法也被企业和理论界认同，并广泛在工商业中运用起来，以达到有效地组织商品的供应、生产、保管、配送的目的。经过多年实践，物流管理取得了相当大的成效，先进的工商企业越发重视加强物流管理，并称之为生产和销售领域以外的"第三利润源泉"。1984 年，美国物流管理协会正式将物流这个概念从 physical distribution 改为 logistics，并将现代物流定义为"为了符合客户的需求，将原材料、半成品、产成品及相关的信息从发生地向消费者流动的过程，以及为使保管能有效、低成本地进行而从事的计划、实施和控制行为"。

1989 年第八届国际物流会议结束后，"物流"一词才在我国日渐应用。1997 年，《物流术语国家标准（征求意见稿）》将物流定义为："以最小的总费用，按用户要求，将物质资料（包括原材料、在制品、产成品等）从供给地向需要地转移的过程，主要包括运输、储存、包装、装卸、配送、流通加工、信息处理等活动。"

综上所述，物流是为了有效快速地实现让客户满意，同时连接供给主体和需求主体，克服空间和时间阻碍的服务活动。其内容包括从商品使用、废弃到回收整个循环的流动活动过程。

必须看到的是，近两年物流在国内的发展日新月异，正在由传统物流向现代物流转变。在不断发展的新技术和庞大市场需求的共同作用下，国内的物流业呈现智慧化、智能化、物联互联化、共享化的发展趋势。阿里巴巴掌门人马云曾说："物流行业是中国过去 10 年诞生的最了不起的奇迹。"中国物流用了 10 年时间，达到甚至超过了国外近百年的积累。

（二）物流的分类

1. 按物流业务活动性质分类

按物流业务活动性质划分，物流可分为采购物流、企业内物流、销售物流和逆向物流。

① 采购物流也称为原材料采购物流，包括原材料等一切生产物资的采购、进货运输、仓储、库存管理、用料管理和供应管理。它是生产物流系统中相对独立性较强的子系统，并且与生产系统、财务系统等生产企业各部门及企业外部的资源市场、运输部门有密切的联系。

② 企业内物流（internal logistics）是指企业内部的物品实体流动。它从企业角度研究与之有关的物流活动，是具体的、微观的物流活动的典型领域。

③ 销售物流是指生产企业、流通企业出售商品时，物品在供方和需方之间的实体流动。

④ 逆向物流（reverse logistics）的定义是：与传统供应链方向相反，是为了价值恢复或处置合理而对原材料、中间库存、最终产品及相关信息从消费地到起始点的有效实际流动所进行的计划、管理和控制过程。

2. 按实施物流的主体不同分类

按实施物流的主体不同划分，物流可分为自主物流、第三方物流和第四方物流。

① 由企业自身按照其运营要求，将原材料、零部件、产成品等物资从供给地向需要地转移的物流运作模式被称作自主物流。

② 第三方物流（Third Party Logistics，3PL）中的第三方指的是提供各种专业物流服务，

将物资从供方转移到需方的物流企业。第三方物流服务商分别专注于某项或某几项物流服务，包括运输业务、仓储业务和配送业务。

第三方物流服务将企业对各种物流活动的需求由企业内部自行满足转变为通过企业外部合作来解决。这种专业服务，一方面提高了各项物流活动的运作效率，另一方面也减少了企业的物流负担，使企业在一定程度上摆脱了物流的束缚，可以将精力集中于核心业务上。

③ 第四方物流在第三方物流的基础上发展而来，是优化了整个供应链的物流系统。第四方物流的主要目标是整合供应链，向供应链内的企业提供完整的物流解决方案。与第三方物流能提供的低成本的专业服务相比，第四方物流可能在物流成本上要高于第三方物流，但第四方物流能控制和管理整个物流过程，并渗透采购、生产的具体环节，对整个供应链流程提出筹划方案，以实现整个供应链的快速、高效、低成本的物流服务。

二、物流的作用

（一）从企业的微观角度看

从企业的微观角度看，物流有以下几个作用。

1. 物流是企业连续生产的前提条件

一个企业的生产要连续地、不间断地进行，一方面必须根据生产需要，满足企业对原材料、能源和工具等的需求。同时，在生产过程中，各种材料也要在各个工序之间互相传递，使它们经过一步步的加工，成为价值更高、使用价值更大的产品。另一方面，企业又需要及时将产成品销售出去。在现代企业生产经营中，物流贯穿于采购、生产、销售整个循环过程之中，企业生产经营的全部职能都要通过物流得以实现。不论是采购物流、生产物流，还是销售物流，如果出现阻塞，企业整个生产经营系统的运行就必然受到影响。因此，物流是企业生产连续进行的必要前提条件。

2. 物流是商品实现其价值和使用价值的物质基础

如果物品不能流动，则无法成为商品，从而不能实现其使用价值，对生产者和用户来说也就没有了价值。例如，永远存放在仓库内的苹果手机是不能给生产者或消费者创造价值的，只有将其销售出去，苹果公司和制造商才能获得利润，消费者也才能获得手机的使用价值。

3. 物流信息是企业经营决策的重要依据

现在社会的生产力水平提高很快，生产规模急剧扩大，商品的更新换代速度加快，生产结构和消费结构越来越复杂，导致商品市场竞争异常激烈。在这种情况下，企业需要及时、准确、迅速地掌握市场信息和物流信息。近几十年来，物流信息在整个经济信息系统中的地位越来越重要，许多生产企业和流通企业都建立了设备先进的物流信息中心，以便及时掌握企业内部和外部的物流信息，作为企业生产经营决策的重要依据。

（二）从社会经济的宏观角度看

从社会经济的宏观角度看，物流有以下几个作用。

1. 物流费用是企业运作过程中的一项重要支出，与其他经济活动相互影响

2016年美国物流总费用为14 397亿美元，约占GDP的8.0%。其中，运输成本为8 638亿美元，而存货持有成本为5 039亿美元，物流管理成本为720亿美元。

物流成本占 GDP 的比例过高会导致商品的高价格或企业的低利润，或者二者兼有，其结果将是生活水平下降或税收减少。因此，通过改善物流运作效率，会对整个经济发展做出重要贡献。

例如，据全球第四大的物流企业 CEVA Logistic 统计，2016 年中国贸易中的物流成本为 11 万亿元，占到 GDP 的 15%。这一比例为欧美国家的两倍，直接推高了商品的价格。即使在 2017 年，中国的物流成本仍然占 GDP 的 14.5%。

2．物流的发展对商品生产的规模、产业结构的变化及经济发展的速度具有制约作用

一方面，流通规模必须与生产发展的规模相适应，这是市场经济运行的客观要求。而流通规模的大小在很大程度上取决于物流效能的大小，包括运输、包装、装卸、储存等。例如，只有在铁路运输、水路运输和汽车运输有了一定发展的情况下，煤炭、水泥等量大、质重的产品才有可能成为大量生产、大量消费的产品，这些商品的生产规模才有可能扩大。又如，很多火力发电厂、水泥厂修建在河流旁边，通过廉价的水路运输，可以降低物流的成本。

另一方面，物流技术的发展，能够改变产品的生产和消费条件，从而为经济发展创造重要的前提条件。例如，肉、奶、蔬菜、水果等农产品，在没有储存、保管、运输、包装等物流技术作为保证时，往往只能保存几天到十几天的时间，超过这个期限就会丧失使用价值。但是，在运输技术有了充分发展后，这类商品就能在较短的时间内进入更为广阔的市场和消费领域。同时，由于储存技术的发展，使得这些产品可以在较长时间内保留其使用价值，并可以在较长时间里提供消费。此外，随着物流技术的迅速发展，物资流转速度将会大大加快，从而能够加速经济的发展。例如，现在北方可以吃到热带的水果，内陆可以吃到新鲜的海产品，香港可以吃到新鲜的大闸蟹，生产者和消费者都从现代物流的发展中受益。

三、物流活动要素

物流活动要素是指物流系统所具有的基本要素，一般包括运输、储存、包装和装卸搬运、配送、流通加工、信息管理等，如图 7.1 所示。这些要素有效地组合、结合在一起，形成密切相关的一个系统，从而合理有效地实现了物流系统的目的。

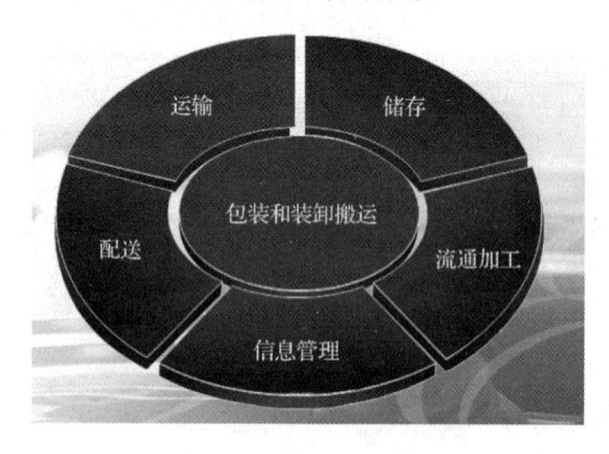

图 7.1 物流活动要素

（一）运输

1. 运输的概念

运输是指借助公共运输线路及其设施和运输工具来实现人员及物品空间位移的一种经济活动与社会活动。运输既是物流系统功能要素的核心，也是实现物流合理化的关键。

2. 运输方式

运输方式主要有公路运输、铁路运输、水路运输、航空运输、管道运输、联合运输等，如图 7.2 所示。

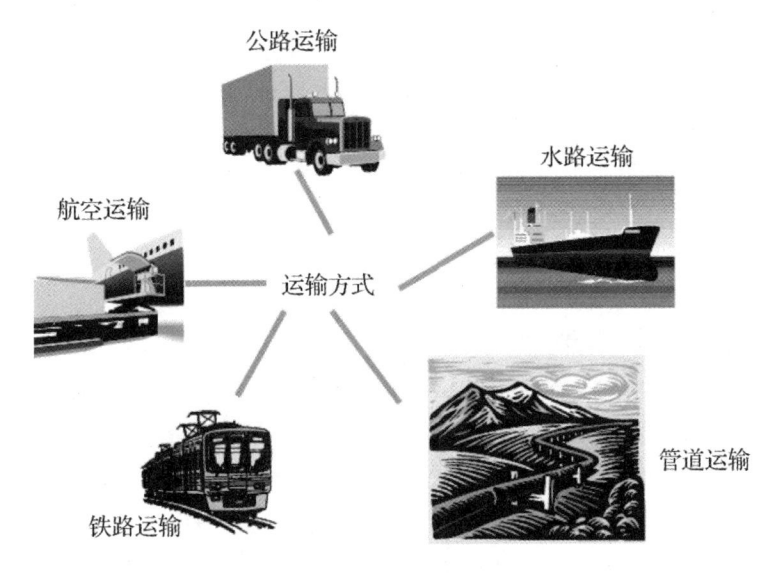

图 7.2　运输方式

3. 6 种运输方式优缺点比较

运输方式优劣的评估指标如图 7.3 所示。

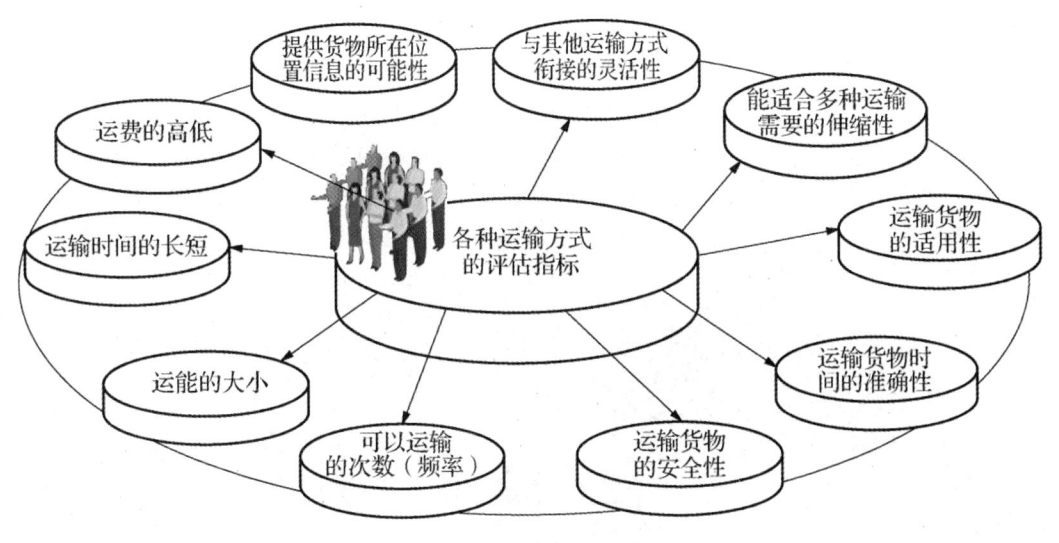

图 7.3　运输评估指标

依据图7.3所示的指标进行评估，6种运输方式的优缺点对比如表7.1所示。

表7.1 运输方式的优缺点对比

运输方式	优 点	缺 点
铁路运输	运量大，速度快，成本低，全天候，准时	基建投资较大，运输范围受铁路线限制
公路运输	机动灵活，可实现"门到门"运输，不需要转运或反复搬运，是其他运输方式完成集疏运的手段	成本较高，容易受气候和道路条件的制约，准时性差，货物安全性较低，对环境污染较大
水路运输	运量大，运距长，成本低，对环境污染小	速度慢，受港口、气候等因素影响大
航空运输	速度极快，运输范围广，不受地形限制，货物比较安全	运量小，成本极高，站点密度小，需要公路运输方式配合，易受气候因素影响
管道运输	运量大，运费低，能耗少，较安全可靠，一般易受气候环境影响，劳动生产率高，货物零损耗，不污染环境	只适用于输送原油、天然气、煤浆等货物，通用性差
联合运输	综合使用各种运输方式，提高运输效率，减少运输费用，利于应用集装箱单元化运输	管理负责方不明确，不同运输方式易增加货物损坏、丢失的风险

4．运输合理化的意义

由于运输是物流中较重要的功能要素之一，物流合理化在很大程度上依赖于运输合理化。

运输合理化是指从物流系统的总体目标出发，按照货物流通规律，运用系统理论和系统工程原理及方法，合理利用各种运输方式，选择合理的运输路线和运输工具，以最短的路径、最少的环节、最快的速度和最少的劳动消耗，组织好货物的运输与配送，以获取最大的经济效益。

目前存在的不合理运输形式有单程空驶、对流运输、迂回运输、重复运输、倒流运输、过远运输和运输方式选择不当等。

情境拓展

为了降低运输成本，近年来无人驾驶卡车和电动卡车开始投入使用。例如，西亚地区投入使用的无人驾驶卡车装备了一套导航系统，内置高精度的GPS（Global Positioning System，全球定位系统）定位，目前能够轻松应对平坦无障碍区域的24小时连续工作。同时，通过内置的通信装置，整个区域的无人驾驶车辆将自组成为一个局域网。基于网络，它们再组成一个集成系统，针对矿场工业需求，自主完成一些目标任务。

2014年7月，梅赛德斯-奔驰全新无人驾驶卡车在德国马格德堡全球首发，为长途卡车运输的远景提供了一个激动人心的现实性展望。作为当时此项技术的展车梅赛德斯-奔驰FT2025的全身涂装充满神秘气息，吸引了全球的目光。

其中，FT的意思指 Future Truck，即未来的卡车。奔驰 FT2025 为全新的自主驾驶的智能卡车，以完全变革的外形和空气动力学设计，结合网络智能管理，让公路运输变得更加安全、节能、点对点和高效化。

2018年3月，有人在网上发布了特斯拉 Semi 半自动卡车的视频。该车开启了自动巡航模式，在高速上奔驰。或许在不久后，人们就能看到特斯拉 Semi 半自动卡车的首条官方货运路线。

特斯拉卡车项目部副总经理 Jerome Guillen 早在去年就曾证实，该公司将利用旗下的半自动电动卡车为加州工厂及内华达州超级工厂提供货运服务。他曾说道："特斯拉将成为该款卡车的首个企业用户，公司将利用该卡车往来于旗下的各工厂，为其提供货运服务。目前，公司在加州拥有一家装配厂，在内华达州还拥有一家超级工厂，该款卡车将为两家工厂提供货运服务。"

特斯拉宣称，如果将该款卡车与车队技术相结合，将3部卡车编为一组，其运营成本将下跌至0.85美元/英里（约0.53美元/千米）。

思考 展望一下，还有什么方法可以降低运输成本？

（二）储存

储存、仓储在物流系统中起着缓冲、调节和平衡的作用，是物流的另一个中心环节。

储存就是在保证商品的品质和数量的前提下，根据一定的管理规则，在一定的时间内将商品存放在一定场所的活动。储存的目的是克服产品生产和消费在时间上的差异，使物资产生时间上的效果。

储存在物流系统中有着很重要的作用，主要体现在4个方面：降低运输成本，提高运输效率；进行产品整合；支持企业的销售服务；调节供应和需求。

储存既有有利的一面，也有不利的一面，如图 7.4 所示。

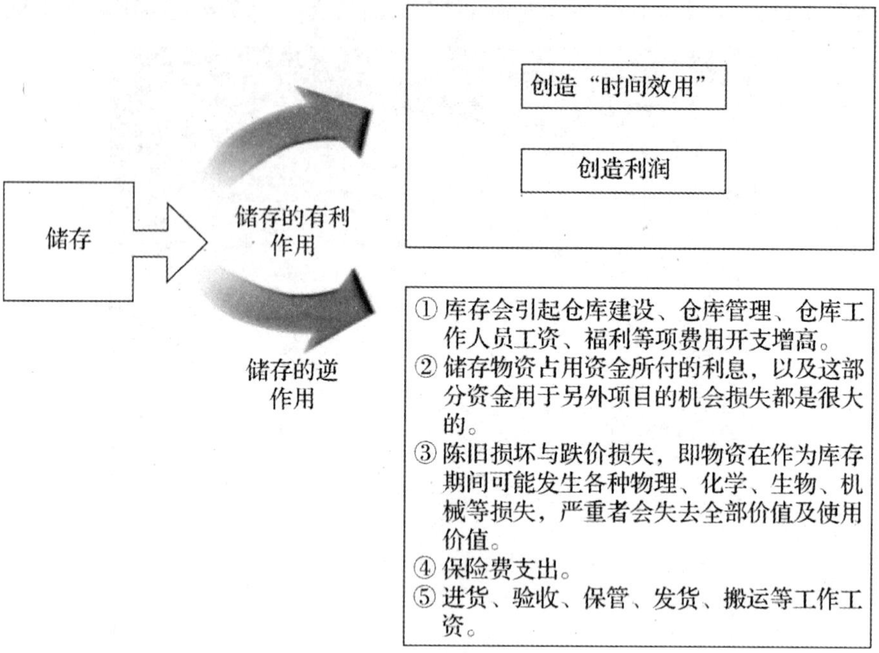

图 7.4　储存的作用

（三）包装

1．包装的概念

国家标准 GB4122—83《包装通用术语》对包装的定义是：为了在流通过程中保护商品，方便储运，促进销售，按一定技术方法而采用的容器、材料及辅助物等的总体名称，也是指为了达到上述目的而在采用容器、材料和辅助物的过程中施加一定技术方法等的操作活动。

包装在物流中的作用有：保护货物，提高搬运运输的效率，以及传递货物识别、分选和跟踪等的信息。

2．包装的合理化

包装的合理化是指包装过程中使用适当的材料和适当的技术，在满足包装基本作用的基础上最大限度地降低包装成本，减少过度包装，如图 7.5 所示。例如，使用可回收包装材料、可降解包装材料等。

图 7.5　过度包装 　　　　　　　　　图 7.6　野蛮快递

（四）搬运

1. 搬运的概念

搬运就是将不同形态的散装、包装或整体的原料、半成品或成品，在平面或垂直方向进行提起、放下或移动，或者是运送、重新摆置物料，而使货品能适时、适量移至适当的位置或场地存放。

伴随快递业的高速发展，为片面追求速度、效率，暴力分拣、野蛮搬运成为不少快递人员惯用的方式。快递人员进行邮件分拣搬运时，不按照操作规范执行，对邮件乱扔乱放，甚至使用高空抛扔、踩踏等恶劣操作方式，对邮件造成损坏，如图7.6所示。

2. 搬运的作用

搬运在物流过程中起着很重要的作用，但搬运是一种高劳动密集型的工作，导致企业整体生产率低下。同时，搬运的特性造成它从信息技术中获益的能力有限，加上由于搬运没有改变产品的价值，所以至今很多物流人员对搬运没有足够重视，没有把它与其他的物流活动作为一个整体来管理，造成现在搬运过程的低效率和高损耗。

目前，我国搬运过程中的主要问题如图7.7所示。

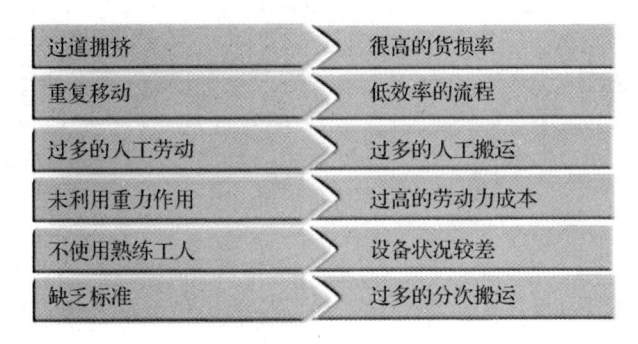

过道拥挤	很高的货损率
重复移动	低效率的流程
过多的人工劳动	过多的人工搬运
未利用重力作用	过高的劳动力成本
不使用熟练工人	设备状况较差
缺乏标准	过多的分次搬运

图7.7　搬运过程中的主要问题

（五）流通加工

1. 流通加工的概念和特点

流通加工是指商品从生产领域向消费领域流动的过程中，为了促进销售、提高物流效率对商品进行的加工。其特点有：第一，加工的对象是进入流通过程的商品；第二，流通加工大多是简单加工；第三，流通加工使商品完善，其使用价值在不做大改变的情况下得以提高；第四，流通加工由商业流通企业完成。

2. 流通加工的作用

① 流通加工可以提高物流效率，方便物流过程的进行。这也是物流过程的重要利润来源。
② 合理的流通加工可以促进销售，并使周期供货的商品可以延长销售时间，如农产品。
③ 多样化的流通加工可以衔接不同的运输方式，使物流过程更加合理化。
④ 流通加工可以对商品起到保护作用，提高商品销售的经济利益。

3. 流通加工的类型

流通加工的类型有以下几种。

① 分选加工，如果品、蔬菜的分选加工，如图7.8所示。

② 精制加工，如茶砖的制作，如图 7.9 所示。

图 7.8　水果自动分选　　　　　　　图 7.9　普洱茶的制作

③ 分装加工，如饮料、牛奶的分装，如图 7.10 所示。

图 7.10　牛奶的分装

（六）信息管理

物流信息是指反映物流各种活动内容的知识、资料、图像、数据、文件的总称。

现代物流与传统物流最主要的区别就是是否存在物流信息的有效交换，而物流信息有效交换的前提是得到必要而精确的消息。在物流的各个环节中会产生大量的信息，如车辆选择、路线选择、库存决策、订单管理等，而这些物流信息通常采用物流信息系统进行管理。

物流信息系统是指由人员、设备和程序组成的，为物流管理者执行计划、实施、控制等职能提供信息的交互系统。它与物流作业系统一样都是物流系统的子系统。

物流信息系统是建立在物流信息的基础上的，只有具备了大量的物流信息，物流信息系统才能发挥作用。在物流管理中，人们要寻找最经济、最有效的方法来克服生产和消费之间的时间距离及空间距离,就必须传递和处理各种与物流相关的情报。这种情报就是物流信息。它与物流过程中的订货、收货、库存管理、发货、配送及回收等职能有机地联系在一起,使整个物流活动顺利进行。

在企业的整个生产经营活动中,物流信息系统与各种物流作业活动密切相关,具有有效管理物流作业系统的职能。它有两个主要作用:一是随时把握商品流动所带来的商品量的变化;二是提高各种有关物流业务的作业效率。

图 7.11 直观地表示了物流信息系统在物流管理中的管理过程和作用。其中,信息中心搜集客户需求信息,整理后将客户需求转化为购买信息发往厂家;然后,全场监督和管理货物的购买、入库、物流流程直至交付给客户;最后,从客户处收回货款。

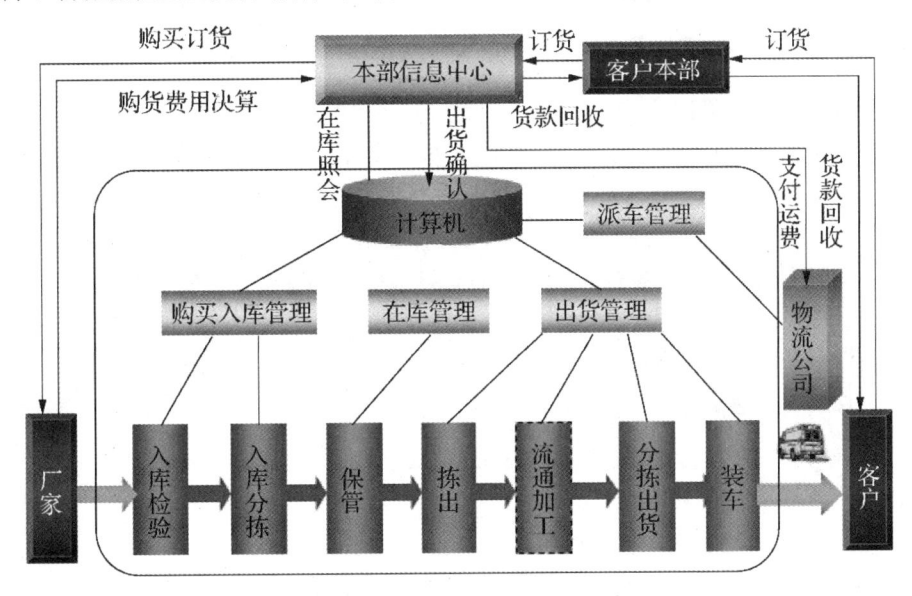

图 7.11 物流信息系统

四、现代物流技术

现代物流技术(modern logistics technology)是指通过动态的管理方法,利用现代化的机械设备和信息系统完成物流作业的全部技术。它包括了各种操作方法、管理技能等,如流通加工技术、物品包装技术、物品标识技术、物品实时跟踪技术等。此外,还包括物流规划、物流评价、物流设计、物流策略等。

(一)条形码和二维码技术

条形码或称条码(barcode),是指将宽度不等的多个黑条和空白,按照一定的编码规则排列,用于表达一组信息的图形标志符,如图 7.12 所示。常见的条形码是由反射率相差很大的黑条(简称条)和白条(简称空)排成的平行线图案。条形码可以标出物品的生产国、制造厂家、商品名称、生产日期、图书分类号、邮件收发地址、类别、日期等信息,因而在商品流通、图书管理、邮政管理、银行系统等许多领域都得到了广泛应用。

图 7.12　各种条形码

1. 条形码的识别原理

当条形码扫描器光源发出的光在条形码上反射后，反射光照射到条形码扫描器内部的光电转换器上，光电转换器根据强弱不同的反射光信号，转换成相应的电信号。白条、黑条的宽度不同，相应的电信号持续时间的长短也不同。然后，译码器通过测量脉冲数字电信号 0、1 的数目来判别条和空的数目，通过测量 0、1 信号持续的时间来判别条和空的宽度，再根据对应的编码规则（如 EAN-8 码）将条形符号换成相应的数字、字符信息。最后，由计算机系统进行数据处理和管理，物品的详细信息便被识别了。

2. 条形码的优越性

① 可靠性强。条形码的读取准确率远远超过人工记录，平均每 15 000 个字符才会出现一个错误。

② 效率高。条形码的读取速度很快，相当于每秒 40 个字符。

③ 成本低。与其他自动化识别技术相比较，条形码技术仅仅需要一小张贴纸和相对构造简单的光学扫描仪，成本相当低廉。

④ 易于制作。条形码的编写很简单，制作也仅仅需要印刷，故被称为"可印刷的计算机语言"。

⑤ 易于操作。条形码识别设备的构造简单，使用方便。

⑥ 灵活实用。条形码符号可用键盘输入，也可以与有关设备组成识别系统实现自动化识别，还可与其他控制设备联系起来实现整个系统的自动化管理。

3. 二维码技术

二维码技术是在条形码技术的基础上发展起来的。二维码又称二维条码，常见的二维码为 QR code，二维码比传统的条形码能存储更多的信息，还能表示更多的数据类型。

二维码是用按一定规律在平面（二维方向）上分布的黑白相间的几何图形来记录数据符号信息的。它具有条形码技术的一些共性：每种码制有其特定的字符集；每个字符占有一定的宽度；具有一定的校验功能，等等。同时，还具有对不同行的信息自动识别功能及处理图形旋转变化点功能。二维码和扫描枪如图 7.13 所示。

图 7.13　二维码和扫描枪

4. 条形码和二维码在现代物流中的应用

随着商业零售业的发展，越来越多的地方需要用到条形码。在全球范围内，每天需要用到条形码扫描的有上亿次，其应用范围也涉及各个领域和行业。例如，在物流业中，货物分类、库位分配、库位查询、进出库信息、进出库盘点、产品查询等都要用到条形码。如果是用人力去做这些事，不仅浪费时间、物力、财力，而且出错率很高。而条形码技术效率高、方便准确，操作方便简单，维护也不用费心，仓库的管理员经过简单的培训就能快速上岗进行操作；不需要再耗费很多的人力去翻查种类繁多的进出货单据，只要在计算机上轻轻一扫，所需的货物型号、经销商、进出货日期、经办人等详细资料即可显示，并且可以打印出来，且这部分数据还可以备份。

二维码起源于日本，却在中国普及开来，而在日本或美国，却很少看到二维码的身影。二维码在中国因为微信的流行而流行起来。随着 O2O、B2C 在中国的大发展，二维码应用也越来越广泛。因为二维码承载的信息量远大于条形码，所以在需要更多信息的地方，二维码得到了广泛的应用。在物流业中，通过二维码可以非常方便地实现产品的可追溯性。

如图 7.14 所示，为汽车零部件加上二维码，可以方便地追溯到生产日期和批次，方便进行质量问题分析。

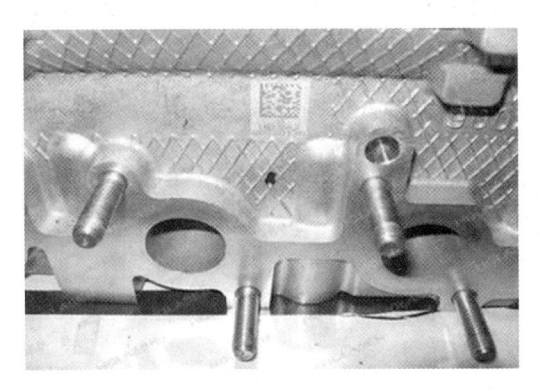

图 7.14　汽车零部件上使用激光打标的二维码

（二）EDI 技术

1. EDI 的概念

EDI 是由国际标准化组织推出使用的国际标准，是指一种通过电子信息化的手段，在贸易伙伴之间传播标准化的商务贸易元素的方法和标准。例如，国际贸易中的采购订单、装箱单、提货单等数据的交换。

2. EDI的特点

(1) EDI使用电子方法传递信息和处理数据

一方面，EDI用电子传输的方式取代了以往纸质单证的邮寄和递送，从而提高了传输效率；另一方面，EDI通过计算机处理数据取代人工处理数据，从而减少了差错和延误。

(2) EDI采用统一标准编制数据信息

这是EDI与电传、传真等其他传递方式的重要区别，电传、传真等并没有统一的格式标准，而EDI必须有统一的标准方能运作。

(3) EDI是计算机应用程序之间的连接

一般的电子通信手段是人和人之间的信息传递，传输的内容即使不完整，传输的格式即使不规范，也能被人所理解。这些通信手段仅仅是人和人之间的信息传递工具，不能处理和返回信息。EDI实现的是计算机应用程序和计算机应用程序之间的信息传递与交换，由于计算机只能按照给定的程序识别和接收信息，所以电子单证必须符合标准格式且内容完整、准确。在电子单证符合标准且内容完整的情况下，EDI系统不但能识别、接收、存储信息，还能对单证数据信息进行处理，自动制作新的电子单据并传输到有关部门。在有关部门对自己发出的电子单证进行查询时，计算机还可以反馈有关信息的处理结果和进展情况。在收到一些重要的电子邮件时，计算机还可以按程序自动产生电子收据并传回给对方。

(4) EDI采用加密防伪手段

EDI有相应的保密措施，其传输信息通常采用密码系统来保密，各用户掌握自己的密码，可打开自己的"邮箱"取出信息，外人却不能打开这个"邮箱"，有关部门和企业发给自己的电子信息均自动进入自己的"邮箱"。一些重要信息在传递时还要加密，即把信息转换成他人无法识别的代码，接收方计算机按特定程序译码后还原成可识别信息。为防止有些信息在传递过程中被篡改，或者防止有人传递假信息，还可以使用证实手段，即将普通信息和转变成代码的信息同时传递给接收方，接收方把代码翻译成普通信息进行比较，如果二者完全一致，可知信息未被篡改，也未被伪造。

3. EDI的优点

(1) 节省成本

各项研究均显示，EDI的成本只有纸质文件模式的1/3。

(2) 速度快，准确率高

通过纸质文件模式要花5天时间的交易，通过EDI只要不到1小时；通过纸质文件模式处理发票，数据出错率可高达5%。提高数据准确度，可相应提高整个供应链的效率。有分析估计，EDI可将交付时间加快30%。

(3) 提升运营效率

将纸质文件工作自动化，可让员工有更多的时间处理更有价值的工作，并提升他们的工作效率。研究显示，使用EDI可节省多达50%的人力成本；快速、准确地处理商业文档，可减少重做订单、缺货及订单取消等问题的发生。

(4) 提高整个供应链的决策能力和执行力

采用EDI，可以提高信息交换效率，进而缩短改良产品或推出新产品的周期；标准化的通信格式，便于快速导入全球各地业务伙伴的数据，以拓展新领域或市场；便于交换更高层次的管理信息，以提升管理供应链及业务伙伴的表现；最终把商业模式由供应主导转化为由需求主导，从而有效提高整个供应链的决策能力和执行力。

（三）地理信息系统

地理信息系统（Geographic Information System，GIS）是一门综合性学科，结合地理学和地图学，已经广泛应用在不同的领域，是用于输入、存储、查询、分析和显示地理数据的计算机系统。地理信息系统与全球定位系统、遥感系统合称为3S。

一个地理信息系统是一种具有信息系统空间专业形式的数据管理系统。从严格的意义上说，这是一个具有集中、存储、操作和显示地理参考信息的计算机系统。例如，根据在数据库中的位置对数据进行识别。地理信息系统技术能够应用于科学调查、资源管理、财产管理、发展规划、绘图和路线规划、物流跟踪。

（四）GPS

GPS是美国国防部研制和维护的中距离圆形轨道卫星导航系统。它可以为地球表面绝大部分地区（98%）提供准确的定位、测速和高精度的时间标准。GPS可满足位于全球任何地方或近地空间的用户连续精确地确定三维位置、三维运动和时间的需要。该系统包括太空中的24颗GPS卫星，如图7.15所示；地面上1个主控站、3个数据注入站和5个监测站及作为用户端的GPS接收机。最少只需其中3颗卫星，就能迅速确定用户端在地球上所处的位置及海拔高度。所能连接到的卫星数越多，解码出来的位置就越精确。

对于物流的运行，GPS全天候、全球覆盖、快速精确的定位能力可以起到巨大的作用。

1．用于物流车辆的导航

车辆导航：车辆调度、监控系统。

船舶导航：远洋导航、港口/内河引水。

飞机导航：航线导航、进场着陆控制。

个人导航：物流人员手持终端的导航。

2．用于物流货物的定位

提供位置数据，用于跟踪车辆、人员、货物的位置，如图7.16所示。

图7.15　GPS卫星　　　　　　　　图7.16　GPS终端

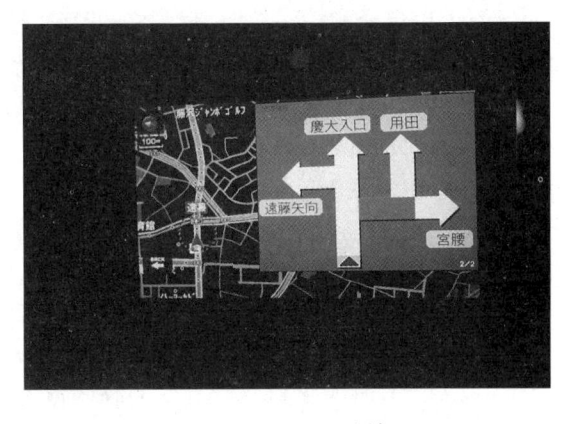

（五）射频识别技术

射频识别（Radio Frequency IDentification，RFID）是一种无线通信技术，可以通过无线电信号识别特定目标并读写相关数据，而无须在识别系统和特定目标之间建立机械或光学接触。

许多行业都运用了射频识别技术。例如，将标签附在一辆正在生产中的汽车上，厂方便可以追踪此车在生产线上的进度；标签也可以附于牲畜与宠物上，方便对牲畜与宠物的积极识别（积极识别的意思是防止数只牲畜使用同一个身份）；射频识别的身份识别卡可以使员工得以进入建筑锁住的部分；汽车上的射频应答器可以用来征收收费路段与停车场的费用。

图 7.17 为贴片式识别卡和射频识别卡的手持式读取机。

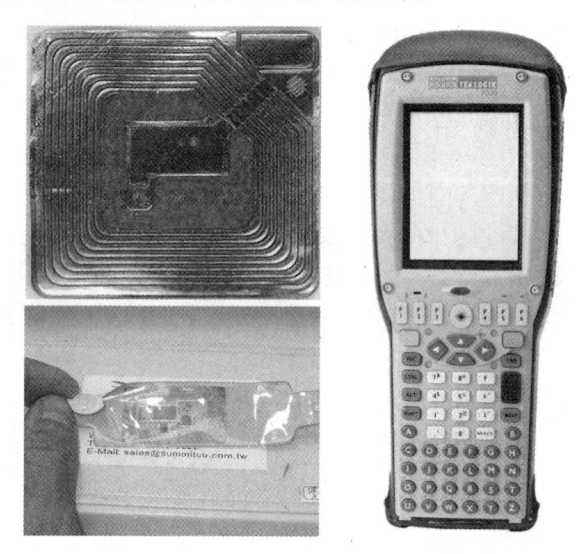

图 7.17　贴片式识别卡和手持式读取机

射频识别技术在物流行业中的应用如下。

① 可以实现对从商品设计、原材料采购到半成品和制成品的生产、运输、仓储、配送、销售，甚至退货处理的售后服务等所有供应链环节的实时监控，准确掌握产品的相关信息，如生产商、生产时间、地点、颜色、尺寸、数量、到达地、接收者等。

② 可以用于物品的分拣。香港国际机场、荷兰阿姆斯特丹国际机场等都部署了基于被动式无源标签的射频识别行李分拣解决方案。与基于条形码行李分拣解决方案相比，基于被动式无源标签的射频识别行李分拣解决方案可从不同角度识别行李标签的 ID，识读速度更快，结果更准确，标签上的信息存储量也比条形码多。

情境案例

智能挂车和卡车车队管理系统

2017 年 4 月 19 日，威伯科集团与 G7 签署协议成立合资公司，双方计划在中国设计、开发、制造、销售智能挂车和卡车车队管理系统（以下简称智能车队管理系统）。

数据显示，中国约有 1 500 万辆卡车，重卡近 500 万辆，甩挂运输这一在欧美市场已经非常成熟的业务模式，在中国还处于起步阶段，未来挂车的数量必将大幅增长，市场对挂车管理系统的需求也会越

学习情境七 电子商务物流

发强烈。

此次威伯科集团与G7的合作针对这一需求，将会给市场带来更加高效的服务。此智能车队管理系统可以实现以下功能。

1. 实时读取和处理车辆控制系统数据

这包括防侧翻稳定性控制（RSC）、制动性能、货物和路线优化、车轴载荷和车辆跟踪及其他安全相关与状态相关的信息。

2. 连接数据

合资公司的挂车FMS解决方案将与威伯科集团的智能挂车解决方案连接起来，该智能方案可实现和控制40多个车载功能。

3. 个性化定制车队管理系统

可根据每个车队的需求定制车队管理系统，帮助车队降低运营成本，节省燃油，提高驾驶的安全性和舒适度。

4. 主动安全和自动驾驶

结合威伯科集团正在发展的卡车主动安全系统、卡车自动驾驶系统，将在很大程度上减轻司机的工作强度，保证长时间驾驶的安全。

案例思考　智能挂车车队管理系统可以给物流业带来哪些好处？

"农场直达"花卉公司解决鲜花配送难题

南美洲厄瓜多尔中部科托帕希（Cotopaxi）火山地区地势险要，山高林密，但是常年气候温暖，雨水丰富，是盛产玫瑰花和其他珍贵花卉的好地方。布里恩的"农场直达"花卉公司向北美各大城市配送的玫瑰花就是从坐落在厄瓜多尔中部科托帕希山地区四周的3家大型农场定点采购的。为了避免在运输过程中重新包装，所有的玫瑰花在科托帕希农场收割后，立即现场包装，每150株玫瑰花包成1盒，然后装入集装箱，运送到厄瓜多尔首都基多（Quito）的国际机场。根据鲜花种植专家测定，玫瑰花从农场收割后，通常可以在正常情况下保鲜14天。最科学的保鲜办法是：收割下来并准备长途运输的玫瑰花应尽快装入纸盒，然后立即储存在华氏34度的冷藏集装箱内。在"农场直达"花卉公司的统一安排下，这些集装箱连夜运送到美国迈阿密机场。第二天早上，海关当局、检疫所和动植物检验所进行例行检查，然后把鲜花发往北美各大城市的配送站。按理说，美国人甚至加拿大人都有足够的时间来欣赏来自南美洲厄瓜多尔的美丽的玫瑰花了。但是在物流过程中由于会遇到种种不确定因素，因此总是会出现令人不愉快的事情。首先，在物流过程中的每个环节上会出现意外"抛锚"，如会出现飞机脱班、晚点或飞机舱容不够装不下全部鲜花集装箱等情况，此外，在机场仓库也遇到过冷藏集装箱的温控设备失灵导致箱内温度升到华氏60度，严重影响玫瑰花的保鲜质量的情况。其次，从机场到花店，花卉货主又给新鲜玫瑰花的运输带来了麻烦。他们往往忽视这些新采折的花卉非常娇嫩，必须迅速运送到温控仓库里，否则容易发生霉变和腐烂。有的货主为了节约经费，竟然直接把鲜花装运在敞口的卡车上，让鲜花完全暴露在空气中。

为了解决这些问题，"农场直达"花卉公司分别与联邦快件公司和联合包裹服务公司签订了有关提供一体化快递服务的合同，通过它们的运输服务把鲜花直接运送到美国各地的订货者的手中，从而避免了以往新鲜玫瑰花搭乘民航飞机，再聘用卡车司机运送玫瑰花的流程。那样虽然运费低廉，但是事故索赔不断。一体化快递服务给"农场直达"花卉公司带来了准时、稳定的物流服务，公司的玫瑰花生意好做多了。现在，由于花卉运输管理和物流服务稳定可靠，"农场直达"花卉公司可以向消费者承诺：从它们那里批发销售的新鲜玫瑰花在家里可以放置至少4天而不败。

案例思考　鲜花配送难度很大，"农场直达"花卉公司是如何解决鲜花配送难题的？

沃尔玛的物流配送

沃尔玛百货有限公司（以下简称沃尔玛）于1962年在美国阿肯色州成立。经过40余年的发展，它开设了7 266家商场，员工总达190多万名，每周光临的顾客近一亿四千万人次。2007年，沃尔玛全球的销售额达到3 511.39亿美元。沃尔玛发展得如此迅速，物流配送在其中起到了关键作用。

沃尔玛有80 000多种商品，为满足全球7 000多家连锁店的配送需要，沃尔玛每年的运输总量超过780 000万箱，总行程达65 000万千米。其商品多种多样，既有被称为"干货"的普通货物，也有运输易损坏的货物，还有不易变质的食品饮料，以及易变质的生鲜食品。这些都需要有专门的冷藏仓储和运输设施，直接送货到店。同时，沃尔玛的山姆会员店批零结合，在线上线下都可以进行下单。它使用独立的配送中心，须配送商品至客户指定的地点，甚至退货都需要单独的退货配送中心——退货的一部分退给供应商，一部分送往折扣商店，一部分就地处理。

案例思考 沃尔玛的物流配送在其运营中起到了什么作用？相比其他零售企业，沃尔玛具有哪些优势？

我国物流成本长期居高不下

当前，物流业已经成为支撑国民经济发展的基础性、战略性产业，而我国的物流成本却长期以来居高不下，几乎成了物流领域的"顽疾"。

商务部流通发展司副巡视员王选庆介绍，2012年我国物流总费用与国内生产总值的比率高达18%，不仅远比发达国家高，如美国是8.5%、日本是8.7%、德国是8.3%，而且跟经济发展水平与我国基本相当的金砖国家相比也偏高，如印度为13%，巴西为11.6%。这一比率2017年降为14.5%。

不仅如此，我国蔬菜在流通环节的腐损率高达20%～30%，一年大约损失5 000万千克蔬菜，而发达国家的腐损率只有5%。特别是"最后一公里"配送难、配送贵的问题十分突出。有报道说，山东寿光的白菜运到北京新发地批发市场，价格从每千克0.5元涨到1元，而从北京新发地批发市场运到社区菜市场，价格飙升至每千克1.5元。

据测算，铁路运输成本约为公路的1/3，水路运输成本则更低。我国现在主要依赖公路运输，铁路、内河、管道等运输方式占比偏低。在内陆地区，这个问题更为突出。例如，重庆市公路货运量占总货运量的86%，水路占11.7%，铁路仅占2.3%。我国港口集装箱吞吐量80%以上靠公路运输，海铁联运的比例不足3%，远低于全球20%、美国40%的水平。

同时，我国物流业由于信息化滞后，车找不到货、货找不到车的问题十分常见，即使在上海这样的物流发达地区，2011年货运汽车空驶率仍高达37%，是欧美平均水平的3倍。

案例思考 从上面的情况看，哪些因素影响了物流的成本？

情境任务二　电子商务与物流

情境引例

"剁手节"买的东西，你收到了么？

"双11""双12"的"剁手"活动，大家已经默默习惯了，不再如同刚开始那样新鲜。但"剁手节"的成交额和因此产生的快递量却也默默又坚定地继续上涨着。经历了2011年快递行业的措手不及、快递爆仓，2017年的快递行业面对"双11"的购物高峰，也做好了准备。

学习情境七 电子商务物流

从 2009 年淘宝首次开启"双 11"购物节以来,中国快递系统已经经历了 10 次"双 11"。以天猫"双 11"为例,2010 年天猫"双 1"交易额仅为 9.36 亿元,2017 年天猫交易额已经增长了 178 倍,达到 1 682 亿元。

根据国家邮政局在 2017 年 11 月 12 日发布的信息显示,主要电商企业全天共产生快递物流订单 8.5 亿件,同比增长 29.4%;全天各邮政、快递企业共处理订单 3.31 亿件,同比增长 31.5%。整个"双 11"购物节,全网总包裹数 13.8 亿个,是 2012 年的 17.25 倍。

在天量包裹的不断挑战下,快递行业纷纷加速向智慧物流转型,自动化系统在快递行业中得到了越来越广泛的应用,一系列自动分拨流水线、机器人分拨等相继投入使用,使得分拨中心爆仓等现象逐步得到缓解。菜鸟裹裹自动分拣系统如图 7.18 所示。

图 7.18 菜鸟裹裹自动分拣系统

而电子面单的大面积渗透(目前已达 90%),不仅加快了前端的揽收速度,同时为自动化设备的导入创造了条件。例如,韵达 2017 年在全国范围内大规模使用交叉带分拣机,数量将达五六十套,从而实现中小件的全自动化分拣。如图 7.19 所示为顺丰的微信下单方式。

图 7.19 顺丰的微信下单方式

京东自建物流配送中心

2010年，在上海嘉定占地200亩的京东华东物流仓储中心内，投资上千万元的自动传送带已投入使用。工人们手持PDA，开着小型叉车在数万平方米的仓库内调配商品。这是京东迄今为止最大的物流仓储中心，承担了其一半销售额的物流配送工作，也是京东将2010年年底融到的2 100万美元的70%投放到物流建设的结果。在这里，京东每日能正常处理2.5万个订单，日订单极限处理能力达到5万单。在此基础上，京东计划2011年在嘉定建成一座15万至18万平方米的超大型仓储中心，规模将是鸟巢的8倍。随着这项计划的公布，京东预计未来3年投入20亿至30亿元人民币到物流建设中。

京东对仓储物流的"热衷"并不是个案。同样是这个时间段，马云参股了星晨快递、百世物流；当当也宣布，2011年将斥资10亿元人民币在华北、华东、华南新增3个物流基地；而京东的老对手新蛋更是先行一步，在全国7个分公司都设立了分仓和自主配送队伍。大笔的资金换成了实实在在的土地和库房，B2C电子商务公司俨然迎来了一阵"仓储热"，各地的物流竞赛正在上演。

令人好奇的是，B2C公司为何要不惜血本地大建物流仓储中心呢？

降低配送成本，是电子商务自建仓储中心的原因之一。京东总裁刘强东认为，京东有两大重要成本，即仓储成本和配送成本。"去年我们核算数字时发现，从北京发到西安的大家电，平均成本是每件400多元。但如果在西安租一个库房，每件的配送成本只有48元，能省下90%，所以我们把很多城市的大家电配送停止了。"刘强东称。家电的利润本身不高，有时配送费甚至高过产品本身的利润。

但话又说回来，自建物流队伍的成本并不低。在刘强东看来，只有城市的日订单达到10万个以上，购买库房自建物流的投入产出才算合理。而对于租赁库房，当地的日订单量也要达到5 000个以上；如果日订单量低于5 000个，则物流外包更加经济。

除了成本的考虑，提高供应链的响应速度也是京东自建物流的出发点。刘强东不止一次地抱怨，由于订单增长太快，物流中心的处理能力根本跟不上，越来越多的消费者体验不佳。换句话说，京东成长的脚步正在被物流环节拖累。就在2011年年初，由于物流能力与处理订单能力尚未匹配，京东还通过媒体向消费者喊话：请暂时不要来京东购物了，去别的地方买吧。

巨大的订单量成为京东"甜蜜的负担"，由于业务发展过于迅猛，京东每10个月就要搬一次家。刘强东坦言，倘若2011年完成100亿元的销售，明年的增长目标仍是100%，这会给整个公司的系统和流程带来极大的难题。"无论过去还是现在，物流都是我们最大的挑战。公司能不能继续平稳地发展，就在于物流体系建设得成功与否。"

基于这项考虑，京东对物流仓储的投资周期越来越长，投资的金额越来越大，只有做前瞻性的规划才能满足未来3年的发展速度。"两年前，要搬一个库房，只要提前3个月租赁和装修就行。但刚建成的华东物流中心，我们花了10个月来规划建设。在建的亚洲一号项目，我们至少得花两年时间才能投入运营。"刘强东称。

业内似乎正在慢慢形成共识，一家B2C企业的本质和传统零售业并无二致，物流都是其价值链上最重要的一环。B2C企业在物流仓储的投入，使其资产化由轻变重，有两个原因：一方面是经济效益和用户需求决定的，包括物流、仓储、呼叫中心是否需要自建等；另一方面则是为了管理效率的提升，包括库存精准率、订单与财务管理、供应商管理等。销售额越大，仓储与物流就越重要。

在物流具有优势的苏宁面前，京东的投入可谓倾尽全力。毕竟，眼下国内的物流体系远远跟不上电子商务的发展速度，"配送成了电子商务公司的核心业务"。B2C的物流操作比B2B复杂很多，需要重新购建场地，配备设备和人员，并重新设计拣货、配货、包装等一系列流程。刘强东甚至认为，B2C公司发展下去实际就是个物流公司，正如"当今世界上最大的物流公司是沃尔玛，而非DHL"。

奔跑在通向网络沃尔玛梦想的道路上，刘强东选择了"仓库决胜"的战略方向。可以预见的是，随着规模的不断扩张，仓储物流就像B2C水桶的底座，决定了整个水桶的体积。

学习情境七 电子商务物流

引例思考 通过上面两个引例,你认为电子商务和物流之间存在什么关系?电子商务企业为什么要投资建设物流配送中心?

一、电子商务与物流的关系

当前电子商务的快速发展给中国的物流行业带来了前所未有的发展机会和动力。据国家邮政局最新统计数据显示,从 2011 年 3 月至 2016 年 9 月,邮政行业业务量已经连续保持 31 个月同比增幅超过 20%,快递业务量更是持续 31 个月增长超过了 50%。2016 年 1 至 9 月,全国规模以上快递服务企业业务量累计完成 25.2 亿件,同比增长 53.3%;业务收入累计完成 531.4 亿元,同比增长 28.9%。到 2017 年 9 月,业务量同比增长达到 67%,发展更加迅猛。

电子商务正变得越来越迅捷和智能,而真正无边界的全球经济需要的不仅仅是互联网,还需要一个高度发展的全球速递网络。迅猛发展的中国电子商务市场网购市场规模很大,而电子商务和物流正在高速发展,互相促进。

(一)电子商务促进物流的发展

1. 电子商务改变了人们传统的物流观念

电子商务作为一种新兴的商务活动,为物流创造了一个虚拟的运动空间。利用电子商务进行物流活动时,物流的各种职能和功能可以通过虚拟化的方式表现出来。在这种虚拟化的过程中,人们可以通过各种组合方式寻求物流的合理化,使商品实体在实际的运动过程中达到效率最高、费用最省、距离最短、时间最少的目的。

2. 电子商务改变了物流的运作方式

通过电子商务可以实现物流网络的实时控制。传统的储运活动在其运作过程中不管是以生产为中心,还是以成本或利润为中心,实质都是以商流为中心,从属于商流活动,因此物流是紧紧伴随着商流来运动的。而采用电子商务,物流的运作是以信息为中心的,信息不仅决定着物流的运动方向,也决定着物流的运作方式。在实际运作过程中,通过网络上的信息传递,可以有效地实现对物流的实施控制,实现物流的合理化。

3. 电子商务将促进物流基础设施的改善和物流技术与管理水平的提高

(1) 促进物流基础设施的改善

电子商务高效率和全球化的特点,要求物流也必须达到这一目标。而物流要达到这一目标,良好的交通运输网络、通信网络等基础设施是最基本的保证。

(2) 促进物流技术的进步

物流技术包括运输技术、仓储技术、装卸技术、包装技术等,高水平的物流技术是实现高效率物流的一个重要因素。要建立一个适应电子商务运作的高效率的物流系统,加快提高物流的技术水平有着重要的作用。

(3) 促进物流管理水平的提高

物流管理水平的高低直接决定和影响着物流效率的高低,也影响着电子商务高效率优势的实现问题。只有提高物流的管理水平,建立科学合理的管理制度,将科学的管理手段和方法应用于物流管理中,才能确保物流的进行,实现物流的合理化和高效化,促进电子商务的发展。

图 7.20 为亚马逊配送中心仓库。

图 7.20 亚马逊配送中心仓库

（二）物流是电子商务的重要保障

在传统交易过程中，商流都必须伴随相应的物流活动，即按照购方需求将商品实体由供方以适当的方式向购方转移。利用电子商务，消费者只要通过在网上单击鼠标，就可以完成商品所有权的交割，即商流过程。但电子商务的活动并未结束，只有商品和服务真正转移到消费者手中，商务活动才告以终结。在整个电子商务的交易过程中，物流实际上是以商流的后续者和服务者的姿态出现的，没有物流作为保证，电子商务给供方和购方带来的便捷就等于零。

1. 现代物流是实现电子商务的保障，是电子商务运作过程的重要组成部分，是信息流、商流和资金流最终实现的根本保证

电子商务＝网上信息传递＋网上交易＋网上结算＋物流配送＝鼠标＋车轮。电子商务的整个运作过程是信息流、商流、资金流和物流的流动过程，其优势体现在信息资源的充分共享和运作方式的高效率上。通过互联网进行商业交易，毕竟是"虚拟"的经济过程，最终的资源配置还需要通过商品实体的转移来实现，否则就不会真正实现信息流、商流和资金流。只有通过物流配送，将商品或服务真正转移到消费者手中，商务活动才能结束。物流实际上是以商流的后续者和服务者的姿态出现的，而物流配送效率也就成为消费者评价电子商务满意程度的重要指标。

2. 现代物流是电子商务实现"以客户为中心"理念的最终保证，是增强企业竞争力的一个有效途径

电子商务的出现，在最大程度上方便了最终消费者，使他们不必再跑到拥挤的商业街上一家又一家地挑选自己所需的商品，只要坐在家里，在因特网上搜索、查看、挑选，就可以完成购物过程。缺少了现代化的物流技术，电子商务给消费者带来的购物便捷等于零，消费者必然会转向他们认为更为安全的传统购物方式。现代物流的功能应该是把准确数量的准确产品在准确时间内，以最低的费用送到消费者手中。它直接影响到从事电子商务的企业在价格、交货期、服务、质量等各方面的竞争力。

3. 现代物流的发展是电子商务的利润源泉

以现代电子网络为平台的信息流，极大地加快了现代物流信息的传递速度，为客户赢得了最宝贵的时间，使货物运输环节、方式科学化和最佳化。以快节奏的商流和先进的信息为基础的现代物流，能够有效地减少流动资金的占压，加速资金周转，充分发挥资本的增值作用，被认为是继企业节约原材料、降低物耗、提高劳动生产率之后的又一经济利润增长点，是电子商务的利润源泉。

二、电子商务物流配送

(一)电子商务物流配送的定义

配送是指在经济合理区域范围内,根据客户要求,对物品进行拣选、加工、包装、分割、组配等作业,并按时送达指定地点的物流活动。配送是物流中一种特殊的、综合的活动,是商流与物流的紧密结合,既包含了商流活动和物流活动,也包含了物流中若干功能要素的一种形式。一般的配送集装卸、包装、保管、运输于一身,通过这一系列活动完成。

电子商务物流配送是指物流配送企业采用网络化的计算机技术和现代化的硬件设备、软件系统及先进的管理手段,针对客户的需求,根据客户的订货要求,进行一系列分类、编码、整理、配货等理货工作,按照约定的时间与地点将确定数量和规格要求的商品传递到客户手中的活动及过程。

电子商务模式下物流配送的最大特点就是客户分散且距离远近不同,面对数量庞大和分散的客户,电子商务运营商要抓住每个客户,除了要提供物美价廉的商品外,更要能让客户在尽可能短的时间内享受到商品或服务带给他们的乐趣和福利。

(二)电子商务物流配送的特点

与传统的物流配送相比,电子商务物流配送具有以下新的特点。

1. 物流配送信息化

物流配送信息化表现为物流配送信息的商品化、信息搜集的数据库化和代码化、信息处理的电子化和计算机化、信息传递的标准化和实时化、信息存储的数字化等,条形码技术、数据库技术、电子订货系统(Electronic Ordering System,EOS)、电子数据交换、ERP等在物流管理中得到了广泛应用。没有物流的信息化,任何先进的技术设备都不可能应用于物流领域,信息技术在物流中的应用将彻底改变世界物流的面貌。

2. 物流配送自动化

自动化的基础是信息化,自动化的核心是机电一体化,自动化的外在表现是无人化,自动化的效果是省力化。另外,物流配送自动化还可以扩大物流作业能力、提高劳动生产率、减少物流作业的差错等。物流自动化有条形码/语音/射频自动识别系统、自动分拣系统、自动存取系统、自动导向车、货物自动跟踪系统等。如图7.21所示的是包裹自动识别和分拣系统。

图 7.21 包裹自动识别和分拣系统

目前，中国的机器人搬运蓬勃发展，主要有两点原因：一是近 5 年来中国的人口红利正在消失；二是低成本、高附加值的需求。

3．物流配送网络化

物流领域网络化的基础也是信息化。这里所指的网络化有两层含义：一是物流配送系统的计算机通信网络，包括物流配送中心与供应商或制造商的联系要通过计算机网络，另外与下游客户的联系也要通过计算机网络通信完成；二是组织网络化和采用企业 ERP 系统进行管理，其基本点是按照客户订单组织生产，生产采取分散形式，再由物流配送中心将货物迅速发给客户。物流配送的网络化是物流信息化的必然，是电子商务下物流配送活动的主要特征之一。

4．物流配送个性化

个性化配送是电子商务物流配送的重要特性之一。作为"末端运输"的配送服务，所面对的市场需求是"多品种、少批量、多批次、短周期"，小规模的频繁配送将导致配送企业的成本增加。这就必须寻求新的利润增长点。电子商务物流配送的个性化体现为"配"的个性化和"送"的个性化："配"的个性化主要是指通过配送企业在流通节点（配送中心）根据客户的指令对配送对象进行个性化流通加工，从而增加产品的附加价值；"送"的个性化主要是指依据客户要求的配送习惯、喜好的配送方式等为每位客户制订量体裁衣式的配送方案。例如，有的客户偏爱大包装的产品，有的客户偏爱小包装的商品；有的客户需要工作日白天配送，有的客户希望下班后送到家中。

5．物流配送无人化

无人车、无人机、无人仓、无人站、配送机器人等"无人科技"正成为电商、外卖、物流的新宠儿。在新技术的重构下，"低头下订单，抬头收快递"的生活方式成为可能。无人机解决偏远山村地区配送的"最后一公里"、无人车解决城市"最后一公里"、配送机器人深入园区楼宇。根据不同环境匹配不同的解决方案进行批量送货，可以提升配送效率。无人配送的终极目标是，改造传统的物流体系架构，彻底实现智慧物流下的无人运作。

目前，无人配送尚处于起步初期，政策风险、技术可靠性仍需要验证，"最后一公里"的无人配送普及可能要几年时间。但长途运输的大型无人飞机、无人物流车或许会先发展起来。京东无人配送车如图 7.22 所示。如果有人站在它前面，京东无人配送车的显示屏会提示"请让下本宝宝"。

图 7.22　京东无人配送车

三、电子商务物流运作模式

电子商务物流运作模式主要是指以电子商务的特有市场为导向，以满足客户要求为宗旨，获取系统总效益最优化的、适应现代社会经济发展的模式。

从现阶段的发展看，电子商务的物流运作一般有3种模式，即自营物流、第三方物流和第四方物流配送模式。

（一）自营物流配送模式

企业自身经营物流称为自营物流，企业自营物流模式意味着电子商务企业自行组建物流配送系统，经营管理企业的整个物流运作过程。在这种模式下，企业也会向仓储企业购买仓储服务，向运输企业购买运输服务，但是这些服务都只限于一次或一系列分散的物流功能，而且是临时性的纯市场交易的服务，物流公司并不按照企业独特的业务流程提供独特的服务。

如果企业有很高的客户服务需求标准，物流成本占总成本的比重较大，而企业自身的物流管理能力较强，则企业一般会采用自营模式。目前，在我国采取自营模式的电子商务企业主要有两类：第1类是资金实力雄厚且业务规模较大的电子商务公司，如京东的自建物流；第2类是传统的大型制造企业或批发企业经营的电子商务网站，由于其自身在长期的传统商务中已经建立起初具规模的营销网络和物流配送体系，在开展电子商务时只须将其加以改进、完善，就可满足电子商务条件下对物流配送的要求，如苏宁易购采用的自营物流。

选用自营物流可以使企业对物流环节有较强的控制能力，易于与其他环节密切配合，全力、专门地服务于本企业的运营管理，使企业的供应链更好地保持协调、简洁与稳定。此外，自营物流能够保证供货的准确和及时，保证客户服务的质量，从而维护企业和客户之间的长期关系。但自营物流所需的投入非常大，建成后对规模的要求很高，规模足够大才能降低成本，否则将会长期处于不盈利的境地。而且其投资成本较大、时间较长，对于企业柔性有不利影响。另外，自建庞大的物流体系，需要占用大量的流动资金。最重要的是，自营物流需要较强的物流管理能力，建成之后需要工作人员具有专业化的物流管理能力。

（二）第三方物流配送模式

第三方物流企业通过与第一方或第二方的合作来提供专业化的物流服务。它不拥有商品，不参与商品买卖，而是为客户提供以合同约束，以结盟为基础的系列化、个性化、信息化的物流代理服务。其服务内容包括设计物流系统、电子数据交换、报表管理、货物集运、选择承运人或货运代理、海关代理、信息管理、仓储、咨询、运费支付和谈判等。

第三方物流企业一般都是具有一定规模的物流设施设备（库房、站台、车辆等）及专业经验、技能的批发、储运或其他物流业务的经营企业。第三方物流是物流专业化的重要形式，它的发展程度体现了一个国家物流产业发展的整体水平。

电子商务采用第三方物流模式对于提高电子商务企业经营效率具有重要作用。

首先，电子商务企业将自己的非核心业务外包给从事该业务的专业公司去做，可以将精力集中到自身的核心业务上，以求节约和高效。这在电子商务企业发展的初期，规模比较小的时候尤为重要。

其次，第三方物流企业作为专门从事物流工作的企业，有丰富的专门从事物流运作的专家，有利于确保电子商务企业的专业化生产，降低费用，提高企业的物流水平。

情境拓展

外卖平台的服务

2017年第一季度外卖市场数据报告出炉。数据显示，Q1外卖市场整体交易额达843.2亿元，平均到每天，交易额接近10亿元，总覆盖用户逼近2亿人，其中31~50元是最常见的客单价，占到交易数量的31.8%。预计到2020年可达7 000亿元。随着外卖订餐习惯的逐渐形成，外卖订餐O2O市场对于餐饮市场的渗透率也会逐渐达到80%以上。

为了让上亿用户吃好喝好，外卖平台热衷投资研究人工智能、大数据、无人驾驶等技术。

最早的外卖平台依靠人工派单，常见的情况是：系统里显示餐已经到了，结果配送员1小时后才到，打开餐盒只剩下冷菜冷饭。

这个问题牵涉到世界上最复杂的物流问题，外卖平台和骑士们要面临的一道数学问题是：用最短的线把叫外卖的人连起来，而这每个人都会突然消失或出现。当这些点数增加一万乃至千万个量级，尤其是再受到天气、区域路况的影响时，题目将变得不再可控。

研究人员利用深度学习的神经网络算法搭建模型，如"饿了么"的智能调度系统能够精确预估出餐时间，甚至比餐厅服务人员更加精确。同时，引擎还会计算骑士骑行速度、取餐等待时间，帮助骑士优化取餐路线。智能调度系统的运用，不仅能够提升服务品质，更能提高外卖配送员的配送效率，降低平台的人力成本。

图7.23所示为"饿了么"外卖的配送员。

图7.23 "饿了么"外卖的配送员

案例思考 外卖与快递相比，对服务质量提出了更高的要求，总结一下有哪些？

（三）第四方物流配送模式

第四方物流是建立在电子信息技术和第三方物流基础上的新型物流服务，理论上可以由独立于现有物流系统各个环节之外的、与原物流系统无直接利益关系的"第四方"提供。它一般并不参与物流的直接运行,而是通过提供信息技术、管理人员,并提供关键的运作管理和流程再造的先进经验,将一个或数个物流供应商组织起来,形成可以为一个甚至几个供应链高效服务的物流系统。

第四方物流公司可以应物流公司的要求为其提供物流系统的分析和诊断,或者提供物流系统优化和设计方案等。因此,第四方物流公司以其知识、智力、信息和经验为资本,为物流客户提供一整套的物流系统咨询服务。从事物流咨询服务必须具备良好的物流行业背景和相关经验,但并不需要从事具体的物流活动,更不用建设物流基础设施,只是对于整个供应链提供整合方案。第四方物流的关键在于为客户提供最佳的增值服务,即迅速、高效、低成本和个性化服务等。

与第三方物流能提供的低成本专业服务相比,第四方物流可能在物流成本上要高于第三方物流,但第四方物流能控制和管理整个物流过程,并渗透采购、生产的具体环节,对整个供应链流程提出筹划方案,以实现整个供应链的快速、高效、低成本的物流服务。第四方物流的出现是为弥补第三方物流在整合供应链物流方面的不足而出现的,并不是对第三方物流服务的取代。相反,第四方物流服务的运作离不开第三方物流的支持。第四方物流正是通过对各个第三方物流服务商的服务能力的最佳配置来为企业服务的。第三方物流是第四方物流发展的基础,第四方物流是对第三方物流的优化。

情境案例

亚马逊的配送方式

亚马逊是一家财富500强公司,总部位于美国华盛顿州。它创立于1995年,目前已成为全球商品品种最多的网上零售商和全球第二大的互联网公司。

亚马逊的前身是美国一家以出售图书为主的网站,由于其合理的价格和周到的服务成为美国最大的网上图书音像零售商。亚马逊的运营也成为全球电子商务运营的成功代表,也就是典型的网上B2C电子商务公司。亚马逊主要为客户提供图书、影视、音乐和游戏、数码下载、电子和计算机、家居园艺用品、玩具、婴幼儿用品、食品、服饰、鞋类和珠宝、健康和个人护理用品、体育和户外用品、玩具、汽车和工业产品等。这些产品有全新的、翻新的及二手的,且数量庞大,能够满足客户的不同需求。在2012年,亚马逊已拥有23大类、超过120万种商品的网上商城。

亚马逊凭借B2C外包和自营方式的优点及其自身的独特优势,在2000年的网络泡沫中独树一帜,当时很多在20世纪90年代快速成长的网络公司在这场网络泡沫的破灭中纷纷结束营业。但亚马逊还能获利,2002年的第四季,亚马逊的纯利约有500万美元,到2004年则增长到3亿多美元。自2007年以来,亚马逊的年平均营收增长率为33%。

亚马逊是典型的网上电子商务公司,所采用的电子商务模式是B2C的以外包方式为主、自营方式为补的模式。亚马逊将其国内的配送业务委托给美国邮政和UPS,将国际物流委托给国际海运公司等专业物流公司,自己则集中精力去发展主营和核心业务。这样既可以减少投资,降低经营风险,又能充分利用专业物流公司的优势,节约物流成本。

亚马逊的配送中心按商品类别设立,不同的商品由不同的配送中心进行配送。这样做有利于提高配送中心的专业化作业程度,使作业组织简单化、规范化,既能提高配送中心的作业效率,又可降低配送中心的管理和运转费用。采取"组合包装"技术,可以扩大运输批量。当客户在亚马逊的网站上确认订单后,就可以立即看到亚马逊销售系统根据客户所订商品发出的是否有现货，以及选择的发运方式、估计的发货日期和送货日期等信息。如前所述，亚马逊根据商品类别建立不同的配送中心，所以客户订购的不同商品是从位于美国不同地点的不同的配送中心发出的。由于亚马逊的配送中心只保持少量的库存，所以在接到客户订货后，亚马逊需要查询配送中心的库存，如果配送中心没有现货，就要向供应商订货。因此，会造成同一张订单上的商品有的可以立即发货，有的则需要等待的情况。为了节省客户等待的时间，亚马逊建议客户在订货时不要将需要等待的商品和有现货的商品放在同一张订单中。这样在发运时，承运人就可以将来自不同客户、相同类别，而且配送中心也有现货的商品配装在同一货车内发运，从而既缩短了客户订货后的等待时间，也扩大了运输批量，提高了运输效率，降低了运输成本。

亚马逊的发货条款非常完善，在其网站上，客户可以得到以下信息：拍卖商品的发运、送货时间的估算、免费的超级节约发运、店内拣货、需要特殊装卸和搬运的商品、包装物的回收、发运的特殊要求、发运费率、发运限制、订货跟踪等。亚马逊为客户提供了多种送货方式和送货期限。在送货方式上有以陆运和海运为基本运输方式的"标准送货"，也有空运方式；在送货期限上，根据目的地是国内还是国外的不同，以及所订的商品是否有现货而采用标准送货、二日送货和一日送货等。根据送货方式和送货期限及商品品类的不同，采取不同的收费标准，有按固定费率收取的批次费，也有按件数收取的件费，还有按质量收取的费用。

案例思考　亚马逊的配送方式有哪些优点？

京东的物流业态

2017年12月，京东物流提出短链、智慧、共生3个词来定义未来的物流业态。

1．短链

过去，一个商品从生产出来到消费者手中，需要经过诸多环节，平均至少被搬运5次以上。新一代物流将通过短链，实现高效、精准、敏捷的服务。

2．智慧

随着人工智能、大数据和机器人等技术的创新与应用，整个物流体系都将实现操作的无人化、运营的智能化和决策的智慧化。

3．共生

共生是指从供应链和价值网络全局去重新规划行业间、物流企业间的分工和协同化发展。

案例思考　京东等企业为何选择自建物流配送体系？

淘宝的物流

2010年，对于电子商务企业来说，物流恐怕是它们成长最大的烦恼。尤其是国庆节之后，各大电子商务网站都在做促销，短期内大量的交易产生的订单使得物流公司应接不暇，国内知名的快递公司纷纷"爆仓"。物流的供应不足，使得网购消费体验急剧变差。

但物流公司也有自己的无奈，电子商务的爆发式增长给物流企业带来了巨大的压力。以淘宝2010年11月11日大促销为例，李宁公司在促销之前每天订单量大致在6 000～7 000单，促销当日，一天接了9万个订单，对于下游的物流端供应商来说，之前配备的人力、物力根本就不能满足这种爆发式的增长。

2011年，淘宝悄然进入物流行业。为了进一步降低淘宝网上开店的物流费用，淘宝开始组建自己的物流渠道，物流宝应运而生。淘宝通过整合、优化社会物流资源，与合作伙伴强强联合，共同搭建电子商务供应链，在北京、上海、广州、成都等核心区域建立主要配送中心，与周边城市配送中心通过统一物流平台协调管理，形成了全国物流配送服务网络。

物流宝由淘宝合作的物流公司帮商家管货发货。商家把货放到淘宝合作仓库，有客户下单时订单会自动转到仓库，由专业物流公司拣货、包装和发货。

物流宝有以下明显好处。

1. 省时省力，帮卖家管货发货

加入物流宝，即刻拥有全国仓储配送一体化网络，物流整体外包，从此专注于产品和销售，轻松开展电子商务。

① 仓储。卖家将货物运到配送中心仓库进行集中管理，大大减少了原本卖家自己运作所需要的投入成本（场地、HR、设备、系统、耗材等各种仓储作业及营运成本），卖家只需要支付很少一部分理货费和包装材料费，就可以完成原本需要投入更多成本完成的工作。尤其是对那些经营季节性需求差异较大的商品的卖家，它们原本需要预估销量情况，根据销售额的峰值和谷值调配人员，往往需要支付大量外包人员的费用，但现在只需要把货物集中运送到配送中心，所有的烦恼就轻松解决了。这不仅大大降低了这些中小型卖家的日常运营成本，也极大降低了商家的经营风险，可谓一举多得。

② 配送。配送中心还与 EMS、E 邮宝、申通等物流快递公司合作，向入驻商家提供最优惠的快递价格。中小商家往往因为订单量少且不集中，导致对物流公司没有议价能力，物流公司则因为取件区域过于分散、取件成本过高而不愿意去接受这类订单的配送业务。淘宝合作配送中心将卖家的商品集中管理、集中发货，很好地解决了这两方面的难题。小卖家入驻淘宝合作配送中心后，只要用鼠标一单击，仓储、拣货、包装、发货、配送就全部解决，有效地将前期的成本中心直接转化为利润中心。

2. 按需付费，帮卖家降低成本

在物流宝平台上可自由选择各种物流服务，省去自建仓储的场地、硬件、软件、人力和管理等固定成本，按需付费。

3. 安全赔付，帮卖家降低风险

商品入仓即获保险，充分保证安全。物流出现的丢货、漏货、损货等问题均可获得快速赔付，享受诚信安全的电子商务专业物流服务。

4. 增值服务，帮卖家提升销量

限时达、促销组合、第三方质量认证等物流宝特殊服务，让商家的商品脱颖而出。更有仓储频道推广专区，入仓即可提升销量。

案例思考　淘宝提供第四方物流服务的目的和优点有哪些？

技能训练

1. 安装顺丰速运 APP 或微信关注顺丰速运公众号，熟悉网上寄件下单、快件跟踪、快递收送范围查询等操作。

2. 登录顺丰速运网站 http://www.sf-express.com/cn/sc，熟悉如何计算快件运费。

3. 登录淘宝 http://www.taobao.com，熟悉查询快件的物流信息操作。

4. 安装淘宝手机客户端，熟悉在手机上查询快件的物流信息操作。

5. 安装京东手机客户端，熟悉在手机上查询快件的物流信息操作。

学习情境八

电子商务应用

学习目标

知识目标

了解电子商务在制造业、流通业中的应用，了解电子商务在信息、保险、旅游及证券业中的应用，从而深化对电子商务的理解。

技能目标

能够在工作、学习和生活中充分使用电子商务提供的服务，提高效率，降低成本。

电子商务发展与应用的主角和主力是企业。电子商务使传统企业的工作流程发生了很大变化，原先需要人在物质世界里完成的工作，现在可以借助网络在虚拟世界中完成，从而形成了企业的全新运作模式。不仅如此，因特网与电子商务的发展还产生了一批全新的企业，如提供网络服务的 ISP、ICP 等。本学习情境将主要介绍在生产制造、商贸流通和服务等领域如何应用电子商务。

情境任务一　电子商务在制造业的应用

情境引例

海尔进军电子商务

海尔创立于 1984 年，现已发展成为大型国际化企业集团。国际化是海尔的重要发展战略，进军电子商务是海尔国际化发展的需要和必由之路。2000 年 6 月 18 日，海尔的电子商务系统正式运行，给海尔带来了以下两方面的好处。

1. **企业与用户/分销商：信息加速增值**

与用户保持零距离，快速满足用户的个性化需求，其有效手段就是做有鲜明个性和特点的企业网站。电子商务时代如何在强手如林的竞争对手中胜出，关键一点就是如何快速满足用户的个性化需求，能够提供比别人更好地满足用户需求的产品。例如，用户提出要三角形的冰箱，海尔能不能提供？这就是用户的个性化需求。因此，一方面要求海尔的电子商务网站必须满足个性化需求；另一方面，个性化需求要求整个企业的生产能力、布局、组织结构全都要适应它。生产必须是柔性的，整个生产的技术、布局、工艺设计及组织结构都要能够围绕个性化展开。有了这个条件，再加上电子商务的基本要素——配送网络和品牌，才可能将电子商务做好。海尔实施电子商务以"一名两网"的传统优势为基础："名"是指名牌，品牌的知名度和客户的忠诚度是海尔的显著优势；"两网"是指海尔的销售网络和支付网络——海尔遍布全球的销售、配送、服务网络及与银行之间的支付网络，是解决电子商务两个难题的答案。海尔的营销系统十分完备，在全国大城市中有40多个电话服务中心、1万多个营销网点，并延伸到6万多个村庄，这就是海尔可以在全国范围内实现配送的原因。

2．企业与供应商：协同商务以达双赢

海尔搭建的B2B平台是一个面对供应商的采购平台，可以降低采购成本，优化分供方。通过该平台可与供应商建立协同合作的关系，在B2B平台上实现网上招标、投标、供应商自我维护、订单状态跟踪等业务过程，把海尔与供应商紧密联系在一起。这样可以降低采购成本和缩短采购周期，提高采购业务的效率和效果，减少不必要的人工联络及传递误差，仅分供方降低的成本就达8%~12%。目前，海尔一年的采购费用是100多亿元，采用网上采购后，采购价格会大幅下降。采购是物流活动中重要的一环，海尔为推进物流重组，将集团的采购活动全部集中，规模化经营，全球化采购。海尔集团每个月平均要接到6 000多个销售订单，为此需要采购15万余种物料。而海尔通过整合、优化供应资源，使供应商由原来的2 336家优化至978家，其中国际供应商的比例却上升了20%，形成了面向全球的采购网络。配送事业部具有降低库存成本并对制造系统进行物流保障的重要作用。企业内部的配送实施JIT管理，增加批次，减少批量，以库存周转速度提升库存水平。同时，对各企业内部的运输资源进行整合重组，按照物流一体化的策略构建储运事业部，统一协调及控制运输业务，为零距离销售提供物流配送的保障。商流通过整合资源、降低费用来提高效益，资金流则保证了资金的流转顺畅。

引例思考 海尔把电子商务应用到了哪些方面？电子商务的应用给海尔带来了哪些好处？

电子商务扩展了交易范围，有效地缩短了交易时间，降低了交易成本，提高了交易效率，并使交易透明化。在这种背景下，传统制造企业纷纷应用因特网技术，以实现企业电子商务化来增强企业的市场竞争力。制造业电子商务涵盖了从市场调查、原材料采购到产品销售和售后服务的全过程，并与企业的经营管理全方位地结合在一起。制造企业电子商务的基本应用主要表现在以下方面。

一、市场调查

企业通过电子商务方式调查产品需求，包括历史的、当前的和未来的需求情况，了解对这类产品的购买力变化情况乃至消费者对这类产品注意力的变化情况等。同时，需要了解生产要素、生产现状及其变化情况，从而科学合理地制定相应的生产计划和营销策略。例如，汽车消费者借助网络，浏览汽车厂家网页，了解相关信息；输入个性化需求后，汽车厂家通过网络便对本公司客户的需求情况一目了然。

二、原材料采购

电子采购是在电子商务环境下的采购模式，也就是网上采购。电子采购通过电子商务交易平台，发布采购信息，或者主动在网上寻找供应商、寻找产品，然后通过网上洽谈、比价、网上竞价实现网上订货,甚至网上支付货款,最后通过货物的配送,完成整个交易过程。

电子采购活动的形式主要分为两种:第一种是通过自建门户网站来开展采购活动;第二种是通过第三方提供的采购平台来进行采购,如阿里巴巴、慧聪网、中国供应商网等。电子采购对采购企业和供应商来说是双赢。对采购企业而言,可以在网上大范围地寻找供应商和价廉物美的货源、网上洽谈贸易、网上订货、网上支付货款。这样不仅可以提高采购效率,缩短采购周期,而且可以节约大量的采购成本。据统计资料显示,从采购企业竞价采购项目正式开始至竞价结束,电子商务采购一般只需要1~2周,较传统招标采购节省30%~60%的采购时间;采用传统方式生成一份订单所需要的平均费用为150美元,使用基于Web的电子采购解决方案则可以将这一费用减少到30美元。企业通过竞价采购商品的价格平均降幅为10%左右,最高时可达到40%。例如,通用电气公司估计通过电子采购每年将节约100亿美元;世界著名的家电行业跨国企业海尔在实施电子采购后,采购成本大幅降低,仓储面积减少一半,降低库存资金约7亿元,库存资金周转日期从30天降低到了12天以下。对供应商而言,使用电子商务可以更及时地掌握市场需求,降低销售成本,增进与采购企业之间的关系,获得更多的市场机会。

三、发布企业信息,树立品牌形象

利用因特网可使产品的推销过程更加生动,除了提供产品的规格型号和销售信息外,产品的外观、功能、使用方法,甚至制造过程等都可以通过多媒体信息形式呈现给客户,从而增加了产品发布的知识性、趣味性和真实性。这些都有助于吸引客户。另一方面,生产企业的产品不仅需要进行产后促销,而且需要预产促销,利用网络就可以及早进行产品的宣传、预售等。

例如,网上车展为汽车企业,包括整车厂、零配件厂、汽车及其零配件经销商、代理商等提供了一个展示企业形象、产品特色的信息渠道。网上车展因为其信息量大、展示形式多样、展示费用低廉及可实现交互等许多优点,已为越来越多的企业所重视。

在开放的市场竞争态势下,企业除了制造和销售产品外,更需要强化品牌和形象,而借助因特网的特性可使企业形象的推广变得更具成效。通过精心设计网页,可以深刻地表达企业的形象与经营理念,及时传播企业的基本状况、近期规划、发展愿景、技术咨询及服务等各种信息。这些都有助于企业贴近自己的客户,与其达成更多的共识,建立起相互信赖的关系。如今许多企业都意识到因特网是宣传企业的一个好渠道,因而一些国内企业建设网站的主要目的之一就是宣传企业形象。

四、产品的销售及服务

电子商务的一个重要应用趋势就是实现网上交易,许多已开设网站的生产企业在设计框架时就将在线交易作为基本功能之一。客户可通过企业网站提供的电子交易系统进行网上订购,在相关安全、支付、银行等配套措施的保障下,实现网上交易。这既方便了客户,又扩大了企业产品的销售渠道。例如,汽车企业可以利用网站建立起网络销售平台,鼓励客户直接在网上订购汽车配件、养护用品、工具、设备,依托整个连锁体系来开展对客户的直接销售和配送,并通过互联网延伸客户服务。通过网络销售,客户可对车型、颜色、内饰等进行订货,最大限度地满足自己个性化消费的需要。

五、进行生产经营管理

企业以电子商务方式进行生产经营管理，包括生产过程管理（如生产能力的决策，产品的设计，生产材料的计划、调配，生产现场的调度与控制）、全面质量管理和人力资源管理等。

例如，汽车企业的内部管理极为复杂，业务运作牵涉到总部、分销中心、仓储配送中心、连锁店、加盟店、养护中心、维修厂、快修中心等众多机构和部门，企业内部实行的管理信息系统包括汽配的进销存管理系统、汽修业务管理系统、办公自动化系统等。内部电子商务的实施可以起到强化内部管理、规范经营管理模式等作用，促进组织体系内各个组成部门实施规范化的管理。在财务管理方面，电子商务可以动态地掌握企业各个环节的销售、库存等情况，分析优化资金流，减少呆账、坏账，缩短账期，加强整个经营体系的资金周转率。

六、通过网络搜集与企业经营相关的各种信息

生产企业的产品生产、销售必须遵守有关国家的相关法律、法规和政策，适应其经济、政治、科技、文化等环境，而因特网无疑是了解与企业经营相关的各种信息的最便捷的渠道。以我国为例，目前最丰富、最有价值的信息资源都集中在政府，随着"政府上网"工程的实施，因特网正在成为了解政府方针政策的窗口。不仅如此，外贸、税务、工商、法律、海关等政府职能部门的管理工作正在或已经通过网络进行，如在商务部网站上除发布有关国家对外经贸政策、管理及法律规范等信息外，进出口许可证、原产地证申领系统、电子招标系统等都在此运作，企业必须通过电子商务方式才能获得相关的信息和机会。

七、产品服务和技术支持

企业通过网络向客户提供快捷、及时的产品服务和技术支持，无疑会缩短与客户之间的距离。随时保持与客户的交流，还能及时、准确地搜集客户的反馈，从而有效地维系新老客户。企业借助网络开展产品服务和技术支持的形式有多种——大多数企业网站都提供 FAQ，设有服务中心、客户服务或在线人工服务等，提供技术咨询，为客户答疑解惑。例如，汽车网站可向有买车打算的人提供选车购车相关常识、购车程序及材料手续等相关知识，通过专业、系统的知识服务吸引他们的注意力，尽可能让他们选购本公司的产品；对已经买车的客户，可向他们提供与汽车保险、出险后索赔理赔、养车修车、安全驾驶、质量纠纷、租车、救援、二手车交易等有关的知识和信息，通过细致入微的服务，增进他们对本企业的感情，提高他们的忠诚度，并通过他们开发更多的潜在客户；对还没有购车客户，尽管目前尚不具备购车实力，但他们是未来汽车消费的主力军，向他们提供丰富的汽车文化、与汽车相关的趣闻轶事及汽车行业的最新发展知识，培养他们对本公司产品和品牌的认知度，对企业的发展具有重要的意义。

制造业电子商务就是在制造业业务流程的各个环节充分利用信息通信技术，形成电子化的业务流程，建立一条"供应商—制造商—批发商—零售商—消费者"的完整的电子化业务链，改变传统制造业运作模式的低效率和对市场反应迟缓的弱点，精简生产过程中一些不必要的环节和程序，减少生产规模扩大带来的边际成本增加的影响，从而达到降低制造成本、提高企业盈利空间、提高经营效率、提高客户服务水平和企业竞争能力的目的。

目前，国内外制造业电子商务正在有序地推进，互联网的应用领域也正逐步从过去单一的网上营销向包括原材料采购、产品设计研发、生产、品牌宣传、产品销售、售前售后服务、人财物管理、客户关系管理等各个环节渗透，优势正逐步显现出来。传统的制造企业如果不能适应这一变革，必将在激烈的市场竞争中被淘汰。电子商务的热潮也使我国许多传统的大型企业不甘做网络经济的旁观者，如海尔、美的、格力等大批企业都已经进军电子商务。

情境案例

创维集团电子商务站点的建设

创维集团（http://www.skyworth.com.cn）是一家总部设在香港，拥有雄厚的高科技实力和庞大的生产设施，从事彩色电视机、激光视盘机、家庭影院、卫星数字接收机的开发、生产和销售的大型现代化跨国企业。它在全球 85 个国家和地区建立了稳定、可靠、多层次的销售网络。创维集团以深圳、东莞为生产、销售的两大基地，40%以上的产品远销欧洲、美洲及东南亚等国家和地区，产品出口连续 6 年居全国同行业首位。

创维集团在 1999 年 6 月 23 日率先与润迅互联网服务有限公司（以下简称润迅）合作建立了国内第一家网上电视机直销服务网站，新闻发布会在北京钓鱼台大酒店隆重举行。

作为综合性的技术性强的网络营销网站，通过与润迅的合作，创维集团突破了企业建设网络营销网站的技术障碍，并减少了建设网站的风险。通过网站，使客户能了解到企业尽可能多的信息，包括公司简介、产品、促销、售后服务、行业动态等。客户在网上通过简单的操作，就可以选购到满意的产品。

创维集团还与招商银行合作，利用招商银行的网上支付工具方便客户进行网上支付。同时，它利用公司的服务销售网络首先在深圳开通送货上门服务，等时机成熟再推向全国市场。因此，建设一个具有网络营销功能的网站必须进行系统规划，寻求有力的合作伙伴，采用系统化的方法进行设计、开发和建设。

案例思考 直销网站的建立对创维集团和客户有什么好处？

雷克萨斯利用网络吸引客户

雷克萨斯（LEXUS）汽车是日本丰田汽车公司于 20 世纪 80 年代推出的豪华轿车系列，推出后以其优异的性能和相对较低的价格，迅速在世界豪华轿车市场占有了一席之地。雷克萨斯汽车的主要目标市场是高收入的青年才俊，他们的上网比例很高，雷克萨斯希望通过网站为客户提供"综合汽车拥有经验"，建立与客户的深层联结。

雷克萨斯的网站（http://www.lexus.com）设计得很有特色，输入客户密码后，可以了解到雷克萨斯的各种信息。

① 车型导览。获取汽车性能、豪华配置、安全性、零配件及规格等信息。

② 网络。可由邮政编码、地区名或经销商名称搜寻经销商资料或直接进入经销商网站。

③ 技术中心。可以看到有哪些最新科技被雷克萨斯汽车采用。

④ 活动花絮。列举了雷克萨斯赞助的各类文化体育活动。

⑤ 信息中心。提供汽车得奖的消息、专业的车型评论文章。

⑥ 车友社区。为雷克萨斯汽车的发烧友提供交流空间。

⑦ 理财帮助。为客户购买或租赁雷克萨斯提供理财顾问服务。

在设计风格上，雷克萨斯的网页保持了其在其他媒体中建立的品牌形象，使访问者获得一致的品牌感受。进入雷克萨斯的车友社区，可以获得最新的汽车信息，而这些信息是不向一般访问者公开的，这使雷克萨斯汽车的拥有者产生与众不同的感觉。在车友社区中，车主还可以传递电子贺卡给亲友，在贺卡正面选择自己喜爱的车型，以此来增加客户口碑相传的机会。

雷克萨斯的经销商虽然都是独立经营的个体，但在雷克萨斯的网站都有自己的网页，标明自己的地址、电话，同时把正在经销的雷克萨斯汽车品种列出来。客户选择了一款车后，就可以知道自己最方便购买的经销商所在地，并与之联系。

通过以上这些手段，雷克萨斯吸引浏览者分享他们过去与未来购车的信息，使网站成为一个学习的工具，并为自己提供一个与这些高价值客户对谈的机会。营销人员利用网站技术从现有的客户中区分出未来有可能购买雷克萨斯车的客户，并基于这种区分为每类客户提供专有的信息。由于汽车购买者的行为有发生时间相隔很久的特性，雷克萨斯这种"综合汽车拥有经验"的客户联结策略，更有可能增加客户再次购买的可能性。

从雷克萨斯的网站实施中，我们似乎可以得到这样一种判断：如果把网站作为直接销售产品的工具，在国内对大多数企业来说还不现实，但如果把网站作为一种联结客户的有效手段，对很多企业来说却是可以开始实现的。

案例思考　将传统领域中的客户服务搬到网上，对雷克萨斯和客户有哪些好处？

情境任务二　电子商务在流通业的应用

情境引例

沃尔玛

沃尔玛是全球零售业的巨头，迄今为止，沃尔玛已经将业务拓展到了10个国家——美国、墨西哥、巴西、阿根廷、德国、波多黎各、英国、韩国、加拿大、中国，员工人数超过130万人。但沃尔玛在全球网上零售业中的排名曾一度沦落到第43位，远远低于在网络泡沫经济中迅速发展起来的eBay和BUY.COM等。当美国亚马逊网上书店迎来第100万个用户时，沃尔玛的网站却只有几万人惠顾。在网站经营不振的时期，沃尔玛的在线销售额只占实际总销售额的3%，沃尔玛因此被有些人称为电子商务领域的"侏儒"。沃尔玛没有被公司网站几年来的萧条经营所吓倒，而是开始仔细研究网络竞争者的特性，制订了一系列有针对性的计划，尤其是计划建立一个从牙刷到电器等无所不包的销售网站，来与其实力雄厚的配送系统相匹配。新网站大大增加了贵重商品，如 DVD 播放器和数字摄像机等，在线图书的书目也将从500万册增加到700万册。实践证明，这项措施使沃尔玛相当于新建了25个商场，同时也使消费者网上购物的选择范围扩大了将近2倍。沃尔玛这个传统的零售业巨头拥有众多的分支机构、完善的配送系统、低廉的价格优势、忠心耿耿的客户群体，以及强大的技术力量，这一整套的坚实后盾令积极拓宽网上零售的沃尔玛如虎添翼。这个成就可以说有很大一部分来源于沃尔玛适时地与新经济接轨，从而获得了更新、更强的竞争力。

引例思考　试分析沃尔玛为什么应用电子商务，有什么先天优势。

电子商务影响现代物流业

① 美国橡胶公司（USCO）的物流分公司设立了信息处理中心，接收世界各地的订单，只须按动键盘，即可接通 USCO 公司订货，通常在几小时内便可把货送到客户手中。良好的信息系统能提供极好的

信息服务，从而赢得客户的信赖。

② 美国洛杉矶西海报关公司与码头、机场、海关信息连网，当货从世界各地起运时，客户便可以从该公司获得到达的时间、到泊（岸）的准确位置，使收货人与各仓储、运输公司等做好准备，让商品在几乎不停留的情况下快速流动，直达目的地。

③ 大型的配送公司往往建立 ECR（Efficient Customer Response，有效客户信息反馈）和 JIT 系统。ECR 系统是至关重要的。有了它，就可做到客户要什么就生产什么，而不是生产出东西等客户来买。例如，仓库商品的周转次数每年达 20 次左右，如果利用客户信息反馈这种有效手段，可增加到 24 次。这样，可使仓库的吞吐量大大增加。通过 JIT 系统，可从零售商店很快得到销售反馈信息。配送不仅实现了内部的信息网络化，而且增加了配送货物的跟踪信息，从而大大提高了物流企业的服务水平，降低了成本。成本一低，竞争力便增强了。

④ 欧洲某配送公司通过远距离的数据传输，将若干家客户的订单汇总起来，在配送中心里采用计算机系统编制出"一笔画"式的路径最佳化"组配拣选单"。配货人员只须到仓库转一次，即可配好订单上的全部要货。

引例思考 通过引例，我们可以发现，在电子商务环境下，当前许多发达国家的物流业正向全球化、信息化、一体化发展。那么，电子商务究竟可以从哪些方面影响现代物流业？物流业应如何应用电子商务呢？

丽华快餐版的电子商务

作为一家民营企业，丽华快餐 1993 年起步于江苏常州，其创始人蒋建平是一个敢于"尝鲜"的人。尽管当时公司规模还很小，快餐业又是微利行业，但他硬是买了 10 台计算机。

蒋建平考虑的初衷是，丽华快餐是通过电话接受订餐的，电话订餐只能实现一对一的沟通，假如订餐客户想要查询自己所下订单的处理情况，再打电话到丽华的服务中心时，很可能不是同一个接线员接电话，就会出现信息查询障碍。而丽华快餐的接线员也不可能在确定了一个订单之后，再向所有同事递交一份备忘录，这无论是在时间上还是在工作流程上都不可能实现。为此，丽华快餐专门开发了信息共享平台，使得每个接线员录入的订餐信息都能与他人共享，而这些信息又可以快速传达到送餐部门。快餐递送不同于其他商品，是有时效性的，必须及时送到。为了保证及时，就要尽量缩短客户从订餐至信息传达至送餐部门的时间，而这几台连接成局域网的计算机刚好解决了这些问题。

1997 年，随着互联网在中国出现并迅速成长，丽华快餐上网了。丽华快餐是没有门店的饭馆，在网上建一个主页，就相当于在互联网上有了一个门店，起到了一定的宣传作用。最初丽华快餐也只是在互联网上做了一个主页而已，订餐用户可以在这里查到公司的订餐电话。

现在，客户访问丽华快餐网站，下的订单在几秒钟之内就被反馈到丽华快餐在全国不同省份的分公司，再由分单员把它分配到丽华快餐分布在全国的相应的送餐分公司那里。这个过程听起来复杂，实际上实现整个流程不过几秒钟。

网上订餐有着降低成本的显著优势。现在的快餐业正在发生变化，客户不是提前很多时间来订餐，而是感到饥饿时才订餐，因此订餐电话一般都集中在饭前的一个小时内。例如，一个熟练的接线员每天可以处理 100 个订餐电话，北京地区每天网上订餐的总量折算下来，至少能替公司减少 20 名接线员，而需要添加的只是一个订餐网站。

引例思考 餐饮业是否适合应用电子商务呢？

流通业，顾名思义，就是从事商品或服务的流动与交易的行业。换言之，商品或服务由企业生产出来，从企业到消费者的整个过程就是流通。在国家统计指标体系中，流通业的统计只包括批发、零售和餐饮。目前，物流也正在纳入统计之中，官方已认同物流是流通业。

一、商贸企业电子商务

商贸企业又称为批发、零售企业，是商品流通的主体。商贸企业根据市场需求决定商品采购，向生产商订货，然后进行批发或零售。由于商贸企业没有生产环节，所以电子商务活动几乎覆盖整个经营、管理活动，是应用电子商务最多的企业。商贸企业可以建立网站或通过第三方平台更及时地获取市场信息，准确进货，并通过网络促进销售，从而提高效率，降低成本，获得更大的效益。

电子商务在商贸企业的应用主要体现在以下几个方面。

（一）基于网络化的商业信息处理

1. 获取商业信息

通过因特网，商贸企业可以更及时地获取消费者的需求和供应商的供货信息，以便有效地组织和调配货源，并通过网络及时进行销售，从而提高效率，降低成本，获得更大的效益。同时，可以随时了解竞争对手的经营动态、营销举措等，以便及时调整自己的经营策略。此外，通过网上调查，可以随时征询客户对企业产品、服务的意见，检验其经营的情况。

2. 提供信息服务

提供商业信息是商贸企业提供服务的重要方式之一。采用Web技术，除发布各种商品广告、市场信息外，商贸企业还可以有更多的途径为客户提供服务。

例如，环球资源网作为一个B2B网站，以满足买家的采购需求为出发点，为买方提供了详尽而专业的供应商数据及符合贸易标准的贸易信息：网站拥有超过12万名供应商和超过10万种产品的详细资料；环球资源网的专用供应商目录也相当规格化和标准化，提供包括基本的公司背景、产品规格、图像，以及如安全标准、生产设备、公司研发力量等重要信息。另外，环球资源网提供各种增值服务和电子贸易工具，方便买卖双方在网上进行采购和交易，从而增加贸易，提高效率，降低成本。

（二）实现网上采购与销售

商贸企业实施电子商务后，其采购和销售都可以通过网络进行——通过网络实现电子合同签订、进货，可以减少库存、资金占用、仓储费用、运输费用，从而降低商品成本。

（三）通过网络完成资金结算

资金结算是网络交易的最关键环节。资金结算系统由企业的结算部门及银行、邮局或配送部门组成。实现完全的电子商务后，信用卡、电子货币、电子支票等电子支付将成为网上交易的主要手段。

（四）实现快速、高效的物流配送

电子商务中的任何一笔交易，都包含着信息流、商流、资金流和物流。在电子商务条件下，信息流、商流和资金流处理都可以通过计算机及网络通信设备实现。物流最为特殊，对于无形商品和服务来说，可以直接通过计算机网络传输的方式进行配送。而对于大多数实体商品和服务来说，其配送仍要经过物理方式传输，由于准确、及时的物流信息及对物流过程的监控，将使物流的流动速度加快，准确率提高。

二、物流业电子商务

物流包含运输、仓储、包装、装卸、流通加工、配送及物流信息等功能要素。其中，运输、仓储和配送是物流的主体功能；包装、装卸、流通加工和物流信息管理是物流的辅助功能。

信息是高效物流管理的核心，物流信息通过协调、组织和控制物流的其他功能要素，优化物流系统的结构，降低物流运作成本，提高物流系统的绩效与价值。现代物流发展水平已经成为一个国家综合国力的重要体现。经过近10年的实践探索，我国已建成一批多功能的物流配送中心。但我国物流产业总体水平低下，大多数配送中心仍充当着仓库和运输中转站的角色，而其中的自动化、信息化、网络化技术的应用就更少，导致物流成本高，效率低。

物流业一方面是整个电子商务实施的重要组成部分；另一方面，其自身的运作过程又有很多方面可以利用电子商务来解决传统物流业存在的诸多问题。所谓物流业电子商务，是指物流企业利用互联网来开展物流服务的营销、物流服务的申请、订单的处理、结算支付，以及内部业务重组等活动。

（一）电子商务对物流业的影响

电子商务为物流企业提供了良好的运作平台，大大节约了社会总交易成本。在电子商务环境下，供应链中的各个节点企业能更好地实现信息共享，加强供应链中的联系，使企业可以提高生产力，为产品提供更大的附加值。

电子商务极大地方便了物流信息的搜集和传递。电子商务系统能够搜集到大量的市场信息，通过对这些信息的加工和处理，很容易得到富有价值的商业资讯和情报，如客户的订购数量、购买习惯、商品的需求变化特征等。这些资料对企业制定经营管理、商品开发和销售政策具有重要的价值。

（二）物流企业如何融入电子商务

在电子商务时代，要提供最佳的服务，物流必须有良好的信息处理和传输系统。物流企业要融入电子商务的发展，其自身必须也能够开展电子商务。这就必须建立电子商务系统，该系统能自动完成所有与运输货物相关的业务操作。这意味着该系统应首先完成与货主企业、银行、税务、保险、商检、海关、码头等的连网，然后建设网站或网络平台以标准格式支持数据传输和处理。

我国可以利用技术的后发优势，发展符合世界目前物流信息化、社会化、现代化、国际化的发展方向，将物流、商流和信息流三者有机地结合起来的具有中国特色的电子商务物流业。我国物流企业对电子商务的基础性应用需求巨大。近几年来，我国许多物流企业在快速发展的同时逐渐认识到经营成本对企业发展的限制，促使很多物流企业开始寻求利用电子商务来降低运营成本。但是，由于我国物流企业的主体是中小物流企业，普遍存在对电子商务认识不足的问题。同时，受到资金和技术的限制，造成我国物流行业对电子商务的应用需求主要集中在信息发布、信息搜集、广告宣传、在线支付等基础性应用层面上。

（三）物流业电子商务运作模式

1. 物流企业自建网站

中远集团（http://www.cosco.com）通过网站电子商务频道，使客户能够进行班轮与货物的信息查询、在线订舱、进出口单证和报表网络传递、报表模板定制、货物跟踪、在线船代和在线采购。

中国铁路货运网的客户通过电子商务频道能够进行班列查询与预订、营业服务站点查询、运力预约、装车预订、货物在途追踪、运费查询、发货管理、运单打印、建议投诉等。

中远集团和中国铁路总公司作为大型传统的运输企业，在网站中建设了电子商务频道。其为客户提供的电子商务有交易前的物流服务的采购与销售、交易过程中的预约与服务过程中的监控、交易后的客户关系管理。这是在企业内部信息化的基础上，通过网站与客户进行沟通和协作。

2. 第三方物流网站

第三方物流网站是为物流供需双方提供信息服务的专业网站。例如，锦程物流网汇聚了全球物流提供商资源、贸易商资源及行业相关资源；每天均有上万家的物流供需双方企业发布供应、运价、招标、代理等重要信息；符合行业特色的专业物流分类板块使得各类物流提供商均能在网站上找到属于自己的精准营销空间；同时，专业细致的分类也便于贸易客户更加便捷地检索到所需信息。

又如，中国物通网把物流公司、运输车辆、海运、空运、快递、搬家与发货企业共同汇集于一个平台，七者网上互动、直接交流，实现了互相合作、互相竞争，共同形成了全方位、立体化的信息流，实现了物流信息网络化、全球化；同时网站采用了先进的"网点""线路"设计理念，大大提高了客户获取信息的效率。

三、餐饮业电子商务

（一）概述

民以食为天，餐饮业被称为中国的黄金产业，拥有巨大的消费市场。随着生活水平的提高，以及生活方式的转变，人们对餐饮的需求也随时代而不断变化，并且变化越来越快。但餐饮经营者依然只是简单地依靠自己的主观意识来判断消费者的需求，无法适应消费者口味和消费习惯的快速变化。而消费者也只能在餐馆所提供的饭菜的基础上去选择，双方缺乏必要的沟通。电子商务在餐饮业的应用，对于拓宽传统的餐饮业经营模式和管理模式，提高企业的竞争力具有重大的意义。

所谓餐饮业电子商务，是指以网络为载体，以餐饮信息库、网络银行为基础，利用先进的电子手段运作餐饮业及其分销系统。

餐饮业电子商务具有营运成本低、用户范围广、无时空限制及能同客户直接交流等特点，提供了更加个性化、人性化的服务。

（二）餐饮业电子商务运作模式

1. 餐饮企业自建网站

餐饮企业自建网站包括有店铺形式的餐饮企业建立的网站和无店铺形式的餐饮企业建立的网站。餐饮企业自建网站在企业宣传等方面起到了一定的作用，但有些网络只是以提供信息为

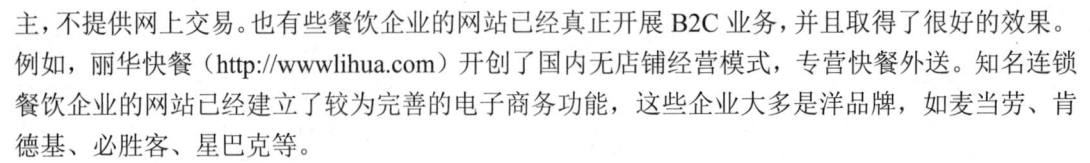

主,不提供网上交易。也有些餐饮企业的网站已经真正开展 B2C 业务,并且取得了很好的效果。例如,丽华快餐(http://wwwlihua.com)开创了国内无店铺经营模式,专营快餐外送。知名连锁餐饮企业的网站已经建立了较为完善的电子商务功能,这些企业大多是洋品牌,如麦当劳、肯德基、必胜客、星巴克等。

2. 第三方餐饮网站

第三方餐饮网站是指由第三方建立电子商务网站实现网上订位、订餐。这种类型的网站主要让客户通过网络实现对餐馆及餐馆的菜单进行查询和预订,企业对通过网上预订的客户给予相应的折扣,如大众点评、口碑网、美团网等。其中,饭统网(http://www.fantong.com)是中国第一家免费预订餐厅、免费提供优惠折扣的专业权威餐饮网站,目前已经成为全球最大的中文综合性餐饮门户。

(三) 功能

餐饮企业运用电子商务最主要的形式就是网上订位、订餐。网上订餐优势明显,订餐服务直观、低成本、互动性强、方便快捷,可以节省时间和电话费,有利于培养客户的忠诚度和进行客户关系管理。电子商务在传统的餐饮行业中的应用,对餐饮企业具有变革性的作用:可以大大降低餐饮企业的采购成本;可以为餐饮企业提供广阔的客户渠道;可以为餐饮企业拓展销售。

情境案例

美国联邦快递公司的电子商务应用

1. 公司简介

美国联邦快递公司(Federal Express)(以下简称联邦快递)隶属于运输业泰斗 Fdx Corp. 旗下,服务范围涵盖全球大部分地区,以"保证准时,否则退钱"的客户承诺,能在 24~48 个小时之内提供户到户的快递服务。联邦快递凭借无与伦比的航空运输路线、完备的基础设施成为全球最大的快递运输公司。

2. 电子商务应用

联邦快递现在运行的有代表性的电子商务系统主要有邮件跟踪和查询系统,以及地面运行系统。

(1) 邮件跟踪和查询系统

目前,其他快递公司都没有对邮件包裹进行百分之百的跟踪时,并在邮件包裹快递途中每个点上提供单据查询服务,而联邦快递则能够充分提供这两种服务。联邦快递在包裹投递途中对包裹扫描超过 10 次以上,每次都将数据从运货车传递到 600 个美国城市快递站中的一个站点,并使用无线信号将数据传送至总部服务器上。

呼叫中心和 Powership 程序是联邦快递帮助客户实现邮件包裹查询和跟踪的两大渠道。在美国有 16 个呼叫中心提供客户服务,为要求查询的客户提供实时的包裹状态报告。Powership 使客户能够从邮件收取到交货,一直跟踪其联邦快递邮件包裹的状态,实现每天自行开票。

(2) 地面运行系统

以美国为例,联邦快递每天在美国承担的任务大约有 250 万个包裹。快递站运行管理人员通过数字化协助派遣系统(DADS)传递最新的快件路线计划,使其显示分布在全国各地的 40 000 辆联邦快递运货车的个人计算机上;有许多服务器和工作站用于地址定位及计划应用;联邦快递在美国有 600 个城市快递点收取和交付这些邮件包裹；快递站运行管理人员肩负预测、安排送货路线的任务，联邦快递为他们提供了许多功能强大的工具，如 GenaMap 地理信息系统——利用 GenaMap 的帮助，运行管理人员可以安排包裹计划途经的各个地点，并且动态了解包裹途经的实际地点。

案例思考　联邦快递电子商务应用主要集中在哪些领域？取得了什么成效？

中国网络"送餐"开始进入标准化时代

据中国电子商务研究中心的监测数据显示，2017 年上半年中国在线餐饮外卖市场交易规模约 906 亿元，相比 2016 年下半年的 1 021 亿元减少了 11.26%。2017 年上半年中国在线餐饮外卖市场交易规模虽然较上半年有所下降，但 2017 年整体交易规模仍呈上升趋势，预计会突破 2 000 亿元。

要说在线外卖行业这半年多来发生的最重大的事件，莫过于"饿了么"收购百度外卖了。2017 年 8 月 24 日，"饿了么"正式宣布合并百度外卖。合并完成后，百度外卖成为"饿了么"的全资子公司。目前公开报道百度外卖以 5 亿美元出售。此外，百度打包了一些流量入口资源给"饿了么"，作价 3 亿美元，包括手机百度、百度糯米、百度地图，年限为 5 年，百度搜索年限为 2 年。这 8 亿美元中，2 亿美元为现金，"饿了么"增发股份 3 亿美元，交易完成后百度占"饿了么" 5%股份，剩余 3 亿美元锁定期为 5 年。至此，外卖行业走向两强争霸局面。

随着美团、百度外卖、"饿了么"等众多在线外卖平台经过市场洗刷，中国在线餐饮外卖市场逐渐成熟，用户规模和市场规模的增速均呈放缓趋势，外卖市场格局进一步稳定。2017 年 9 月 1 日，由中国贸促会商业行业分会等单位发布的《外卖配送服务规范》团体标准正式实施，意味着网络"送餐"开始进入标准化时代。

情境任务三　电子商务在服务业的应用

情境引例

1. 首都之窗（http://www.beijing.gov.cn）

首都之窗是北京市国家机关在互联网上统一建立的网站群，于 1998 年 7 月 1 日正式开通。首都之窗是为了统一、规范地宣传首都形象，落实"政务公开，加强行政监督"的原则，建立网络信访机制，向市民提供公益性服务信息，促进首都信息化，推动北京市电子政务工程的开展而建立的。其宗旨是：宣传首都，构架桥梁；信息服务，资源共享；辅助管理，支持决策。

2. 国研网（http://www.drcnet.com.cn）

国研网是一个面向社会以提供经营决策参考信息为主的大型专业网站。国研网所提供的服务项目有信息服务、咨询服务、信息发布、活动组织、网页制作、建设 Web 站点等。该网站的特点是所提供的信息具有可靠性和权威性。作为中央政府的决策研究机构，国研网上发布的内容包括国研决策参考、中国电子商务门户、政府办事指南等，对国内外企业都具有极大的参考价值。其中，"国研决策参考"针对企业，特别是金融证券机构的需要，提供宏观经济、行业经济、金融分析、实时行情、专家报告等多层面的内容；"中国电子商务门户"是为促进电子商务在我国的发展而特别设立的，用户从这里可以检索到全球电子商务的最新动态，了解电子商务最前沿的解决方案和产品，获取各类商务站点的信息；"政府办事指南"汇集了我国政府各主管办事机构常用的办事手续千余条。

3. 新浪网（http://www.sina.com.cn）

新浪网通过提供全面、及时的中文信息内容，以及高效、方便的网络工具，建立功能多元化、使用简单快捷的中文网络空间，提供轻松、自由地与世界交流的先进手段，成为世界各地中国人的全功能网上生活社区。

新浪网分为新闻中心、搜索引擎、财经纵横、网上交流、生活空间、竞技风暴、游戏世界、科技时代等多个栏目；开辟有"程序员之家""谈股论金"等10余个BBS，并针对社会热点不断开设新的论坛，是国内最有名的BBS。新浪网是一个信息快捷、服务全面的门户网站。

4. 网易（http://www.163.com）

网易公司成立于1997年5月，是一个面向商业的互联网信息平台，可为客户提供全方位的信息服务。网易依托系统集成和专业人才的优势，独立开发了多套互联网系统软件，包括中文全文搜索引擎系统、虚拟社区系统、大容量分布式电子邮件系统。网易曾连续在中国互联网历史上创造了一系列的"第一"：中国第一家提供中文全文搜索、第一个大容量免费个人主页基地、第一个免费电子贺卡站、第一个网上虚拟社区等。如今，网易已明确了自己的方向，成为以搜索引擎为龙头，兼顾新闻、论坛、免费服务等的大型综合性网站，提供的服务项目包括网易社区、中文全文搜索引擎、免费电子杂志、免费电子贺卡、免费电子邮箱等。此外，网易还致力于互联网软件产品的研发，网易的单一域名大容量分布式电子邮件系统已被成功地应用于163.net等国内10余家大型网站。

5. 中国教育热线（http://www.zgjyol.cn）

中国教育热线是清华万博在线网络技术有限公司于1999年5月推出的教育门户网站，主要目的在于广泛地与国内教育信息服务的单位合作，大力开发互联网教育增值信息，开展教育方面的电子商务服务。中国教育热线面向所有教育和与之相关的单位及个人，是提供各种不同类型、层次的信息服务、信息交流和教育类电子商务的综合性网站。其宗旨在于为教育领域的广大消费者和从业者提供一个自由、充分地利用因特网进行信息交流的环境，使广大网上消费者能够快速地了解和获取信息，得到满意的服务。

6. 医网（http://www.ewsos.com）

医网创建于2000年9月，是中国最早提供专业医疗资讯、疾病咨询、专业视频、杂志的医疗门户网站。依托强大的医疗集团背景和丰富的行业资源，医网提供专业的网络服务，开设保健、疾病、就医、问答等服务。医网旨在为医疗专业人才提供展示的平台，为患者提供交流互助的平台，为大众提供丰富权威的医疗资讯和及时的在线服务，开创医疗行业网站新模式，打造中国第一医疗门户网站。

引例思考 通过以上几个引例，你觉得我国ICP的运作模式有哪些？

证券类电子商务网站

情境1：证券之星（http://www.stockstar.com）

证券之星是中国最大的金融证券类互联网站。作为中国互联网行业的新一代企业，它以"理性、务实、创新、远见"的理念和"更快、更高、更强"的作风著称于业界。

证券之星网站于1996年在上海开通。它是中国国内第一家金融证券网站，也是迄今为止最大的同类网站。网站目前提供即时行情、新闻、上市公司资料、市场及个股分析、BBS社区、智能选股、个性化服务等内容，涵盖范围以国内股票市场为主，兼顾全球其他市场和金融产品。证券之星的行情数据已为国内多家门户网站使用，包括新浪、网易、东方网等大型网站，约占全国70%的市场份额。

情境2：赢时通简介

1999年8月，讯凌公司推出了赢时通——中国证券商务网。讯凌公司以其对证券业务和信息技术的深刻理解与趋势把握，在中国证券电子商务市场掀起了"虚拟化经营"的革命旋风，并在这一新兴市场占据

学习情境八　电子商务应用

了最高的市场份额。

赢时通作为一个整体产品，主要由财经资讯服务系统、网上证券交易系统、行情分析系统和投资理财个性化服务系统组成。赢时通将因特网自由、开放、可交互性有机地结合起来，营造了完善的证券电子商务频道，为客户提供实时的动态行情、丰富准确的证券信息、实用的智能分析模型、快捷便利的网上交易系统，是集信息内容供应商、投资分析供应商、网上交易服务商三位为一体的提供全方位服务的证券商务网。

网上证券交易是赢时通的重要功能，所有用户均可通过讯凌网上分析交易系统选择连网券商进行网上交易。赢时通的网上交易基本与大户室的热自助和散户的刷卡委托相同，主要包括登录、委托买入、委托卖出、委托撤单、银证转账、委托查询、成交查询、账户查询、历史查询、对账单查询等功能。客户可以在赢时通这个强大的网上交易平台完成如买入、卖出等所有的交易。选择好券商及股票类型，且输入账号和密码，在确认后即可进入交易。

引例思考　证券之星和赢时通都是证券类网站，两者有什么区别？

网上购买保险

在一家高档写字楼上班的白领苏先生通过主营网上保险的中民保险网（http://www.zhongmin.cn）购买了 2 份东南亚旅游保险计划，网上支付 66 元完成投保并获得电子保单。苏先生表示，很早就计划和新婚妻子去东南亚旅游度假，但平日工作繁忙，一直抽不出时间去找保险业务员购买旅游险。这次通过中民保险网新推出的搜索式产品对比系统，一键完成多家保险公司产品的对比，价格与特点都一目了然。苏先生在线投保并获得与纸质保单一样具有法律效力的电子保单，既方便，又节约了时间。

引例思考　与传统购买保险的方式相比，网上购买保险有哪些优势？

网上保险的优势

一些比较简单的保险，如一年期交通工具意外险、家庭财产保险、短期旅行保险等，这些产品对服务的需求相对较小。一般来说，通过网上销售，销售成本较低，保险公司通常会定出较低的价格销售给消费者。

以航空意外伤害年度保险为例，90 元的保费对应的是全年 80 万元的保障金额；而同样是航空意外险，如果在机场柜台购买，每份 20 元只能购买到一次航班 40 万元的保障。再以车险为例，如果通过网络向保险公司投保，保险公司通常会让出 10%～15%的折扣。

引例思考　网上保险给保险公司和投保人带来了哪些好处？

同程旅游电子商务

同程网是目前中国唯一拥有 B2B 旅游企业间平台和 B2C 大众旅游平台的旅游电子商务网站。对于面向普通游客的 B2C 平台，游客可以通过旅游点评、旅游提问、旅游询价、旅游博客等互动形式参与到网站中，并可直接与旅行社、酒店、景区、交通等旅游供应商进行沟通，进行旅游采购，降低旅游者采购风险与采购成本。同程网拥有 420 万名注册会员，提供酒店、机票、景点门票、演出门票、租车、旅游度假等全面服务。同程旅游知道频道是一个给网友解答出游问题的平台，有专业人士和众多的网友一起为游客答疑解惑，为游客带来及时、便捷、准确的问答体验。

引例思考　通过引例，可以看出电子商务给旅游企业带来了哪些影响？在线旅游企业可以为客户提供哪些服务？

从 20 世纪 60 年代开始，主要发达国家的服务业在整个国民经济中的比重超过了 50%。目前，服务业的发展水平已经成为衡量现代社会经济发达程度的重要指标。

改革开放以来，我国经济得到了持续快速发展，服务业也有了比较大的进步，面对电子商务，服务业反应最快，但时至今日，仍徘徊在一个较低的水平。电子商务的普及，为我国现代服务业提供了更广阔的发展空间。电子商务提高了服务业的服务能力、服务效率，还开辟了新的服务领域，形成了更多新兴行业和就业机会，如网上商店、网上银行、信息技术支持及第三方电子商务服务提供商等。以下介绍4种典型的服务业电子商务应用领域。

一、信息服务型电子商务

网络信息服务是伴随因特网的发展出现的一种全新的电子商务模式。作为第四大传播媒体，目前因特网上的信息已经涉及政治、经济、科技、法律、文化及人类社会生活的各个方面，从事相关信息服务的网站不计其数，可以说没有不提供信息服务的网站。因特网催生了以提供信息为主的ICP，而ICP的成长又加速了因特网的发展。

ICP提供信息服务的主要目的是吸引人们的注意力，即以提供特定的信息内容或服务来汇聚众多的有忠诚度的用户或订户，提高自己网站的访问量。目前，我国ICP没有一个标准的发展模式，由于各网站的侧重点不一样，因此所提供的信息内容和服务形式也不相同。

目前运作较为成功的一些ICP所具备的基本功能主要体现在以下几个方面。

（一）导航——提供信息搜索

网络搜索引擎是网络最基本的工具，包括网上信息的搜索、将搜索到的数据安排到目录之中或者提供实现相应的链接功能之类的导航工具。随着上网人数的激增和大量网站的建立，许多精明人士看到了网络搜索引擎的无限前景，开始进行开发和研究，其中如Google、Yahoo、Infoseek和Excite等已成为著名的网上信息导航台。中文的百度也是靠提供这类服务起家，并取得了成功。在网上每天都有海量的新信息出现的情况下，要快速地找到所需的信息，提供信息导航功能的搜索引擎变得越来越重要。不仅是专门的搜索引擎网站，就是一般的商业网站，为方便用户检索也都在自己的网站上建立了各种搜索工具。

（二）提供内容

提供内容即提供各种信息，如热点新闻、商业广告、产品信息、股市行情、体育赛事、歌曲音乐、游戏娱乐、生活轶闻、名人轶事、电子报刊、各类咨询及免费软件下载等。这些内容可大大提高网站的访问率，因此已经开始提供内容的许多网站均正在加大提供内容服务的力度。一些企业也纷纷在自己的网站上增加这类服务，如实时发布股票信息已成为一些大公司网站的例行栏目。

（三）通信

这类服务主要是提供电子邮件、因特网电话等信息交流手段，如AOL的ICQ、Yahoo、网易的免费电子邮件服务等。值得一提的是，因特网电话可能将是这类服务中下一个引起人们兴趣的应用。

（四）社区

社区包括聊天室和兴趣小组。由于社区有助于将用户保持在门户站点，所以正变得越来越重要。目前，ICP越来越意识到其业务成功的关键是发展"黏性"（stickiness），即一旦用户访问了网站，他将在此网站待上相当长一段时间，然后离开。eBay就是一家从虚拟社区空间起家的著名公司。在我国，新浪和搜狐也发展这种业务。

网上信息建设是一项投入十分巨大的工程,尽管建立一个信息服务网站的初期投入并不很大,但日常的维护成本却高得惊人。

二、证券电子商务

(一)概述

我国金融服务业是最广泛采用信息技术的行业,金融电子商务已从前期的以信息服务为主向真正的电子交易过渡。证券电子商务极具发展前途。

证券业务在经历了由柜台委托、营业大厅自助委托到电话委托这一"飞跃"之后,互联网的出现又给证券业开辟了新的交易方式。所谓证券电子商务,是指证券业以互联网为媒介为客户提供的一种全新商业服务,是一种信息无偿、交易有偿的网络服务。由于证券电子商务不涉及烦琐的网下物流配送,而且建立数据库的成本低,因此盈利的可能性很大。网上证券交易已成为当前发展最快的一种电子商务形式,其发展速度和规模将远远超出人们的预期与设想。美国既是最早开展网上证券交易业务的国家,也是网上证券交易业务最为发达的国家。

1996年年底,我国个别证券营业部开始尝试开办网上交易业务;1998年网上证券交易真正开始起步;2000年4月,证监会颁布了《网上证券委托暂行管理办法》;2001年以来网上证券交易加快了发展速度。

(二)网上证券交易的主要经营模式

1. 证券公司与证券类网站合作模式

由证券公司全权委托证券类网站搭建互联网上的交易平台并为客户提供资讯服务,形成投资者和证券公司之间的网上沟通模式,证券公司则利用后台交易系统及其营业部为客户提供网上证券交易服务,向其合作网站提供必要的信息内容。

2. 证券公司自建网站提供服务模式

目前,许多证券公司建立了自己的网站。证券公司在网站上开发出如网上模拟操作、国内外宏观信息报道、证券分析等各种特色化功能,并为客户提供个性化的服务,如华夏证券。客户可以通过证券公司的网上证券交易系统直接进行下单、委托交易、行情查询分析等相关操作。

(三)网上证券的功能

① 行情查询与服务。接收卫星发送的证券交易实时行情,自动生成历史行情数据,为投资者提供行情数据服务。

② 交易功能。它包括证券买卖与撤单。

③ 资讯服务功能。它包括信息服务的内容、方式及手段,是证券电子商务经营模式的核心部分。它提供各种与证券投资相关的信息,特别是即时信息,供投资者决策使用。在证券市场,谁掌握了有价值的信息,谁就拥有更多的财富。与传统证券市场不同,信息技术使信息的受众面和丰富程度同时增加,为证券电子商务提供了巨大的信息增值服务机会。证券公司不只是扮演信息传递的角色,还必须通过专业分析使其增值。

(四)网上证券的优势

1．不受地域的限制，改善了股民的交易环境

人们的投资观念发生变化，越来越意识到挣钱只是一方面，投资理财更为重要。投资股票的人越来越多，但证券交易所的发展速度却总是赶不上股民增加的速度，因而证券交易所大厅中总是人满为患，令许多人望而却步。网上交易不受地域限制，极大地提高了人们投资选择的自由度。网上交易的发展主要对散户投资者有利，使得散户交易的手段和条件"大户化"。由于中国证券市场的主体是散户，因此这种方式的推广对国内证券业的意义重大。

2．有利于投资者做出正确的投资决策

因特网的迅猛发展使得网上信息的流动更为迅速，内容更为广泛，传播渠道更为多样，投资者可以充分利用信息优势，使投资行为更趋理性化。股民们可以在任何地方、任何时候及时获得行情信息，及时买进或卖出。对投资者来说，利用证券电子商务可以得到比较公平、公正、高效的证券行情、信息和交易服务，可以减少因行情延迟、信息时差或交易不及时等引起的交易损失。

3．股民可自动处理交易流程，降低交易成本

网上证券交易的广泛开展，降低了证券公司的经营管理成本，从而降低了证券交易费用。

4．促进业务创新

对证券公司来说，证券电子商务的实现，一方面可以大幅度降低成本，减少基础设施和人力资源的投入；另一方面，可以方便地扩展业务范围，通过远程证券交易的手段占领更广阔的市场。

(五)证券电子商务的运作要求

证券电子商务在运作的时候，对技术有很高的要求。

1．较高的安全性

就目前网上证券交易的现状来看，网上交易的风险的确比营业部大，如网上的安全漏洞可能造成网上交易用户的账户、密码泄露，恶意攻击者甚至可以使用他们的资金进行网上交易。因此，如何保证交易的保密性和安全性是网上证券交易面临的首要问题。

2．时效性

股票等证券交易信息必须及时、有效、准确地传递给客户，任何延误都会影响客户做出正确的判断，甚至失误，从而造成无法估量的损失。

3．可靠性

提高客户满意度是证券公司提高竞争力的核心。而交易中的任何微小差错造成的后果都是不堪设想的，损失的不仅仅是利润，更主要的是会失去客户的信任，因而提供实时交易的证券公司必须在交易过程中提供安全可靠的服务。

4．快速响应能力

证券行情瞬息万变，如果下单的时间过长，会严重影响客户交易的过程，降低交易质量，影响客户满意度。

5．客户获取有价值的信息

客户就是一切服务的中心，所有的服务都是面向客户的，向客户提供定制信息是证券公司的必然选择，客户要求得到的是能为其带来价值的信息。

从我国证券电子商务的发展情况看，重技术、轻服务是目前普遍存在的问题，证券公司对网上交易的服务手段还不能满足投资者的需求。

三、保险电子商务

（一）概述

网上保险是指保险公司或新型网上保险中介机构采用网络来开展一切活动的经营方式，有狭义和广义之分。狭义的网上保险是指保险公司或保险中介通过互联网为客户提供有关保险产品和服务的全过程；广义的网上保险还包括保险公司内部基于互联网技术的经营管理活动。

我国网上保险的应用始于 1997 年中国保险信息网的正式开通，该网涉及保险业的培训、咨询、销售、投诉等内容。在中国保险信息网开通的当天，中国内地第一份由网络促成的保单在新华人寿保险公司诞生。2000 年 3 月，首次实现网上投保功能的电子商务保险网站——保险网诞生；2000 年，太平洋保险、平安保险、泰康人寿等保险公司纷纷推出了自己的网站来介绍公司的背景、产品，与客户进行网上交流，扩大影响。中国的网上保险由此开始进入了实际的阶段，中国的保险电子商务也开始了新的历程。2005 年 4 月，中国人保财险实现了第一张全流程电子保单。随着外资保险公司涌入中国，我国保险公司为了在激烈的市场竞争中立于不败之地，纷纷投入大量的财力、物力和人力去发展电子商务。2017 年，131 家保险机构开展了互联网保险业务，保险保费收入 1 835.29 亿元。互联网保险包括互联网财产险和互联网人身险。其中，财产险公司 70 家，保险保费收入 493.49 亿元；人身险公司 61 家，保险保费收入 1 383.2 亿元。互联网人身险保费占据着主导地位。目前，互联网人身保险的渠道结构仍以第三方平台为主，自建官网为辅。

（二）保险电子商务的运作模式

1. 保险公司自建网站

保险公司自建网站是一种典型的 B2C 电子商务模式。保险公司在网站上主要推销本公司的保险产品，完成从宣传保险产品到签发保单，甚至受理理赔的整个保险业务过程。其主要特点表现为：保险公司实力较强，可直接销售本公司的保险产品；有足够的后台支持人员；借此宣传保险知识和公司形象；提供的服务流程较为全面。例如，平安在线、泰康在线等就是这类网站。

2. 独立的保险平台

独立的保险平台也称第三方保险网站，不属于任何一家保险公司，是具备中介性质的保险产品代理平台，平台方可以给多家保险企业提供信息服务，如保险产品展示、产品对比、客户咨询、网上交易等。中国最早的第三方保险平台是 2006 年成立的慧择保险网，该平台除了销售保险产品，还有消费者需求评估系统、保险产品比较系统、网上支付系统等功能模块。

3. 第三方电子商务平台

中国规模最大的电子商务网站淘宝在 2010 年建立了金融保险交易平台。截至 2016 年 6 月底，已经有包括阳光保险、太平洋保险、泰康人寿等 100 多家保险企业入驻淘宝，经营范围包括几乎所有的保险产品。2013 年 10 月，由阿里巴巴、中国平安和腾讯等合资成立的互联网保险公司——众安在线财产保险股份有限公司在千呼万唤中终于通过保监会审核，注册资金 10 亿元，注册地在上海外滩金融试验区。其业务范围包含与互联网交易直接相关的企业或家庭财产保险、货运保险、责任保险、信用保证保险等。

保险公司可以选择以上模式中的任何一种或多种，如中国平安就拥有自己的电子商务平台，同时又入驻淘宝，还在多家第三方金融保险平台上开展销售活动。

（三）网上保险的优势

1．营运成本低

保险公司通过因特网可直接与投保人建立关系，能简捷、方便地传递信息和完成交易；减少销售人员数量，可节省代理费或佣金，降低成本，提高保险公司的经营效益；投保人可以更低的价格购买保险。

2．充分发挥互联网的优势，最大限度地满足客户的需求

网上保险是基于网络的，解除了传统条件下双方活动的时间、空间限制。网络不仅为客户提供了丰富的保险知识、险种介绍、保险设计等服务，而且在线实现了投保、核保、缴费、保单查询及更改、理赔报案等保险服务的全过程，真正实现了保险网络化。在这种纯粹的网上销售模式下，保险设计、支付等每个销售环节都可以由客户足不出户地轻松完成。这是与传统业务模式完全不同的渠道，大大降低了保险成本，提高了投保效率，方便了客户购买。

3．有利于提高客户服务水平

电子商务不仅是保险公司的一个营销渠道，更是公司为客户提供服务的一个新的平台。电子商务开放性、交互性的特点，为保险服务创新提供了有利条件。

四、旅游电子商务

（一）概述

旅游电子商务是电子商务在旅游行业中的应用。由于旅游产品的交付基本上不需要物流环节，使得旅游业具有发展电子商务得天独厚的优势。旅游电子商务是指通过先进的网络技术手段实现旅游商务活动各个环节的电子化，包括网络发布、交流旅游基本信息和旅游商务信息，以电子手段进行旅游宣传促销，开展旅游售前、售后服务；通过网络查询、预订旅游产品并进行支付，旅游企业内部流程的电子化及管理信息系统的应用，等等。在线旅游企业把众多旅游供应商、旅游中介、旅游者联系在一起，把机票、酒店、交通（车与船）、餐饮、景点门票等这些零散的产品经过组合，将分散的利润点集中起来，提高资源的利用率。在线旅游的迅速发展，使得人们出游旅行越来越依靠网络——从选择旅游目的地，到出游的线路、旅游的攻略、大概的花费、交通、住宿等问题，都可以在网上解决。中国互联网络信息中心发布的《中国互联网络发展状况统计报告》显示，截至 2017 年年底，在线旅行预订用户规模达到 3.76 亿人，较上年增长 25.6%；在线旅行预订使用比例达到 48.7%，较上年提升 7.8 个百分点；网上预订火车票、机票、酒店和旅游度假产品的网民比例分别为 39.3%、23%、25.1%和 11.5%。有机构预测，2019 年中国在线旅游市场交易规模将超过万亿元。手机成为在线预订的主要手段。

（二）旅游电子商务的运作模式

① 传统旅游企业自建网站，如青旅在线，华夏、春秋旅游网。
② 在线专业旅游网站，如携程、艺龙、去哪儿、阿里旅行。
③ 门户网站的旅游频道。中国旅游电子商务网站从 1996 年开始出现，目前具有一定旅

资讯功能的网站已有 5 000 多家。其中，专业旅游网站 300 余家。虽然电子商务运用于旅游业仅有数年的时间，但是其发展势头十分强劲。电子商务已经成为信息时代旅游交易的新模式。

（三）功能

① 信息查询服务。其中包括旅游产品与服务机构的相关信息，如酒店、旅行社、民航航班等信息、景点介绍，以及旅游路线和旅游攻略信息。

② 在线预订服务。主要提供酒店、机票、景点门票、旅游路线、租车、度假、商旅管理、特惠商户及旅游资讯等方面实时动态的在线预订服务。

③ 客户服务。提供可实施在线旅游产品预订的客户端应用程序。利用这种预订的客户（指通过系统进行预订的个人及机关团体），可以与代理人（指上述的酒店、民航、旅行社等相关旅游服务机构）在网上定时洽谈业务，管理自己的预订记录。

④ 代理业务。提供给酒店、民航、旅行社等多种旅游产品的代理端应用程序。代理人可以与客户实时洽谈网上业务、管理其旅游产品的预订记录、查阅相关账目等。

前 3 个功能是 B2C 旅游网站的功能，第 4 个功能是 B2B 旅游网站具有的功能。

表 8.1 是 6 个在线旅游网站的特色。

表 8.1　6 个在线旅游网站的特色

应用	口号	特性	优势
携程	携程在手，说走就走	中高端商旅出行预订、企业差旅平台、汽车票等	拥有全国 60 万余家会员酒店可供预订等
去哪儿	总有你要的低价	实时搜索比价、当地人、骆驼书等	移动端用户活跃百分比在同类产品中最大，具有人性且先进的搜索技术，支持 12 500 条航线预订等
艺龙旅行	订酒店，用艺龙	各类酒店预订	覆盖全球 32 万家酒店预订
同程旅游	快乐每一程	景点门票预订、农家乐、1 元景点、10 元度周末等	中国一流的旅游 B2B 交易平台和 B2C 双平台网站，8 000 余家景区门票预订等
途牛旅游	让旅游更简单	牛人专线、公司游、小包团等	从旅行社提供的众多旅游产品中，精选出性价比高的优质路线，组成丰富的产品线
阿里旅行·去啊	爱梦想·去旅行	每日特惠、"未来酒店"计划、信用住、分期购等	阿里巴巴大数据优势、技术优势、支付保障等

（四）优势及问题

通过运用先进的网络信息技术，旅游企业可以实现企业内部的信息化运作和管理。利用网络平台展现丰富的旅游信息资源，可以使旅游企业以更低廉的成本在更大的范围内进行旅游产品的宣传营销，开展全程旅游服务，从而扩大了市场，提高交易效率。旅游消费者通过网站预先获知旅游企业及其产品和服务的信息，突破了时空限制，降低了信息搜集成本，方便了旅游出行，消费者满意度得以提高；旅游网站提供的具有竞争力的产品价格也给消费者带来了实惠。

旅游消费属于基本生活得到保障后的高层次消费，消费者对旅游服务的品质和体验要求相对较高。我国旅游市场需要更多的优质产品和服务，而目前现有产品和服务基本是停留在简单的旅游路线、旅游信息、景点、旅游常识等旅游资讯的发布上，产品同质化明显，还难以有效满足需求。服务体验差、游客维权渠道匮乏也是一大问题。

近年来，中国在线旅游市场持续高速增长，2017年中国在线旅游市场交易规模达到7384.1亿元，同比增长24.3%。随着旅游消费者数量和消费金额的增加，以及旅游细分市场的扩张，预计2018年中国在线旅游市场交易规模将达8 600亿元，增长幅度维持在16.5%。

尽管在线旅游市场整体呈良好发展态势，但也是消费者投诉的"重灾区"。中国电子商务投诉与维权公共服务平台受理的投诉量表明，在投诉方面：去哪儿20.65%、飞猪19.93%、美团14.72%、饿了么10.05%、携程8.62%、摩拜单车7.54%、百度糯米6.10%、易到用车3.23%、大众点评2.33%、同程旅游1.44%、马蜂窝1.08%、途牛旅游0.90%、艺龙旅行0.90%、阿卡索外教网0.90%、百度快行0.54%、发现旅行0.18%、穷游0.18%、百合0.18%、洗衣邦0.18%、滴滴出行0.18%。在线旅游平台投诉量"名列前茅"。

携程、同程、去哪儿、途牛等旅行服务平台在线订票存在消费陷阱，在消费者不知情的情况下，平台"热心"帮忙勾选航空保险、贵宾休息室、酒店大礼包等付费服务项目，页面却不做任何提示。如果消费者不注意的话，直接单击付费，就会稀里糊涂地为不明账单付钱。在线旅游平台的这些"小聪明"的确坑了不少消费者。

情境案例

和讯、Stock2000提供的个人证券顾问服务

和讯、Stock2000等网站都提供了免费的个人证券顾问服务，并进行了一系列个性化、智能化的功能设计。用户可根据自己的需要来设定自己所需的财经信息、股市行情、技术图表、买卖提示、自选股、个人警示服务等各类信息。不同的用户进入网站以后，都可以看到为自己量身定做的内容。例如，Stock2000网站的用户首次进入网站后即可设定自己所需的上述各类信息服务，以后每次进入该网站便可看到自己所需的这类内容。在选股方面，用户可以通过网站预定的智能选股公式进行，也可以采用几乎所有常用的技术指标对股票进行精确筛选。用户在设置了个人警示服务功能后，还可以通过手机或电子邮箱接收发自网站的股票警示信息。

案例分析 和讯、Stock2000提供的个性化服务有何作用？

保险经纪人网站——慧择保险网

慧择保险网是深圳慧择保险经纪有限公司旗下的一个保险电子商务网站。慧择保险网是中国首家集产品对比功能、保险垂直交易和预约购买及为客户提供保险专业咨询互动为一体的综合性保险电子商务平台。它真正地以客户的需求及价值最大化为使命，解决了保险公司和客户之间的信息不对等而造成的高额中间人成本及索赔难的问题，在推出伊始便以专业诚信的精神赢得了广大客户的一致赞誉。

慧择保险网自开通以来根据市场和用户的需求做过数次改版，联合了十几家大型保险公司共同实现了网上投保、实时投保，打破了地域的不便，使用户足不出户便可轻松网上支付、购买保险。可直接在线购买的产品有：货物运输保险、意外保险、旅游保险、家庭财产保险。以上产品可在线投保，网上支付，即时生效，且下载电子保单既轻松又方便。另外，还有多款签证保险、儿童保险、健康保险、女性保险、养老保险、投资分红险、产品责任保险等可预约购买。其全新推出的7×24服务，是全国保险电子商务网站的首创。其全天候的守护，为客户提供专业、诚信的服务。

平安保险开展的电子商务

中国平安保险（集团）股份有限公司（以下简称平安保险）于1988年诞生于深圳蛇口，是中国第一家股份制保险企业，也是中国第一家有外资参股的全国性保险公司，至今已发展成为融保险、银行、投资等金融业务为一体的整合、紧密、多元的综合金融服务集团，其经营理念为"差异、专业、领先、长远"。中国平安拥有超过172万名员工和寿险销售人员，个人金融客户数达1.66亿，互联网用户约4.36亿个。截至2017年12月31日，集团总资产达6.49万亿元，实现净利润999.78亿元。2017年平安寿险规模保费4 535.57亿元，同比增长27.7%，实现净利润347.32亿元，同比增长42.1%。在销售渠道方面，平安寿险代理人、银保、电销、互联网多渠道发展。

1. 开展电子商务的背景

① 我国加入WTO，由"保险+电子商务"组成的服务是国内保险公司与国外保险公司竞争的有力武器。

② 随着网络的普及，通过网络对保险业的需求迅速增长。

③ 平安保险认为通过发展保险电子商务可以帮助公司降低成本、理顺流程，为客户、员工和保险业带来新的价值。

经过一段时间的调研和分析后，平安保险在2000年适时地做出发展电子商务的战略决策，投入巨资构建以互联网中心（PA18）和电话呼叫中心（95511）为科技平台的服务网络，为客户提供专业化的产品和服务。平安保险发展保险电子商务业务的出发点包括3个方面：一是支持和推动传统保险业务的电子化；二是支持公司的业务员开拓业务；三是实现网上直销。

2. 平安保险电子商务的分类

① 企业对消费者（B2C）。企业通过网络为消费者提供一个购买和服务的途径，主要的产品包括人寿险、健康保险、汽车保险、家庭财产险、旅游意外险等。

② 企业对企业（B2B）。企业之间利用计算机网络，特别是采用EDI方式进行商务活动，主要产品包括企业员工保险、企业经营风险、企业高管保险等。

3. 平安保险电子商务的基本运行模式

保险电子商务以电子商务的基本运行环境为支撑框架，以保险公司的实质经营内容为核心，利用电子商务的特性来优化保险公司的经营管理。

4. 电子商务下的业务流程

(1) 在线投保

在线投保就是投保人直接在网上填写并提交投保单，提交的投保信息待保险公司核保通过以后，由投保人自行选择付款方式，支付保险费。

(2) 核保（在线核保、离线延时核保）

① 在线核保。对于某些比较简单且符合网上业务核保规则的险种，可以采用在线核保的方式。客户提交投保单后，由计算机自动核保并计算保费，客户根据确认信息直接进入付款程序，通过保险公司提供的网上支付系统，交付保费，完成其投保流程。

② 离线延时核保。对于一些比较复杂且网上业务自动核保程序没有通过的险种，可采用离线延时核保的方式。客户提交投保单后，对自动核保没有通过或投保信息有待进一步确认的情况，保险公司核保人员可以在后台查询并下载或打印相关投保信息，并按相关业务核保流程进行核保。核保完成后，将核保结果在网上的核保程序中做相应的处理。客户通过网上投保查询功能获知投保成功与否，当获知核保通过后直接进入付款程序，通过保险公司提供的网上支付系统交付保险费，完成其投保流程。

(3) 保费支付

① 单到付费。当客户在网上填写并提交投保单后，经由保险公司核保确认并出具保单和保费收据，

由专人送交客户。对于需要检验的标的，应先行认真检验保险标的。当客户收到保单和保费收据后，根据保单上列出的保费金额支付相应保费。

② 网上支付。客户收到核保确认信息后，可以选择网上直接支付保险费。客户通过电子商务支付网关登录到相应银行的信用卡支付结算平台，输入相关付费信息后一次性扣款，由银行代理自动交付保险费。

案例思考 平安保险网站可以为客户提供哪些服务？

技 能 训 练

1. 登录一些知名生产企业的网站，分析这些企业是如何应用电子商务的。

2. 登录中华英才网（http://www.chinahr.net）、中国旅游资讯网（http://www.chinaholiday.com）、人人网（http://www.renren.com）、大众点评网（http://www.dianping.com），分析这些网站各提供什么服务。

3. 登录平安保险网站（http://www.pingan.com），了解平安保险主营业务有哪些，哪些业务是可以直接在网上办理的，并尝试申请航空平安险。

4. 选择几家旅游网站，购买北京——上海的机票，在上海预订一家酒店，比较一下哪个网站更方便。

学习情境九

电子商务安全

学习目标

知识目标

认识电子商务面临的各种安全问题,掌握数字签名、加密技术、数字证书、防火墙、时间戳及 SSL 协议和 SET 协议的原理及应用。

技能目标

能够针对电子商务安全的实际问题进行综合分析,对于不同的安全问题能够选用不同的措施加以防范;能够熟练使用数字签名、加密、数字证书、防火墙等技术。

情境任务一　电子商务的安全问题

情境引例

"趣店"数据遭泄露

自媒体"一本财经"发布消息称:近期黑市上出现一份"趣店学生用户数据",该数据维度极细,除学生借款金额、滞纳金等金融数据外,还包括学生父母电话、男女朋友电话、学信网账号密码等隐私信息。

消息称,泄露的数据文件格式为 CSV,疑似不是黑客入侵,而是内部人员导出。数据包括百万学生信息,叫卖价格近 10 万元。文中提到的多位"趣店"离职员工表示,早期趣店数据管理存在巨大安全隐患。

针对此事,"趣店"方面在对 TechWeb 最新的回应中表示:趣店一直高度重视用户个人信息安全,不断提高数据安全能力与信息加密强度;同时,在内部建立了严格的用户信息保护制度,针对可能存在信息安全风险的用户进行安全升级提示。

"趣店"还回应称,地下黑色产业是行业毒瘤,此前多家知名互联网企业都曾深受其害。针对地下黑色产业链中盗取用户账号资产和贩卖用户信息等不法行为,"趣店"将与警方密切合作,建立长效合作机制,进行坚决打击,切实保护用户信息安全。

引例思考　电子商务的开展离不开计算机网络的支持,而计算机网络本身存在很多不安全的因素。引例中出现的电子商务安全问题对电子商务的发展有何影响?计算机网络又存在哪些安全问题呢?

一、计算机网络系统的安全问题

计算机网络系统由硬件系统和软件系统构成,因此它的安全问题也是由硬件和软件共同决定的。

(一) 黑客的恶意攻击

"黑客"(hacker)原意为热衷于计算机程序的设计者,他们具有操作系统和编程语言方面的高级知识,知道系统的漏洞及其原因所在,他们只是不断追求更深的知识,并没有破坏数据的企图。

现在,"黑客"的普遍含义是特指对计算机系统的非法侵入者。黑客攻击是指未授权的人利用操作系统和网络或安全管理的漏洞,通过一定的手段从网络的外部非法侵入系统内部,获取普通用户没有的权利,实现对用户信息的篡改、窃取和非法使用。黑客攻击目前成为计算机网络所面临的最大威胁。黑客攻击对电子商务的正常开展,对国家信息安全等都构成了严重威胁。

黑客攻击计算机系统的手段大致可以归纳为以下几种。

① 中断。攻击系统的可用性,如破坏系统中的 BIOS、硬盘、文件系统等,使系统不能正常工作。

② 窃听。攻击系统的机密性,如通过搭线与电磁泄漏等手段造成泄密,或者对业务流量进行分析,获取有用数据等。

③ 篡改。攻击系统的完整性,如篡改系统中的数据内容,修正消息次序、时间等。

④ 伪造。攻击系统的真实性,如将伪造的假消息注入系统、假冒合法人员进入系统、重放截获的合法消息实现非法目的、否认消息的接收和发送等。

(二) 漏洞和后门

1. 漏洞

从完美的角度来讲,任何系统都希望是完整的,但是往往没有非常完美的事情,电子商务系统也是一样的。漏洞和后门都是相对于系统完整性来说的,就像房屋一样,有了漏洞和后门,不能保证屋内的安全性,电子商务系统有漏洞和后门,也不能保证系统的安全性。

漏洞是在硬件、软件、协议的具体实现或系统安全策略上存在缺陷,使攻击者能够在未授权的情况下访问或破坏系统。例如,在 NFS 协议中认证方式上的弱点、在 UNIX 系统管理员设置匿名 FTP 服务时配置不当的问题等都可能被攻击者利用,威胁到系统的安全,因而这些都可以认为是系统中存在的安全漏洞。漏洞会影响很大范围的软硬件设备,包括操作系统本身及其支撑软件、网络客户和服务器软件、网络路由器和安全防火墙等。换言之,在这些不同的软硬件设备中都可能存在不同的安全漏洞问题——在不同种类的软硬件设备,同种设备的不同版本之间,由不同设备构成的不同系统之间,以及同种系统在不同的设置条件下,都会存在各自不同的安全漏洞问题。

漏洞问题是与时间紧密相关的。一个系统从发布的那一天起,随着用户的深入使用,系统中存在的漏洞会被不断暴露出来。这些早先被发现的漏洞也会不断被系统供应商发布的补丁软件修补,或者在以后发布的新版系统中得以纠正。而在新版系统纠正了旧版本中存在的漏洞的同时，也会引入一些新的漏洞和错误。因此，随着时间的推移，旧的漏洞会不断消失，新的漏洞会不断出现，漏洞问题也会长期存在。

2．后门

后门原指在房间后面可以自由出入的门，计算机系统中的后门程序一般是指那些绕过安全性控制而获取对程序或系统访问权的程序。在软件的开发阶段，程序员常常会在软件内创建后门程序以便可以修改程序设计中的缺陷。但是，如果这些后门被其他人知道，或者是在发布软件之前没有删除后门程序，那么它就成了安全风险，容易被黑客当成漏洞进行攻击。

3．漏洞的危害及防范

漏洞的存在很容易导致黑客的侵入和病毒的驻留，会导致数据丢失或被篡改、隐私泄露乃至金钱上的损失。例如，网站因漏洞被入侵，网站上的用户数据可能会泄露、网站功能可能遭到破坏而中止，乃至服务器本身被入侵者控制。目前，数码产品的发展使漏洞从过去以计算机为载体延伸至数码平台，如手机二维码漏洞、安卓应用程序漏洞等。

随着漏洞危害的逐步扩大，人们应该提高安全意识，留意最新漏洞信息。漏洞信息可从网上各大漏洞发布平台获取，并参考相关信息对其进行防范，避免因漏洞造成自身利益受损。

（三）计算机病毒的攻击

计算机病毒（computer virus）在《中华人民共和国计算机信息系统安全保护条例》中被明确定义，是指"编制者在计算机程序中插入的破坏计算机功能或者破坏数据，影响计算机使用并且能够自我复制的一组计算机指令或者程序代码"。计算机病毒不是天然存在的，是某些人利用计算机软件和硬件所固有的脆弱性编制的一组指令集或程序代码。它能通过某种途径潜伏在计算机的存储介质（或程序）里，当达到某种条件时即被激活，通过修改其他程序的方法将自己的精确副本或可能演化的形式放入其他程序中，从而感染其他程序，对计算机资源进行破坏。所谓的计算机病毒是人为造成的，对其他用户的危害性很大。

1．病毒的分类

（1）按照病毒的连接方式划分

按照病毒的连接方式可分为源码型病毒、嵌入型病毒、外壳型病毒、操作系统型病毒4种。

源码型病毒在高级语言所编写的程序编译前插入到源程序中，经编译成为合法程序的一部分；嵌入型病毒攻击高级语言编写的程序，这种病毒是将自身嵌入到现有程序中，让计算机病毒的主体程序对其攻击的对象以插入的方式连接，一旦侵入程序体后较难消除；外壳型病毒将其自身包围在主程序的四周，对原来的程序不做修改，这种病毒最为常见，易于编写，也易于发现；操作系统型病毒用它自己的程序意图加入或取代部分操作系统的功能进行工作，具有很强的破坏力，可以导致整个系统瘫痪。

（2）按照病毒的传染方式划分

按传染方式可分为引导型病毒、文件型病毒、复合型病毒3种。

① 引导型病毒是指寄生在磁盘引导区或主引导区的计算机病毒。这种病毒利用系统引导时不对主引导区的内容正确与否进行判别的缺点，在引导系统的过程中侵入系统，驻留内存，监视系统运行，待机传染和破坏。

② 文件型病毒是指能够寄生在文件中的计算机病毒。这类病毒程序感染可执行文件或数据文件，一般存在于文件的头部或尾部，以感染.COM和.EXE等可执行文件及Office系列的宏病

毒居多。

③ 复合型病毒兼具引导型病毒和文件型病毒两种特征。这种病毒扩大了病毒程序的传染途径，既感染磁盘的引导记录，又感染可执行文件，因此比较顽固，很难彻底清除。

(3) 按照病毒的破坏程度划分

按照病毒的破坏程度可分为良性病毒和恶性病毒两种。

① 良性病毒的危害较小，一般都是程序员的恶作剧，只是为了表现自身技术的高超，并不彻底破坏系统和数据，但会大量占用 CPU 时间，增加系统开销，降低系统工作效率等。这种病毒多数的目的不是破坏系统和数据，而是为了让使用染有病毒的计算机用户通过显示器或者扬声器看到或听到病毒设计者的编程技术，因此不会造成太大的破坏或损失。

② 恶性病毒是指那些一旦发作后就会破坏系统或数据，影响系统正常操作，严重的会造成计算机系统瘫痪，甚至会格式化或锁死硬盘的病毒。著名的恶性病毒有黑色星期五病毒、米开朗琪罗病毒等。这种病毒危害性极大，病毒发作后有可能给用户造成无法挽回的损失。

(4) 按照传播媒介划分

按照计算机病毒的传播媒介来分类，可分为单机病毒和网络病毒。

单机病毒通过移动式载体，包括软盘、U 盘、可移动硬盘或光盘等传播，常见的是病毒从软盘（或 U 盘）传入硬盘感染系统，再传染其他连接本机的移动式载体；网络病毒的传播媒介不再是移动式载体，而是网络通道，这种病毒的传染能力更强，范围更广，破坏力更大。

2．病毒的危害

计算机病毒对于用户的安全及使用具有极大的危害，病毒激发能够对计算机进行直接破坏，如表 9.1 所示。

表 9.1　计算机感染病毒后的"症状"

症　状	具体现象
显示异常	屏幕上出现不应有的特殊字符或图像、字符无规则变化或脱落、静止或滚动的雪花、跳动的小球或亮点、莫名其妙的信息提示等
扬声器异常	发出尖叫、蜂鸣音或非正常奏乐等
系统异常	经常无故死机、随机地发生重新启动或无法正常启动、运行速度明显下降、内存空间变小、磁盘驱动器及其他设备无缘无故地变成无效设备等
存储异常	磁盘标号被自动改写，出现异常文件，出现固定的坏扇区，可用磁盘空间变小，文件无故变大、失踪或被改乱，可执行文件变得无法运行等
打印异常	打印速度明显降低、不能打印、不能打印汉字与图形或打印时出现乱字符等
与因特网的连接异常	收到来历不明的电子邮件、自动链接到陌生的网站、自动发送电子邮件等

系统出现表 9.1 所示的"症状"时，首先应意识到可能感染了计算机病毒。但是，并非每种异常都是由计算机病毒造成的，也可能是由于程序设计错误、使用某些软件时产生冲突等原因造成的，还需要进一步"确诊"。

3．病毒的特点

同样称作病毒，计算机病毒与生物学上的病毒具有很多相似性，都具有繁殖性、破坏性、传染性、潜伏性、触发性等特点。

4．病毒的预防

虽然病毒是可怕的，但是如果养成良好的系统使用习惯，提高防范意识，有很多病毒是可以进行预防和控制的。不要谈"毒"色变，过于强调提高系统的安全性而使系统失去了可用性、实用性和易用性。应使用以下手段预防病毒。

① 注意对系统文件、重要可执行文件和数据进行写保护。
② 不使用或者打开来历不明的程序、数据或电子邮件。
③ 分类管理数据。
④ 利用写保护。
⑤ 使用新的计算机系统或软件时，要先杀毒后使用。
⑥ 备份系统和参数，建立系统的应急计划等。
⑦ 加强内部网络管理人员及使用人员的安全意识，如很多计算机系统常用口令来控制对系统资源的访问。
⑧ 安装杀毒软件并及时更新病毒库。

二、电子商务交易的安全问题

（一）信息安全问题

1. 信息泄露

信息在网络上传递时，要经过多个环节和渠道。由于计算机技术发展迅速，所以原有的病毒防范技术、加密技术、防火墙技术等始终存在着被新技术攻击的可能性。计算机病毒的侵袭、"黑客"非法侵入、线路窃听等很容易使重要数据在传递过程中被泄露，威胁电子商务交易的安全。交易信息的丢失，可能有3种情况：一是因为线路问题造成信息丢失；二是因为安全措施不当而丢失信息；三是在不同的操作平台上转换操作不当而丢失信息。

2. 信息篡改

这是指攻击者未经授权进入网络交易系统，使用非法手段删除、修改、重发某些重要信息，破坏数据的完整性，损害他人的经济利益，或者干扰对方的正确决策，造成网上交易的信息传输风险。攻击者可能更改信息的内容或改变信息的次序，或者在信息中插入一些内容或删除部分内容，致使接收者收到错误的信息。

3. 信息仿造

这是指仿冒者借仿冒用户身份来破坏交易，如仿冒他人合法身份欺骗合法用户，冒充他人消费，冒充网络控制程序来套取和修改使用权限、密钥等信息，伪造用户和电子邮件，虚开网站及商店来窃取商家信息或信用等。

（二）安全管理问题

网上交易管理风险是指由于交易流程管理、人员管理、交易技术管理的不完善所带来的风险。

首先，是交易流程管理的风险。在网络商品中介交易的过程中，客户进入交易中心，买卖双方签订合同，交易中心不仅要监督买方按时付款，还要监督卖方按时提供符合合同要求的货物。在这些环节上，都存在着大量的管理问题，如果管理不善势必引发巨大的潜在风险。

其次，是人员管理的风险。人员管理常常是网上交易安全管理上最薄弱的环节。近年来我国计算机犯罪大都呈现内部犯罪的趋势，其原因主要是因工作人员职业道德修养不高，安全教育和管理松懈所致。一些竞争对手还利用企业招募新人的方式潜入该企业，或者利用不正当的方式收买企业网络的交易管理人员，窃取企业的用户识别码、密码、传递方式及相关的机密文件资料。

情境案例

防范系统漏洞

系统关键的漏洞如果修补不了，计算机就成了任人宰割的羔羊，谁想获取计算机里的信息都可以随意获取，谁想控制就能控制。因此，不安装供应商提供的系统补丁，是没办法保障安全的。

2013年11月24日微软公司宣布2014年4月8日将停止对Windows XP系统的支持服务，用户不会再收到补丁和安全更新内容，Windows XP系统将会正式退出历史的舞台。这就使市场上5亿的Windows XP系统用户不得不面对随之而来的巨大风险。

众所周知，系统漏洞向来被病毒、木马所喜欢，是其入侵的重要渠道，不及时安装系统补丁的计算机就等于向病毒、木马敞开了最关键的一道门。一个新装的Windows系统，需要安装的补丁可能多达上百个，如果没有安装补丁和安全漏洞更新包，对用户计算机的安全来说绝对是一大隐患。

利用系统漏洞进入用户计算机窃取个人信息、盗号、监控的时候，用户并不容易察觉。如果病毒隐藏比较深的话，即使用杀毒软件也难以找到，像网银上输入的一些账号、密码就会被窃取，用户的计算机也就没有什么秘密可言了。

案例思考 通过案例你有何感受？

勒索病毒的危害

2017年5月12日晚，新型"蠕虫式"勒索病毒WannaCry在全球爆发，攻击各国政府和公共网络系统，使众多学校、医院受到严重侵害。我国教育网络成为受害重灾区，教学系统大面积瘫痪。全国各地的高校学生纷纷反映，自己的计算机遭到病毒的攻击，文档被加密，壁纸遭到篡改，并且在桌面上出现窗口，强制学生付款到攻击者账户上。不过有报道称，用户付钱后，仍然无法解密数据。

大规模的网络攻击被认为是使用了美国国家安全局（NSA）泄露的"永恒之蓝"黑客武器在全球范围内传播开来的。这个名为WannaCry的勒索病毒锁定了包括英国、美国、中国、俄罗斯、西班牙、意大利等近100个国家的上万个信息服务网络的计算机系统，并要求用户用比特币支付300美元。

据第一财经报道，有2 600万名高校大学生被该病毒勒索，800万名应届生深陷"肄业危机"。不过，网络安全领域的一位消息人士对第一财经记者表示："中国全年毕业生一共才800万名，不可能全被勒索，这个数据的可靠性还有待考证。"但他承认，这次大规模的黑客事件相当严重。"中国的政府部门网络很多都跟教育网互通，被带到了。"这位安全专家进一步对第一财经记者表示，"如果手机上大规模爆发类似的病毒，支付宝都要爆掉了。"

近日，一款名为"麒麟2.1"的国产勒索病毒在网上肆虐，它通过QQ等聊天工具传文件的方式传播，一不小心就可能转走你的支付宝余额。

据360安全卫士警示，中招后，它会锁定计算机文件，表面上要求用支付宝扫码付款3元，但实际上扫码是登录支付宝，登录后会转走支付宝的所有余额。

案例思考 病毒具有哪些特点？一旦感染将产生什么危害？如何发现和防范？

情境任务二　电子商务安全防范

一、电子商务安全要求

传统的商务活动是通过面对面进行沟通的，很容易在交流中建立信任关系，而电子商务则是通过网络进行交流、交易，这对交易安全的要求非常高，买卖双方都面临安全威胁。在信任的基础上，还要保证交易过程的安全，防止他人干扰正常交易。电子商务发展的核心和关键问题是交易的安全性，只有在电子商务的安全问题解决之后，买卖双方才能平等、信任地进行交流。

（一）有效性

电子商务作为商务活动的一种形式，没有传统意义上的合同签订等环节，其信息的有效性将直接关系到交易双方的经济利益和声誉。因此，要对网络故障、操作错误、应用程序错误、硬件故障、系统软件错误及计算机病毒所产生的潜在威胁加以控制和预防，以保证交易数据在确定的时刻、确定的地点是有效的。

（二）信息保密性

交易中的商务信息均有保密的要求。例如，信用卡的账号和用户名被人知悉，就可能被盗用；订货和付款的信息被竞争对手获悉，就可能丧失商机。因此，在电子商务的信息传播中一般均有加密的要求。

电子商务是建立在一个较为开放的网络环境上的，维护商业机密是电子商务全面推广应用的重要保障。因此，要预防非法的信息存取和信息在传输过程中被非法窃取。机密性一般通过加密技术对传输的信息进行加密处理来实现。加密技术解决了传送信息的保密问题，可分为对称加密和非对称加密。对称加密是一种传统的信息认证方法，通过信息交换的双方共同约定一个口令或一组密码，建立一个通信双方共享的密钥实现；非对称加密又称公开密钥加密，使用一把公开发布的公用密钥和一把只能由生成密钥对的一方掌握的私用密钥来分别完成加密和解密操作。加密技术对用户的密码、口令、数字证书等重要信息加密，防止被盗取，而不需要对卖家的产品，买家的留言、评论等信息加密。这样，从交易环节就开始确保双方安全。

（三）交易者身份的确定性

由于电子商务交易系统的特殊性，交易双方互不相识，交易通常都是在虚拟的网络环境中进行的，所以对交易主体进行身份确认成了电子商务中十分重要的一环。对交易主体的身份进行鉴别，为身份的真实性提供保证，即交易双方能够在相互不见面的情况下确认对方的身份——类似于现实世界中的身份证或工商营业执照，鉴别服务将提供一种网络方式来验证其声明的正确性——一般通过证书机构 CA 和数字证书来实现，方便而可靠地确认对方身份是交易的前提。

（四）不可抵赖性

由于商情的千变万化，交易一旦达成是不能被否认的，否则必然会损害一方的利益。例如，订购黄金，订货时金价较低，但收到订单后，金价上涨了，如收单方能修改收到订单的实际时间，甚至否认收到订单的事实，则订货方就会蒙受损失。因此，电子交易通信过程的各个环节都必须是不可否认的。

电子商务关系到贸易双方的商业交易，如何确定要进行交易的贸易方正是所期望的贸易伙伴这一问题是保证电子商务顺利进行的关键。在传统的纸面贸易中，贸易双方通过在交易合同、契约或贸易单据等书面文件上手写签名或印章来鉴别贸易伙伴的身份，确定合同、契约、单据的可靠性，并预防抵赖行为的发生。这也就是人们常说的"白纸黑字"。在无纸化的电子商务方式下，通过手写签名和印章进行贸易方的鉴别是不可能的，因此要在交易信息的传输过程中，为参与交易的个人、企业或国家提供可靠的标志。不可抵赖性可通过对发送的消息进行数字签名来获取。

（五）不可修改性

交易的文件是不可被修改的，如前面所说的订购黄金。供货单位在收到订单后，发现金价大幅上涨了，如果其能改动文件内容，如将订购数由 1 吨改为 1 克，则可大幅受益，那么订货单位就会因此而蒙受损失。因此，电子交易文件也要能做到不可修改，以保障交易的严肃性和公正性。

（六）交易的完整性

完整性包括信息的完整性、数据和交易的完整性。电子商务简化了商务过程，减少了人为的干预，同时也带来了维护各方商业信息的完整、统一的问题。由于意外差错或欺诈行为，可能导致交易双方信息的差异。此外，数据传输过程中信息的丢失、信息重复或信息传送的次序差异也会导致各方信息的不同。信息的完整性将影响到各方的交易和经营策略，所以保持各方信息的完整性是电子商务应用的基础。因此，要预防对信息的随意生成、修改和删除，同时要防止数据传输过程中信息的丢失和重复并保证信息传输次序的统一。完整性一般可通过提取信息的数据摘要方式来获得。

二、电子商务安全体系

电子商务的核心是通过网络技术来传递商业信息并开展交易，所以解决电子商务系统的硬件安全、软件安全和运行安全等实体安全问题就成了电子商务安全的基础。

① 电子商务系统的硬件（物理）安全是指保护计算机系统硬件的安全，包括计算机的电器特性、防电防磁及计算机网络设备的安全，使其受到物理保护而免于破坏、丢失等，保证其自身的可靠性和为系统提供基本安全机制。

② 电子商务系统的软件安全是指保护软件和数据不被篡改、破坏和非法复制。系统软件安全的目标是使计算机系统逻辑上安全，主要是使系统中信息的存取、处理和传输满足系统安全策略的要求。根据计算机软件系统的组成，软件安全可分为操作系统安全、数据库安全、网络软件安全、通信软件安全和应用软件安全。

③ 电子商务系统的运行安全是指保护系统能连续正常地运行。为了保证电子商务中计算机和网络实体自身的安全，实际应用中一般选择并综合运用各类实体安全技术形成一个综合安全体系。这些技术包括数据备份、系统（或者数据库、服务）用户权限管理、服务器配置、VPN、防火墙、入侵检测系统（IDS）、病毒防范等。一般的电子商务客户端使用防火墙、杀毒软件、用户管理等技术来保证安全，而服务器端则会采用代理服务型防火墙、入侵检测技术、双机热备份、数据库与服务的用户权限管理等技术来防止黑客攻击，实现服务器安全。

实现了实体安全，电子商务系统的可靠性就得到了较好的保证，但交易的确定性、保密性、完整性和不可抵赖性并未能实现。这就需要使用网络安全技术、信息安全技术和认证技术等来构建一个科学、合理的电子商务安全体系。

三、电子商务安全技术

由于电子商务活动所涉及的大量机密信息都必须通过网络传播，并且以电子数据的形式存储，所以要求有完善的安全技术来保证电子商务交易的安全。目前，在实施电子商务的过程中主要采用的安全技术有网络安全技术、信息安全技术和认证体系。

（一）计算机网络安全技术

1．防火墙

（1）防火墙的定义

防火墙是一个由软件和硬件设备组合而成，在内联网和外联网之间、专用网和公共网之间的界面上构造的保护屏障。它是一系列部件的组合，是不同网络或网络安全域之间信息的唯一出入口。

防火墙是一种形象的说法，在逻辑上不仅是一个过滤器、限制器，而且还是一个智能分析器。它在安全策略的指导和保证网络畅通的前提下，从逻辑上有效地隔离内部和外部网络之间的活动，尽可能保证内部网络的安全。图 9.1 是防火墙的逻辑位置。

（2）防火墙的基本特性

① 内部网络和外部网络之间的所有网络数据流都必须经过防火墙。这是防火墙所处网络位置的特性，同时也是一个前提，因为只有当防火墙是内、外部网络之间通信的唯一通道时，才可以全面、有效地保护企业内部网络不受侵害。防火墙的一端连接企事业单位内部的局域网，另一端则连接着因特网，所有的内、外部网络之间的通信都要经过防火墙。

② 只有符合安全策略的数据流才能通过防火墙。防火墙最基本的功能是确保网络数据的合法性，并在此前提下将网络的数据快速地从一条链路转发到另外的链路上去。

③ 防火墙自身应具有非常强的抗攻击力。防火墙处于网

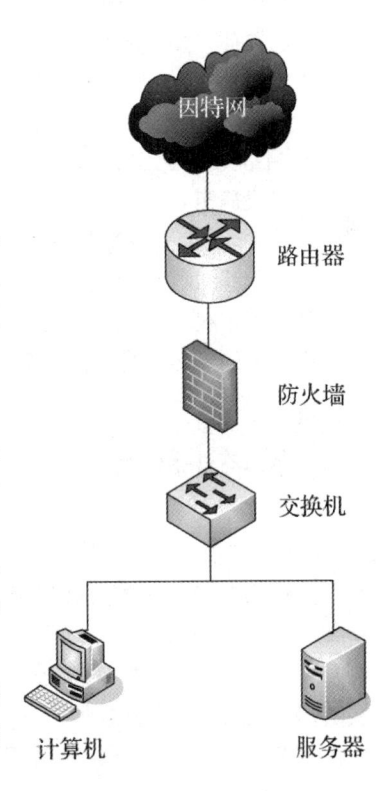

图 9.1　防火墙的逻辑位置

络边缘,每时每刻都要面对黑客的入侵,这就要求防火墙自身要具有非常强的抗击入侵的本领。要具有这么强的本领,防火墙操作系统本身是关键,只有自身具有完整信任关系的操作系统才会具备安全性。

(3) 防火墙的功能

① 保护易受攻击的服务。防火墙作为检查点,所有进出的信息都必须通过它。防火墙为网络安全起到了把关作用,只允许授权的通信通过。防火墙能过滤那些不安全的服务,只有预先被允许的服务才能通过防火墙;防火墙强化了身份识别体系,防止用户的非法访问和非法用户的访问,从而降低受到非法攻击的风险性,大大增加了企业内联网的安全性。

② 可以强化网络安全策略。通过以防火墙为中心的安全方案配置,能将所有安全软件(如密码、加密、身份认证、审计等)配置在防火墙上。与将网络安全问题分散到各个主机上相比,防火墙的集中安全管理更经济。

③ 防止内部信息的外泄。通过利用防火墙对内部网络的划分,可实现内联网重点网段的隔离,从而限制了局部重点或敏感网络安全问题对全局网络造成的影响。

④ 对网络存取和访问进行监控审计。如果所有的访问都经过防火墙,那么防火墙就能记录下这些访问并记录日志,同时也能提供网络使用情况的统计数据。当发生可疑动作时,防火墙能进行适当的报警,并提供网络是否受到监测和攻击的详细信息。

(4) 防火墙的局限性

防火墙只是整个网络安全防护体系的一部分,而且防火墙并非万无一失,其功能是有限的。例如,防火墙不能防备病毒,不能对内部人员的攻击进行防范;当连接不通过防火墙时,防火墙也不能发挥作用。其局限性主要表现在以下几个方面。

① 只能防范经过其本身的非法访问和攻击,对绕过防火墙的访问和攻击无能为力。

② 不能解决来自内部网络的攻击和安全问题。

③ 不能防止已感染病毒的文件的传输,因为现在各类病毒的种类太多,防火墙无法扫描每个文件查找病毒。

④ 不能防止策略配置不当或错误配置引起的安全威胁。

⑤ 不能防止数据驱动式攻击,当有些表面看来无害的数据,如电子邮件、FTP 等被传输或复制到内部主机上并被执行时,就会发生数据驱动式攻击。数据驱动式攻击常常会先修改一台主机中有关的安全文件,从而为下次入侵做准备。

情境小知识

防火墙的类型

1. 包过滤防火墙

包过滤防火墙是防火墙的初级产品,主要依赖于网络中数据包的分发传输技术。在网络模型的 7 层协议中,网络层的数据都是以"包"的形式进行传输的,即数据被分割成一定大小的数据包,每个数据包中都会包含特定的信息,如数据的源地址、目标地址、TCP/UDP 源端口和目标端口等。防火墙通过读取数据包中的地址信息来判断这些"包"是否来自可信任的安全站点,一旦发现来自危险站点的数据包,防火墙就会将其阻止。系统管理员可以根据实际情况灵活制定判断规则。

2. 应用网关防火墙

应用网关防火墙能够实现比包过滤防火墙更严格的安全策略。应用网关不依赖包过滤来管理因特网服务在防火墙系统中的进出,而是在网络应用层上建立协议过滤和转发功能。它针对特定的网络应用服务协议使用指定的数据过滤逻辑,并在过滤的同时对数据包进行必要的分析、登记和统计,形成报告。

3．屏蔽主机防火墙

屏蔽主机防火墙也叫主机过滤防火墙,由堡垒主机和包过滤路由器组成,所有的外部主机与一个堡垒主机相连接而不让它们与内部主机直接相连。通常在路由器上设立过滤规则,并使这个堡垒主机成为唯一可以从外部网络直接到达的主机,符合规则的数据包被传送到堡垒主机。堡垒主机的代理服务软件将允许通过的信息传输到受保护的内部网络,这就确保了内部网络不受未被授权的外部用户的攻击。

4．屏蔽子网防火墙

屏蔽子网防火墙是在主机过滤结构中又增加一个额外的安全层次构成的。在内部网络和外部网络之间建立一个被隔离的子网,用两台过滤路由器将这一子网分别与内部网络和外部网络分开。增加的安全层次包括一台堡垒主机和一套路由器。两台路由器之间是一个被称为周边网络或参数网络的安全子网,也叫DMZ(隔离区或非军事区),使得内部网络和外部网络之间有了两层隔断。

2．防病毒技术

计算机病毒的防治技术分为预防、检测、清除和免疫4个方面。

(1) 病毒的预防技术

病毒的预防技术是指通过一定的技术手段防止病毒对系统进行传染和破坏。它通过自身常驻系统内存优先获得系统的控制权,监视和判断系统中是否有病毒存在,进而进入系统内存阻止计算机病毒对磁盘的操作,以达到保护系统的目的。计算机病毒的预防技术包括磁盘引导区保护、加密可执行程序、读写控制技术和系统监控技术等。

(2) 病毒的检测技术

在与病毒的对抗中,及早发现病毒很重要,早发现、早处置可以减少损失。检测病毒的方法有特征代码法、校验和法、行为监测法等。

① 特征代码法。它通过采集已知病毒样本来实现病毒检测。病毒如果既感染COM文件,也感染EXE文件,对这种病毒就要同时采集COM型病毒样本和EXE型病毒样本。打开被检测文件,在文件中搜索,检查文件中是否含有病毒数据库中的病毒特征代码。如果发现病毒特征代码,由于特征代码与病毒一一对应,便可以断定被查文件中染有何种病毒。

② 校验和法。将正常文件的内容,计算其校验和,将该校验和写入文件中或写入别的文件中保存。在文件使用过程中,定期地或在每次使用文件前,检查由文件现在内容算出的校验和与原来保存的校验和是否一致,即可发现文件是否被感染病毒。这种方法称为校验和法。它既可发现已知病毒,又可发现未知病毒。

③ 行为监测法。利用病毒的特有行为特征来监测病毒的方法称为行为监测法。通过对病毒多年的观察、研究,有些行为是病毒的共同行为,而且比较特殊。在正常程序中,这些行为比较罕见。当程序运行时,监视其行为,如果发现了病毒行为,立即报警。

(3) 病毒的清除技术

计算机病毒的清除是计算机病毒检测的延伸,是指在检测发现特定病毒的基础上,根据具体病毒的清除方法,在感染的程序中除去计算机病毒代码并恢复文件的原有结构信息。

(4) 病毒的免疫技术

免疫是机体识别和排除抗原性异物的一种保护性功能。计算机病毒免疫是使计算机系统具有对计算机病毒的抵抗力而免遭其害。其方法包括物理免疫和逻辑免疫：物理免疫是指从硬件上采取措施，使计算机病毒无法实施感染，以保证信息安全；逻辑免疫是针对计算机病毒的作用机理，从计算机软件着手来抵抗病毒侵犯的方法。

（二）信息安全技术

加密技术是一种主动的信息安全防范措施，其原理是利用一定的加密算法，将明文转换成无意义的密文，阻止非法用户理解原始数据，从而确保数据的保密性。在加密和解密的过程中，由加密者和解密者使用的加解密可变参数叫作密钥。

1. 基本概念

① 加密。用某种方法伪装数据以隐藏其原貌的过程称为加密。

② 解密。将密文转换成明文的过程。

③ 明文。未被加密的消息。也叫原文。

④ 密文。根据一定算法对明文加密后形成的消息。

⑤ 密钥。密钥是一种参数，是在明文转换为密文或将密文转换为明文的算法中输入的数据。密钥一般有加密密钥和解密密钥两种，分别用来完成加密和解密操作。

2. 对称加密技术

对称加密算法是一种隐藏数据含义的数据变换机制。该算法提供两个函数：数据加密和数据解密。之所以称其为对称，是因为消息发送方和接收方必须使用相同的密钥来加密与解密数据。对称加密依赖于强大的加密算法，即使对方知道部分明文，也很难进行破译，即加密算法能够抵抗已知明文类型的破译。对称密钥加密算法主要包括 DES、3DES、IDEA 等。对称加密过程如图 9.2 所示。

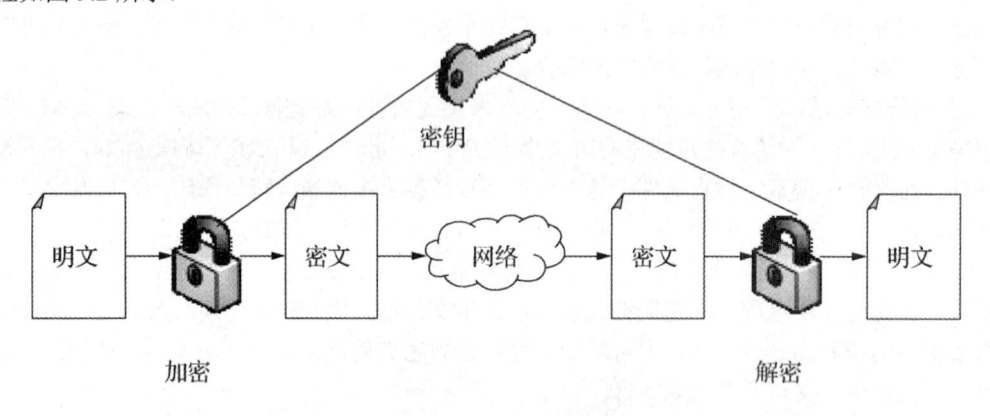

图 9.2 对称加密过程

对称加密技术由于双方拥有相同的密钥，具有易于实现和速度快的优点，所以广泛应用于通信和存储数据的加密与解密。但它的密钥必须按照安全途径进行传递，密钥管理成为影响系统安全的关键性因素，难以满足开放式计算机网络的需求。对称加密机制存在以下问题。

① 密钥使用一段时间后就要更换，加密方须经过某种秘密渠道把密钥传给解密方，而密钥在此过程中可能会被泄露。

② 网络通信时，如果网内用户使用相同的密钥，就失去了保密的意义。但如果网内任意两个用户通信使用互不相同的密钥，则 N 个用户相互通信需要 $N×(N-1)$ 个不同的密钥，密钥量太

大，难以管理。

③ 无法满足互不相识的人进行私人谈话的保密性需求。

④ 难以解决数字签名验证的问题。

3．非对称加密技术

非对称加密也叫公开加密，用作加密的密钥不同于用作解密的密钥，而且解密密钥不能根据加密密钥计算出来（至少在合理假定的长时间内）。之所以叫作公开密钥算法，是因为加密密钥能够公开，即陌生人可以用加密密钥加密信息，但只有用相应的解密密钥才能解密信息。

非对称加密算法需要两个密钥：公开密钥（public key）和私有密钥（private key）。公开密钥（公钥）是对外公开的，任何符合条件的人都可以使用；私有密钥（私钥）是保密的，只有持有者才有。公钥与私钥是一对，如果用公钥对数据进行加密，只有用对应的私钥才能解密；如果用私钥对数据进行加密，那么只有用对应的公钥才能解密。

典型的非对称加密算法主要有 RSA、ECC。其中，RSA 被认为是当前理论上最为成熟的一种公钥密码机制，是目前应用最为广泛的公钥系统；而 ECC，即椭圆曲线密码机制，其安全性依赖于椭圆曲线点群上离散对数问题的难解性。非对称加密过程如图 9.3 所示。

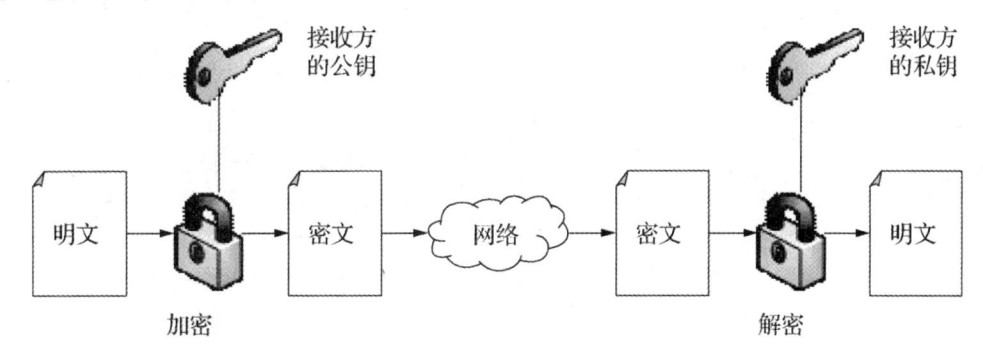

图 9.3 非对称加密过程

4．对称加密算法与非对称加密算法的比较

① 对称加密算法的主要优点是加密和解密速度快，加密强度高，且算法公开；最大的缺点是实现密钥的秘密分发困难，在有大量用户的情况下密钥管理复杂，而且无法完成身份认证等功能，不便于应用在网络开放的环境中。

② 非对称加密算法的优点是能适应网络的开放性要求，密钥管理简单，并且可方便地实现数字签名和身份认证等功能，是目前电子商务等技术的核心基础；缺点是算法复杂，加密数据的速度和效率较低。

因此在实际应用中，通常将对称加密算法和非对称加密算法结合使用，利用 DES 或 IDEA 等对称加密算法来进行大容量数据的加密，而采用 RSA 等非对称加密算法来传递对称加密算法所使用的密钥。通过这种方法可以有效地提高加密的效率并能简化对密钥的管理。

（三）认证体系

1．CA认证

CA 是认证机构的国际通称，是对数字证书的申请者发放、管理、取消数字证书的机构。CA 的作用是检查证书持有者身份的合法性，并签发证书，以防证书被伪造或篡改。认证机构相当于一个权威可信的中间人,职责是核实交易各方的身份,负责电子证书的发放和管理。理想化的状态是,上网的每家企业或个人都要有一个自己的网络身份证作为唯一的标志。这些网络身份证的发放、管理和认证是一个复杂的过程,也就是所谓的 CA 认证。

2. 数字证书

(1) 数字证书的概念

数字证书也叫数字标志(Digital ID),是一种应用广泛的信息安全技术,一般由权威公正的第三方机构,即 CA 签发,主要用于网上安全交易的身份认证。通俗地讲,数字证书就是个人或单位在网络上的身份证。数字证书以密码学为基础,采用数字签名、数字信封、时间戳等技术,在因特网上建立安全有效的信任机制。

数字证书文件通常就是一个.cer 文件,普遍采用 ITUT X.509 国际标准格式,内容包含证书所有者的信息、公开密钥和证书颁发机构的签名等信息。在因特网浏览器中选择"工具"|"Internet 选项"命令,选择"内容"选项卡,单击"证书"按钮。然后在"个人"选项卡中,选定某个数字证书,单击"查看"按钮,在"详细信息"选项卡中即可看到数字证书的主要内容,如图 9.4 所示。

数字证书主要包括以下内容。

① 证书的版本信息。图 9.4 中的 V3 表示该证书的版本是 X.509 V3。

② 证书的序列号。每个证书都有一个唯一的序列号。

③ 证书所使用的签名算法。

④ 证书的发行机构(颁发者)名称。其命名规则一般采用 X.500 格式。

⑤ 证书的有效期。现在通用的证书一般采用 UTC 时间格式,计时范围为 1 950—2 049。

⑥ 证书所有人的名称。命名规则一般采用 X.500 格式。

⑦ 证书所有人的公钥。

⑧ 证书发行者对证书的签名等。

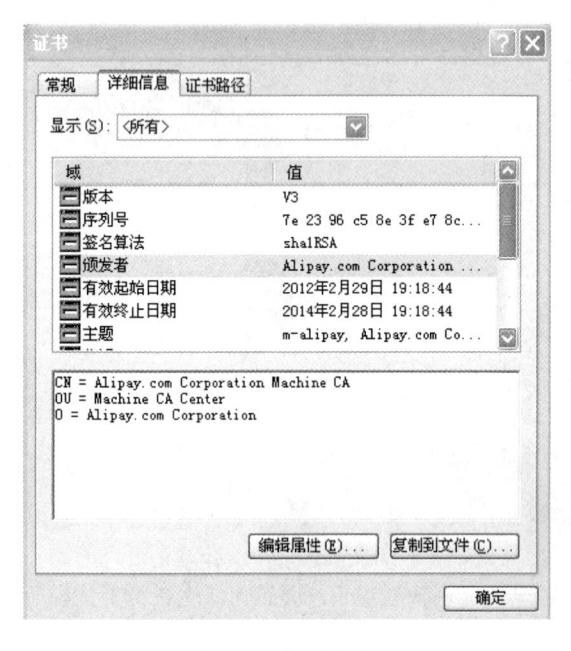

图 9.4 数字证书

(2) 数字证书的应用

① 个人身份证书。符合 X.509 标准的数字安全证书中包含个人身份信息和个人的公钥,用于标识证书持有人的个人身份。数字安全证书和对应的私钥存储于 E-key 中,用于个人在网上进行合同签订、下订单、录入审核、设置操作权限、确定支付信息等活动中标明身份。

② 单位数字证书。证书中包含企业信息和企业的公钥,用于标识证书持有企业的身份。数字安全证书和对应的私钥存储于 E-key 或 IC 卡中,可以用于企业在电子商务方面的对外活动,如合同签订、网上证券交易、交易支付等方面。

③ E-mail 证书。通过因特网浏览器申请,申请的证书存储于 Windows 的注册表中。

④ 应用服务器证书。证书中包含服务器信息和服务器的公钥,在网络通信中用于标识和验证服务器的身份。数字安全证书和对应的私钥存储于 E-key 中。

⑤ 代码签名证书。代码签名证书是 CA 签发给软件供应商的数字证书，包含软件供应商的身份信息、公钥及 CA 的签名。

3．身份认证技术

身份认证即鉴别认证，是指在揭示敏感信息或进行事务处理之前先确定对方身份。互联网上身份认证的方法有很多，如口令认证、智能卡认证、短信密码认证、动态口令牌认证、USB Key 认证及生物特性认证等。

4．数字签名

签名是保证文件或资料真实性的一种方法，在通信中通常用数字签名来模拟文件或资料中的亲笔签名。数字签名技术可以保证信息在传递过程中的完整性，并提供信息发送者的身份认证，防止抵赖行为的发生。

（1）数字签名的概念

数字签名（又称电子签名）是指一种类似写在纸上的普通的物理签名，但是采用公钥加密技术实现，用于鉴别数字信息的方法。它一般采用 Hash（散列）函数进行运算，只有信息的发送者才能产生别人无法伪造的一段数字串。这段数字串同时也是对信息的发送者发送信息真实性的一个有效证明。一套数字签名通常定义两种互补的运算：一个用于签名，另一个用于验证。

（2）数字签名的过程

步骤 1　发送方使用 SHA（安全散列算法）（如 MD5 算法等）对要发送的信息进行运算，形成信息摘要。

步骤 2　发送方使用自己的私钥对生成的信息摘要进行加密，加密的结果即自己的数字签名。

步骤 3　发送方把原文和经过签名的摘要发送给对方。

步骤 4　接收方用与发送方相同的 SHA 对收到的原文进行相同的操作，重新生成信息摘要。然后接收方使用发送方的公钥，利用相同的公钥算法解密收到的信息摘要。

步骤 5　接收方比较新生成的信息摘要和解密得到的信息摘要。如果二者相同，说明信息未被篡改过，而且这个信息一定来自发送方；如果二者不同，说明接收到的信息是不完整的，很可能被他人篡改过。

数字签名的过程如图 9.5 所示。

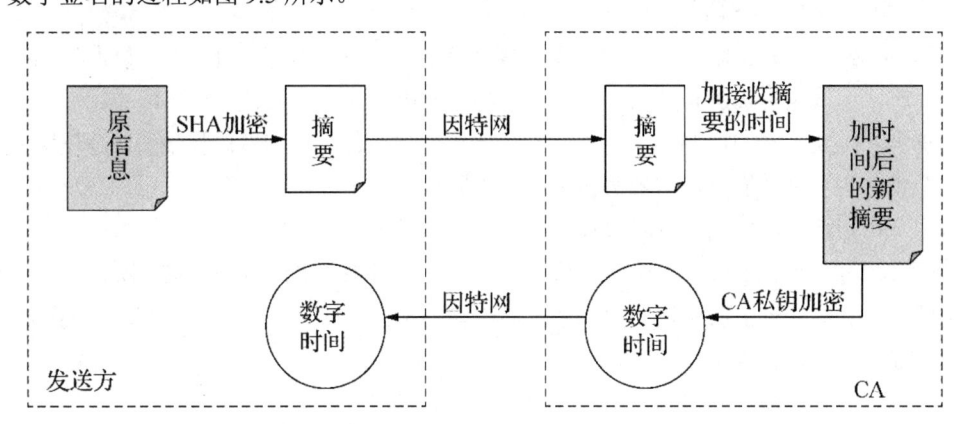

图 9.5　数字签名的过程

情境·小知识

数字签名的操作

数字签名的具体操作是用户可以先下载或购买数字签名软件,然后安装在个人计算机中。在产生密钥对后,软件自动向外界传送公钥。由于公钥的存储需要,所以通过CA完成个人信息及其密钥的确定工作。用户在获取公钥时,首先向CA请求数字确认,等CA确认用户身份后发出数字确认,同时CA向数据库发送确认信息。然后,用户使用私钥对所传信息签名,保证信息的完整性、真实性,同时也使得发送方无法否认信息的发送,之后发向接收方。接收方接收到信息后,使用该密钥确认数字签名,进入数据库检查用户确认信息的状况和可信度。最后,向接收方返回用户确认状态信息。这样使用数字签名技术就可以保障系统的安全性了。

资料来源:王芸. 电子商务法规[M]. 北京:高等教育出版社,2005.

(四)安全服务协议

1. SSL协议

(1) SSL协议概述

SSL(Secure Socket Layer,安全套接层)协议是网景(Netscape)公司推出在网络传输层之上提供的一种基于RSA与加密密钥的用于浏览器和Web服务器之间的安全连接技术。它是国际上最早应用于电子商务的一种由消费者和商家双方参加的信用卡/借记卡支付协议。

(2) SSL协议的安全服务

① 认证用户和服务器。支持SSL协议的客户端软件能使用公钥密码技术检查服务器证书、公用ID是否有效和是否由在客户信任的CA列表内的CA发放,确保数据发送到正确的客户端和服务器上。

② 加密数据。一个加密的SSL连接要求所有在客户端和服务器之间发送的信息由发送方软件加密并由接收方软件解密。这样提供了高度机密性,可以防止数据中途被窃取。

③ 维护数据的完整性。Hash函数如SHA、MD5等被用来产生消息摘要,所传输的消息均包含数字签名,以保证消息的完整性。这保证连接是可靠的,确保数据在传输过程中不被改变。

(3) SSL协议的工作流程

步骤1 服务器认证阶段。客户端向服务器发送一个开始信息"Hello",以便开始一个新的会话连接;服务器根据客户端的信息确定是否需要生成新的主密钥,如果需要则服务器在响应客户端的"Hello"信息时将包含生成主密钥所需的信息;客户端根据收到的服务器响应信息产生一个主密钥,并用服务器的公钥加密后传给服务器;服务器恢复该主密钥,并返回给客户端一个用主密钥认证的信息,以此让客户端认证服务器。

步骤2 客户端认证阶段。在此之前,已经通过了对服务器的认证,这一阶段主要完成对客户端的认证。经认证的服务器发送一个提问给客户端,客户端则返回数字签名后的提问和其公钥,从而向服务器提供认证。

SSL协议的工作流程如图9.6所示。

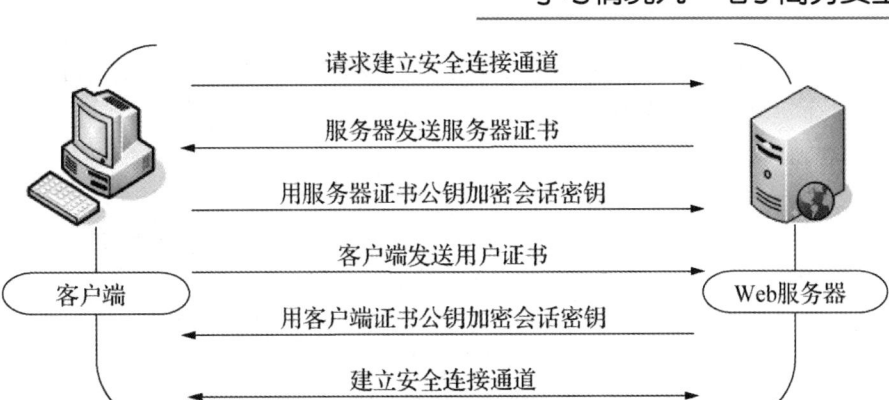

图 9.6　SSL 协议的工作流程

从 SSL 协议所提供的服务及其工作流程可以看出，SSL 协议运行的基础是商家对消费者信息保密的承诺，这样就有利于商家而不利于消费者。在电子商务初级阶段，由于运作电子商务的企业大多是信誉较高的大公司，因此该问题还没有充分暴露出来。但随着电子商务的发展，中小型公司也参与进来，这样在电子支付过程中的单一认证问题就越来越突出了。虽然在 SSL 3.0 中通过数字签名和数字证书可实现浏览器和 Web 服务器双方的身份验证，但是 SSL 协议仍存在一些问题。例如，SSL 协议只能提供交易中客户端和服务器之间的双方认证，在涉及多方的电子交易中并不能协调各方之间的安全传输和信任关系。在这种情况下，Visa 和 MasterCard 两大信用卡组织制定了 SET 协议，为网上信用卡支付提供了全球性的标准。

2．SET 协议

(1) SET 协议概述

SET（Secure Electronic Transaction，安全电子交易）协议是美国 Visa 和 MasterCard 两大信用卡组织于 1997 年 5 月 31 日联合推出的用于电子商务的行业规范。其实质是一种应用在因特网上，以信用卡为基础的电子付款系统规范，目的是保证网络交易的安全。SET 协议妥善地解决了信用卡在电子商务交易中的交易协议、信息保密、资料完整及身份认证等问题。SET 协议已获得 IETF 标准的认可，是电子商务的发展方向。

SET 支付系统主要由持卡人、商家、发卡行、收单行、支付网关、CA 六个部分组成。与此相对应，基于 SET 协议的网上购物系统至少包括电子钱包软件、商家软件、支付网关软件和签发证书软件。

(2) SET 协议提供的服务

SET 协议为电子交易提供了许多保证安全的措施。它能保证电子交易的保密性、数据完整性、交易的不可否认性和身份的合法性。SET 协议可以在以下几个方面对客户提供安全保障。

① 保证交易信息的保密性和完整性。SET 协议采用了双重签名技术对交易过程中客户的支付信息和订单信息分别签名，使得商家看不到支付信息，只能接收客户的订单信息，而金融机构看不到交易内容，只能接收客户支付信息和账户信息，从而充分保证了客户账户和订单信息的安全性。

② 确保交易的不可否认性。SET 协议的重点就是确保商家和客户的身份认证及交易行为的不可否认性。其理论基础就是不可否认机制，采用了包括数字证书、数字签名、消息摘要等技术。

③ 确保商家和客户的合法性。SET 协议使用数字证书对交易各方的合法性进行验证。通过数字证书的验证，可以确保交易中的商家和客户都是合法的，可信赖的。

(3) SET 协议的工作流程

在 SET 协议介入之前，消费者通过因特网进行选货、下订单并与商家联系，最终确定订单的相关情况、付款方式和签发付款指令。此时，SET 协议开始介入，进入以下几步操作。

步骤 1　消费者选择付款方式，确认订单，签发付款指令。

步骤 2　支付初始化请求和响应阶段。当客户决定要购买商家的商品并使用电子钱包支付时，商家服务器上的 POS 软件发报文给客户的浏览器电子钱包，电子钱包要求客户输入口令后与商家服务器交换"握手"信息，使客户和商家相互确认，即客户确认商家被授权可以接受信用卡，同时商家也确认客户是一位合法的持卡人。

步骤 3　支付请求阶段。客户发出一个报文，包括订单和支付命令。在订单和支付命令中必须有客户的数字签名，同时利用双重签名技术保证商家看不到客户的账号信息。而位于商家开户行的被称为支付网关的另外一个服务器可以处理支付命令中的信息。

步骤 4　授权请求阶段。商家收到订单后，POS 软件组织一个授权请求报文，其中包括客户的支付命令，发送给支付网关。支付网关是一个因特网服务器，是连接因特网和银行内部网络的接口。授权请求报文通过支付网关到达收单银行后，收单银行再到发卡银行确认。

步骤 5　授权响应阶段。收单银行得到发卡银行的批准后，通过支付网关发给商家授权响应报文。

步骤 6　支付响应阶段。商家发送购买响应报文给客户，记录客户交易日志，以备查询。之后进行发货或提供服务，并通知收单银行将钱从客户的账号转移到商家账号，或者通知发卡银行进行支付。

SET 协议的工作流程如图 9.7 所示。

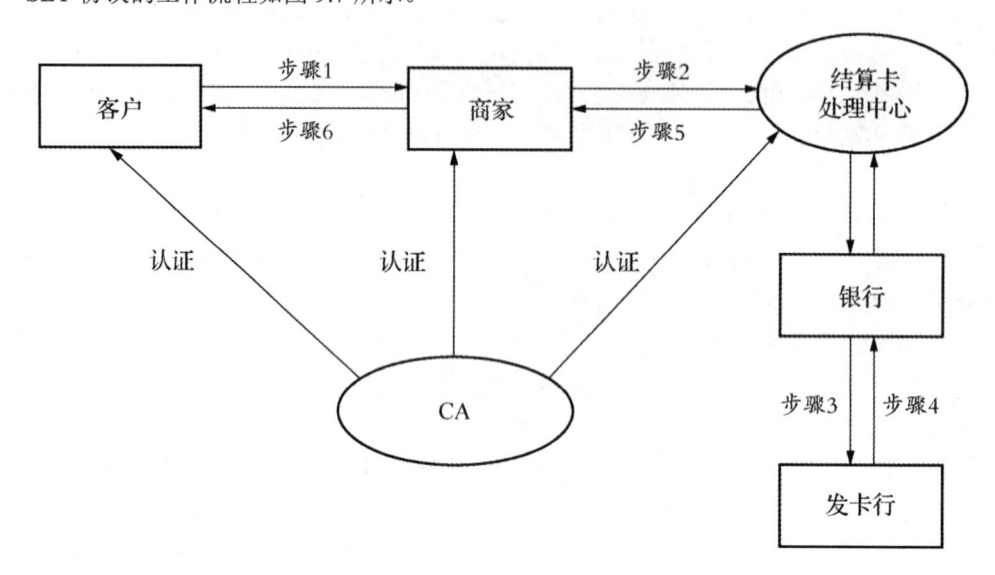

图 9.7　SET 协议的工作流程

3．SSL 协议与 SET 协议对比

SSL 协议与 SET 协议的比较如表 9.2 所示。

表 9.2　SSL 协议与 SET 协议的比较

项　目	SSL 协议	SET 协议
参与方	商家、客户、网上银行	商家、客户、网上银行、CA、支付网关
处理速度	SSL 协议很简单，处理速度较快	SET 协议非常复杂、庞大，处理速度慢
软件安装	SSL 协议已被浏览器和 Web 服务器内置，无须安装专门软件	SET 协议中客户端须安装专门的电子钱包软件，在商家服务器和银行网络上也须安装相应的软件
认证方面	只有商家的服务器需要认证，客户端认证则是有选择的	SET 中所有参与 SET 交易的成员(持卡人、商家、发卡银行、收单银行和支付网关）都必须申请数字证书进行身份识别
安全性	SSL 协议只对持卡人与商店端的信息交换进行加密保护，可以看作用于传输的那部分的技术规范	SET 协议规范了整个商务活动的流程，对从持卡人到商家，到支付网关，到 CA 及信用卡结算中心之间的信息流走向和必须采用的加密、认证都制定了严格的标准
网络层协议位置	SSL 协议是基于传输层的通用安全协议	SET 协议位于应用层，对网络的其他各层也有涉及

（五）区块链技术

1. 区块链技术的概念

区块链是一种分布式账本。在这个分类账上，所有发生在区块链上的事务都被记录并存储在一个数据块中。一旦一个事务被存储在分类账上，就永远不会被删除，因此每个事务的区块链都会变得更长。

区块链之所以如此安全，是因为它的分布式特性。网络中的每个节点都有完全相同的分类，并且整个网络都在不断地检查分类账。当网络中的一个节点与网络的其余部分有不同的分类时，网络将被通知，而发散的节点将被告知并从网络中删除。

2. 区块链技术在电子商务安全中的应用

(1) 区块链技术能保证交易者身份认证可靠

电子商务交易中往往涉及诸多实体，包括物流、资金流、信息流等，这些实体之间存在大量复杂的协作和沟通。在传统模式下，不同实体各自保存自己的交易信息，严重缺乏透明度，产生了较高的时间成本和金钱成本，而且一旦出现问题（冒领、货物假冒等）就难以追查和处理。

通过区块链技术，各方可以获得一个透明可靠的统一信息平台，实时查看状态，降低物流成本，追溯物品的生产和运送整个过程，从而提高交易管理的效率。当发生纠纷时，举证和追查也会变得更加清晰与容易。

(2) 区块链技术能保证交易信息安全

区块链上的每个节点都可以验证账本的完整程度和真实可靠性，确保所有交易信息是没有被篡改的、真实有效的；区块链上每个节点都保存着所有交易信息的副本，当区块链上的数据和参与者数量非常庞大时，修改信息的成本将会非常高，至少需要掌握超过全网 51%以上的运算能力才有可能修改信息，修改成本可能远超预期收益；当部分节点的信息被恶意篡改，区块链上的其他节点会在短时间内发现这些未形成"共识"的信息并进行维护和更新。区块链数据的真实可靠和不可篡改等特点，能够保证信息的真实性，同时可以进一步保障客户权益，提升客户满意度。此外，区块链技术分布式记账的特点，使订单不仅存储在"中心"机构（或中介）的服务器，还在全网所有的节点存有交易副本，即使"中心"机构（或中介）的存储系统受到黑客攻击或因操作失误等因素造成数据丢失，客户的订单依然可以通过区块链上其他节点的交易副本进行查询，从而提升了订单的可查询性。

(3) 区块链技术有利于保证数据安全

进行电子商务交易最重要的就是数据，目前存储数据的一个主要缺陷是：数据存储在中心位置，并由中央控制，而网络犯罪分子渴望窃取这些庞大的数据库。因此，大数据时代的到来，如何保护数据的安全对大公司和小公司来说都是一大困扰。

由于区块链是分散的，所以数据也被分散存储。网络罪犯可以攻击个人，但他们只会窃取他们破解的个人信息，对整个区块链进行黑客攻击几乎是不可能的。在电子商务中实现区块链技术可以节省投资和避免让人头疼的风险。

(4) 区块链技术有利于加强对客户信息的保护

区块链技术能保障参与者信息不被他人窃取，虽然全网每个节点都保存着每笔交易信息数据，但通过公钥和私钥的设置，在每个节点进行信息查询时，只能查询到交易数据。而参与者个人信息则是保密的，既可使参与者个人信息免遭泄露，也能够使参与者在完成交易的同时不受其他信息干扰。区块链技术利用分布式智能身份认证系统，可以在确保客户身份信息真实可靠的基础上防止信息泄露。客户将在区块链上注册的用户名与个人其他有效身份信息相互验证并形成"共识"，实现个人信息的数字化管理，个人信息丢失、被人为篡改的风险也就被大大降低了。借助加密技术，客户真实身份信息被隐匿，其他节点查询也仅限于交易信息，只有客户本人通过私钥才能获得身份信息，从而能够对个人信息形成有效保护。

加强信息安全除了采取一定的安全技术措施以外，还要有完善的信息安全管理体系。它包括：对从事网络营销和企业内部网络维护的人员进行重点安全管理，落实工作责任制；完善保密制度；为防止可能发生的安全问题，或者在问题发生后能为侦破工作提供监督数据，应当在企业内部建立跟踪制度；加强网络系统的日常管理和维护，建立合理的应急制度，当计算机网络、商务应用系统发生灾难性事件时，利用备份资料和其他技术手段迅速恢复系统，使损失降到最低。

电子商务安全问题的全面解决必须从法律、管理和技术等几个方面全盘考虑、综合治理。法律法规是保障电子商务安全的前提条件，管理制度是电子商务系统运行安全的必要保证，技术方法是电子商务各种安全问题得以解决的重要手段。法律、管理和技术三者相辅相成，缺一不可，共同保证电子商务的可靠安全运行。

情境案例

减少 U 盘中毒概率

U 盘能够在不同计算机间传输数据，由于其方便的特性，在我们的生活中应用十分广泛。随着 U 盘、存储卡等移动存储设备的普及，U 盘病毒早已泛滥成灾。因此，在 U 盘的使用过程中，要养成良好的使用习惯，积极进行防范，减少中毒概率。

1. 关闭自动播放功能

在 Windows 下选择"开始"|"运行"命令，输入"gpedit.msc"，打开"组策略"窗口，展开左

窗格的"本地计算机策略\计算机配置\管理模板\系统"项,在右窗格的"设置"标题下,双击"关闭自动播放"进行设置。

2. 修改注册表禁止自动运行

在 Windows 下选择"开始"|"运行"命令,输入"regedit",找到下列注册表项:HKEY_CURRENT_USER\Software\Microsoft\Windows\CurrentVersion\Explorer\MountPoints2,右键单击 MountPoints2 选项,选择"权限",对该键值的访问权限进行限制,从而隔断病毒的入侵。

3. 打开 U 盘时请选择右键单击打开

不要直接双击 U 盘盘符,而应用右键单击 U 盘盘符,选择"打开"命令或通过"资源管理器"窗口进入。因为双击实际上是立刻激活了病毒,而这样做可以避免中毒。

4. 创建 autorun.inf 文件夹

因为 U 盘病毒是利用 autorun.inf 文件来进行传播的,所以可以在所有的磁盘中创建名为 autorun.inf 的文件。如果有病毒侵入,病毒就无法自动创建同名的 autorun.inf 文件,即使双击盘符也不会运行病毒,从而控制了 U 盘病毒的传播。

案例思考 你的 U 盘感染过病毒吗?是如何感染的?你知道如何防范吗?

生物认证技术

生物认证技术是利用人体生物特征进行身份认证的技术。生物识别系统对生物特征进行取样,提取其唯一的特征进行数字化处理,转换成数字代码,并将这些代码组成特征模板存放在数据库中。人们在与生物识别系统交互进行身份认证时,生物识别系统获取其特征并与数据库中的特征模板进行对比和匹配,从而对身份进行认证。生物认证技术主要有以下几种。

1. 指纹识别技术

每个人的指纹皮肤纹路都是唯一的,并且终身不变,通过将指纹与预先保存在数据库中的指纹采用指纹识别算法进行对比,便可验证其真实身份。

2. 视网膜识别技术

视网膜识别技术是采用红外线去捕捉视网膜的独特特征。视网膜识别技术的优点就在于视网膜是一种极其固定的生物特征,因为它是"隐藏"的,故而不可能受到磨损、老化等影响,使用者也无须与设备进行直接接触。同时,它是一个最难欺骗的系统,因为视网膜是不可见的,故而不会被伪造。

3. 人脸识别技术

人脸识别技术是基于人的脸部特征,对输入的人脸图像或视频流,首先判断其是否存在人脸,如果存在人脸,则进一步给出每张脸的位置、大小和各个主要面部器官的位置信息。同时,依据这些信息,进一步提取每张人脸中所蕴含的身份特征,并将其与已知的人脸进行对比,从而识别每张人脸的身份。

案例思考 生物认证技术与数字认证技术的区别是什么?你还知道哪些生物识别技术和数字认证技术?

情境任务三　移动电子商务安全

一、移动电子商务面临的安全威胁

移动电子商务是传统电子商务和无线互联网技术结合的产物。传统电子商务交易双方通过网络开展业务，其安全性需要计算机安全网络和安全交易过程来保障——主要是采用防火墙技术来保护电子商务交易系统。但是防火墙有时会被黑客通过非法手段绕开，计算机病毒也可以穿过防火墙感染计算机。目前移动电子商务面临的主要威胁有以下几个方面。

（一）移动终端的安全威胁

在我们日常生活中使用的移动终端主要有笔记本电脑、手机、平板电脑三大类，移动终端自身的安全和遵循安全流程进行操作是保障移动电子商务安全的重要前提。一旦我们的移动终端丢失、被借用或是被超权限使用，系统资源受到非法访问，攻击者就可以修改或删除移动终端上的应用软件和其他资料，破坏系统完整性。近年来网络技术越来越成熟，甚至可以通过复制手机卡来监听正常卡使用者的信息，或者是伪装成真实用户进行权限操作。在移动终端方面，手机病毒带来的危害是第一位的，也是最大的。手机通过蓝牙、安装未知来源的APP和手机缺陷等方式传播病毒。每年全球手机病毒的数量不断增加，其主要以"病毒短信"方式攻击手机本身系统，通过信息传播感染其他手机，对手机主机造成破坏；其攻击和控制"网关"，向手机发送垃圾信息，致使网络运行瘫痪。有的手机病毒可能会自动拨打电话、盗取联系人名单或删除手机上的资料，并产生金额庞大的电话账单，致使用户损失巨大。

总的来说，移动终端的安全硬伤大致有5个方面：设备自身的物理安全；数据信息被破坏；电子标签被解密；SIM卡被复制；在线终端易受攻击。

（二）网络服务系统的安全威胁

网络服务系统的安全威胁有以下几种。

① 非授权数据访问。这是指系统入侵者没有访问权限，非法访问、窃听系统数据信息或伪造身份冒充合法用户进行系统网络接入，对系统进行访问。

② 完整性威胁。这是指系统入侵者通过相关手段修改或删除系统数据信息，对系统完整性形成破坏。

③ 拒绝服务。这是指通过向服务器发送大量垃圾信息或干扰信息的方式，导致服务器无法向正常用户提供服务。

④ 抵赖否认。这是指用户可对业务费用和数据来源进行否认，网络单元否认发出信令或否认接收到了其他数据信息。

（三）数据传输过程的安全威胁

移动电子商务交易大多是通过无线数据通信技术进行的，而无线通信网络相对于有线网络，具有开放性、发散性、移动性、不稳定性、易受攻击性等特征。从这个层面上讲，无线用户在享受其随时随地、灵活快速等优质服务的同时也必将面临个人信息安全问题的威胁。例如，现在很多商场酒店都有公共Wi-Fi，但是目前的公共Wi-Fi大多缺少安全防护措施，有的根本就没有设置密码，即便设置了，到网上下载一个"万能Wi-Fi钥匙"APP就能轻松破解，准入门槛等同于零，极易被攻击者截取网络中传输的数据信息。在移动电子商务交易过程中传输的支付账号密码、商品支付信息、个人位置信息等易于被攻击者窃听、假冒、重放，保密性备受质疑。

二、移动电子商务安全问题存在的原因

（一）移动设备系统没有统一标准

在现阶段，市场上移动设备品牌众多，而搭载的系统也千差万别。例如，苹果使用的 iOS 系统，三星、中兴、华为等使用的 Android 系统。iOS 不对外开放源码，其他设备制造商根本无法使用 iOS 系统。另外，尽管 Android 系统在功能上同样强大，应用软件的数量也十分庞大，但是 Android 系统与 iOS 系统存在本质的区别。

此外，由于市场竞争压力大，各大移动设备制造商都各自为政，自主研发系统，彼此之间并没有通力合作。这也导致系统之间风格迥异，存在明显的差异，系统之间并没有彼此兼容，致使开发适合所有系统的移动电子商务平台具有巨大的困难。

（二）移动设备数据多以明文形式存在

移动设备轻便、快捷的优点受到了广大用户的喜爱。但由于移动设备存储能力弱，所以数据处理功能较弱，存放于移动设备中的数据信息大多都以明文形式存在。尽管已经加强了对数据信息在无线通道上传输时的加密工作，但是存放于移动设备中的数据信息并没有很好地进行加密，导致移动设备数据泄露的事情频繁发生，盗窃、不法分子只需要对获得的移动设备进行 SQL 注入攻击，就可以轻易地提取移动设备中所有的重要数据。例如，个人身份信息、身份证号、银行卡号和密码及企业重要数据。这也往往导致用户身份信息被盗用、财产损失及公司机密信息泄露的事情频繁发生。

（三）移动通信处于开放的无线网络环境下

无线通信可以在任意时间、任意地点进行移动电子商务活动，这是有线通信不能匹敌的绝对优势。但是因为无线网络的开放性，所以在进行移动数据通信时入侵者可以利用便利的技术手段，对无线链路上正在传输的数据信息进行窃听，并且可以对正在传输的数据信息进行非法删除及修改，从而导致数据信息的完整性和真实性受到严重的威胁。

三、移动电子商务中安全问题的解决策略

（一）防火墙技术

防火墙技术在无线网络服务层中起着至关重要的作用。与"一直在线"网络相连接的设备需要更高的安全性来防止非法接入。这可以在通过 GPRS 与互联网一直连接的计算机上安装个人防火墙来实现，以保护本地计算机保存的企业数据和个人数据。但这项技术目前尚不能用于电话或 PDA 等低功率设备。

（二）WPKI 技术

WPKI（Wireless PKI）是有线 PKI 的一种扩展，它将互联网电子商务中 PKI 的安全机制引入到移动电子商务中。WPKI 采用公钥基础设施、证书管理策略、软件和硬件等技术，有效地建立了安全和值得信赖的无线网络通信环境。WPKI 以 WAP 的安全机制为基础，通过管理实体

间关系、密钥和证书来增强电子商务安全。可信的 WPKI 不仅能够安全鉴别用户、保护数据在传输中的完整性和保密性，而且能够帮助企业实施非复制功能，使得交易参与各方无法抵赖。

（三）应用生物特征识别技术

生物特征识别技术包括指纹识别、虹膜识别、语音识别等，还有现在比较"火"的人脸识别。这些技术可以使得身份认证更加安全、便捷和可靠，在移动电子商务安全领域具有巨大的经济效益。例如，智能手机需要频繁的个人身份认证，于是苹果、华为等厂商成功地将指纹识别技术应用于智能手机的解锁问题，提高了系统的安全性和便捷性；阿里巴巴公司将语音识别、人脸识别技术应用于支付宝的声波支付、人脸识别支付，不仅方便快捷，而且可以解决兑换外币的麻烦，达到了事半功倍的效果。

技能训练

1. 登录网证通 NETCA 电子认证系统 http://www.cnca.net，了解数字证书的申请流程。
2. 登录铁路服务中心网站 http://www.12306.cn，熟悉并练习数字证书的添加。
3. 登录时间戳服务中心网站，了解时间戳的使用。
4. 申请支付宝，登录支付宝 https://www.alipay.com，熟悉并练习支付宝数字证书的使用。
5. 登录支付宝 https://www.alipay.com 和普通新闻网站，对比它们的安全防范措施。
6. 对 Windows 系统进行安全设置。

学习情境十

电子商务法律法规

学习目标

知识目标

了解电子商务带来了哪些新的法律问题；理解电子商务法律法规的特点；明确电子商务法律主体及权利义务关系；掌握电子商务对合同法、知识产权保护、隐私权、消费者权益、税收等带来的影响和相应的规定。

技能目标

能够分辨哪些是网络违法犯罪行为；能够合法从事电子商务活动；对网络侵权行为能够运用法律武器维护自身的合法权益。

情境任务一 电子商务对传统法律规范的挑战

情境引例

电子商务引发的问题

① 网络游戏"红月"玩家李某，辛苦获得的装备在一夜之间消失，为此他将"红月"经营者北极冰科技公司告上法庭，成为我国首例游戏虚拟财产的纠纷案。由于网络游戏的发展，网络游戏中虚拟财产的被盗事件已发生了多起。

② 广东某制衣厂把科龙集团的英文商标 KELON 作为 kelon.com.cn 域名注册，科龙集团向北京市海淀区人民法院提出诉讼，请求法院确认该制衣厂的抢注行为属于恶意侵权行为，令其承担相应的法律责任。

③ 刘某 1995 年翻译出版了西班牙著名作家塞万提斯的名著《堂吉诃德》。2000 年 10 月，原告通过搜狐网站提供的搜索引擎搜索相关内容时偶然发现，通过搜狐网站与其他 3 个网站的链接，任何用户都可以全文浏览或下载 3 个版式的译著，而原告从未授权或许可包括搜狐在内的任何网站刊载《堂吉诃德》一书。原告认为被告的行为严重侵犯了其著作权，因此向北京市第二中级人民法院提起民事诉讼。

④ 一个刚上小学二年级的男童，在某购物网站以他父亲李某的身份证号码注册了客户信息，并且订购了一台价值 1 000 元的小型打印机。但是当该网站将货物送到李某家中时，李某却以"其子未满 10 周岁，是无民事行为能力人"为由，拒绝接收打印机并拒付货款。由此交易双方产生了纠纷。

⑤ 梁女士在网上花了 99 元购买了 3 块香皂。几天后的下午 3 点，梁女士接到陌生女子打来的电话，

声称他们快递公司不小心将她的包裹弄丢了，要照价全额退款给梁女士，还准确说出了梁女士的网购信息。梁女士信以为真就加了对方的微信，接着对方发了一个网站链接给梁女士，让她进入该网站办理退款手续。梁女士进入网站后，按照提示输入了个人身份信息和银行卡信息。不一会儿，梁女士手机就收到一条验证码，对方让她在网站上输入该验证码，尚有警觉的梁女士留了一个心眼，没有按对方的要求输入手机验证码。之后，对方又在微信上发了一个二维码让梁女士扫描，梁女士扫了二维码后不久，手机就收到了银行卡被消费了2 999元的短信提示。不是说好是退款的吗？怎么变成扣款了？对方告诉梁女士说这是退款手续所需的步骤。之后，对方又相继发了两个二维码让梁女士扫，梁女士的银行卡就又被消费了1.5万多元。最后，发现银行卡上的钱都被扣完了，恍然大悟的梁女士才意识到是遇到诈骗了，赶紧到派出所报案。

引例思考 通过以上几个引例，你认为电子商务带来了哪些新的法律问题？

一、电子商务亟待相应法律规范

电子商务是依托互联网兴起的一种全新商务模式，也是未来商务发展的一个必然趋势。这种在虚拟市场上构成的商务模式，与传统的商务活动存在很大的差别。其交易对象存在的虚拟性和不可感知性，物流、资金流、信息流彻底分离的交易方式给现有的商务体系带来了技术、财务、交易安全等多方面的挑战。这就给针对传统商务制定的法律法规带来了前所未有的新问题。其主要表现在以下几个方面。

（一）交易安全问题

在电子商务中普遍存在着各种安全隐患，包括窃取信息、篡改信息、假冒、恶意破坏、信息保密性、交易者身份的确定及网络故障等。单纯依靠技术措施不能真正保障网络交易的安全。加强安全立法，为电子商务发展提供一个安全的环境，是促进电子商务发展不可缺少的环节。

（二）在线交易主体及市场准入问题

网络是一个虚拟的商务环境，具有开放性的特点，任何人都可以在不经登记的情况下就利用网络传递信息，可以设立网站（主页）、设立在线商店或专卖店销售其生产或经销的商品。这样，哪些主体可以从事在线商务、如何确保网上交易主体的真实存在并具备从事相应网上交易的资质、如何规范在线商事行为等便成为电子商务法研究的问题。

（三）电子合同问题

传统商务活动中可以通过签订纸面的合同，在对方失信不履约时作为证据。而在在线交易的情形下，所有当事人的意思表示均以电子化的形式传输、存储。电子合同与传统合同有很大的区别，仅就目前我国的《合同法》来说，虽对合同关系做了一个较为普遍性的规定，也明确规定了签订合同可以采用数据电文的形式，但仍不能完全解决电子合同的有效性、成立时间、地点、合同证据等方面的复杂问题。

（四）电子签名问题

签名在商务活动中具有重要的作用。在电子商务环境下，资料都以电子化形式存在，通过传统的手段无法对电子文件进行签名，此时就需要通过电子签名的方式来进行签名，确认签署者的身份。电子签名是一种电子技术，这种技术能否具有传统签名的作用，需要通过立法予以确认。

（五）虚拟财产保护问题

虚拟财产是指数字化、非物化的财产形式，包括网络游戏、电子邮件、网络寻呼等一系列信息类产品。但由于目前网络游戏盛行，虚拟财产在很大程度上就是指网络游戏空间存在的财物，包括游戏账号的等级、游戏货币、游戏人物拥有的各种装备等。在我国，网络上的虚拟财产并没有得到有效的保护，究其原因在于现行法律，包括《宪法》和《民法通则》只对公民的合法收入、储蓄、房屋和其他合法财产予以认可，并没有对虚拟财产的合法性做出明确规定。在《消费者权益保护法》中，网民对虚拟财产的权利也不属于现有的消费者权利中的任何一项。因此，出现了很多玩家在丢失财物后投诉无门的现象。其实网络虚拟财产已经不再完全"虚拟"，而是逐渐与现实社会的真实财产建立了对应或换算关系，已经具备了现实社会中真实财产的价值，理应受到法律的保护。关于保护网络虚拟财产的法律法规也是电子商务立法需要探讨的问题。

（六）知识产权保护问题

网络中传输的数字信息，包括各种文字、影像、声音、图形和软件等都属智力成果，侵权行为人完全可以通过互联网不经著作权人许可而以任何方式对这些数字信息进行复制、出版、发行、传播，从而构成互联网著作权侵权。

从知识产权保护的角度，电子商务中行为主体的难确定性、行为地点的难确定性及行为的跨时空、跨国界性给确定知识产权纠纷的司法管辖出了难题。

（七）在线消费者保护问题

近年来，消费者深受网络交易虚假宣传、虚构交易、编造评价、删除差评、共享单车押金难退、平台订票默认勾选、电商随意砍单（取消订单）、网约车不安全等问题的困扰。针对上述现象如果没有制定专门的法律，消费者将很难维权。

（八）网上个人隐私保护问题

计算机和网络技术为人们获取、传递、复制信息提供了方便，加上网络的开放性、互动性，凡是进行在线消费（购物或接受信息服务），均需要将个人资料留给商家，而对这些信息的再利用就成为网络时代普遍的现象。如何规范商家的利用行为，保护消费者隐私，就成了一个新问题。

（九）网上税收问题

现有的税法和税种主要是基于传统商务模式建立的，交易双方的交易信息和账册都存储在纸质介质上，营业主体都有固定的地点和经营范围，利于税务部门的核查、监控及催缴。在电子商务模式下，营业主体的地点和经营范围不固定，电子数据信息易于被删除、修改、复制等，使税务部门很难获取真实的交易资料，因此税收管理十分困难。

电子商务是我国近年来发展最为迅猛的一个产业，根据国家统计局的数据，2018年上半年，全国网上零售额达到4.08万亿元，同比增长30.1%，再创新高。电子商务市场的高速发展，也暴露出诸多亟待解决的问题，如假冒伪劣商品销售、消费者权益保护、知识产权保护、个人信息安全、交易平台的监管义务和法律责任等。针对这种现状，迫切需要建立和完善互联网和电子商务领域的立法，使我国的法制建设跟上信息时代的步伐。

二、我国关于规范电子商务领域的立法

电子商务的发展需要良好的政策和法律环境。为促进电子商务健康快速发展，规范电子商务活动，从 1999 年起，我国已颁布了一系列关于电子交易方面的法律规范。

《中华人民共和国电信条例》《关于维护互联网安全的决定》等系列法律规范的颁布，使我国互联网发展迈上了新台阶。《计算机信息网络国际互联网管理暂行规定》《计算机信息网络国际互联网管理暂行规定的实施办法》《计算机信息网络国际联网安全保护管理办法》《计算机信息系统安全保护条例》《互联网网络域名注册暂行管理办法》及其实施细则，这些法律规范的颁布主要从基础设施的基础上对电子商务的安全问题进行了保护。在 2004 年 8 月，十届全国人大常委会十一次会议通过了《中华人民共和国电子签名法》，并于 2005 年 4 月 1 日开始实施。中华人民共和国电子签名法被认为是中国首部真正电子商务法意义上的立法。2005 年 2 月 8 日国家信息产业部发布了《电子认证服务管理办法》；2005 年中国电子商务协会组织网络交易平台服务商共同制定的《网络交易平台服务规范》被称为电子商务领域的首个行业规范。2005 年 8 月 18 日，中国人民银行公布《中国人民银行个人信用信息基础数据库管理暂行办法》，并且于 2006 年年初启动了我国个人征信系统的建设。2005 年 10 月 26 日，中国人民银行发布了《电子支付指引（第一号）》，对防范电子支付风险和保障客户资金安全发挥积极作用。2005 年 12 月国务院出台了《关于加快电子商务发展若干意见》，规定了加快电子商务的指导思想和基本原则。2006 年 3 月 30 日，当时的信息产业部出台了《互联网电子邮件服务管理办法》，对垃圾邮件的定义、邮件的发送规则及发送垃圾邮件的法律责任都做了明确规定。2012 年 12 月，通过了《关于加强网络信息保护的决定》。近年来，随着新问题的出现，不断出台一些法律、法规，如《关于跨境电子商务零售进口税收政策的通知》《互联网广告管理暂行办法》《互联网直播服务管理规定》《中华人民共和国网络安全法》《网络购买商品七日无理由退货暂行办法》《网络产品和服务安全审查办法（试行）》《网络借贷信息中介机构业务活动管理暂行办法》《互联网金融信息披露个体网络借贷》标准（T/NIFA 1—2016）、《中国互联网金融协会信息披露自律管理规范》。自 2017 年 6 月 1 日起，《中华人民共和国网络安全法》正式施行。《中华人民共和国网络安全法》是网络安全的基本法，为今后我国构建完整全面系统的网络安全法律体系奠定了基础。

据有关统计，2018 年中国网民规模已达到 8.02 亿人，网络零售用户规模约 6 亿人，中国网络零售用户规模占互联网用户超 70%，平均每 10 个互联网用户中有 7 人为网络购物的用户。如此巨大规模的网络零售用户，构建了我国数万亿级的电子商务市场。这个新兴市场的发展过程中，出现了以前的市场经济活动中没有遇到过的各种各样的问题。这些问题，使用现有的法律法规已经不能进行有效的规范管理，迫切需要制定一部综合性的电子商务法。所以，《中华人民共和国电子商务法》（以下简称《电子商务法》）就应运而生了。

三、中国电子商务法的介绍

（一）《电子商务法》的立法过程及意义

《电子商务法》纳入十二届全国人大常委会五年立法规划，于 2013 年年底正式启动立法进

程，前后历时 5 年，3 次公开征求意见，经 4 次审议之后的《电子商务法》在 2018 年 8 月 31 日第十三届全国人大常委会第五次会议上通过，于 2019 年 1 月 1 日正式实施。我国其他法律一般是三审，而《电子商务法》经过 4 次审议，足以说明《电子商务法》与其他法律相比更复杂，它涉及面广，规模大，又是个新生事物，其发展日新月异，因此，制定过程比较慎重。

在《电子商务法》起草之前，我国通过了 3 部相关法律，第一部法律是 2000 年 12 月，在第九届全国人大常委会第十九次会议上通过的《关于维护互联网安全的决定》；第二部法律是 2004 年 8 月，在第十届全国人大常委会第十一次会议上通过的《电子签名法》；第三部法律是 2012 年 12 月，在第十一届全国人大常委会第三十次会议上通过的《关于加强网络信息保护的决定》。这 3 部法律为《电子商务法》的推出做了铺垫，分别从互联网安全、电子签名的应用及网民个人信息的保护三方面提供了借鉴。

《电子商务法》作为我国电子商务领域的首部综合性法律，为我国电子商务的发展奠定了基本的法律框架。对反映强烈的电子商务纳税、微商代购、信誉评价（刷好评、删差评）、商品搭售、砍单、电子支付、押金退还、快递延期、大数据杀熟等乱象都做了明文规定，将引导电商更加规范的发展。

（二）《电子商务法》的立法宗旨

《电子商务法》全文共 7 章 89 条，主要对电子商务的经营者、合同的订立与履行、争议解决、促进和法律责任这 5 个部分做出了规定。《电子商务法》的立法宗旨和立法目的是保障电子商务各方主体的合法权益，规范电子商务行为，维护市场秩序，促进电子商务持续健康发展。

（三）《电子商务法》的调整范围

因为电子商务具有跨时空的特点，《电子商务法》把调整范围限定在中华人民共和国境内，限定在通过互联网等信息网络销售商品或提供服务的经营活动。对于金融类产品和服务、利用信息网络提供的新闻信息、音视频节目、出版及文化产品等内容方面的服务，不被《电子商务法》所调整，而由规范其自身的法律规定。

（四）《电子商务法》的调整对象

《电子商务法》调整的是消费者与电子商务经营者、平台内经营者之间的关系。在电子商务有关三方主体中，最弱势的是消费者，其次是电子商务经营者，最强势的是平台经营者，所以《电子商务法》在均衡地保障电子商务这三方主体合法权益的同时，适当加重了电子商务经营者，特别是第三方平台的责任义务，适当地加强了对电子商务消费者的保护力度。

情境拓展

《中华人民共和国网络安全法》正式施行，网络安全进入法制化时代

十二届全国人大常委会第二十四次会议高票通过了《中华人民共和国网络安全法》，并将于 2017 年 6 月 1 日起正式施行。历时两年三审之后，我国首次从立法层面确立了安全在整个信息系统建设中的核心和关键地位。从企业自发重视上升到法律强制推行后，网络安全相关产业市场空间有望迎来加速增长。《网络安全法》共有 7 章 79 条，内容上有 6 个方面的突出亮点：第一，明确了网络空间主权的原则；第二，明确了网络产品和服务提供者的安全义务；第三，明确了网络运营者的安全义务；第四，进一步完善了个人信息保护规则;第五,建立了关键信息基础设施安全保护制度;第六,确立了关键信息基础设施重要数据跨境传输的规则。《网络安全法》的制定出台,是贯彻落实网络强国战略的重要一环,将有力地促进并服务于"互联网+"行动和网络强国战略的进一步实施,对于完善我国在网络空间的规范治理体系具有基础性意义。新法的施行标志着我国网络安全从此有法可依,网络空间治理、网络信息传播秩序规范、网络犯罪惩治等即将翻开崭新的一页,对保障我国网络安全、维护国家总体安全具有深远而重大的意义。

情境任务二　电子商务经营者的行为规范

一、电子商务经营者的界定

电子商务经营者,是指通过互联网等信息网络从事销售商品或提供服务的经营活动的自然人、法人和非法人组织,包括电子商务平台经营者、平台内经营者,以及通过自建网站、其他网络服务销售商品或提供服务的电子商务经营者。

电子商务平台经营者是指在电子商务中为交易双方或多方提供网络经营场所、交易撮合、信息发布等服务,供交易双方或多方独立开展交易活动的法人或非法人组织。平台内经营者是指通过电子商务平台销售商品或提供服务的电子商务经营者。

《电子商务法》通过"其他网络服务"将利用微信朋友圈、网络直播等方式从事商品、服务经营活动的主体也纳入电子商务经营者,有利于加强对相关领域的监管,有利于更好地解决此类消费纠纷。

《电子商务法》明确了市场主体登记范围,电子商务经营者应当依法办理市场主体登记。但是,个人销售自产农副产品、家庭手工业产品,个人利用自己的技能从事依法无须取得许可的便民劳务活动和零星小额交易活动,以及依照法律、行政法规不需要进行登记的除外。

二、电子商务经营者的主要义务

(一)依法登记并公示营业信息

经营者要自我公示主体信息,履行消费者权益保护、环境保护、知识产权保护、网络安全与个人信息保护等方面的义务,承担产品和服务质量责任,出具纸质发票或电子发票等购货凭证或服务单据,接受政府和社会的监督。

(二)真实披露商品或服务信息

电子商务经营者应当全面、真实、准确、及时地披露商品或服务信息,不得以虚构交易、编造用户评价等方式进行虚假或引人误解的商业宣传,欺骗、误导消费者。

(三)依法提供搜索结果、发送广告

电子商务经营者可以向消费者提供搜索结果、发送广告,但必须依法进行,必须尊重和平等保护消费者合法权益。

（四）搭售提示义务

电子商务经营者搭售商品或服务，应当以显著方式提请消费者注意，不得将搭售商品或服务作为默认同意的选项。

（五）依承诺或约定交付义务

电子商务经营者应当按照承诺或与消费者约定的方式、时限向消费者交付商品或服务，并承担商品运输中的风险和责任。

（六）合理退还押金义务

电子商务经营者按照约定向消费者收取押金的，应当明示押金退还的方式、程序，不得对押金退还设置不合理条件。消费者申请退还押金，符合押金退还条件的，电子商务经营者应当及时退还。

（七）信息管理义务

电子商务经营者搜集、使用其用户的个人信息，应当遵守法律、行政法规有关个人信息保护的规定。《电子商务法》第二十四条规定：电子商务经营者应当明示用户信息查询、更正、删除以及用户注销的方式、程序，不得对用户信息查询、更正、删除以及用户注销设置不合理条件。

三、电商平台经营者的主要义务

（一）主体审核和信息报送义务

《电子商务法》第二十七条、第二十八条规定：电子商务平台经营者应当对平台经营者的身份、地址、联系方式、行政许可信息进行核验、登记，定期更新，并向市场监督管理部门和税务部门报送。

（二）协作监管义务

《电子商务法》第二十九条规定：电子商务平台经营者发现无证经营或禁限售商品的，应当依法采取必要的处置措施，并向有关主管部门报告。

（三）保障网络安全义务

《电子商务法》第三十条规定：电子商务平台经营者应当采取技术措施和其他必要措施保证其网络安全、稳定运行，防范网络违法犯罪活动，有效应对网络安全事件，保障电子商务交易安全；电子商务平台经营者应当制定网络安全事件应急预案，发生网络安全事件时，应当立即启动应急预案，采取相应的补救措施，并向有关主管部门报告。

（四）交易信息管理义务

《电子商务法》第三十一条规定：电子商务平台经营者应当记录、保存平台上发布的商品和服务信息、交易信息，并确保信息的完整性、保密性、可用性。商品和服务信息、交易信息保存时间自交易完成之日起不少于3年；法律、行政法规另有规定的，依照其规定。

(五)信息持续公示义务

《电子商务法》第三十三条规定：电子商务平台经营者应当在其首页显著位置持续公示平台服务协议和交易规则信息或上述信息的链接标志，并保证经营者和消费者能够便利、完整地阅览和下载。

《电子商务法》第三十四条规定：电子商务平台经营者修改平台服务协议和交易规则，应当在其首页显著位置公开征求意见，采取合理措施确保有关各方能够及时充分表达意见。修改内容应当至少在实施前7日予以公示。平台内经营者不接受修改内容，要求退出平台的，电子商务平台经营者不得阻止，并按照修改前的服务协议和交易规则承担相关责任。

(六)区分自营、他营义务

《电子商务法》第三十七条规定：电子商务平台经营者在其平台上开展自营业务的，应当以显著方式区分标记自营业务和平台内经营者开展的业务，不得误导消费者。电子商务平台经营者对其标记为自营的业务依法承担商品销售者或服务提供者的民事责任。

(七)未尽到审核义务承担连带责任

《电子商务法》第三十八条规定：电子商务平台经营者知道或应当知道平台内经营者销售的商品或提供的服务不符合保障人身、财产安全的要求，或者有其他侵害消费者合法权益行为，未采取必要措施的，依法与该平台内经营者承担连带责任。

对关系消费者生命健康的商品或服务，电子商务平台经营者对平台内经营者的资质资格未尽到审核义务，或者对消费者未尽到安全保障义务，造成消费者损害的，依法承担相应的责任。

(八)建立健全信用评价制度的义务

《电子商务法》第三十九条规定：电子商务平台经营者应当建立健全信用评价制度，公示信用评价规则，为消费者提供对平台内销售的商品或提供的服务进行评价的途径。电子商务平台经营者不得删除消费者对其平台内销售的商品或提供的服务的评价。

(九)搜索结果显示和竞价排名标示义务

《电子商务法》第四十条规定：电子商务平台经营者应当根据商品或者服务的价格、销量、信用等以多种方式向消费者显示商品或服务的搜索结果；对于竞价排名的商品或服务，应当显著标明"广告"。

(十)知识产权保护义务

《电子商务法》第四十一条规定：电子商务平台经营者应当建立知识产权保护规则，与知识产权权利人加强合作，依法保护知识产权。《电子商务法》第四十五条规定：电子商务平台经营者知道或应当知道平台内经营者侵犯知识产权的，应当采取删除、屏蔽、断开链接、终止交易和服务等必要措施；未采取必要措施的，与侵权人承担连带责任。

情境任务三　电子商务的常见法律问题

情境引例

电子合同的启示

当正在外出时，面对一份公司急需自己签署的文件，如何办呢？当两家异地的公司，为了一个小合作而不需当面签订合同，又如何才能快速解决这个问题呢？

2004年8月，顺天府超市通过因特网与电子签名，与联合利华公司签订了一笔促销合同，这是中国的第一份电子合同，给我们提供了一种很好地解决上述问题的方法。

引例思考　什么是电子合同？电子合同对传统合同法律制度有何冲击？

一、电子合同

《中华人民共和国合同法》于2011年3月15日由全国人大通过，并于当年10月1日开始实施。它首次明确了电子合同的合法地位，为我国电子商务的发展奠定了法律基础。《电子商务法》明文规定，适用本章和《中华人民共和国民法总则》《中华人民共和国合同法》《中华人民共和国电子签名法》等法律的规定。

（一）电子合同概述

合同是指平等主体的自然人、法人、其他组织之间设立、变更、终止民事权利义务的协议。电子合同是合同中的一种，又称为电子商务合同。从广义上讲，电子合同是指所有通过电子手段，如电报、电传、传真、EDI、电子邮件等缔结的合同；从狭义上讲，电子合同是指在网络空间通过电子方式（主要是数字技术）缔结的合同。

电子合同作为一种崭新的合同形式，与传统合同所包含的信息大体相同，即同样是对签订合同各方当事人的权利和义务做出确定的文件。但电子合同的签订过程和载体已不同于传统合同，其形式也发生了很大的变化，同时也引发了一系列的法律问题，从而使传统的法律制度，尤其是合同制度面临严峻的挑战。

电子合同具有以下特征。

① 订立合同的双方或多方大多是互不见面的。所有的买方和卖方都是在虚拟市场上运作的，其信用依靠密码的辨认或 CA 的认证。

② 电子合同是以数据电文的形式订立的，与传统合同当事人面对面签订纸质的合同不同。

③ 表示合同生效的传统的签字盖章方式被数字签名所取代。

④ 传统合同的生效地点一般为合同成立的地点；电子合同的生效地点为收件人的主营业地，没有主营业地的，其经常居住地为合同成立的地点。

⑤ 电子合同所依赖的电子数据具有易消失性和易改动性。

（二）电子合同的有效性

电子合同是电子商务环境下的一种新的合同形式。它是以数据形式存在的，与传统合同相比具有易消失性和易改动性，因此需要通过法律手段承认电子合同的效力。

联合国国际贸易法委员会 1996 年指定的《电子商务示范法》第 5 条中规定"不得仅仅因为交换信息时采取了数据电文便否认其法律效力、有效性或强制执行性"，同时在该法第 11 条中规定"就合同的订立而言，除非当事各方另有协议，一项要约以及要约的承诺均可通过数据电文的手段表示。如果使用了一项数据电文来订立合同，则不得仅仅以使用了数据电文为理由，而否定该合同的有效性或可执行性"。

1999 年 3 月 15 日，全国人大通过的《合同法》中已经注意到了电子交易迅速发展对法律规范所提出的要求，在合同形式方面大胆地吸收了数据电文的形式，并将之视为书面合同。《合同法》专门对数据电文做出了数条规定，承认了电子合同的法律地位。我国《合同法》第十条规定："当事人订立合同，有书面形式、口头形式和其他形式。"我国《合同法》第十一条规定："书面形式是指合同书、信件和数据电文（包括电报、电传、传真、电子数据交换和电子邮件）等可以有形地表现所载内容的形式。"这样，我国《合同法》实际上把电子合同纳入了"书面形式"之内。《电子商务法》第四十八条规定，电子商务当事人使用自动信息系统或履行合同的行为对使用该系统的当事人具有法律效力。

（三）电子合同的订立

合同订立的过程是当事人使其意思表示一致的过程。在合同法上，这一过程分为要约和承诺两个阶段。订立电子合同与订正其他类型的合同一样，也是采取要约、承诺的方式，只是当事人是通过数据电文的传递来实现要约和承诺的。

① 要约是希望与他人订立合同的意思表示，也称为发盘或发价。要约必须表达出订立合同的意愿，而且内容必须是具体确定的，并且包括一经承诺，合同即足以成立的各项基本条款。发出要约的人为要约人，接受要约的人为受要约人。

② 承诺是受要约人同意要约的意思表示。承诺必须是由受要约人向要约人，在有效期限内做出的，而且承诺的内容应当与要约的内容一致。承诺的通知到达要约人时生效。承诺一旦生效，双方的合同即告成立。

《电子商务法》第四十九条规定：电子商务经营者发布的商品或服务信息符合要约条件的，用户选择该商品或服务并提交订单成功，合同成立。当事人另有约定的，从其约定。第五十条规定：电子商务经营者应当清晰、全面、明确地告知用户订立合同的步骤、注意事项、下载方法等事项，并保证用户能够便利、完整地阅览和下载。电子商务经营者应当保证用户在提交订单前可以更正输入错误。

情境案例

1. 甲给乙发送了一封电子邮件：我方欲购买一批毛巾，请提供价目表和产品图样以供参考，如有合适产品，我方将派专员前往洽谈磋商。

甲给乙发送了一封电子邮件：我方欲购买你方编号为 0256 的毛巾 1 000 箱，价格以你方 10 月 2 日报价为准，12 月 30 前交货。

案例思考 以上两个意思表示，哪一个是要约？

2. 甲给乙发了一份要约，希望能以 10 元/件购买乙公司产品 1 万件，乙收到要约后给甲回复了一封电子邮件，表示希望能够将价格调整为 12 元/件。

案例思考 乙的回复是承诺还是一份新的要约？

（四）电子合同成立的时间和地点

我国《合同法》对电子合同的成立问题做出了较为明确的规定。该法第二十六条规定"承诺通知到达要约人时生效""对于采用数据电文形式订立合同的，若要约人指定特定计算机系统接收数据电文的，该数据电文进入该特定系统的时间，视为承诺到达时间；若要约人未指定特定计算机系统的，该数据电文进入要约人的任何计算机系统的首次时间，视为承诺到达生效的时间"。

我国《合同法》第三十四条规定"承诺生效的地点为合同成立的地点。采用数据电文形式订立合同的，收件人的主营业地为合同成立的地点；没有主营业地的，其经常居住地为合同成立的地点。当事人另有约定的，按照其约定"。

情境案例

景荣实业有限公司已经注册了电子邮箱：jrsy@jrsy.com.cn；衡阳木制品加工厂也注册了电子邮箱：h-ymz@online.sh.cn。1999 年 3 月 5 日上午，景荣实业有限公司给衡阳木制品加工厂发出要求购买其厂生产的办公家具的电子邮件一封，电子邮件中明确了如下内容：

① 需要办公桌 8 张、椅子 16 张；
② 要求在 3 月 12 日之前将货送至景荣实业有限公司；
③ 总价格不高于 15 000 元。

电子邮件还对办公桌椅的尺寸、式样、颜色做了说明，并附了样图。

当天下午 3 时 35 分 18 秒，衡阳木制品加工厂也以电子邮件回复景荣实业有限公司，对景荣实业有限公司的要求全部认可。为对景荣实业有限公司负责起见，3 月 6 日衡阳木制品加工厂还专门派人到景荣实业有限公司做了确认，但双方都没有签署任何书面文件。

1999 年 3 月 11 日，衡阳木制品加工厂将上述桌椅送至景荣实业有限公司。由于景荣实业有限公司已于 10 日以 11 000 元的价格购买了另一家工厂生产的办公桌椅，就以双方没有签署书面合同为由拒收，双方协商不成，3 月 16 日衡阳木制品加工厂起诉至法院。庭审中，双方对用电子邮件方式买卖办公桌椅及衡阳木制品加工厂去人确认、3 月 11 日送货上门等均无异议，4 月 15 日法院判决衡阳木制品加工厂胜诉。

案例思考 景荣实业有限公司向衡阳木制品加工厂之间是通过什么形式来订立合同的？合同关系是否成立？

（五）电子合同中的格式条款

格式条款是当事人为了重复使用而预先拟定，并在订立合同时未与对方协商的条款。完全使用格式条款订立的合同称为格式合同。

格式条款具有以下特征：由一方当事人预先拟定；重复使用；在订立合同时未与对方协商。

在通过网络进行的交易中，格式合同被更加广泛地使用，在 B2C 的方式中几乎无一例外地采用格式合同，网上商家往往会预先订立好格式合同，购买者只须按下"接受"或"拒绝"按钮就可决定该网上合同是否成立。这些格式条款是否有效还需要具体分析。

我国对格式条款的规定主要表现在《中华人民共和国消费者权益保护法》《中华人民共和国合同法》和《民法通则》等法律法规中。这些法律法规对于规范电子格式合同同样也是适用的。

我国《合同法》第三十九条第一款规定"采用格式条款订立合同的，提供格式条款的一方应当遵循公平原则确定当事人之间的权利和义务，并采取合理的方式提请对方注意免除或者限制其责任的条款，按照对方的要求，对该条款予以说明"；第四十一条规定"对格式条款的理解发生争议的，应当按照通常理解予以解释。对格式条款有两种以上解释的，应当做出不利于提供格式条款一方的解释。格式条款和非格式条款不一致的，应当采用非格式条款"。

《合同法》第五十二条规定"格式条款具有以下情形的，该条款无效：①一方以欺诈、胁迫的手段订立格式条款，损害国家利益；②恶意串通，损害国家、集体或第三者利益的；③以合法形式掩盖非法目的的；④损害社会公共利益；⑤违反法律、行政法规中的强制性规定的"；第五十三条规定"合同中的下列免责条款无效：①造成对方人身伤害的；②因故意或者重大过失造成对方财产损失的"。

另外，在《消费者权益保护法》中第二十四条规定"①经营者不得以格式合同、通知、声明、店堂告示等方式做出对消费者不公平不合理的规定，或者减轻、免除其损害消费者合法权益应当承担的民事责任；②格式合同、通知、声明、店堂告示等含有前款所列内容的，其内容无效"。

为规范治理网购市场，2014 年 7 月 30 日，当时的国家工商总局出台了《网络交易平台合同格式条款规范指引》（以下简称《指引》），明文规定了平台经营者如修改合同应承担的提醒义务。

《指引》第九条详细规定了网络交易平台经营者使用合同格式条款的前提条件是采取"显著方式"提请相关人注意，《指引》对"显著方式"进行了详细规定，同时规定"不得以技术手段对合同格式条款设置不方便链接或者隐藏格式条款内容，不得仅以提示进一步阅读的方式履行提示义务"。《指引》进一步规定了"网络交易平台经营者使用的合同格式条款，属于《消费者权益保护法》第二十六条第二款和《最高人民法院关于适用<中华人民共和国合同法>若干问题的解释（二）》第十条规定情形的，其内容无效"。

《指引》第十条第（三）款规定，网络交易平台经营者不得在合同格式条款中免除或减轻自己的下列责任：对平台内经营者提供商品或服务依法应当承担的连带责任，对搜集的消费者个人信息和经营者商业秘密的信息安全责任。

《电子商务法》第四十九条规定：经营者不得以格式条款等方式约定消费者支付价款后合同不成立；格式条款等含有该内容的，其内容无效。如卖家因设置错误，将价值数千元的电脑标价为 1 元，只要被拍下付款即有效。

（六）合同标的的交付时间

《电子商务法》第四十九条规定：合同标的为交付商品并采用快递物流方式交付的，收货人签收时间为交付时间。合同标的为提供服务的，生成的电子凭证或实物凭证中载明的时间为交付时间；前述凭证没有载明时间或载明时间与实际提供服务时间不一致的，实际提供服务的时间为交付时间。合同标的为采用在线传输方式交付的，合同标的进入对方当事人指定的特定系统并且能够检索识别的时间为交付时间。合同当事人对交付方式、交付时间另有约定的,从其约定。

情境案例

2000年6月30日,美国总统克林顿签署了《全球及全国商业电子签名法》,这是美国历史上第一部联邦级的电子签名法。

在这次签署电子签名法案的仪式上,这位向来善于在公开场合"表演"的总统,不失时机地又露了一手。他首先以传统的方式,即用钢笔签下了自己的大名,接着拿起一张"智慧卡",在扫描器上一扫,然后通过键盘打入了密码,也就是自家爱犬的名字 BUDDY,电脑屏幕上旋即出现了他的手写体"比尔·克林顿"以及一向使用的国玺大印。

克林顿满脸喜色地说:"想到美国人可以很快用上这样的卡,从事雇律师、申请抵押贷款等一切事情,这简直太棒了⋯⋯再想象一下,如果224年前有这种卡的话,我们的开国元勋就用不着为了《独立宣言》,7月4日从大老远赶到费城。他们通过电子邮件将签名发过去就成了。"电子签名法案是网络时代的重大立法,它使电子签名和传统方式的亲笔签名具有同等法律效力,被看作美国迈向电子商务时代的一个重要标志。

案例思考 什么是电子签名?为什么电子签名法具有重大意义?

二、电子签名

(一)电子签名的概念

许多国家的法律规定,交易的单证必须有签字予以确认才有效。根据《票据法》的规定,票据上必须有出票人的亲笔签名。按照通常原则,签字时签署人应在文件上手书签写。采用电子商务进行交易,很难在电子文件或电子单证上亲自签字署名,为了克服这个障碍,各国法学家和电子专家都积极探索,于是电子签名应运而生。

电子签名包括生理签名(如指纹、声波纹、脑电波等生物特征签名)和数字签名。从广义的角度来讲,电子签名是指在电子通信中起到当事人身份及当事人对信息内容的确认的电子技术手段;狭义的电子签名仅指数字签名。电子签名的基本功能包括鉴定文件签署者的身份,表示文件签署者同意电子文件的内容及确保文件内容不被篡改。

(二)关于电子签名的立法

关于电子签名的法律效力在世界范围内基本上都已经得到了认同,许多国家或地区的法律规定,电子签名具有同书面签名同样的效力和执行力。例如,欧盟颁布的《关于建立欧盟共同电子签名法律框架的99/93EC指令》(简称电子签名指令)、美国的《全球及全国商业电子签名法》、马来西亚颁布的《数字签名法》和日本制定的《电子签名与认证服务法》等都对电子签名的法律地位进行了认可。

在联合国国际贸易法委员会的《电子商务示范法》里规定"如法律要求要有一个人签字,则对于一项数据电文而言,倘若情况如下,即满足了该项要求:①使用了一种方法,鉴定了该人的身份，并且表明该人认可了数据电文内含的信息；②从所有各种情况看来，包括根据任何相关协议，所用方法是可靠的，对生成或传递数据电文的目的来说也是适当的"。

2004年8月28日，十届全国人大常委会第十一次会议表决通过《中华人民共和国电子签名法》（以下简称《电子签名法》），并于2005年4月1日正式实施。《电子签名法》第二、三、十三、十四条分别对电子签名的形式、条件及法律效力做了相关规定。《电子签名法》第十三条规定"电子签名同时符合下列条件的，视为可靠的电子签名：电子签名制作数据用于电子签名时，属于电子签名人专有；签署时电子签名制作数据仅由电子签名人控制；签署后对电子签名的任何改动能够被发现；签署后对数据电文内容和形式的任何改动能够被发现；当事人也可以选择使用符合其约定的可靠条件的电子签名"。同时，第十四条规定"可靠的电子签名与手写签名或者盖章具有同等的法律效力"。《电子签名法》是我国第一部真正意义的电子商务法，是我国电子商务发展的里程碑，它的颁布和实施极大地改善了我国电子商务的法制环境，促进了安全可信的电子交易环境的建立，从而大力推动了我国电子商务的发展。《电子签名法》于2015年4月做了修正。

情境案例

电子签名法判决 手机短信成借款证据

2004年1月，杨先生结识了女孩韩某。同年8月27日，韩某发短信给杨先生，向他借钱应急，短信中说自己需要5 000元，刚回北京做了眼睛手术，不能出门，让杨先生把钱汇到她卡里。杨先生随即将钱汇给了韩某。一个多星期后，杨先生再次收到韩某的短信，又借给韩某6 000元。因都是短信来往，二次汇款杨先生都没有索要借据。此后，因韩某一直没提借款的事，而且又再次向杨先生借款，杨先生产生了警惕，于是向韩某催要。但一直索要未果，于是起诉至海淀法院，要求韩某归还其11 000元，并提交了银行汇款单存单2张。但韩某却称这是杨先生归还以前欠她的欠款。

为此，在庭审中，杨先生在向法院提交的证据中，除了提供银行汇款单存单2张外，还提交了自己使用的号码为1391166XXXX的飞利浦移动电话一部，其中记载了部分短信息内容。例如，2004年8月27日15:05，"那就借点资金援助吧"；2004年8月27日15:13，"你怎么这么实在！我需要五千，这个数不大也不小，另外我昨天刚回北京做了个眼睛手术，现在根本出不了门口，见人都没法见，你要是资助就得汇到我卡里！"等韩某发来的18条短信内容。后经法官核实，杨先生提供的发送短信的手机号码拨打后接听者是韩某本人。而韩某本人也承认，自己从去年七八月份开始使用这个手机号码。

法院经审理认为，依据《最高人民法院关于民事诉讼证据的若干规定》中关于承认的相关规定，1391173XXXX的移动电话号码是由韩女士使用。依据2005年4月1日起施行的《中华人民共和国电子签名法》中的规定，电子签名是指数据电文中以电子形式所含、所附用于识别签名人身份并表明签名人认可其中内容的数据。移动电话短信息即符合电子签名、数据电文的形式。杨先生提供的通过韩女士使用的号码发送的移动电话短信息内容中载明的款项往来金额、时间与中国工商银行个人业务凭证中体现的杨先生给韩女士汇款的金额、时间相符，且移动电话短信息内容中亦载明了韩女士偿还借款的意思表示，两份证据之间相互印证，可以认定韩女士向杨先生借款的事实。据此，杨先生所提供的手机短信息可以认定为真实有效的证据，证明事实真相，本院对此予以采纳，对杨先生要求韩女士偿还借款的诉讼请求予以支持。

案例思考 手机短信作为借款证据要符合什么条件？

三、知识产权保护

情境案例

广东科龙（容声）集团有限公司是大型企业集团，Kelon 是该企业集团使用多年，并在 20 余类商品上获准登记的商标。1997 年 9 月，广东科龙（容声）集团有限公司在向中国互联网信息中心申请以 Kelon 注册商标作为域名登记时，发现企业名称与中文"科龙"毫不相干的广东永安制衣厂已经抢先注册了这个域名。

1997 年 12 月的一天下午，广东省新会市的一个自称吴某的人打来的电话令何东无法平静："我已经在中国互联网络信息中心用 Kelon 注册了域名，如果认为这个域名对贵公司有价值，我可以把它转让给你们。但是，我希望拿到的转让费是 100 万元！"几番交涉，价钱降到 5 万元。

对于自己登记注册、使用了多年的商标忽然成了别人的域名，科龙集团经过一番权衡和向有关人士咨询，将一纸诉状递到了 Kelon 域名注册地所属辖区法院——北京海淀区人民法院，把吴某送上了被告席。

在法院审理期间，被告慑于法律威力，主动向中国互联网信息中心提出申请，要求注销其注册的 kelon.com.cn 域名，并将注册证书交回。

资料来源： 赵燕平. 电子商务概论[M]. 2 版. 北京. 高等教育出版社，2008.

案例思考 永安制衣厂将广东科龙(容声)集团有限公司的商标 Kelon 注册了 kelon.com.cn 域名，并以高价转让合法吗？

知识产权是指公民或法人等主体依据法律的规定，对其从事智力创作或创新活动所产生的知识产品所享有的专有权利，又称为"智力成果权""无形财产权"。迄今为止，主要的知识产权仍然是版权、专利权和商标权。电子商务产生以后，为传统的知识产权制度带来了诸多的挑战，而且域名作为一种新生的事物，人们已经认识到了域名具有的商业价值。尽管到现在为止，人们并没有广泛承认域名是一种知识产权，但考虑到其商业价值，很多国家的司法实践也把知识产权的某些保护方法运用到了域名上。

（一）域名的保护

1. 域名的商业价值

域名是为了解决网络计算机地址问题而产生的，但域名的重要性在企业竞争中是不容忽视的。它是商业竞争和网络营销中重要的策略性资源，也是一种有限的资源，是企业无形资产的一部分。在实践中，企业往往以其商标作为域名，因为这样的域名具有商标的潜在功能。如果企业所使用的域名与自己的商标一致，客户就可以十分容易地找到域名所有者和商标权人。域名就像网络空间的商标，潜藏着巨大的商业价值和广告效应。对于域名的法律保护，现在多是以商标制度为基础的，即域名注册人将其域名注册为商标，或者将商标注册为域名，以防他人侵权。实践中，人们也倾向于将域名与商标联系起来保护。

2. 域名保护立法

1997 年 5 月 30 日中国国务院信息化工作领导办公室颁布的《中国互联网络域名注册暂行管理办法》和《中国互联网络域名注册实施细则》是目前中国域名管理与保护的基本法律依据。

另外，为适应域名纠纷审判实践的需要，北京市高级人民法院于 2000 年 8 月出台了《关于审理因域名注册、使用而引起的知识产权民事纠纷案件的若干指导意见》；2001 年 6 月 26 日，最高人民法院颁布了《关于审理涉及计算机网络域名民事纠纷案件适用法律若干问题的解释》，该解释对域名纠纷案件的案由、受理条件和管辖，域名注册、使用等行为构成侵权的条件，对行为人恶意及对案件中商标驰名事实的认定等都做出了规定。

（1）行为人注册、使用域名行为构成侵权或不正当竞争的4个要件

① 原告请求保护的民事权益合法有效。

② 被告域名或其主要部分构成对原告驰名商标的复制、模仿、翻译或音译，或者与原告的注册商标、域名等相同或近似，足以造成相关公众的误认。

③ 被告无注册、使用的正当理由。

④ 被告具有恶意。

（2）域名侵权行为4种最为常见的恶意情形

① 为商业的目的将他人驰名商标注册为域名。

② 为商业目的注册、使用与原告的注册商标、域名等相同或近似的域名，故意造成与原告提供的产品、服务或原告网站的混淆，误导网络用户访问其网站或其他在线站点。

③ 曾要约高价出售、出租或以其他方式转让这个域名获取不正当利益。

④ 注册域名后自己不使用也未准备使用，而有意阻止权利人注册这个域名。

另外，对于被告举证证明在纠纷发生之前其所持有的域名已经获得一定的知名度，且能与原告的注册商标、域名等相区别，或者具有其他情形足以证明其不具有恶意的，法院可以不认定被告具有恶意。根据该解释，法院认定域名注册、使用等行为构成侵权或不正当竞争的，可以判令被告停止侵权、注销域名，或者依原告的请求判令由原告注册使用这个域名；给权利人造成实际损害的，可以判令被告赔偿损失。

情境案例

2015年4月，广州市睿驰计算机科技有限公司（以下简称睿驰公司）诉称，公司拥有第38类第11122098号"嘀嘀"和第11282313号"滴滴"商标、第35类第11122065号"滴滴"商标，而北京小桔科技有限公司（以下简称小桔公司）通过软件信息平台向社会公众提供字样为"嘀嘀打车""滴滴打车"服务，并在提供服务的软件界面等处显著标注"嘀嘀""滴滴"字样，该服务包含"基于网络的信息传送、全球网络用户打车服务、语音通信服务、出租车司机商业管理"等，与原告商标核定使用的服务相同或近似。睿驰公司将小桔公司诉至北京市海淀区人民法院，认为小桔公司的行为侵犯了自己所享有的上述商标权，要求其停止侵权并消除影响。

案例思考 小桔公司的行为是否侵犯了睿驰公司的商标权？

（二）版权保护

情境案例

华多公司通过YY游戏直播网站等平台，直播、录播、转播《梦幻西游2》（涉案电子游戏）游戏内容，网易公司认为涉案电子游戏属计算机软件作品，游戏运行过程中呈现的人物、场景、道具属美术作品，游

戏过程中的音乐属音乐作品，游戏的剧情设计、解读说明、活动方案属文字作品，游戏运行过程中呈现的连续画面属以类似摄制电影创作方法创作的作品，被告窃取其原创成果，损害了其合法权利。

华多公司辩称，网易公司非权利人，涉案电子游戏的直播画面是玩家游戏时即时操控所得，不是《著作权法》规定的任何一种作品类型，且游戏直播是在网络环境下个人学习、研究和欣赏的方式，属于《著作权法》中的个人合理使用行为。

案例思考 什么是著作权？华多公司的行为是否构成侵权？

在由电子商务引起的法律问题中，保护知识产权问题又首当其冲。由于计算机网络上承载的是数字化形式的信息，因此在知识产权领域（专利、商标、版权和商业秘密等），版权保护的问题尤为突出。

1．版权

版权也称著作权，是指作者对其创作的文学、艺术和科学技术作品所享有的专有权利。著作权是公民、法人依法享有的一种民事权利，属于无形财产权。所称的作品，包括以下列形式创作的文学、艺术和自然科学、社会科学、工程技术等作品：文字作品；口述作品；音乐、戏剧、曲艺、舞蹈作品；美术、摄影作品；电影、电视、录像作品；工程设计、产品设计图纸及其说明；地图、示意图等图形作品；计算机软件；法律、行政法规规定的其他作品。

传统的作品附着于一定的有形媒体上，表现得实实在在。而互联网可以将任何作品通过数字转换成二进制数码进行存储和传播，如计算机软件、数据库、多媒体等。一件作品可以在极短的时间内传遍全球，为著作权的保护带来了严重的威胁。目前，世界上已经将计算机软件纳入著作权中，给软件提供更加及时和完善的法律保护，而对于数据库的特别权利保护我国目前尚未有一个系统完整的立法。

2．网络环境下版权侵权的类型

网络上的著作权侵权分为完成以下 3 种类型。

① 上传。上传有两种形式：一是将传统作品数字化后上传到网上；二是将本身就是数字化形式的作品直接上传到网上。

② 转载。这是指未经著作权人许可，擅自将其网络作品在网络上转载，其实就是网络间的复制、传输。

③ 下载。这是指未经著作权人许可，擅自将发表在网上的作品下载并发表在报刊上，或者存储在存储器上，或者打印在纸介质上。

3．版权保护相关立法

我国关于著作权保护的相关立法主要有《中华人民共和国著作权法》《中华人民共和国宪法》和《民法通则》等法律中有关著作权的法规条例。互联网已成为公众获取信息的重要途径，通过信息网络传播权利人作品的情况越来越普遍。为保护权利人的信息网络传播权，鼓励作品的创作和规范网络传播行为，2001 年修订后的《中华人民共和国著作权法》将计算机软件列入了保护范围内，第十条第十二项规定"著作权包括信息网络传播权，即以有线或者无线方式向公众提供作品，使公众可以在其个人选定的时间和地点获得作品"。2000 年最高人民法院公布了《关于审理涉及计算机网络著作权纠纷案件适用法律若干问题的解释》，2003 年又对该解释进行了修改，修改后的解释将"在线盗版"的犯罪行为明确定为侵犯著作权罪。同时，在该解释中还明确了网络著作权保护的原则：一是网络转载使用作品，可以不征得作者同意，但必须依法支付转载稿费，标明出处；二是网络转载使用作品的范围，不仅限于网络作品，还可以包括报刊、期刊作品；三是确定故意提供侵害网络著作权的方法、技术的行为也属侵权行为；四是网络著作权诉讼也可申请诉前停止侵害、财产保全、证据保全。2006年7月1日，颁布实施了《信息网络传播权保护条例》。这一条例的颁布，解决了网络技术发展给著作权法律关系带来的冲击与挑战，弥补了原《著作权法》缺乏专门调整网络著作权法律关系的空白。《电子商务法》明确要求电商平台经营者在知道或应当知道的情况下，或者在接到知识产权权利人的侵权通知后，及时采取删除、屏蔽、断开链接、终止交易和服务等必要措施维护权利人权利，否则应当与平台内经营者承担连带责任；并且在平台内经营者实施侵犯知识产权行为时未依法采取必要措施的承担罚款最高至200万元的行政责任。

情境案例

阿里巴巴未经著作权人许可，在其主办的中国雅虎网上转载了《畸形消费产业之颜》等4篇作品，作品并非是在信息网络上已经发表的关于政治、经济问题的时事性文章。为此，经济参考报社向北京市朝阳区人民法院起诉中国雅虎网的经营者北京阿里巴巴信息技术有限公司（以下简称"阿里巴巴公司"）侵害其作品信息网络传播权。

2014年8月，北京市朝阳区人民法院认为经济参考报社对《畸形消费产业之颜》等4篇涉案作品享有著作权，包括信息网络传播权，阿里巴巴公司侵权事实成立，判决其赔偿经济参考报社相应的经济损失5 000元。

案例思考　为什么阿里巴巴公司败诉？

四、信息安全

情境案例

2013年3月27日，有网友在微博上曝出，使用谷歌搜索输入"site:shenghuo.alipay.com 转账付款"即可看到各种转账信息，包括转账付款姓名、账户信息、付款金额、付款账户、付款说明等，数量超过2 000条。很多网友担心自己的信息和资金安全，表示"再也不通过支付宝转账了"。

27日晚，有大量媒体披露称：谷歌、360等搜索引擎中可以找出大量的支付宝交易记录，至28日零点，360等搜索引擎已经无法搜索到相关结果。

这应该是一起比较严重的个人信息泄露事件。与以往不同的是，泄露的内容直接涉及大量敏感信息，包括付款账户、收款账户、付款金额、付款说明等。这些信息的敏感和重要程度超过以往信息泄露事件中的网络服务账号信号泄露，泄露之后更容易给不法分子以可乘之机，给用户带来重大的财产安全隐患。

近年来互联网电商行业"泄密"事件频频出现，重大典型的事件包括：5173中国网络游戏服务网数次被"盗钱""小红书"疑似信息泄露致用户被骗、"当当"多次用户账户遭盗刷、"1号店"员工内外勾结泄露客户信息、腾讯7 000多万个QQ群遭泄露、携程技术漏洞导致用户个人信息及银行卡信息等泄露、微信朋友圈小游戏窃取用户信息、快递单贩卖成"灰色产业链"、13万个12306用户信息外泄事件等。而无一例外的是，在这些"泄密"事件的背后，消费者都成了受害者。

案例思考　看到这些例子，你是否开始担心个人信息被泄露？一旦遇到了，怎么保护自己的权益呢？

（一）个人信息的概念

《电子商务法》草案明确指出，"个人信息"是指电子商务经营主体在电子商务活动中搜集的姓名、身份证号码、住址、联系方式、位置信息、银行卡信息、交易记录、支付记录、快递物流记录等能够单独或与其他信息结合识别特定用户的信息。

（二）个人信息安全状况

电子商务的崛起是一把双刃剑，在把我们带入信息时代的同时，也给我们带来了各种各样、前所未有的问题和麻烦。现在许多网站、论坛都需要用户注册账号后才能正常使用，每个网民拥有多个账号是很平常的事情。在注册时，网站一般都需要填写一些个人信息，如常见的账号、密码、邮箱等，像一些电子商务、婚恋、交友网站等还需要实名认证，要求填写的信息更加详细。然而个人信息的泄露问题始终困扰着我们。根据 CNNIC 第 41 次《中国互联网络发展状况统计报告》，2017 年我国网民遇到的网络安全问题里个人信息泄露问题占比最高，个人信息保护已成为社会关注的焦点。

（三）个人信息保护相关立法

针对个人信息泄露问题，我国对个人信息的保护分散在几部法律法规中。全国人大常委会《关于加强网络信息保护的决定》规定："任何组织和个人不得窃取或者以其他非法方式获取公民个人电子信息，不得出售或者非法向他人提供公民个人电子信息。公民发现泄露个人身份、散布个人隐私等侵害其合法权益的网络信息，或者受到商业性电子信息侵扰的，有权要求网络服务提供者删除有关信息或者采取其他必要措施予以制止。网络服务提供者和其他企业事业单位及其工作人员对在业务活动中搜集的公民个人电子信息必须严格保密，不得泄露、篡改、毁损，不得出售或者非法向他人提供。"

国家工商行政管理总局出台的《网络交易管理办法》规定："网络商品经营者、有关服务经营者及其工作人员对搜集的消费者个人信息必须严格保密，不得泄露、出售或非法向他人提供；应采取技术措施和其他必要措施，确保信息安全，防止信息泄露、丢失；在发生或者可能发生信息泄露、丢失的情况时，应立即采取补救措施。"该法于 2014 年 3 月 15 日起施行。

2013 年 10 月 25 日，十二届全国人大常委会第五次会议表决通过了新修订的《消费者权益保护法》，增加了个人信息保护权。新《消费者权益保护法》第十四条"消费者在购买、使用商品和接受服务时，享有人格尊严、民族风俗习惯得到尊重的权利，享有个人信息依法得到保护的权利"是新增加的内容。第二十九条规定："经营者搜集、使用消费者个人信息，应当遵循合法、正当、必要的原则，明示搜集、使用信息的目的、方式和范围，并经消费者同意。经营者搜集、使用消费者个人信息，应当公开其搜集、使用规则，不得违反法律、法规的规定和双方的约定搜集、使用信息。经营者及其工作人员对搜集的消费者个人信息必须严格保密，不得泄露、出售或者非法向他人提供。经营者应当采取技术措施和其他必要措施，确保信息安全，防止消费者个人信息泄露、丢失。在发生或者可能发生信息泄露、丢失的情况，应当立即采取补救措施。"自 2017 年 6 月 1 日起，《中华人民共和国网络安全法》正式施行，作为我国网络安全治理领域的基础性立法，首次在法律层面规定了个人信息保护的基本原则，在原来加强网络信息保护的基础上，将个人信息保护作为一项重要的制度，做出了全面系统的规定，充实完善了搜集、使用个人信息的规则，强化了个人信息搜集、使用主体的保护责任。

《电子商务法》也加大了对信息安全的保护力度,明确包括第三方电商平台、平台内经营者、支付服务提供者、快递物流服务提供者等在内的信息安全保护责任主体,提出对未履行保护义务的,最高处50万元罚款并吊销执照;构成犯罪的,追究刑事责任。

《电子商务法》第二十四条规定电子商务经营者应当明示用户信息查询、更正、删除以及用户注销的方式、程序,不得对用户信息查询、更正、删除以及用户注销设置不合理条件。

电子商务经营者收到用户信息查询或更正、删除的申请的,应当在核实身份后及时提供查询或更正、删除用户信息。用户注销的,电子商务经营者应当立即删除该用户的信息;依照法律、行政法规的规定或双方约定保存的,依照其规定。

情境案例

俞先生到北京乐友公司运营的乐友(北京)清河店购买牙膏,并使用支付宝进行支付。支付完成后,俞先生发现支付宝的"支付完成"页面最后一行以很小的字体显示"授权淘宝获取你线下交易信息并展示",并在其前面设置了默认勾选。为查询个人信息是否被泄露,俞先生在尚未对支付宝客户端进行任何进一步确认操作的情况下,立即打开淘宝客户端进行登录查看,发现其刚刚在北京乐友公司发生的交易详细信息(包括商品信息、店铺信息、交易价格等)已经显示在淘宝客户端的订单中。随即俞先生又打开天猫客户端进行登录查看,发现上述交易信息也已经显示在天猫客户端的订单中。为避免之后的交易行为再次被泄露,俞先生打开支付宝客户端,在刚刚支付完成的页面上取消勾选"授权",单击"完成"。此时,俞先生带着疑虑试图通过购买其他商品,验证取消授权是否完成。然而,在俞先生再次购买宝宝面巾纸,用支付宝客户端进行支付后,"支付完成"页面中再也找不到默认勾选的"授权淘宝获取你线下交易信息并展示"字样,致使其无法操作选择取消默认勾选,且其之后的多次交易仍然立即显示在淘宝客户端和天猫客户端的订单中。

支付宝在向俞先生提供支付服务的同时未获得俞先生明示同意的前提下搜集其商品交易的详细信息和活动,并将上述信息提供给淘宝、天猫。

案例思考 支付宝的行为是否侵犯了俞先生的权利?淘宝、天猫是否应承担侵权责任?

五、消费者权益保护

情境案例

"反季促销,300元惊喜福袋",小赵被一网商的福袋吸引,抱着捡漏的心理,小赵一次性购买了3个"福袋"。但收到福袋后他发现福袋中的衣服均已缩水,想退换却被对方以"打折商品概不退换"为由拒绝。2017年10月9日,小赵决定通过新闻渠道为自己讨个公道。

小赵是该网店的忠实粉丝,几乎每个季度都会在这家网店买一批衣服,对商家的质量很放心。当日,他看到对方挂出"福袋"活动十分惊喜。"每个福袋300元,里面有店老板随意放置的3件衣服。我看了老板挂出的福袋,每件衣服单价都超过百元,买了自己穿,送朋友都可以。"小赵在向老板报了自己的身高、体重后,一口气买了3个福袋。

10月6日,小赵购买的福袋被送到,可小赵挨个上身试过后,发现这些衣服的号码都"缩水"了。

于是，小赵和店老板沟通，想调换衣服的尺码，但对方却表示这些属于打折商品，不退不换，而且这一条例在网店宣传页上明确标注着，小赵购买前已经默认了。"以前店家推荐的尺码一直是对的，只有这次全部缩水，还不给换，这明显是在欺骗消费者。"小赵已经将店家投诉。

案例思考 我们发现网上购物中有很多侵犯消费者合法权益的现象，你在网上购物中有没有遇到类似的情况？又是如何解决的呢？

消费者是指为满足生活需要而购买或使用经营者提供的商品或服务的个人或家庭。人们利用网络进行的消费越来越多，网络购物在带给人们便捷丰富的消费商品和服务信息的同时，也增加了消费者遭受损害的概率，极大地侵害了消费者的合法权益。

（一）消费者享有的权益

消费者权益是指消费者在有偿获得商品或接受服务时及在以后的一定时期内依法享有的权益。消费者权益是在一定社会经济关系下适应经济运行的客观需要赋给商品最终使用者享有的权利。我国《消费者权益保护法》里规定了消费者享有安全保障权、知悉真情权、自主选择权、公平交易权、依法求偿权、结社权、求教获知权、受尊重权、监督批评权等权利。在现代市场经济中，国家依照社会经济运行的需要和市场上消费者的主体地位，制定了明确的法律。因此，消费者权益不仅是一种公共约定和公认的规范，还是国家法律所确认和保护的。

（二）网络消费者权益保护现状

在电子商务中，由于交易方式和交易环境发生了变化，网络消费者相对于传统消费者其权益更容易受到损害。电子商务对消费者权益的影响具体体现在以下几个方面。

1. 消费者的知情权受到影响

云计算、大数据的出现，让网络经营者能够对消费者的需求特点进行准确的画像，进而能够相对准确地向消费者推荐特定的商品。但这一功能也为经营者推荐自家产品（它可能并不是太好的产品）、限制消费者的选择权提供了便利（更好的产品，消费者可能反而看不到了）。

2. 消费者的安全权面临威胁

交易活动中的安全问题包括两个方面：一是财产安全；二是信息安全。在电子商务中，消费者往往要通过电子支付方式完成交易，于是网上支付信息被经营者或银行搜集后无意或有意泄露给第三者，甚至冒用，不法分子盗窃或非法破解账号密码导致电子货币被盗、丢失，信用卡欺诈，支付系统被非法入侵或病毒攻击等，给消费者财产安全带来侵害。互联网技术使得对个人信息的搜索、获取和整合能力快速发展，网络信息安全问题随之凸显，消费者在进行电子商务交易的过程中，大量的私人信息和数据等被网络信息服务系统搜集、存储、传输，消费者的信息安全不可避免地受到威胁。例如，网络经营者为追求利润和利益，使用甚至买卖消费者个人信息；有的经营者未经消费者同意就利用消费者的个人信息进行商业活动。

3. 消费者的损害求偿权难以实现

损害求偿权是消费者利益受损时所享有的一种救济权。在网络环境中，交易主体和交易过程都是虚拟化的，消费者在网上购得商品后出现问题往往求助无门，因无法得知经营者的真实身份或经营者处于其他地区而无法或不便寻求救济。而且过高的诉讼成本、举证困难、网络交易纠纷的管辖权与法律适用的不确定，也导致消费者的求偿权难以实现。

4. 消费者公平交易权受到侵害

与传统商务方式相比，电子商务中格式合同被广泛地使用。由于电子格式合同的条款已经由商家事先拟定，消费者没有磋商的机会，所以只有两种选择——接受或拒绝。经营者经常利用其优越的经济地位，对合同上危险及负担做不合理的分配。这种格式条款直接造成双方当事人地位的不平等，必然会对消费者的公平交易权造成侵犯。

电子商务对消费者权益保护提出了新的挑战，网络消费者的权益能否得到保护，是影响消费者参与电子商务活动的重要因素，因此必须通过立法的方式来保护消费者的合法权益。

（三）电子商务中消费者权益保护的相关法律

我国的《消费者权益保护法》是消费者权益保护问题可参照的基本法律，其中的法律规定为电子商务领域的消费者权益保护提供了基本的法律规则，但是不够完善，不能适应电子商务迅速发展所要求的对消费者权益保护的迫切需要。在其他的法律中，如《民法通则》《合同法》《广告法》《消费者权益保护法》《产品质量法》《计算机信息网络国际联网管理暂行规定》《计算机信息网络国际联网安全保护管理办法》等，虽然也涉及一些相关的规定，但内容一般比较简单，规定较为分散。2013年10月25日，全国人大常委会表决通过了《关于修改〈消费者权益保护法〉的决定》。这是我国全国人大常委会对实施近20年的《消费者权益保护法》的首次大修。此次修法主要从4个方面完善了消费者权益保护制度，如强化网络交易平台提供者的责任，消费者通过网络交易平台购买商品或接受服务，其合法法权益受到损害的，可以向销售者或服务者要求赔偿；网络交易平台提供者不能提供销售者或服务者的真实名称、地址和有效联系方式的，消费者也可以向网络交易平台提供者要求赔偿；将7天无理由退货纳入法律规定，赋予消费者7天的反悔权。刚实施的《电子商务法》也对电子商务领域消费者权益保护问题给予了高度重视，其中有众多有利于消费者权益保护的规定。例如，将微信、网络直播销售商品、提供服务纳入法律管理范围；禁止虚构交易、编造评价，平台不得删除消费者的评论；搜索结果附非个人特征选项，制约大数据"杀熟"；搭售要显著提示，"默认勾选"被禁止；明示押金退还方式、程序，不得设置不合理条件；规制平台不正当竞争行为，行政处罚力度加大；平台经营者自营应显著标记，依法承担责任；平台经营者如果未尽自身应尽义务，应依法承担相应责任。

情境案例

商务部发布2007年第19号文件《关于网上交易的指导意见（暂行）》，业内人士表示，这标志着网上交易或将有规可循。

据悉，从2002年到2006年，全国网络购物总额在全国消费品销售总额中所占的比重增长了14倍。上网购物的人数由500万增长到超过3 000万，在4个上网的人当中，就有一个在网上买过东西。

如今网上交易发展速度快，社会潜力大，但交易方在了解对方真实身份、信用情况、履约能力等方面有一定难度，存在一定的违约和欺诈风险。商务部出台此文件规范网上交易行为，维护网上交易参与方的合法权益，显得非常及时。

《关于网上交易的指导意见（暂行）》提醒广大消费者网络交易存在风险，在使用网上交易之前要尽可能多方面地了解对方的真实身份，并注意保存网上交易记录。文件规定："交易各方可以自行保存各类交易记录，以作为纠纷处理时的证据。大宗商品、贵重商品与重要服务的交易，可以生成必要的书面文件或采取其他合理措施留存交易记录。"这就意味着，我们的 QQ、微信聊天记录、电子邮件、文本文档传输等均可作为交易证据保存，但前提是必须先经过指定机构的认定。多位业内人士在接受采访时表示，这说明国家开始认可 QQ、微信等电子证据。

文件还对网上交易的服务提供者做了有关的行为规范，如"网上支付服务的提供者应根据网上交易的特点，采取合理措施保障交易资金的安全，保障使用人的身份信息和账号信息的安全"和"服务提供者应特别注意保存网上交易的各类记录和资料，采取相应的技术手段保证上述资料的完整性、准确性和安全性"等。这些条例实际上是给网上交易的平台服务者和辅助服务提供者念了道"紧箍咒"。

案例思考 什么是电子证据？如何保存电子证据？

六、税收

（一）税收的概念及特点

税收是国家为实现其职能，凭借政治权力，按照法律规定，通过税收工具强制地、无偿地征收参与国民收入和社会产品的分配与再分配，取得财政收入的一种形式。税收与其他分配方式相比，具有强制性、无偿性和固定性的特征。税收的 3 个基本特征是统一的整体。其中，强制性是实现税收无偿征收的强有力保证；无偿性是税收本质的体现；固定性是强制性和无偿性的必然要求。

税法即税收法律制度，是调整税收关系的法律规范的总称，是国家法律的重要组成部分。它是以宪法为依据，调整国家与社会成员在征纳税上的权利和义务关系，维护社会经济秩序和税收秩序，保障国家利益和纳税人合法权益的一种法律规范，是国家税务机关及一切纳税单位和个人依法征税的行为规则。

（二）电子商务对税收的影响

电子商务是在虚拟环境下进行的一种新的商务活动方式，交易参与者具有流动性的特点，交易主体、交易地点等确定起来相对困难，而且交易中所涉及的相关票据都以电子形式存在。这些特点必然在一定程度上对现行税收制度带来影响。

情境案例

张某于去年 6 月至 12 月，用一家公司的名义在互联网上买卖婴儿用品，采用不开具发票、不记账的方式，也不向税务机关申报纳税，偷逃国家税款共计 11 万余元。上海普陀区法院依据偷税罪对其做出判决，处以张黎有期徒刑 2 年，缓刑 2 年，罚金 6 万元，公司处罚金 10 万元。由于这是一起有关网上交易的逃税案，因此迅速引起了网上交易从业者、专家、学者的广泛关注，甚至有不少个人卖家担心会"殃及池鱼"。

案例思考 你认为网上交易对税收带来了哪些影响？如何解决网上征税困难的问题？

1. 电子商务纳税主体难以确定

纳税人身份判定的问题，就是税务机关应能正确判定其管辖范围内的纳税人及交易活动。这种判定是以实际的物理存在为基础的，因此在传统商务活动中，商品是通过有固定场所的公司来经营的，所以判定纳税人身份并不困难。但是，电子商务是在没有固定场所、开放的虚拟网络环境中进行的，通过互联网进行交易的双方可以隐匿姓名、居住地等，企业可以轻而易举地改变经营地点，这样通过传统的常设机构来判定纳税主体就出现了困难。

2．课税对象和纳税环节难以确定

互联网使很多传统的有形商品可以通过无形数字的形式提供，如传统的图书就可以通过网络直接下载获得信息。而税法对有形商品的销售、劳务的提供和无形资产的使用都有所区分，规定了不同的征税规定。但是，由于电子商务将原来的有形产品转化为数字形式，如数字图书、数字音乐、电子报纸杂志等，对这种以数字形式提供的产品在对其征税的过程中，应该把交易所得视为销售所得、劳务所得，还是特许权使用费所得，现行税收法律法规没有明确，实践中税务机关难以确定课税对象和纳税环节。

3．税收管辖权难以界定

税收管辖权的范围一般来说是指一个主权国家的政治权力所能达到的范围。目前，世界各国实行的税收管辖原则并不统一，有的实行地域税收管辖权，有的实行居民税收管辖权，也有地域税收管辖权和居民税收管辖权合并实行的。企业利用互联网开展贸易活动时，商品被谁买卖很难认定，而且很难确定活动者的国籍和登录者的准确地址，无法确定经营者所在地或经济活动的发生地，加之互联网的出现使得服务也突破了地域的限制，让商品和劳务的交易活动与特定地点的联系弱化，经营者之间的网上交易不再有任何地域界限，使得确定由哪一个国家或地区行使哪一种税收管辖权进行征税非常困难。

4．国际避税更加容易

由于互联网的高流动性和隐蔽性特点，使电子商务交易的双方都能够轻易地隐匿住所或进行匿名交易。另外，企业还可以在互联网上轻易地改变站点。因此，任何一个企业只要拥有计算机和相关通信线路，就可以选择一个免税或低税国设立站点轻易避税。同时，电子商务进一步促进了跨国企业集团内部功能的一体化，母公司能更轻易、更方便地将产品开发、销售、筹资等成本费用以网上交易的形式分散到各国的子公司，更灵活地调整影响关联公司产品成本的各种费用和因素来转移关联公司的利润，掩盖价格、成本、利润间的正常关系。

5．税收稽查难度加大

在传统贸易方式下，税务当局可以根据非居民企业会计账簿、合同、票据等资料确定企业的营业额及利润，可以从银行获取有关核实纳税人纳税申报表真实性的信息。为此，各国税法普遍规定纳税人必须如实记账并保存账簿、记账凭证及其他与纳税有关的资料，以便税务机关进行检查。传统上，这些记录用书面形式保存。然而，电子信息技术的运用，使得在互联网的环境下，订购、支付甚至数字化产品的交付都可通过网络进行，无纸化程度越来越高，订单、买卖双方的合同、作为销售凭证的各种票据都以电子形式存在。而电子格式的票据在修改的时候很容易，而且不会留下痕迹，这样就为税务机关进行税收稽查带来了难度。

针对电子商务范围的偷税漏税现象，《电子商务法》第十条、第十一条明确规定，电子商务经营者应当依法办理市场主体登记，应当依法履行纳税义务，并依法享受税收优惠。这也意味着通过电商渠道进行交易的各种方式都需要缴纳税收，从前偷税漏税的情形将得到一定程度上的控制。

学习情境十 电子商务法律法规

过去10年，中国电子商务飞速发展，但与此同时，电子商务市场也出现了大量虚假和违法行为，扰乱了市场公平竞争秩序，损害了消费者的合法权益。如今实施的《电子商务法》为中国电子商务的发展奠定了一个基本的法律框架，涉及电子商务经营主体、经营行为、合同、快递物流、电子支付等各个层面，将让电子商务的交易活动变得有法可依。《电子商务法》的施行，意味着过去10年电子商务野蛮生长的时代宣告结束。

情境案例

美国的"电子商务税收"政策

美国是电子商务的发源地，也是世界上第一个对此做出政策反应的国家。美国财政部于1996年发表了《全球化电子商务的几个税收政策问题》的报告，提出以下税收政策：①税收中性原则，不能由于征税而使网上交易产生扭曲；②各国在运用现有国际税收原则上，要尽可能达成一致，对于现行国际税收原则不够明确的方面须做适当补充；③对网上交易"网开一面"不开征新税，即不对网上交易开征消费税或增值税；④从自身利益出发，强化居民税收管辖权等。1998年10月美国国会通过《互联网免税法案》，对网上贸易给予3年的免税期，并成立电子商务顾问委员会专门研究国际、联邦、州和地方的电子商务税收问题。该委员会于2000年3月20日、21日在达拉斯召开第四次会议，建议国会将电子商务免税期延长到2006年。

加拿大的电子商务税收政策

加拿大有关电子商务的征税规定，要看不同的征税条目和不同税收地区的特别规定。加拿大对于不易确认的来源所得和网站是否属于常设机构，主要以货物或劳务销售者的居住地为征税依据，或视非独立服务器为常设机构。当进行电子商务交易时，由于不易确定货物提供地、合约签订地、付款地等，因此必须分辨非居住者公司是否在加拿大从事营业活动。加拿大对电子商务征税政策所持的原则为：①政府应避免制定不适当的法令或限制措施妨碍电子商务的发展；②加强国际合作，制定有利于电子商务发展的政策以促进网络交易；③注重公平，电子商务与非电子商务交易功能相同的纳税人，征税要一致，不能因交易形态而有所差别。

欧盟的电子商务税收政策

1998年，欧洲委员会就确立对电子商务征收间接税的准则问题迈出了第一步。欧洲委员会对因特网"通信"采用的税收原则是：①除致力于推行现行的增值税外，不开征新税；②从增值税意义上讲，电子传输被认为是提供服务；③现行增值税的立法必须遵循和确保税收中性原则；④因特网税收法规必须易于遵从并与商业经营相适应；⑤应确定因特网税收的征收效率，以及将可能实行无纸化的电子发票。

案例思考 加拿大、美国、欧盟的电子商务税收政策对我国有何启示？

技能训练

1. 查询我国《合同法》中有关电子数据的相关规定。
2. 查询我国《电子签名法》中有关电子签名的相关规定。
3. 调查周围的同学和朋友，了解他们在接受网络服务或从事电子商务活动中都遇到过哪些法律问题。

4. 上网查询《2013—2014年度中国电子商务法律报告》。这是国内首部针对电子商务的法律报告，报告全面囊括了B2B、网络购物、网络团购、互联网金融、物流快递、移动电子商务、O2O、海外代购等电子商务各细分领域。对出现的典型事件进行分析解读，通过阅读该报告，谈谈有哪些收获。

5. 上网查询《2014—2015年度中国电子商务法律报告》《2015—2016年度中国电子商务法律报告》《2016—2017年度中国电子商务法律报告》。对出现的典型事件进行分析解读，通过阅读该报告，谈谈有哪些收获。

6. 查阅《电子商务法》，指出哪些条款涉及电子商务纳税、微商代购、信誉评价（刷好评、删差评）、商品搭售、砍单、电子支付、押金退还、快递延期、大数据杀熟等问题。

参 考 文 献

[1] 刘力,范生万,汪伟. 电子商务网络技术基础[M]. 北京:中国科学技术大学出版社,2006.
[2] Jakob Nielsen Hoa Loranger. 网站优化——通过提高 Web 可用性构建用户满意的网站[M]. 张亮,译. 北京:电子工业出版社,2007.
[3] 陈雪飞. 电子商务[M]. 北京:中国财政经济出版社,2007.
[4] 廉文娟. 网络操作系统[M]. 北京:北京邮电大学出版社,2008.
[5] 罗超理,高云辉. 管理信息系统原理与应用[M]. 3版. 北京:清华大学出版社,2012.
[6] 陈京民. 数据仓库与数据挖掘技术[M]. 2版. 北京:电子工业出版社,2007.
[7] 特班,金,李在奎,等. 电子商务:管理视角[M]. 7版. 时启亮,等译. 北京:机械工业出版社,2014.
[8] 杨坚争,杨立钒. 电子商务基础与实务[M]. 2版. 西安:西安电子科技大学出版社,2006.
[9] 梁晓蓓,汤兵勇. 电子商务案例分析[M]. 3版. 北京:高等教育出版社,2017.
[10] 胡启亮. 电子商务与网络营销[M]. 2版. 北京:机械工业出版社,2016.
[11] 陈月波. 网络营销与案例评析[M]. 北京:中国财政经济出版社,2015.
[12] 陈峥嵘. 网络营销项目化教程[M]. 北京:机械工业出版社,2015.
[13] 王志瑛. 网络营销[M]. 北京:科学出版社,2008.
[14] 成倞媛. 网络营销[M]. 成都:西南财经大学出版社,2010.
[15] 方玲玉. 网络营销实务[M]. 北京:高等教育出版社,2018.
[16] 梁春晶,高博. 网络营销[M]. 北京:机械工业出版社,2011.
[17] 凌守兴,王利锋. 网络营销实务[M]. 北京:人民邮电出版社,2017.
[18] 陈月波. 电子支付与网上金融[M]. 北京:中国财政经济出版社,2009.
[19] 王芸,袁颖. 电子商务法规[M]. 3版. 北京:高等教育出版社,2016.
[20] 纪琳. 网上支付与结算[M]. 2版. 北京:机械工业出版社,2017.
[21] 韩晓平. 电子商务法律法规[M]. 3版. 北京:机械工业出版社,2018.
[22] 王忠诚,贾晓丹. 电子商务安全[M]. 3版. 北京:机械工业出版社,2018.
[23] 秦成德. 电子商务法律与实务[M]. 北京:人民邮电出版社,2008.
[24] 李山赓. 现代物流概论[M]. 北京:北京理工大学出版社,2012.
[25] 张润彤,周建勤. 电子商务物流管理[M]. 大连:东北财经大学出版社,2008.
[26] 张铎,王新培. 电子商务物流管理案例评析[M]. 北京:高等教育出版社,2006.

尊敬的老师：

您好。

请您认真、完整地填写以下表格的内容(务必填写每一项)，索取相关图书的教学资源。

教学资源索取表

书　名			作者名	
姓　名		所在学校		
职　称		职　务		职　称
联系方式	电　话		E-mail	
	QQ号		微信号	
地址（含邮编）				
贵校已购本教材的数量(本)				
所需教学资源				
系/院主任姓名				

　　　　　　　　　　系／院主任：_____（签字）

　　　　　　　　　　　　　　　　（系／院办公室公章）
　　　　　　　　　　　　　　　　20____年____月____日

注意：

① 本配套教学资源仅向购买了相关教材的学校老师免费提供。

② 请任课老师认真填写以上信息，并请系／院加盖公章，然后传真到 (010) 80115555 转 718438 索取配套教学资源。也可将加盖公章的文件扫描后，发送到 fservice@126.com 索取教学资源。欢迎各位老师扫码关注我们的微信号和公众号，随时与我们进行沟通和互动。

③ 个人购买的读者，请提供含有书名的购书凭证，如发票、网络交易信息，以及购书地点和本人工作单位来索取。

微信号　　　　　　　　　　　公众号